Daniel Meurois & Anne Givaudan

Essener Erinnerungen

Wir widmen dieses Buch allen Essenern von
heute, von hier und anderswo, euch allen,
Familien und Freunden, die ihr uns, jeder auf
seine Art, so gut zu begleiten wusstet.

Daniel Meurois
Anne Givaudan

Essener
Erinnerungen

Die spirituellen
Lehren Jesu

Aus dem Französischen
von Rita Hörner und Rudolf Pohl

// SILBERSCHNUR 🦋 VERLAG

Copyright der Originalausgabe © 1984 by Daniel Meurois & Anne Givaudan. Titel der Originalausgabe: »De mémoire d'Essénien«.
Veröffentlicht in Partnerschaft mit Maurice Baldensperger und Francis Hoffmann GbR »Publish Vision« · info@publishvision.de · www.publishvision.de

Copyright der deutschen Ausgabe © 2015 Verlag »Die Silberschnur« GmbH

ISBN: 978-3-89845-462-9

1. Auflage 2015   2. Auflage 2018   3. Auflage 2023

Gestaltung & Satz: XPresentation, Güllesheim
Umschlaggestaltung: XPresentation, Güllesheim; unter Verwendung verschiedener Motive von © javarman, © Torsten Lorenz, © determined, www.fotolia.de
Druck: Finidr, s.r.o. Cesky Tesin

Verlag »Die Silberschnur« GmbH · Steinstraße 1 · D-56593 Güllesheim
www.silberschnur.de · E-Mail: info@silberschnur.de

Inhalt

Buch II

Buch III

Einführung

Die Essener ... ein Name, der Fragenden heute immer wieder begegnet. Seit der Entdeckung der Manuskripte vom Toten Meer ist er um die Welt gegangen, aber er hat mehr Fragen als Antworten hervorgerufen.

Wer waren die Essener? Trotz der jüngsten Arbeiten von Archäologen und anderen Forschern ist die offizielle Geschichte noch sehr sparsam mit Auskünften. Man spricht von einer mystischen Sekte, mit der zuweilen der Name Jesu in Verbindung gebracht wird. Was ist davon zu halten? Das vorliegende Buch bietet eine Antwort auf diese Frage – oder besser den Beginn einer Antwort, denn das Gebiet ist weit ...

Die folgenden Kapitel sind nicht die Arbeit eines Historikers; sie sind ein Bericht, ein erlebtes Zeugnis. Kein wie auch immer geartetes Dokument wurde zu ihrer Abfassung herangezogen.

Der Verstand hält es natürlich für unmöglich, dass man der Vergangenheit auch außerhalb der traditionellen Forschungsmethoden nachspüren kann. Aber ist es vernünftig, den sich heute dem Menschen eröffnenden Horizonten Schranken zu setzen? Weichen die Grenzen des vorgeblich »Unmöglichen« nicht ständig weiter zurück?

Unsere Arbeitstechnik ist indes nicht revolutionär; sie basiert auf einer Methode, deren Ursprung sich im Dunkel der Zeit verliert und von den alten Ägyptern und den Mystikern des Himalaya ererbt wurde. Das vorliegende Buch ist die Frucht einer langen Lektüre der Akasha-Chronik.

Was ist die Akasha-Chronik? Man könnte sie das Gedächtnis des Universums nennen, aber das wäre zu vage. Das Wort *Akasha* stammt aus dem Sanskrit und bezeichnet ebenso wie Erde, Wasser, Feuer und Luft eines der Elemente, aus denen die Natur besteht. Alte Traditionen besagen, dass es sich um eine äußerst subtile Substanz handelt, um eine Energieform, die das ganze Universum durchdringt und die Eigenschaft besitzt, das visuelle und auditive Gedächtnis allen Lebens zu bewahren. *Akasha* wäre also so etwas wie die »Fotoplatte« des Universums, eine Art »Videoaufzeichnungs-anlage«, die von der Natur selbst installiert wurde und uns unter be-stimmten Umständen das »Gedächtnis der Vergangenheit« enthüllt.

Die Konsultation dieser Chronik geschah außerhalb unserer physischen Welt im Verlauf einer Reihe von »Astralreisen« oder »Reisen außerhalb des Körpers«.

Diese Art Lektüre hat nichts mit sogenannten »spontanen Vi-sionserlebnissen« zu tun. Sie setzt das langwierige Erlernen einer präzisen Methode voraus, das von einer spirituellen Arbeit an der eigenen Person begleitet wird. Tatsächlich ist, und diesen Punkt möchten wir betonen, eine Technik allein bei weitem nicht ausrei-chend. Sie ist nur das »Tüpfelchen auf dem i« nach einer langen Vorbereitung, das heißt nach einer Reinigung der verschiedenen Körper, die keine Gebrauchsanweisung ersetzen kann, denn ihr Ursprung ist Liebe.

Wer in der Akasha-Chronik lesen will, benötigt zudem die Er-laubnis der geistigen Wesen, in deren Obhut sie liegt. Die reinen Absichten der »Reisenden«, ihre Assimilationsfähigkeit werden überprüft, die entsprechenden Erkundungen dürfen nie ein per-sönliches Ziel verfolgen.

Der folgende Bericht führt uns zweitausend Jahre zurück in die Gemeinschaft der Essener in Palästina. Es ist nicht einfach, die Ver-gangenheit wieder zu erleben, und nicht immer war es uns angenehm, von uns selbst zu sprechen. Unsere Personen sind jedoch in diesem Zeugnis nur von relativer Bedeutung.

Durch unser Leben in der Bruderschaft der Essener und die Darstellung der entsprechenden Lehren wird oft von der Persönlichkeit und dem Denken Jesu sowie von Einzelheiten seiner Existenz und seiner Umgebung die Rede sein.

Wir wissen, dass manche der offenbarten Aspekte überraschen und sogar schockieren können, und wir sind uns der Verantwortung bewusst, die ihre Verbreitung mit sich bringt. Aber es ist an der Zeit, bestimmte Schleier zu heben.

Wir haben nicht den Anspruch, ausschließlich Neues zu bringen; aber wir wollen einen Stein mehr zu dem Gebäude beitragen, das am Entstehen ist.

Ebenso wenig beanspruchen wir, alle auf diesem Gebiet bislang verborgenen Tatsachen zu berichten; der Zeitpunkt dafür ist noch nicht gekommen.

Ein weiterer Punkt scheint uns wichtig: nichts wurde, ganz gleich in welcher Absicht, romanhaft zum Positiven oder Negativen hin umgestaltet. Der Leser wird vielleicht über die vielen Einzelheiten bei Landschaften, Personenbeschreibungen und mündlichen Ausführungen erstaunt sein ... Das astrale Gedächtnis besitzt eine große Treue, und die Augen der Seele nehmen intensiver wahr als die des Fleisches. Nichts wurde also nur »ungefähr« beschrieben. Wir haben uns immer bemüht, nah am Erlebten zu bleiben und auch Reden möglichst wörtlich wiederzugeben.

Hinsichtlich des »Lesens« der Akasha-Chronik sei noch bemerkt: Die Szenen werden mit absoluter Klarheit wiedererlebt; die Worte werden in der damals gebräuchlichen Sprache wahrgenommen, aber unmittelbar verstanden – so, als ob wir ihrer mächtig wären. Der Eindruck des Erlebens war so stark, dass wir Gefühle und Wahrnehmungen hatten, die unserer gegenwärtigen Persönlichkeit fremd sind.

Man wird dieses Buch vielleicht für einen Roman halten oder einen mystischen Rausch. Wir können eine solche Einstellung nicht ändern. Wir haben es jedenfalls mit dem Herzen geschrieben, so, wie die Episoden sich uns fast zwei Jahre lang Tag für Tag einprägten. Und den Wesen des Herzens vertrauen wir es an!

Anmerkung: Auch wenn jeder der Autoren einen speziellen Teil dieses Buches verfasst hat, wurde der überwiegende Teil der beschriebenen Szenen gemeinsam wiedererlebt.

Buch I

Zerah

Ich war damals gerade vier Jahre alt. Meine Eltern und ich wohnten in einem kleinen Dorf in Galiläa zwei Tagesreisen zu Fuß nordöstlich von Jappa. Jappa, das war die Großstadt, das Abenteuer. Oft stand ich auf der niedrigen Mauer des Gartens, der unsere bescheidene Behausung umgab, und betrachtete die Kamelkarawanen, die gemächlich dorthin zogen.

Dies war eine meiner Lieblingsbeschäftigungen. Ich malte mir aus, wie die Händler auf einem Platz in der Stadt begannen, den geheimnisvollen Inhalt der gewaltigen, an den Seiten des Zaumzeugs befestigten Körbe auszupacken.

Ich hatte dieses Schauspiel nur einmal erlebt, aber es hatte mein kindliches Gemüt und meine Vorstellungskraft stark beeindruckt. Das fremdartige Leben in den hitzeglühenden Gässchen, die Krambuden der Handwerker und Händler, der Geruch der Gewürze, das Lärmen des Viehs, das bunte Treiben im Hafen – all das war so ganz anders als das ruhige und geregelte Leben im Dorf.

Mein Vater war Töpfer und reiste nur selten nach Jappa. Und wenn, dann musste ich ihn lange darum bitten. Er zog den immer gleichen Rhythmus seiner Töpferscheibe dem Geschrei der Händler vor.

Unbewusst ärgerte mich das ein wenig. Gab es in Jappa wirklich nichts anderes zu tun, als einmal im Jahr Korn zu kaufen? Meine Mutter versuchte manchmal, vernünftig mit mir darüber zu reden. Auch sie war völlig an das harte, einfache Landleben gewöhnt; schließlich hatte sie schon immer da gelebt, ebenso wie alle anderen Bewohner des Dorfes, das die Leute aus Jappa das »Dorf der Brüder« nannten.

Brüder von was? Ich wusste es nicht, aber mein Vater und die Bewohner der Nachbarhäuser sagten oft, dass wir alle Brüder seien und dass ich diese Bezeichnung in Ehren halten solle. Weiter gingen meine Fragen auch nicht; außer in jenen Zeiten unruhiger Neugierde, die dem erwachenden Geist der Kinder eigen ist, fühlte ich mich in unserer kleinen Gemeinschaft warm und geborgen.

Wie viele waren wir in diesen zusammengewürfelten Behausungen aus Lehm und Stein, die sich hoch an der Seite eines Hügels hinzogen? Einhundertfünfzig vielleicht oder höchstens zweihundert. Eine niedrige Mauer aus grauem Stein, die mir damals wie ein Festungswall erschien, umgab unser Dorf; in Wirklichkeit war sie kaum höher als ein Meter. Wie um sicher zu sein, dass die Worte sich mir einprägten, wiederholte mein Vater mir immer wieder, dass sie die »heilige Umfriedung« sei und dass alles, was in ihrem Schatten weilte und wuchs, für uns geschützt und gesegnet war.

Jedes Haus des Dorfes war von ein paar Morgen Land umgeben, die den Bedürfnissen des Alltags genügten. Aber im Tal, auf beiden Seiten der Straße nach Jappa, bestellten wir alle größere Felder. Ich erinnere mich, dass wir gemeinsam dort arbeiteten. Niemandem fiel es ein, zu sagen:

»Das hier ist mein Land; deins ist dort.«

Jeder sagte:

»Das ist unser Land.«

Unstimmigkeiten gab es nur selten, denn jede Ernte wurde sogleich gerecht geteilt. Die Folge war ein großer Friede, und so liebte ich mein Dorf und seine Brüder von meinen ersten Lebensjahren an. Mir schien, als gäbe es ein Gesetz für uns, das die anderen – die

Kaufleute und die Bewohner der Städte – nicht befolgten. Es war ein undeutliches Gefühl, das ich mir nicht erklären konnte.

Wenn ich mit meiner Mutter den engen Pfad hinunterstieg, der sich durchs Buschwerk wand, und wir das Dorf verließen, um ein paar hundert Meter weiter unten unsere Wasserkrüge zu füllen, entschwand unser Haus und das der anderen meinen Blicken. Nur ein paar grau- und ockerfarbene Würfel waren hinter Steineichen und Granatapfelbäumen zu erahnen.

Im Herzen unseres Dorfes war früher eine Quelle geflossen, aber die Natur schien sich anders besonnen zu haben, und so mussten wir mehrmals täglich die heilige Umfriedung verlassen. Für mich war es eine Art Spiel, meine Mutter zu begleiten, je nach Jahreszeit strolchte ich im Weinberg oder unter den Feigenbäumen umher.

Weiter unten, in der Nähe der großen Straße, erstreckten sich wie blaue und goldene Bänder die Felder mit Flachs und Getreide. Oft warf ich kleine Kieselsteine in ihre Richtung, wie um mir meine Kraft und meinen Wunsch zu beweisen, später dort zu säen und zu ernten.

So verwandelte sich die Last des Wasserholens in ein Spiel, und ich zweifelte nicht daran, dass der Krug ein paar Jahre später vom Kopf meiner Mutter auf meine Schultern wandern würde: aufgrund seiner Arbeit brauchte mein Vater immer sehr viel Wasser, und im Dorf gab es nur wenige Esel. Ein anderes Spiel bestand darin, meinem Vater zuzusehen, wie er mit wenig Erde und viel Geschick Formen schuf. Aber dies war ein Spiel, das mich beunruhigte. Ich hielt die gekonnten Bewegungen seiner Hände und Füße für eine Art Magie. An seinem Lächeln und dem lebhaften Blick sah ich, dass er seine ganze Ehre in die Vollkommenheit des geringsten Stückes legte, das unter seinen Händen Leben gewann. Was er herstellte, war einfach und edel und für den täglichen Gebrauch bestimmt. Es waren die Teller, von denen wir aßen, die Krüge, in denen wir den Traubensaft gären ließen, und tausend andere Dinge.

Er arbeitete genug, um unsere kleine Gemeinschaft zu versorgen, und manchmal kaufte ein vorbeiziehender Händler ihm ein paar

Näpfe und Krüge ab. Wenn einem Bruder des Dorfes ein Haushaltsgegenstand fehlte, gab mein Vater ihn ihm, und im Gegenzug arbeitete jener in seinem Weinberg oder führte eine Schreiner- oder Tischlerarbeit aus. So gab es einen ständigen Austausch, bei dem jeder sich wohl fühlte. Meine Eltern erzählten mir damals, dies sei eine Regel unserer Gemeinschaft und ein Teil unserer Kraft. Diese Erklärung verstärkte in mir das unbestimmte, aber mächtige Gefühl, »anders« zu sein.

Wenn ich mit Kindern meines Alters in den staubigen Gassen unseres Dorfes herumtollte, bemerkte ich oft Gruppen ernsthaft aussehender Männer und Frauen, deren Blick seltsam tief war. Nicht alle Gesichter waren mir vertraut, und mir wurde bald klar, dass unsere Gemeinschaft als eine Art Zwischenstation diente und fremde Brüder aufnahm, die lange gereist waren.

Die Ankunft solcher Besuche auf unserem Gebiet gefiel mir und erweckte stets meine Neugierde. Es war wie ein Ritual, eine süße Gewohnheit, die ich nie versäumen wollte. Sobald einer jener Neuankömmlinge mit der sonnenverbrannten Stirn und dem von den steinigen Wegen gekrümmten Rücken die Umfriedung unseres Dorfes überschritten hatte, lief ihm eine Schar von Kindern entgegen, zu der auch ich gehörte. Immer gab es dann ein oder zwei Frauen, die uns verscheuchten und den Unbekannten in einen kleinen Hof im Schatten einer Mauer oder eines wilden Weinstocks führten.

Dort zogen sie ihm wortlos die Sandalen aus, wuschen ihm die Füße, trockneten sie mit einem Leintuch und boten ihm eine Frucht an. Dies taten jedoch nicht nur die Frauen, oft habe ich Männer ebenso handeln sehen. Ich begriff sehr schnell, dass es keine »untergeordneten«, nur einer bestimmten Gruppe vorbehaltenen Aufgaben gab.

Der so erfrischte Gast hatte oft das Bedürfnis, sich mit ausgebreiteten Armen und dem Gesicht nach unten auf die Erde zu legen. Er schien den Boden mehrere Male zu umarmen, dann erhob er sich. Nachdem man ein großes weißes Tuch auf seinen

Kopf gelegt hatte, begleitete man ihn zu der Wohnung, die ihn aufnehmen sollte. Uns Kindern war es im Allgemeinen nicht erlaubt, den auf die Ankunft eines Fremden folgenden Unterhaltungen beizuwohnen. Es wurde uns nicht direkt verboten, aber es war eine Regel, eine vollendete Tatsache, über die es keine Diskussionen gab und die ihre Gründe hatte.

Aber es ist immer reizvoll, eine verbotene Frucht zu kosten, und ich erinnere mich, dass es mir einmal gelang, mich im Schatten einer Tür zu verstecken, als wieder einmal einer jener ewigen Reisenden unsere Schwelle überschritt.

Ich sah, wie mein Vater ein Knie vor ihm auf den Boden setzte und die Arme auf der Brust verkreuzte, wobei er den rechten Arm über den linken legte. Dann neigte er den Kopf, und der Unbekannte legte ihm die Hand auf den Scheitel.

Dieses Schauspiel überraschte mich so, dass ich mich auf der Stelle davonmachte und in meiner Ungeschicklichkeit die Aufmerksamkeit der beiden Männer erregte. Am selben Abend kam mein Vater zu der kleinen Mauer, die meinen kindlichen Träumen als Zufluchtsort diente. Ein böiger Wind brauste durch die Feigenbäume und ließ die hier und da verstreuten Lichter einiger Öllampen zittern. Ich versuchte, langsam zu gehen, denn ich wollte nicht mit meinem Vater sprechen, den ich als Unterlegenen gesehen zu haben glaubte. Zu Hause stellte er mich auf eine riesige Truhe aus Holz und sah mir gerade in die Augen.

Antworte mir, Simon: Wer, glaubst du, ist wichtiger, der Herr oder der Diener?

Ich verstand nicht, was er mir sagen wollte.

Beide, fuhr er fort und betonte jede Silbe. Beide sind gleich wichtig, denn sie sind wie die zwei Hände eines einzigen Körpers, wie die zwei Augen eines einzigen Gesichtes. Sie sind der Wind und das Segel, das Schwert und die Scheide. Jedes ist nur die Hälfte von sich selbst, wenn das andere nicht existiert.

Ich begriff ihn immer noch nicht richtig, er schien es zu spüren, denn er drückte mich an sich. Dann fuhr er mit warmer Stimme fort:

Simon, du musst jetzt lernen, wie wir leben. Morgen bringe ich dich zu Zerah, dem Mann mit dem langen Bart, der in der Nähe des alten Brunnens wohnt. Er wird dir viele Dinge erzählen, über die du dich wundern wirst.

Über die Schultern meines Vaters hinweg sah ich, wie meine Mutter mich anschaute. Sie hatte sich im Halbdunkel auf eine kleine Matte gekauert und bereitete wie üblich das Essen für morgen vor: einen Weizenfladen und ein paar Oliven.

Eine Veränderung also! Mein kleines Leben, das monoton immer so weiterzugehen schien, bislang geprägt von dem Wunsch, Flachs zu ernten und hinter den Karawanen nach Jappa herzulaufen, konnte erschüttert werden! Ich hatte damals das flüchtige Gefühl, dass ich das Gesehene nie verstanden, dass man mir alles verborgen gehalten und dass man mich als ein Kind eingestuft hatte, wo mir doch das Recht zustand, zu wissen ...

Am nächsten Tag weckte mich das dumpfe Gesumm der ersten Bienen. Meine Mutter, die bereits Wasser im Tal geholt hatte, wusch sich im Hof, das Surren der Töpferscheibe zeigte, dass mein Vater am Arbeiten war. Ich konnte meine Ungeduld kaum bezähmen, und einige Augenblicke später sprang ich mehr als ich ging an Büschen und Olivenbäumen vorbei zum »Haus am alten Brunnen«.

Zerah war ein alter Mann mit einem langen, grauen Bart, den die Sonne und die Jahre leicht rötlich gefärbt hatten. Natürlich hatte ich ihn oft bei meinen Spielen gesehen und wusste, dass viele ihm Achtung und Bewunderung entgegenbrachten. Die pergamentartige Haut seines Gesichtes wurde von langen Falten durchzogen, sein Blick war sanft und durchdringend zugleich, seine Worte bald rätselhaft, bald klar. Er war einer jener verehrungswürdigen Greise, deren Porträt die Händler oft in ihren Geschichten zeichneten.

Friede sei mit dir, Josche, begrüßte er meinen Vater, der mich vor sich herschob. Ich wusste, dass es nicht lange dauert, bis du mir diesen da bringst.

In einem langen, ehemals weißen Leinengewand stand Zerah an der Schwelle seines Hauses und streckte mir die Arme entgegen. Er nahm mich bei der Hand, und ich war so beschäftigt mit seiner großen schwieligen Faust, dass ich gar nicht bemerkte, dass mein Vater uns nicht in das angenehm kühle Dunkel der Behausung gefolgt war. Die Bleibe des Alten schien mir noch kärglicher als die unsre, obwohl diese doch schon nur das Nötigste enthielt. Im einzigen Raum erblickte ich im warmen, staubigen Licht eines winzigen Fensters nur zwei oder drei Matten und ein paar Utensilien, die auf der festgestampften Erde lagen.

Ruhig bedeutete Zerah mir, ich solle mich setzen, er selbst nahm mit untergeschlagenen Beinen mir gegenüber Platz. Im Halbdunkel blieb mir gerade Zeit, an der Wand hinter ihm eine Art Stern mit acht gleich langen Spitzen wahrzunehmen. Ich wunderte mich nicht, denn wir besaßen den gleichen.

Simon, du bist nun alt genug, um zu erfahren, was du hier tust und wer wir sind. Hör mir gut zu: Hast du schon einmal unsere Kleider betrachtet?

Ja, erwiderte ich sofort, unsere Gewänder sind weiß, sie sind nicht so wie die in der Stadt, außerdem kratzen sie auf der Haut, aber mein Vater sagt, das wäre gut so und würde mit der Zeit vergehen.

Zerah schmunzelte leise und fuhr dann fort:

Das Problem ist nicht, dass sie kratzen, sondern dass sie von denen der anderen verschieden sind. Die Gewänder der Männer und Frauen, die dem Gesetz der Stadt folgen, oder die der Soldaten sind blau, gelb, rot. … Sie haben alle möglichen Farben. Es ist gut, dass du es bemerkt hast. Weißt du auch, warum das so ist? Weil die Menschen von Jappa nicht die gleiche Sprache sprechen wie wir, sie sprechen nicht die sanfte Sprache …

Aber ich verstehe sie doch! antwortete ich ungestüm.

Du verstehst ihre Worte, aber du wirst bald erfahren, dass du nicht ihr Herz hörst und dass du dich zwingen musst, zu ihnen zu gehen. Das ist das Schwierige, denn wenn du auch den Pulsschlag ihres Lebens hören möchtest, so werden sie nicht oft den deinen hören wollen. Aber du bist nicht gekommen, um bittere Worte zu hören, Simon, du bist hier, um sehen und denken zu lernen.

Du weißt schon seit langem, dass wir nicht so leben wie die Menschen in den Städten und wie die Händler mit den Kamelen, du sollst jetzt wissen, weshalb ... Stell dir ein riesiges Flachsfeld vor, das die Mitglieder einer Familie unter sich aufteilen. Jeder heiratet und bekommt viele Kinder: da sind die Nachkommen von Joseph, die von Saul, von Jakob und viele andere. Es sind so viele, dass sie sich bald nicht mehr kennen und sich befehden. Einige verlieren dabei ihr Stückchen Land und müssen, um zu überleben, die anderen um Asyl bitten, das diese widerwillig gewähren.

Die ganze Erde ist diesem Flachsfeld vergleichbar, wir in diesem Dorf und in ein paar anderen sind wie die Überlebenden eines vergangenen Krieges, in dem wir die von unserem Vater verteilten materiellen Güter verloren haben. Wir sind im Exil bei Verwandten, die unsere gemeinsame Herkunft vergessen haben. Wir sind die Überlebenden einer Epoche, in der die Sonne ihr Gesicht nicht so zeigte wie heute, in der ihre Strahlen jedoch mehr die Herzen erwärmten. Wir sind der Stachel in der Ferse eines Riesen. Sieh mich nicht so an, du wirst es bald verstehen.

Zerah hielt ein paar Sekunden inne, sicher hatte er meine Verwunderung bemerkt. Er legte mir die Hände auf die Schultern und fuhr dann fort:

Du musst wissen, dass wir nicht zu denen von Abraham und Jakob gehören, Simon. Unsere Väter haben sich vor vielen Monden getötet. ... Es ist länger her, als du dir vorstellen kannst. Sieh dir den Stern genau an, der hinter mir hängt; er ist eines der Symbole unseres Volkes. Du wirst ihn auf dieser Erde bei all jenen finden, die beim Sprechen die Hand auf ihr Herz legen. Dies ist ein Zeichen, das du kennen musst. Es gibt viele andere, von denen du später erfahren wirst.

Viele Völker leben in diesem Land, ich sage nicht, dass wir das beste von ihnen sind, aber unser Vater im Geiste hat uns ein Wort gegeben, und wir haben es bewahrt, ohne ein Jota wegzulassen oder hinzuzufügen. Zu seinem und zum Ruhm aller deiner Menschenbrüder solltest du es hören und wiederholen können. Dann wirst du wie alle hier im Dorf das Recht haben, das lange weiße Gewand zu tragen, und du wirst die Sprache der Sanftheit sprechen ... und durch sie heilen.

Ich soll heilen?

Ja, du wirst heilen, wie viele von uns, die den Eid abgelegt haben. Aber du wirst nicht nur die leidenden Körper behandeln, du wirst die Seelen heilen wollen ...

Die Seelen? Was ist eine Seele?

Die Seele, Simon, ist ... sie ist jene große Kraft, die in dir wohnt und dir erlaubt, jeden Morgen etwas Ähnliches zu sagen wie »Das bin ich, und ich heiße Simon«. Sie ist die Flamme, die dich Nacht für Nacht verlässt und sich in einem Land ergeht, aus dem sie Träume und anderes mitbringt. Es ist das Land, in dem es keine Grenzen gibt und wo ...

Aber ich habe diese Flamme noch nie gesehen!

Du wirst lernen, sie zu sehen, und ich versichere dir, du wirst sie sogar berühren können.

Ich verstand kaum, was die warme, gedämpfte Stimme Zerahs mir sagte, aber ich hatte das unbestimmte Gefühl, dass er eine Tür nach der anderen vor mir öffnete ... Es war, als ob er ein Häuflein Asche bewegen und die kleine vergessene Flamme, deren Namen er ausgesprochen hatte, wieder zum Leben erwecken würde.

Und wieso kann eine Flamme krank sein? fragte ich und riss die Augen auf.

Die wird krank, wenn sie sich zu weit von dem Feuer entfernt, aus dem sie hervorgegangen ist. Merk dir das gut, Simon. Dann verbrennt sie alles, was sie berührt, anstatt es zu erwärmen. Es ist einfach, nur wir komplizieren alles.

Zerah griff dann nach meinem linken Handgelenk und befestigte mit geschickten Bewegungen eine feine schwarze Kordel daran – Zeichen des Schatzes, den er mir anvertraute, und des Gebäudes, dessen Grundstein er soeben gelegt hatte.

Das Purimfest

Die Monate vergingen, aus ihrem gleichförmigen Verlauf hoben sich nur die häufigen Besuche bei Zerah ab.

Der alte Mann vom »Haus am Brunnen« schien mich unter seinen Schutz genommen zu haben und unterhielt sich mit mir nicht mehr wie ein Lehrer, sondern wie ein Großvater, der zu seinem Enkel spricht. Das Zusammensein mit ihm wurde zu einem Bedürfnis und seine bescheidene Bleibe zu einem zweiten Zuhause.

Meine Eltern beobachteten nur aus der Ferne, wenn ich zu ihm ging, doch redeten wir nie darüber. Aber ihre Blicke sagten mir, dass die Besuche ihnen nicht missfielen.

Mein Vater sprach weniger von der Feldarbeit und bestand eher darauf, dass ich beim Formen und Kneten des Tons zusah. Und meine Mutter entschied, dass ich von nun an Hände und Füße waschen sollte, bevor ich das Haus betrat. Diese Forderung empörte mich nicht – im Gegenteil: Ich fühlte mich geschmeichelt.

Mein Vater und seine Freunde, die vielen Fremden, der alte Zerah und alle, die das lange weiße Gewand trugen, taten dies seit jeher. Mir schien, dass ich durch diese Verpflichtung von den Erwachsenen akzeptiert wurde und ein Geheimnis mit ihnen teilte. Meinen Spielkameraden erzählte ich nie davon.

So verbrachte ich meine Zeit zwischen Zerah, der Töpferscheibe meines Vaters und ... den Mandelbäumen, die ich von Jahreszeit zu Jahreszeit blühen und wachsen sah. Aus irgendeinem Grund beteiligte ich mich nur selten an den Spielen der Kinder meines Alters; einzig Miriam, die Tochter des Webers, teilte meine Träumereien unter dem Zitronenbaum, den ich zum Gefährten gewählt hatte, weil er einen ausgezeichneten Beobachtungsposten für die Straße nach Jappa darstellte.

Miriam hatte lange, widerspenstige rote Locken, und in ihrem Verhalten lag eine gewisse Wildheit; immer trug sie ein weites Gewand in verwaschenem Ocker. Ich hielt sie ganz selbstverständlich für »die Kleine«, obwohl ich doch kaum älter war als sie. Meine Einstellung änderte sich, als ich eines Tages zufällig sah, wie sie Füße und Hände reinigte, bevor sie ein Haus betrat. Also wusste auch sie etwas! Vielleicht ging sie genauso zu Zerah wie ich? Ich konnte es mir nicht verkneifen, sie danach zu fragen.

Nein, Simon, mein Vater möchte, dass ich das tue. Er sagt, unser Haus und wir selbst seien wie Tempel, in denen eine kleine Flamme brennt, und deshalb müssten wir uns sauber halten ...

Er hat Recht, ich habe diese Flamme schon einmal gesehen, sie leuchtet wie die Sonne.

Mein Blick erforschte die Tiefen ihrer grauen Augen. Sie schienen ernst und spöttisch zugleich, und ich hatte nicht den Mut, weiter zu fragen.

Also hatte sie, die »Kleine«, schon gesehen, was der alte Zerah mir an vielen Vormittagen beschrieben hatte. Ich hatte ihm zugehört, ohne weiter nachzudenken, so, als ob er schöne Fabeln aus vergangenen Zeiten erzählte, von denen ich viele zu kennen glaubte ... Aber in Wirklichkeit wusste ich nichts, denn ich hatte die Flamme nicht gesehen, während Miriam ...

Ohne dass ich etwas einwenden konnte, hatte sie mich bei der Hand genommen und führte mich über die staubigen Pfade des

Dorfes zur Behausung ihrer Eltern, die die Farbe der Erde hatte und mehr schlecht als recht an einen mit Flechten bewachsenen Felsen gebaut war.

Schau, wisperte sie mir ins Ohr, während sie mit dem Finger auf eine der Mauern aus getrocknetem Schlamm zeigte.

Nach ein paar Schritten entdeckte ich eine kleine Nische, die in das Mauerwerk des Hauses eingelassen war und von einem Busch halb verdeckt wurde; in einen Stein war etwas eingraviert, das für mich so aussah wie der Stern Zerahs.

Das ist also deine Flamme? murmelte ich ein wenig enttäuscht.

Pscht! Schau!

Ich sah, wie Miriam ein Schälchen aus geschwärztem Metall an sich zog, aus dem noch ein zarter weißer Dunst stieg.

Wortlos hob sie einen flachen Stein am Ende der Nische auf und brachte ein anderes Behältnis zum Vorschein, das eine Art grob zerstoßenes Pulver und getrocknete Blätter enthielt. Sie nahm eine Prise davon und gab sie in den ersten Tiegel. Mit einem leisen Knistern stieg dichter, bläulich-weißer Rauch spiralförmig aus ihm auf und erfüllte die Luft mit Wohlgeruch.

Ich kannte diesen Duft, er hing oft über den Gassen unserer Gemeinschaft. Für mich war er wie die unsichtbare, aber durchaus lebendige Präsenz eines jener Wesen, die das Universum bevölkern. Sein Duft vermischte sich mit dem der Akazienbäume und des Korianders.

Das ist doch Weihrauch, sagte ich, der alte Zerah kauft ihn für uns alle bei den Kameltreibern, die aus dem Land der roten Erde[1] kommen. Es liegt sehr weit weg hinter den Bergen, dort, wo der große Fluss ist … Das ist also deine Flamme!

Es hilft, sie zu sehen … Mein Vater hat gesagt, ich müsste mich jeden Tag einige Zeit ruhig hinsetzen und mit geschlossenen Augen

---

[1] *Ägypten*

den Duft einatmen … so, als würde ich alle Düfte der Welt in mich aufnehmen. Also habe ich es getan, und eines Tages habe ich die kleine Flamme gesehen, sie war blau, ganz blau, und stand zwischen meinen beiden Augen. Sie strahlte und strahlte und ist schließlich so groß geworden, dass ich aufhören musste, sie anzusehen.

Miriam schwieg; wir blieben noch lange dort und betrachteten die zarten Bänder, die über unseren Köpfen schwebten.

Erst da wusste ich, dass die Worte meines alten Freundes keine Fabeln waren. Die kleine Miriam vom Zitronenbaum hatte es mit der Hand auf dem Herzen gesagt.

Als Kind und auch später als Erwachsener behielt ich diesen Augenblick als den Zeitpunkt meiner Geburt im Gedächtnis, als den Moment, in dem der kleine Funke, der über mein ganzes Leben entscheiden sollte, in die Welt gekommen war …

Dies geschah am Vorabend des Purim[2], und ich erinnere mich noch genau an die Geschäftigkeit der Brüder unseres Dorfes, die mit ihren Flachsbündeln auf den Schultern den schmalen Pfad hinaufstiegen. Sie sangen ein seltsames Lied in einer mir unbekannten Sprache.

Es war auch der Tag, an dem Neuankömmlinge sich bei uns einrichteten: eine dreiköpfige Familie, deren Kind, ein Junge, etwa im gleichen Alter zu sein schien wie ich. Der Mann war sehr viel älter als die Frau, und aus seinen Gesichtszügen sprachen Autorität und die Gewöhnung an die harte Arbeit unter der heißen Sonne Galiläas. Er arbeite mit Holz, hatten meine Eltern mir gesagt, und wurde oft zu anderen Brüdern in die Dörfer jenseits der Hügel gerufen, um ihnen beim Bau ihrer eigenen Häuser oder bei der Errichtung von Hospizen für die Kranken zu helfen.

Miriam und ich bemerkten sofort, dass ihm große Verehrung entgegengebracht wurde. Sogar der alte Zerah war vor ihm gesehen

---

[2] *Fest im 12. Monat des israelischen Kalenders (Februar/März) zur Erinnerung an die Errettung der persischen Juden durch Esther*

26

worden, hatte das Knie gebeugt und die Hände vor der Brust gekreuzt. Zerah war auch der erste gewesen, der ihnen entgegengeeilt war, als sie die heilige Grenze unseres Dorfes überschritten. Zum Willkommen hatte er ihnen vor dem ganzen Dorf den dreifachen Bruderkuss gegeben. Diese Geste wurde als bedeutsam angesehen: Zerah, den die Last des Alters drückte, bewegte sich nicht unnötig.

Auch die Frau unseres neuen Bruders rief große Ehrerbietung hervor: kaum hatte sie unser Dorf betreten, als meine Mutter mit ein paar Freundinnen auch schon herbeilief, um ein großes Tuch aus weißem Linnen vor ihr auszubreiten, auf das sie die Füße setzte.

Die Unbekannte mit dem feinen ovalen Gesicht war noch sehr jung: die Aufmerksamkeit schien sie verlegen zu machen, und sie stammelte ein paar Worte, als ob sie sich entschuldigen wollte.

Zerah, zu dem ich gleich hinübergelaufen war, erzählte mir, sie sei »Taube«[3] in einem großen Tempel gewesen. Sie hatte dort ein sehr reines Leben geführt und das Geheimnis und die Riten einer alten Tradition unseres Volkes bewahrt.

Miriam und ich waren beeindruckt. Unsere kindliche Neugier fand schnell heraus, dass die beste Möglichkeit, noch mehr Wunderbares über sie zu erfahren, darin bestand, ihren Sohn zu befragen.

Aber wir mussten unser Vorhaben auf den folgenden Tag verschieben, denn Joseph – so nannten ihn alle – wurde von den Brüdern, die sich um ihn drängten, ganz und gar in Beschlag genommen.

Miriam konnte sich einen Ausruf des Erstaunens nicht versagen, als sie sah, dass einer von ihnen den Boden vor ihm küsste. Die Geste schien Joseph zu missfallen, jedenfalls verwirrte sie ihn, denn wir sahen, wie er einige Schritte zurückwich und den Blick dessen, der ihn so geehrt hatte, aufmerksam studierte.

»Ehli um«, sagte er halblaut, »El com ... «

Dann versteckte er den Kopf im Mantel seines Vaters und blickte auf den Staub zu seinen Füßen.

---

[3] *Vestalin*

Der folgende Tag versprach angenehm zu werden, und obwohl wir das Purim nicht feierten, hatte ich mir vorgenommen, zur Straße hinabzugehen und die lange Prozession der Gläubigen auf dem Weg ins nächste Dorf zu bewundern.

Beim ersten Schein der Morgendämmerung verließ ich meine Matte. Ich ließ den großen Mantel fallen, in den ich mich jeden Abend einrollte, zog den Gürtel meines Gewandes fest und stieg barfuß den abschüssigen Pfad hinab.

Unten waren schon viele kleine Gruppen unterwegs, die es recht eilig hatten, zum Tempel zu kommen. Man lief hinter Maultieren und Eseln her, Trompeten erklangen – ein buntes Völkchen, das glücklich war, im Tempel ein Opfer darbringen zu können.

He, Kleiner, kommst du nicht mit? rief ein junger Mann im gestreiften Gewand mir lachend zu.

Lass ihn, siehst du nicht, dass er ein Nasiräer[4] ist?

Ein anderer war dazwischengekommen und zog seinen Gefährten fort, der mich nun leicht verächtlich ansah.

Ein Nasiräer? Aber nein, ich war kein Nasiräer ... Und warum sahen mich alle so an?

Wie festgewachsen blieb ich am Rande der Straße nach Jappa stehen und wagte nicht mehr, der freudig gestimmten Menschenkolonne entgegenzulächeln.

Als ich mich wieder auf dem steilen Fußweg zum Dorf befand, von dem ich durch Feigen- und Olivenbäume im Moment nur ein paar stufenförmige Terrassen sah, kamen mir die Worte des alten Zerah wieder in den Sinn, die wie ein Leitmotiv waren: »Simon, du musst wissen, dass wir nicht zu denen von Abraham und Jakob gehören.«

---

[4] *Die Nasiräer waren Angehörige des jüdischen Glaubens, die sich, meist für begrenzte Zeit, zum Gelübde des Nasiräats verpflichtet hatten: Sie durften keinen Wein trinken, sich die Haare nicht schneiden und keinen Toten berühren. (Anm. d. Üb.)*

Zerah saß übrigens gerade oben an der Stelle, wo der Pfad in die Umfriedung einmündete, auf der niedrigen Mauer und sah mir zu, wie ich atemlos den Hügel hinaufstürmte.

Zerah, brach es aus mir heraus, sobald ich in seiner Nähe war, ist es wahr, dass ich ein Nasiräer bin?

Wer hat dir das gesagt, Simon? Die von unten? Du bist kein Nasiräer, aber es wäre keine Schande, wenn du einer wärst. Sieh, oft verstehen die Menschen aus der Stadt und vom Land ringsum nicht die, die anders denken als sie und dem Vater nicht denselben Namen geben. Komm, setz dich ... Du musst mir jetzt zuhören und gut aufpassen.

Mit einem Satz sprang ich auf die Mauer, die die ersten Sonnenstrahlen zu wärmen begannen. Durch die Worte meines alten Freundes hatte ich auch meine Heiterkeit wiedergefunden.

Sie bezeichnen alle, die behaupten, nicht von Abraham und Moses abzustammen, als Nasiräer. Für sie ist es das Gleiche, als würden sie ›Ketzer‹ oder ›Unreine‹ sagen. Später wird man dir noch andere Namen geben. Du wirst oft ›Nazarener‹[5] hören, aber auch das ist falsch. Der wahre Name, der Einzige, der dir zusteht und auf den wir alle Anrecht haben, ist ›Essania‹[6], was in der Sprache unseres Volkes ›Kinder der Sonne‹ bedeutet. Aber dieser Name wird dir nicht oft zu Ohren kommen, denn nur wenige kennen ihn. Die Leute

---

[5] *Auch: Nazoräer, Nazaräer. Der Beiname Jesu, meist in Zusammenhang gebracht mit seiner angeblichen Heimatstadt Nazareth, bezeichnet nach Epiphanios von Salamis (315–403 n. Chr.) in der Form »Nasaräer« eine vorchristliche jüdische Sekte, die wie die Essener Fleischgenuss und Tieropfer verwarfen. Nach Plinius d. J. und Flavius Josephus lebte die Sekte der Nazarener schon mindestens 150 Jahre vor Jesus an den Ufern des Jordans und am östlichen Ufer des Toten Meeres. »Nazaräer« ist von dem aramäischen Wort »nazar« abgeleitet, das »wachen«, »beobachten«, »bewahren« bedeutet, im übertragenen Sinn »sich für den Dienst Gottes verpflichten«. (Anm. d. Üb.)*

[6] *Heute »Essener«*

aus Jerusalem sagen ›Nazarener‹, weil das für sie verschiedenes bedeutet: etwa sich nicht die Haare zu schneiden, oder die Gebetsschnur mit den 108 Perlen am Hals zu tragen …

Warum haben wir eigentlich so lange Haare, Zerah?

Zur Erinnerung an eine Zeit, in der die Söhne des Vaters, die von den Sternen, uns den Weg gewiesen haben … Aber ich kann dir jetzt nicht mehr darüber sagen.

Aus dem Tal unten kam ein langgezogener, tiefer Ruf, der sich mehrmals wiederholte. Es war der Bruder Hirte, der seine Tiere sammelte und seinen Abmarsch anzeigte. Auch ich wurde an die Zeit erinnert und half Zerah zu seinem Haus zurück.

Beim alten Brunnen sah ich, dass Miriam schon dort war; sie saß auf dem Boden und sprach mit Joseph, unserem neuen Freund von gestern Abend.

Ich verabschiedete mich von Zerah, der mir lächelnd verzieh, und eilte zu den anderen.

Meine Mutter ist meine Mutter, sagte Joseph rätselhaft und langsam und betonte jedes Wort. Mein Vater hat mir einmal gesagt, sie sei ›Taube‹ in einem großen Tempel unseres Volkes gewesen. Auch ihr Vater war Hohepriester in diesem Tempel, das war in Jerusalem, ich glaube, im Tempel des Lichts und der Brüder in Weiß[7]. Niemand durfte sie berühren, und es war ihr verboten, die Füße auf den Boden zu setzen.

Obwohl die Stimme Josephs sehr sanft war, hallte sie über den ganzen Platz; seine hellblau strahlenden Augen, die sich vom matten Teint des Gesichtes wie Perlen abhoben, lachten.

Wie Nasiräer oder Nazarener trug auch er langes Haar, es schimmerte wie kastanienbraunes Kupfer und fiel in feinen Locken auf seine Schultern, die breiter waren, als dies bei einem Kind seines Alters im Allgemeinen der Fall ist.

---

[7] *Der Heliostempel*

Das blaue Gewand aus grobem Leinen ließ den Hals frei, und ich bemerkte außer der Gebetsschnur eine feine Kordel mit einem kleinen schwarzen Beutel, der fest zugenäht war.

Joseph hatte die Richtung meines Blicks erraten und kam meiner Frage lächelnd zuvor:

Ein paar alte Männer haben ihn mir vor langer Zeit nicht weit von Jerusalem gegeben ...

Ich glaubte zu verstehen, dass er nicht mehr sagen wollte. Es blieb lange still zwischen uns. Dann erklärte Miriam, während sie langsam eine Handvoll Erde durch ihre Finger gleiten ließ:

Joseph hat zwei ältere Brüder, sie kommen morgen. Sie sind schon erwachsen, und deshalb helfen sie seinem Vater, die Ziegel für das Haus zu machen. Sie werden auch hier wohnen, das Dorf wird groß ...

Joseph stand dann auf und meinte, die Sonne stehe schon hoch und er müsse noch mit seinem Vater reden. Unser Blick folgte ihm, während er sich, ganz im Gegensatz zum Ungestüm der übrigen Kinder des Dorfes, gemächlich entfernte.

Aber statt zur Bleibe seiner Eltern zu gehen, sahen wir, wie er einen Pfad durch die Dornen einschlug, der geradewegs den Berg hinaufführte. Als er verschwunden war, hatten Miriam und ich schon beschlossen, hinter ihm herzugehen. Unsere kindliche Neugier war stärker als die eigentlich gebotene Zurückhaltung, und lautlos folgten wir ihm auf dem steinigen Pfad.

Joseph war nicht mehr zu sehen. Bald waren wir nur noch von knorrigen Olivenbäumen und einem Teppich roter Blumen umgeben, die uns bis zu den Knien reichten. Wir hatten schon den Rückweg eingeschlagen, als wir in einer Mulde des Geländes plötzlich Joseph bemerkten: Er lag mit dem Gesicht nach unten auf der Erde und hatte die Arme kreuzförmig ausgebreitet.

Lasst ihn, sagte ernst die Stimme Zerahs, der hinter uns auftauchte, er spricht mit seinem Vater ...

Die Abreise

Im Schuppen knirschte die Töpferscheibe meines Vaters.

Du wirst bald sieben Jahre alt, Simon … und dein Leben wird sich ändern. Ich habe viel mit Zerah und ein paar anderen aus dem Dorf darüber gesprochen. Sieh, die Menschen sind ungefähr wie der Ton, den ich mit meinen Händen forme. Sie können eine ungestalte, vor sich hin dämmernde Masse bleiben oder sich dazu entschließen, zum Leben zu erwachen, um einem bestimmten Ziel zu dienen. Der einzige Unterschied ist, dass sie ihr eigener Töpfer sind.

Mein Vater warf die langen Haare zurück, die ihm ins Gesicht gefallen waren.

Du hast nun sieben Jahre lang die Erde zusammengetragen, mit der du dein ganzes Leben lang arbeiten wirst. Zerah, deine Mutter und ich haben nur ein wenig Wasser zum Binden beigegeben. Jetzt musst du ein Kelch werden, damit du all das empfangen kannst, was unser Volk über Generationen angesammelt hat. Aber vergiss nicht … ein Kelch empfängt nicht nur … Die Hälfte seines Reichtums verfliegt, wenn er zu lange wartet, bis er sich den Lippen derer darbietet, die Hunger und Durst haben.

Mein Vater hatte diese Worte in einem Zug ausgesprochen. Er betrachtete einen Lehmkegel, der unter seinen feuchten Händen

Gestalt annahm und die Farbe der Erde Galiläas hatte. In seiner Stimme lag ein starkes Gefühl, das ich erst sehr viel später verstand. Instinktiv atmete ich tief ein, wie um einen langen Seufzer auszustoßen, es war, als hätte ich gewusst, was man von mir erwartete. Aber das war falsch!

Aus einem Winkel des Schuppens stieg der säuerliche Geruch des Tons. Mechanisch nahm mein Vater eine Handvoll Wasser aus einem Krug und benetzte die lehmige Masse mit beiden Händen; dann fuhr er fort:

Zwei Tagesreisen zu Fuß von hier gibt es einen Berg, der das Meer und die Ebenen von Jesreel beherrscht. Angehörige des Volkes von Essania haben dort vor sehr langer Zeit mit Hilfe der Könige vom Land der roten Erde eine bedeutende Schule errichtet. Sie haben dort alles hinterlegt, was sie wussten, und noch mehr … Die anderen und ich haben gedacht, es wäre gut, wenn du dorthin gehen würdest …

Die Worte trafen mich wie ein Donnerschlag. Ich hatte das Gefühl, eine Weizenähre zu sein, die den Hufen der Ochsen ausgesetzt wird, damit das Korn herausspringt.

Warum ausgerechnet ich? Die anderen nicht?

Ich weiß nicht mehr, ob dieser Schrei der Entrüstung wirklich über meine Lippen kam oder ob ich ihn tief in mir erstickte.

Die Ungerechtigkeit machte mich blind, und wie betäubt durch die anscheinende Gefühllosigkeit meines Vaters stürzte ich aus der Werkstatt.

Dies geschah an einem frühen Morgen des Monats Scheba[8]; eine frische Brise wehte über die Hügel, und die Strahlen der in dieser Jahreszeit eher zurückhaltenden Sonne wärmten noch kaum. Wohin sollte ich gehen? Zu Zerah? Auch er hatte mich im Stich

---

[8] *Elfter Monat des jüdischen Kalenders, d. h. Januar/Februar*

gelassen; vielleicht hatte er sogar die ganze Sache eingefädelt? Oder wusste es doch jedenfalls schon lange? Deshalb also wollte er mich so oft sehen und gefiel sich darin, mir, einem kleinen Galiläer mit nackten Füßen, so viele Dinge einzuprägen, die seine Auffassungsgabe überstiegen ...

Ich hatte den Eindruck, eine riesige Verschwörung aufzudecken, die genauso furchterregend war wie die Silexmesser der Erntearbeiter. Die Brüder des Dorfes hatten uns Kindern versprochen, nach dem Passahfest zum See Genezareth zu gehen, und nun würde ich nicht mitkönnen!

Der Zorn, der mich überwältigte, verwandelte sich in dicke, kaum zurückzuhaltende Tränen. Ich hatte keinen Blick für die Pfade, die ich betrat, und mit blutig aufgeschürften Füßen verließ ich ohne Nachzudenken die Umfriedung des Dorfes.

Ich kannte einen riesigen Granatapfelbaum, den ich in der schönen Jahreszeit seines tiefen Schattens und seiner scharlachroten Blüten wegen liebte. Dort hielt ich inne – vielleicht in der Hoffnung, er würde meine Geschichte anhören. Hatte der Alte vom Brunnen mir nicht eines Tages anvertraut, man könne auch mit Pflanzen und Bäumen reden? Aber wer war schon, nach dem, was geschehen war, dieser Zerah?

Blau, Grau und Gelb erstreckten sich am Horizont die Silhouetten einsamer Täler wie Wellen. Nur ein fernes Blöken und der Ruf der Rebhühner ließ ein verborgenes Leben erahnen, dem eine innere Stimme mir zu folgen befahl.

Hinter einer Weißdornhecke erspähte ich ein kleines Gewand aus blauem Leinen; ich erkannte Joseph ...

Er streifte oft allein durch die benachbarten Berge, und so war ich nicht erstaunt, ihm an dieser Stelle zu begegnen. Er wirkte verträumt, denn obwohl er in meine Richtung ging, schien er meine Gegenwart nicht zu bemerken.

Ein merkwürdiger Junge, dieser Joseph! Er war, wie man mir gesagt hatte, noch nicht einmal sechs Jahre alt, und trotzdem interessierte er sich kaum für unsere Spiele. Oh! Es gab Tage, da war er wie alle anderen Kinder, er lief umher, lachte und spielte »mit dem Stein«[9], aber das dauerte nie lange, und bald sah man ihn wieder friedlich über die Disteln der Berge hüpfen.

Für Miriam und mich war er ein Rätsel; wir wussten nie, ob aus seinen Augen untergründliche Trauer oder bereits die gelassene Heiterkeit des Alters sprach. Mir fielen die Worte meiner Spielgefährtin ein:

Er ist eine alte Seele ... Joseph hat die Jugend der alten Seelen ... Ephram hat es meinem Vater gesagt, als sie zusammen Oliven pflückten.

Trotz seiner Zurückhaltung waren wir immer glücklich, ihn zu sehen, mit ihm zu spielen oder mit ihm zu sprechen, denn schon seine wenigen Worte zauberten ein Lächeln auf seine Lippen und in die Tiefe seines Blicks.

Ich gehe weg, Joseph, sagte ich, wie um seine Aufmerksamkeit zu erregen, zu mir selbst.

Aber Joseph hatte mich schon bemerkt und lief auf mich zu.

Und dann erlebte ich ein Schauspiel, das ich nie vergessen werde – einen jener Augenblicke, in denen die Zeit verlangsamt erscheint und man eine Tür öffnet, die sich nie wieder schließt.

Ich sah den kleinen Joseph, wie er über die Steine hüpfte, und dabei war er plötzlich von einem durchsichtigen azurblauen Schein umgeben, der fast die ganze Landschaft entzündete.

Es schien leise zu knistern. Lange Flammen in reinem Blau strömten aus ihm heraus wie Kräfte des Lebens, verwandelten sich in wunderbare weiße Spiralen und verschmolzen dann mit der Natur. Es war, als ob die Sonne die dünne Wolkendecke durchbrochen hätte, als ob der ganze Berg bebte und im Einklang schwang mit den Sprüngen des Kindes auf dem felsigen Untergrund.

---

[9] *Eine Art »Himmel-und-Erde-Spiel«, das bei den Essenern gebräuchlich war*

Joseph war selbst eine Sonne geworden, eine blaue Sonne, die mir den Wunsch eingab, mich noch kleiner zu machen als ich schon war und meine Trauer zum Schweigen zu bringen.

Was ist los, Simon?

Die Verzückung ging langsam zu Ende; vor mir stand ein kleiner Junge von noch nicht einmal sechs Jahren, der mich groß anlächelte.

Ich gehe fort, Joseph, stammelte ich schließlich. Mein Vater will mich ans Meer schicken, an einen sehr wichtigen Ort, und er sagt, man könne dort viele Dinge lernen.

Ich weiß, Simon. Ich war dabei, als Zerah und die anderen darüber gesprochen haben. Das ist eine gute Nachricht, nicht wahr?

Seine Bemerkung war so einfach und klar, dass ich nichts zu antworten wusste. Und während wir uns über Banalitäten der Reisevorbereitungen unterhielten, gingen wir wieder in Richtung der Häuser.

Wir kümmerten uns nicht um den Weg; Joseph, dem ich unbewusst folgte, schien es zu gefallen, sich durch Dornen und Hecken einen Durchgang zu bahnen. Ganz offensichtlich hatte er seine eigenen, nur ihm bekannten Pfade, und während ich ihm so nachging, beruhigte ich mich vollends. Seltsamerweise schien er sehr viel über das zu wissen, was man in jener großen Schule machte, in die man mich schicken wollte. Er nannte mir viele Einzelheiten, die ich jedoch nur mit halbem Ohr hörte, ich stand noch ganz unter dem Eindruck seines umflammten Körpers einen Augenblick zuvor.

War das vielleicht die kleine Flamme, die Zerah so oft erwähnt hatte? Und wenn ich sie endlich, nach so vielen vergeblichen Hoffnungen, gesehen hatte?

Aber nein, meine Freundin hatte von *einer* Flamme, von *einem* Licht gesprochen, und ich hatte hundert, tausend oder noch mehr gesehen. Die ganze Landschaft hatte sich unter den Schritten Josephs in ein geheimnisvolles Feuer verwandelt.

Plötzlich sprudelte eine Frage aus mir heraus:

Warum hattest du das Recht, zuzuhören, was Zerah und die anderen sagten?

Die »anderen« waren für mich die Brüder, all die »alten« Männer und Frauen, die mehr als zwanzig Jahre zählten und berechtigt waren, das Gewand aus weißem Leinen zu tragen. Ich hatte mir angewöhnt, allabendlich, wenn das Olivenöl in die alten Tonlampen gegossen wurde, zuzusehen, wie sie einer nach dem anderen das einzig wirklich große Haus des Dorfes betraten. Das völlig lautlose »Defilee« dauerte nur ein paar Sekunden, aber in dieser Zeit hatte jemand, den ich nie sah, auf der Terrasse des Hauses ein schwach glimmendes Feuer entzündet, in das Stücke wohlriechenden Harzes gegeben wurden.

Ich war an jenem Abend bei ihnen, ich hatte Glück, antwortete Joseph.

Aber mir war klar, dass er den heiklen Punkt meiner Frage umgangen hatte und sich zu diesem Thema nicht weiter äußern wollte ... falls man ihn nicht um Verschwiegenheit gebeten hatte.

Die folgenden Tage vergingen mit Vorbereitungen, und ich bemühte mich, ein frohes Gesicht zu zeigen. Miriam hielt sich abseits, ich sah wohl, dass sie keinen Geschmack fand an dem, was für mich zu einem Abenteuer wurde und mich in den Augen meiner Spielkameraden zum Zentrum der Gemeinschaft machte.

Wir brauchten zwei Esel, die wir im Dorf ausliehen. Sie gehörten den Brüdern Josephs, zwei kräftigen lustigen Burschen mit markantem Gesicht, das schon von der Mühsal der Arbeit gezeichnet war.

Naiv hatte ich mich gefragt, wie mein Freund zwei so alte und von ihm verschiedene Brüder haben konnte, wo doch seine Mutter so jung war. Die Antwort erhielt ich erst einige Jahre später: Sein Vater war schon einmal verheiratet gewesen; ein Unfall hatte ihn zum Witwer gemacht.

Meine Abreise fand kurz nach Neumond statt. Ein Esel wurde mit Lebensmitteln beladen: getrockneten Feigen, einem Käse, ein paar Weizenfladen und einigen warmen Mänteln. Vielleicht würden wir unter freiem Himmel schlafen müssen. Zuletzt wurde mit groben Stricken eine hölzerne Kiste auf dem Rücken des Esels festgezurrt. Er begann sofort zu schreien, und sein Genosse hatte nichts Besseres zu tun, als es ihm nachzumachen.

Ganz anders, als ich es mir vorgestellt hatte, war niemand zum Platz am alten Brunnen gekommen, als mein Vater und ich abreisten. Der Morgen dämmerte noch kaum, und nur meine Mutter und der alte Zerah, der sich auf seinen Stock stützte, standen in dicke Decken gewickelt da.

Meine Mutter umarmte mich kurz, flüsterte mir ein paar Worte ins Ohr und zog sich dann still zurück. Es war bei uns Brauch, seine Trauer nicht zu zeigen oder sie durch eine Flucht zu verbergen.

Mit seiner noch kräftigen linken Hand hielt Zerah den Esel, während mein Vater mit einem Satz aufsprang. Ich wurde rittlings vor ihn gesetzt, was das Tier zu weiteren Klagen veranlasste.

Als Abschiedsgruß ließ mein alter Freund den Zügel los und führte die weitgeöffnete rechte Hand zum Herzen. Das war alles. Die Tiere und ihre stummen Lasten begaben sich auf den schmalen Pfad zur Umfriedung.

Als wir an einem der letzten Häuser des Dorfes vorüberritten, erregten der Lärm schneller Schritte und der beruhigende Schein einer Öllampe meine Aufmerksamkeit.

Auf einer Dachterrasse über uns erschien für einen flüchtigen Augenblick das kaum erhellte Gesicht meiner Freundin vom Zitronenbaum, der kleinen Miriam. Ich erriet ein etwas erzwungenes Lächeln und hatte kaum die Zeit, eine Hand wahrzunehmen, die einen Lebewohl winkte. Denn schon lag die Wohnung hinter uns, und das dichte Blätterwerk verwehrte einen letzten Kontakt. Fast wären uns auf dem holprigen Weg die Tiere durchgegangen. Aber während mein Vater mit der einen Hand mich festhielt, ließ er mit der anderen einen feinen Zweig durch die Luft pfeifen, der die Kruppe des Esels leicht berührte.

Als wir auf der Straße nach Jappa waren, zeigte er mit dem Finger zum Himmel und brach eine Stille, die bedrückend wurde.

Schau, sagte er, das ist der große Morgenstern, wir nennen ihn ›Mond-Sonne‹ oder auch Ischtar[10]. Für unser Volk bedeutet er das Mysterium und das Licht. Behalte seinen Namen gut, Simon, er wird dir nützlich sein. Eine alte Legende behauptet, dass wir seinen Strahlen vieles verdanken. Sieh, er leuchtet wie kein anderer Stern am Himmel ...

Am Himmelsgewölbe, auf dem noch die letzten Schleier der Nacht lagen, schien »Mond-Sonne« leicht zu blinken, und ich betrachtete das Gestirn, bis es wirklich hell wurde.

Unser Dorf war hinter uns verschwunden. Wir begegneten den ersten Kamelkarawanen, die nach einem kurzen Nachtlager unter freiem Himmel nun ihren Weg fortsetzten.

Mein Vater unterhielt mich mit diesem und jenem und bemühte sich, mich hinsichtlich meines Aufenthalts auf dem »Berg in der Nähe des Meers, dessen Name Karmel[11] ist«, zu beruhigen. Ich müsse sehr viel lernen, wiederholte er, nämlich die Überlieferungen unseres Volkes, den Inhalt der uralten Bücher, das Heilen, und schließlich würde man mir für das ganze Leben eine Aufgabe geben.

Das begeisterte mich wenig, aber hatten mir nicht alle Brüder wieder und wieder versichert, dass ich Glück hätte und dass es nur wenigen erlaubt sei, den Karmel zu betreten? Vielleicht hatten sie Recht.

Mein Vater schien nach Worten zu suchen; er drückte mich fester an sich und fuhr dann fort:

Du musst mehrere Jahre dort bleiben ... Weder deine Mutter noch ich haben das Recht, dich zu besuchen, aber wenn unser aller

---

[10] *Venus*

[11] *Der Name »Karmel« entspricht der in der Akasha-Chronik gehörten Aussprache »Krmel«. Es handelt sich um den Berg Karmel in Israel.*

Vater erlaubt, dass wir ein paar Rollen Pergament finden, werden wir dir schreiben.

Er bemühte sich zu lachen und rief:

Du wirst sehen, du kommst noch gelehrter zurück als dein Freund Zerah!

Die sanfte Landschaft Galiläas mit ihren rosa-, gelb- und grau-farbenen Pastelltönen und den kärglich-trockenen Kalksteinen, an denen sich schüchtern eine Pflanze hochwand, gingen unter den Hufen unserer Esel dahin, und ich wusste nicht, ob ich weinen oder über mein gütiges Geschick lachen sollte.

Bald zwang die Sonne uns, den Kopf mit einem Tuch zu bedecken, und öfters mussten wir anhalten, um den Tieren Zeit zur Erholung zu geben. Der Tag verging ohne besondere Ereignisse; ab und zu wechselten wir ein paar Worte mit einfachen Reisenden, die wie wir unterwegs waren.

Sobald sie näher kamen, bemühte ich mich, eine würdige Haltung einzunehmen, eine Haltung, die in etwa besagte: »Ich gehe in den Karmel«, aber niemand beachtete mich. Die Aufmerksamkeit galt eher meinem Vater mit seinem weißen Gewand und den langen, bis auf die Schultern reichenden Haaren.

Wir durchquerten ein paar kleine ockerfarbene Marktflecken, über denen der Geruch von Schafen und Ziegen lag. Schneller als ich es erwartet hatte, entzündete die Dämmerung die ersten Lichter am Horizont. Mein Vater war abgestiegen und trieb die Esel zu einer schnelleren Gangart.

Die Landschaft wurde waldreicher; Orangen-, Zitronen- und Olivenbäume wechselten einander ab. In der Nähe eines alten, windgebeugten Baumes liefen mehrere Wege zusammen; wir hielten uns rechts, bis wir an den Fuß eines Hügels gelangten, der trockener war als die anderen.

An dieser Stelle prasselte und knisterte ein großes Feuer, das von Männern, Frauen und sogar einer kleinen Schar von Kindern unterhalten wurde. Mein Vater sagte mir, er kenne den Ort, und nachdem er die ganze Gesellschaft mit einer Bewegung der Hand gegrüßt hatte, zog er die Esel zu einem zurückliegenden Gebäude, das in den Fels des Hügels zu gehen schien.

Die Eingangstür war so niedrig, dass ich absteigen musste, um hineinzukommen. Ich sah einen großen Raum, der von einer winzigen Öffnung spärlich erhellt wurde. Die zahlreichen Tiere ließen eine Schäferei oder einen Stall vermuten. Der scharfe Geruch nahm uns einen Augenblick den Atem ... Die Schafe blökten, und nachdem wir unsere Esel von ihren Lasten befreit hatten, banden wir sie an einen Ring, der in die felsige Wand eingelassen war.

Eine Schäferei? fragte ich zaghaft und begann, meinen Mantel auf dem Boden auszubreiten.

Nein, ein Betsaid; das ist eine Art Unterkunft, die die Brüder eingerichtet haben, um Kranke zu pflegen und durchreisende Gäste zu empfangen. Komm, roll deinen Mantel zusammen, wir schlafen nicht hier.

Mein Blick blieb skeptisch. Es gab nur diesen einen Raum. Wo sollten wir sonst schlafen?

Dann sah ich, wie mein Vater zum Ende des Saales ging und hinter einem halbhohen Mauerstück der Lehmziegelwand allmählich im Boden verschwand. Also musste dort eine Treppe verborgen sein!

Ich packte das Bündel aus grober Leinwand, das meine Mutter mir gegeben hatte, und folgte ihm. Vorsichtig stieg ich die wenigen aus dem Fels gehauenen Stufen hinab. Ich konnte gut sehen, denn es waren Nischen aus dem Felsen gehöhlt, in denen Öllampen standen. Die Treppe endete in einem riesigen Raum, in dem rege Aktivität herrschte.

Um einen großen, rechteckigen Holztisch herum, der ungefähr dreißig Tischgenossen Platz bot, kamen und gingen Männer und Frauen jeglichen Alters. Die große Zahl der in einem gewaltigen Korb aus geflochtenen Fasern deponierten Fladenbrote ließ vermuten, dass sie im Moment mit der Zubereitung der Mahlzeit beschäftigt waren. In einer Ecke des Raumes hielten zwei Männer, die neben einem Kamin saßen, ein Feuer in Gang, indem sie in die Glut bliesen.

Mit der Hand auf dem Herzen entbot mein Vater den gewohnten Gruß, der von allen erwidert wurde. Dann kam ein Paar, das sicherlich unsere Herkunft kannte, auf uns zu und gab uns den Bruderkuss. Es lud uns ein, weiter hereinzukommen und uns einzurichten.

Habt ihr noch einen Platz, an dem wir die Nacht verbringen können?

Das weißt du doch, Josche, komm mit dem Kleinen ...

Wir folgten unseren Gastgebern mit so viel Achtung und Vorsicht durch den weiten Saal, als wären wir an einem heiligen Ort. Wir waren solchen Luxus nicht gewöhnt. Statt festgestampfter Erde gab es große Steinplatten, die sorgfältig zurechtgeschnitten und eingepasst waren. An manchen Stellen hatte man sich die Mühe gemacht, geometrische Motive anzubringen: Kreise, Dreiecke und Vierecke folgten einander nach Lust und Laune des Künstlers. Aber vor allem Decken und Wände zogen meine Aufmerksamkeit an. Der offenbar von der Hand eines Meisters behauene Fels mit seinen regelmäßigen Graten war mit Ton beworfen und bemalt worden. Die Bedeutung der verschiedenen Motive, bei denen ocker-, blau- und karmesinfarbene Töne vorherrschten, verstand ich jedoch nicht ganz, und es dauerte ein paar Jahre, bis ich gelernt hatte, sie zu betrachten und ihren symbolischen Gehalt zu erfassen.

Ich sah nichts als Sonnen und Kreuze in verschiedenen Formen, die gemäß einer damals nur erahnten Logik angeordnet waren. Eine Vielzahl kurzer Texte war zwischen den Symbolen verteilt und in einer mir völlig unbekannten Sprache verfasst, heute würde ich sagen, dass es Ideogramme waren.

Der große Gemeinschaftssaal besaß zahlreiche Türen. Wir folgten unseren beiden Führern durch eine von ihnen und entdeckten im zitternden Schein einer kleinen, in der Mauer untergebrachten Flamme ein bescheideneres Zimmer, zahlreiche geordnet auf dem

Boden liegende Matten zeigten, dass es sich um einen Schlafraum handelte. Ich bemerkte auch mehrere Aussparungen in der Wand, die leicht einen Erwachsenen oder jedenfalls ein Kind aufnehmen konnten. Mein Vater bedeutete mir, dass einige als Betten dienten, andere einfach als Sitze. Er machte mich auch auf eine Öffnung in der Decke aufmerksam und sagte, dass jeder Raum mindestens eine besäße. Es war ein Belüftungsschacht, der an der Flanke des Hügels in einem natürlichen Spalt endete.

Die Abendmahlzeit fand nach einer Art gemeinsam gesungener Litanei in absoluter Stille um den Tisch herum statt. Das »Menü« unterschied sich nicht wesentlich von dem mir bekannten: es gab Suppe, Fladenbrot und Oliven. Nach diesem frugalen Mahl kam Leben in die Gesellschaft: Man lachte, tauschte Nachrichten aus oder scherzte, während ernsthaftere Charaktere sich Schriftrollen zeigten und diese halblaut kommentierten.

Ich dagegen, die Glieder steif vom Reiten, schlief sofort ein ...

»He ... Ho! He. ... Ho!« Mit einem Satz war mein Vater auf den Esel gesprungen, auf dem ich schon Platz genommen hatte, und ließ seine feine Reitgerte durch die Luft sausen. Der heutige Tag würde weniger beschwerlich werden als der vorherige; ein feiner Regen liebkoste unser Gesicht und schien auch den Tieren zu gefallen.

Du wirst sehen, Simon, der Karmel ist nicht nur eine Schule, er ist auch eine Art Kloster und ein echter, ein großer Tempel. Alte Schriftrollen, die die Vorfahren unseres Volkes uns hinterlassen haben, besagen, dass der Berg, auf dem er erbaut wurde, seit der Erschaffung unserer Welt heilig ist. Unser aller Vater hat dort vor sehr langer Zeit einen seiner Engel zurückgelassen, und es heißt, man könne dort das Herz der Erde schlagen hören.

Die Erde hat ein Herz?

Josche, mein Vater, antwortete mir nicht sofort; als würde er Zeit zum Nachdenken brauchen, erklärte er erst einmal, er würde lieber neben dem Esel hergehen.

Ich weiß nicht genug, Simon. Die Weisen haben mich nur gelehrt, mein Herz zu kennen und mich seiner zu bedienen, das von Wesen, die größer sind als wir, habe ich nicht studiert. Aber du wirst all das wissen. Die verschwiegenen Mauern des Karmel werden dir vielleicht das Geheimnis Dessen, der kommt und der Welten jenseits der unseren offenbaren.

Der, der kommt?

Ja, Simon ... Du wirst all das wissen, und es wird dein Leben sein.

So vergingen die Stunden, und immer neue Landschaften boten sich meinen Blicken.

Schließlich erhob sich ein leichter Wind und blies den Horizont frei: eine bläuliche Bergkette, die höher war als die anderen, hob sich vom malvenfarbenen Blau des Himmels ab.

Der Karmel, rief plötzlich mein Vater an einer Biegung des Weges.

Vergeblich suchte ich in der angegebenen Richtung irgendetwas, das einem Gebäude glich, aber ich sah nur eine große bergige Masse mit abgerundeten Konturen. Ich erriet ein paar ockerfarbene Flecken, aber nichts, das irgendwie dem ähnelte, was man mir im Dorf beschrieben hatte.

Erst nach einiger Zeit wurde mir die achtunggebietende Masse des Karmel deutlich, dessen schwere Mauern das Blau zerrissen.

Mir war leicht beklommen zumute. Ich hatte etwas anderes erwartet als diesen imposanten Bau, der eher einer Befestigungsanlage als einer Schule oder einem Tempel glich. Die Mauern und viereckigen Türme schienen nicht genau senkrecht zu sein, sondern sich nach oben zu verjüngen.

Als wir näher kamen, und Gefühl und Neugier uns die Lippen versiegelten, bemerkten wir unzählige kleine Öffnungen im Mauerwerk. Einige waren vergittert, andere so klein, dass kaum ein Kopf hindurchzupassen schien.

Der Weg verlief so, dass wir um einen Großteil des Klosters herumreiten mussten, und so konnten wir ein Bauwerk bewundern, das angeblich mehr als tausend Jahre alt war.

Ich zählte drei große Tore aus Holz, mehr breit als hoch. Und dann ...

Das Meer! rief ich aufgeregt.

Ich kannte das Meer, und sein Anblick allein genügte, die in mir aufsteigende Angst zu mindern ...

In dieser Verfassung überschritt ich zum ersten Mal die schweren Tore des geheimnisvollen Karmel, in dem ich einen Großteil meiner Kindheit verbringen sollte. Der stille Joseph und die wilde Miriam waren weit weg, und ich musste lernen, hier ohne sie die Zeit der Fragen zu leben ...

Das Pflaster des riesigen Hofes hallte unter den Hufen unserer müden Esel, und während das Abendrot den Himmel über unseren Köpfen färbte, näherte sich uns ein weißgekleideter Bruder mit schmalem Gesicht und lebhaftem Blick.

Ihr kommt spät, erklärte er kurz angebunden.

Der Karmel

Die Ausbildung, die du hier erhältst, wird nicht jedem zuteil, Simon. Sie ist ein Privileg. Daran solltest du immer denken und dich nie über sie beklagen.

Ein riesenhafter Mann mit mächtigem Bart hatte diese Worte ausgesprochen, während er eine Rolle aus verwebten Fasern beschrieb. Seine sanft dahinfließende Stimme bildete einen seltsamen Kontrast zu seinen Worten, und so wusste ich nicht, ob ich ihm vertrauen oder, im Gegenteil, argwöhnisch bleiben sollte.

Als ich schüchtern die Augen zu ihm erhob, glaubte ich zu erkennen, wie er meinem Vater leise zulächelte.

Wir befanden uns in einem kleinen Raum, der fast zusammenzubrechen schien unter der Anzahl der in den Wandnischen angehäuften Rollen vergilbten Papiers. Nach einem kurzen Blick registrierte ich als einzige Ausstattung ein kleines Kästchen aus hellem Holz, das die Schreibutensilien enthielt und mit dem der am Boden sitzende Bruder arbeitete.

Mich fröstelte plötzlich – aber das war wohl nur auf den leichten Wind zurückzuführen, der hinter der Tür durch die engen Korridore strich.

Bevor wir zur Stube des Mönchs gelangten, der als Schreiber tätig war, hatte man uns durch die Mäander eines schier endlosen

Labyrinths von offensichtlich unbenutzten Korridoren und Sälen begleitet, in denen der würzige Geruch verbrannten Holzes hing. Ab und zu waren uns, schweigend und mit der Hand auf dem Herzen, Brüder begegnet, die Kinder meines Alters begleiteten. Ich hatte versucht, ihre Blicke zu ergründen und glaubte, dort manchmal ein Lächeln oder ein Willkommen zu entdecken. Oder war das nur eine Frucht meiner Phantasie? Aber hatte Zerah nicht oft die Freundlichkeit derer gerühmt, die das Wort unseres Volkes bewahrten?

Mein erster Eindruck vom Karmel war der einer herben Strenge, aber irgendetwas in mir begann trotz allem zu schwingen ... Ohne dass es mir bewusst war, liebte ich die Einfachheit der Verbindung von Stein und Holz.

Simon, hörst du mich? sagte mein Vater und unterbrach so mein Träumen.

Der riesige Mensch hatte sich inzwischen aufgerichtet und hielt mir ein Stück zurechtgeschnittenes Schilfrohr entgegen.

Schreib deinen Namen dorthin! sagte er und wies mit dem Finger auf eine Ecke des gelblichen Papiers.

Ich nahm meine fünf Sinne zusammen und reproduzierte die wenigen Zeichen, die der alte Zerah mir auf der Schwelle seines Hauses beigebracht hatte. Mein Vater setzte seinen Namen unter den meinen, und ein plötzlich hinter mir auftauchender Bruder bat mich, den Raum sogleich zu verlassen.

Also wartete ich auf dem langen Gang und beobachtete durch eine kleine quadratische Öffnung den immer noch hellen Himmel. Im Hof unten hatten die Esel wieder zu schreien begonnen. Ich hörte die Stimmen der Männer, die sich um sie herum zu schaffen machten; sicher luden sie die mitgebrachte Truhe ab, über deren Inhalt man mich im Unklaren gelassen hatte. Das Geräusch einer Türangel veranlasste mich, nach hinten zu schauen: Mein Vater erschien mit dem Schreiber.

Lebwohl, Simon. Wir werden uns hier trennen; ich kann mich nicht länger aufhalten, und der Bruder muss dir noch dein Zimmer zeigen. Du weißt, was wir von dir erwarten, und wenn du zu uns zurückkommst …

Er sprach nicht weiter. Aber unter seinem Mantel zog er ein Päckchen hervor, das bescheiden in ein Stück alten, verblichenen Stoffs gewickelt war. Und zum Vorschein kamen … zwei kräftige Ledersandalen! So ein Geschenk hatte ich noch nie erhalten! Ich bekam vor Aufregung rote Backen und hatte es eilig, sie anzuprobieren und vorzuführen. Daher nahm ich kaum wahr, wie mein Vater seine Hand auf meinen Scheitel legte und sie dann langsam wieder löste. Als ich hochblickte, war ich allein mit dem hünenhaften Schreiber, der eine Hand auf meine Schulter gelegt hatte und mich schon mit großen Schritten über die glatten Steinfliesen des langen Korridors führte.

So einfach war meine Aufnahme im Karmel! Wortlos wurde ich in eine kleine Zelle geführt, auf eine Art niedrigen Tisch stellte man einen Krug mit Wasser und einen Teller mit kaltem Gemüse. Die Tür schloss sich. Ich war allein. Die Nacht verging, ohne dass ich richtig einschlafen konnte, und zwischen zwei Erinnerungsreihen, die mich in einen unruhigen Schlaf wogen, erwartete ich den Morgen. Endlich erahnte ich die ersten Sonnenstrahlen. Ein Fächer weißen Lichts erfüllte mein vergittertes Fenster … und niemand kam. Bestimmt hatte man mich vergessen. Schließlich war ich nur der Sohn von Josche dem Töpfer, und hier gab es sicher sehr viele Kinder der unterschiedlichsten Abstammung. Lange blieb ich auf meiner Matte sitzen, horchte auf das Geräusch von Schritten und fixierte verzweifelt die schwere Tür aus eisenbeschlagenem Holz.

Die Stunden vergingen, ich bemühte mich, die kleine Luke zu erreichen, die sicher auf die Felder oder das Meer ging. Ich sprang hoch, aber sie war zu weit oben und ich musste diese Idee aufgeben. Dann begann ich zu träumen: von den staubigen Pfaden unseres Dorfes, den pastelligen Landschaften Galiläas, dem gemächlichen Schritt der Esel, der verschwiegenen Wärme des Betsaid

– Töne und Düfte, alles nahm nach dem Willen meiner Vorstellungskraft Gestalt an. Ich weiß nicht, wie viel Zeit verging, aber als die ersten Schatten der Dämmerung meine Zelle erreichten, war ich mit meiner Einsamkeit allein. Nur meine Sandalen, die ich nicht aus den Händen ließ, verbanden mich noch mit einer Welt, die für immer dahin war. Eine schmerzhafte Ungeduld beschlich mich, die sich zunächst in Nervosität, dann in Verzweiflung verwandelte. Ich wusste nicht mehr, ob man beim Verlassen des Zimmers den Schlüssel von der Tür gezogen hatte, aber auch wenn ich die materielle Möglichkeit zum Hinausgehen gehabt hätte – das Hindernis war für mich kleinen Galiläer mit meinen sieben Jahren, der an ein freies Leben gewöhnt war, unüberwindlich. Die Sonne sandte nun ihre letzten Strahlen, aber nie hätte ich gewagt, zu rufen oder die schicksalhaften Türangeln in Bewegung zu setzen. Von Zeit zu Zeit schien ich zwischen zwei Wogen einer quälenden Angst in meinem Inneren flüchtige Worte zu hören, vermischt mit kurzen, auf- und abschwellenden Melodien ... Die Stunden vergingen ...

Der plötzliche Klang eines Gongs schreckte mich auf. Zitternd sprang ich hoch und war mit einem Satz bei der Tür, die ich heftig an mich zog. Sie öffnete sich erstaunlich leicht und ließ einen Schwall unbekannter Wohlgerüche in mein Zimmer, denen ich, die aufsteigenden Tränen trocknend, instinktiv folgte.

Am Ende eines gewundenen, bald vor, bald zurück verlaufenden Ganges gelangte ich zu einer schmalen Holzstiege mit alten, ausgetretenen Stufen, die auf einen kleinen Innenhof führte. Vier hohe Mauern begrenzten ihn. Sie waren mit Fresken bedeckt, die vor den Unbilden der Witterung durch Vordächer aus Holz geschützt waren. Ich bemerkte, dass die in regelmäßigen Abständen von mächtigen Baumstämmen getragenen Vordächer praktisch einen umlaufenden Wandelgang bildeten.

Eine kleine Gruppe rotgekleideter Männer stand dort in vertraulichem Gespräch, und ich hielt es für ratsam, den Hof in aller Eile zu überqueren und in die erstbeste Tür zu schlüpfen. In der

Dunkelheit übersah ich die ersten Stufen einer nach oben führenden Holztreppe, ich fiel hin, was mich aber nur dazu veranlasste, noch schneller hochzuhasten und vier Stufen auf einmal zu nehmen ...

Oben erwartete mich eine mächtige Tür, durch deren weit offene Flügel ein klares gelbes Licht strömte. Eine Woge würziger Düfte erfasste mich.

Setz dich, Simon!

Die ernste Stimme machte meinem Lauf ein abruptes Ende.

Wir erwarten dich seit heute Morgen; setz dich!

Ich hatte das Gefühl, von tausend Augenpaaren durchbohrt zu werden. Vor mir, angelehnt an die vier Wände eines riesigen, blau ausgeschlagenen Raumes, saß eine größere Anzahl von Männern. Am Ende des Saales, mir gegenüber, hob sich eine Gestalt von der Gruppe ab. Ein Stück roten Stoffs, das ihr in weichen Wellen bis auf die Schultern fiel, verbarg meinem Blick den größten Teil ihres Gesichts.

Nun ... setz dich!

Völlig eingeschüchtert tat ich schließlich, was man von mir verlangt hatte und hockte mich auf die Fersen.

Nicht so, Simon, du musst jetzt die Position des Dreiecks[12] lernen. Nimm von nun an sie ein.

Die Stimme betonte das »von nun an« in eigentümlicher Weise.

Wir warten auf dich, seit der Morgen dämmert ... Wisse, dass hier niemand irgendjemandem Befehle erteilt und dass niemand für einen anderen verantwortlich ist. Jeder muss selbst seine Begrenzungen überwinden und seine Einsamkeit brechen. Wer im Karmel ist, will seine Ängste auflösen und lernen, auf den anderen zuzugehen. Schätze dich

---

[12] *Bezeichnung der Essener für den »Lotussitz des Ostens«*

glücklich ... Manche haben drei Tage gebraucht, um das eingebildete Gefängnis ihrer Zelle zu verlassen und hierher zu finden.

Es fiel mir schwer, die Stimme zu lokalisieren; manchmal glaubte ich, sie käme von dem Mann mit dem roten Tuch. Sie wurde plötzlich weicher, väterlicher.

Beruhige dich, Simon, und fürchte unsere Strenge nicht, sie ist dazu bestimmt, Seelen zu schmieden. Hör zu und lerne uns kennen ... Nicht alle hier sind aus der Rasse Essanias. Unter uns sind Brüder aus dem roten Land und solche, die die Menschen draußen Nasiräer oder Nazarener nennen. Wir sind verschieden, aber unser Herz, unser Ziel ist eins: Wir wollen das überliefern, was war und was ist, wir wollen den Weg bereiten für *Den, der kommt* – was dasselbe ist. Hat man dir schon vom alten Volk der letzten Erde erzählt?

Nein, flüsterte ich.

Es ist gut. Wisse denn, dass dein Leben als Mensch jetzt beginnt und dass nichts von dem, was du hier hören und sehen wirst, deinen Lippen entschlüpfen darf, um in die Gossen der Städte zu fallen. Nichts!

Die Stimme hielt lange inne und begann dann eine inspirierte Erzählung, die die Nebel der Zeit nicht haben auslöschen können. Ich erinnere mich an sie wie an einen Faden der Ariadne, der mich im Schein der Öllampen zu mir selbst zurückführte.

Hör, Simon, Sohn des Josche ... Es gab eine Zeit, da das Gesicht der Erde ein anderes war, eine Zeit, da Kontinente und Meere nicht den heutigen glichen. Sonne und Sterne enthüllten ihr Antlitz nicht wie jetzt. ... Es war, als hätte unser Vater einen großen, malvenfarbigen Schleier über unsere Köpfe gezogen, die Gestirne erschienen nur selten. Der Namenlose hatte die Erde in zwei Bereiche geteilt: Er hatte den Süden als das Reich der feuerspeienden Berge und den Norden als das Gebiet des Eises und des Schlafs bestimmt. Aus der Begegnung dieser beiden Welten entstand der Nebel, der das Himmelsgewölbe verbarg. Dies dauerte Tausende und Abertausende unserer Jahre, und die Menschen jener Zeit glichen uns nicht. Mit ihrer übergroßen

Gestalt und der niedrigen Stirn wären sie dir schrecklich hässlich erschienen, Simon ...

Der dichte Nebel, der damals zäh die Erde umgab, hinderte sie daran, mehr als ein paar Schritte weit zu sehen, und so schauten sie in sich selbst und sahen ihre Seele und die Flamme des Vaters, die in ihren Herzen glomm.

Nachdem sie viele Jahreszeiten lang das in der Luft verteilte Wasser geatmet hatten, lernten sie, aus dem Wasser die Luft zu trinken, die sich damals reichlicher als heute in ihm befand.

Die Erde spie nun ihr Feuer seltener aus. Die Elemente trennten sich, und die Menschen konnten das Himmelsgewölbe in seiner ganzen Pracht schauen. Es gab einen richtigen Tag und eine richtige Nacht, und die menschlichen Wesen erkundeten die Welt außerhalb ihrer selbst. Endlich verwandelten sich auch ihre Körper, um die tausend Facetten der Natur zu bewundern.

Die Zeitalter vergingen und ließen sie ihre langen Unterredungen mit dem Namenlosen, der in ihren Herzen schlief, vergessen. ...

Wisse, Simon, dass das damals auf Erden herrschende Volk den Namen ›Volk von Atl‹ trug, denn ›atl‹ bedeutete in ihrer Sprache ›Wasser‹.

Auf einem großen Kontinent inmitten des Meeres hatte dieses Volk die Keime von sieben Stämmen genährt. Die Veränderungen, die ich dir beschrieben habe, geschahen, als der fünfte dieser Stämme sein Gesetz aufzwang.

Die Stimme unterbrach sich an dieser Stelle und schien flüsternd Anweisungen zu geben. Ich sah dann, wie in den Ecken des Saales in vier mächtigen Bronzebecken eine Glut geschürt wurde, in die man Harz und Kräuter gab. Flammen züngelten empor, und auf den Mauern begann der Tanz der Schatten. Meine vor Unbeweglichkeit und Kälte steifen Füße spürte ich nicht mehr. Zum ersten Mal fühlte ich mich wohl im Karmel, und um nichts in der Welt hätte ich mich bewegt, denn ich wollte die Fortsetzung der Erzählung vom Land Atl hören. Ich schloss die Augen, und die Stimme fuhr fort:

Dieses Volk, Sohn des Josche, nannte sich Volk von Sem [13], und von ihm stammen alle Wesen weißer Hautfarbe ab, die heute die Welt bevölkern. In Bezug auf Prachtentfaltung, Wissen und Macht war seine Zivilisation keiner anderen vergleichbar. Zweimal jedoch schon hatte der Pol der Erde geschwankt, und zweimal war der Kontinent von Atl zerrissen und in mehrere Teile zerstückelt worden, an denen die Wasser fraßen. Nun, Simon, besser als alles andere solltest du folgendes behalten: Die Weisen von Sem, die eine letzte Katastrophe vorhersahen, statteten dem Herrscher vom Land der roten Erde einen Besuch ab und teilten ihm ihre Befürchtungen mit. Mit ihm zusammen entschieden sie, das schönste und beständigste Bauwerk zu errichten, das der menschliche Geist ersinnen könne, ein Bauwerk, das die Summe ihres geheimsten Wissens für spätere Völker bergen und bewahren sollte. Wenn der Namenlose es erlaubt, Simon, wirst du an einem Tag voller Licht, an dem die Strahlen der Sonne nicht nur den Sand erwärmen, dieses Bauwerk sehen ... Aber hör weiter zu ... Grausamkeit und Laster bemächtigten sich des Volkes von Sem, und die Oberhäupter der sieben großen Familien hielten den Augenblick für gekommen. Sechs von ihnen flohen mit den Ihren in die weißen Eiswüsten des Nordens, während das siebte Familienoberhaupt mit seinen Söhnen und elf weiteren Weisen die trockene Hitze des roten Landes wählte. Damals geschah es, dass in einer Nacht, da der Löwe dem Krebs begegnete, die Sterne vom Himmel fielen, das Land von Atl versank in den Wassern, und fast die gesamte Erde wurde verwüstet. Die Fortsetzung kennst du, Simon, wir brauchen sie dir nicht zu wiederholen ... Man hat mir gesagt, unser Bruder Zerah habe dir schon mehrere Male die Rollen des Mose ... und andere vorgelesen. Wisse jetzt, dass der große König, der die Reichtümer und das Wissen Sems bewahren wollte, Zurid hieß und mehr als dreitausendsechshundert Monde vor der Invasion der Wasser lebte. Wisse auch, Simon, dass die Bewohner der Erde Israels, die Anhänger des Mose, Söhne des siebten Oberhauptes des Volkes von Sem sind und dass die

---

[13] *Dies ist der Ursprung eines bedeutenden semitischen Volksstammes.*

von Essania dem Blut der elf aus den anderen Familien hervorgegangenen Priestern entstammen, die den Ihren nicht gefolgt waren, weil sie sich dem Schatz und der heiligen Flamme Zurids weihen wollten. Die Arbeit von uns allen – deine Arbeit – besteht darin, diese Flamme gegen Winde und Sturmfluten bis zu jener letzten Stunde am Leben zu erhalten, da sie strahlend und glänzend allen sichtbar wird. Nimmst du diese Aufgabe an, Simon? Wirst du das Leinengewand akzeptieren?

Mit der ganzen Würde meiner sieben Jahre, meine lange, geflickte Tunika vor Augen, durchbohrt von den Blicken derer, die sich »Kinder des Einzigen« nannten, hielt ich mich für stark genug, bejahend zu nicken.

Der Bruder mit dem roten Schleier richtete sich endlich auf; ich sah ein längliches, durchgeistigtes Gesicht ohne Alter mit wallendem weißen Bart, in dem die hellen Augen wie Perlen der Güte erstrahlten. Sein Haar schien bis auf den Boden zu reichen, und ich überraschte mich dabei, wie ich seine vielfältigen Windungen verfolgte.

Ein ›Ja‹ sollte ein ›Ja‹ sein, Simon, hörte ich. Nichts kann einen Laut ersetzen!

Ja!

Eine zerbrechliche Silbe kam aus meiner Brust und hallte durch den riesigen Saal.

Dann komm!

Einige sanft schreitende Männer kamen auf mich zu, fassten mich am Arm und führten mich zu dem, den ich für den vornehmsten gehalten hatte. Behände nahmen sie mir die Tunika ab. Mit leisen, schnellen Schritten war ein anderer Bruder zu ihnen getreten. Er schien sehr viel jünger und hielt einen sorgfältig zusammengelegten schwarzen Stoff: ein dickes Leinengewand, das mir schnell übergeworfen wurde.

Nun lege dich auf den Boden …

54

Die Stimme klang beruhigend, aber auf meinen Schultern spürte ich den Druck zweier kräftiger Fäuste. Instinktiv erriet ich, was man von mir erwartete, und streckte mich mit zur Erde gewandtem Gesicht und kreuzförmig ausgebreiteten Armen auf dem Boden aus. Ich fühlte mich nicht besonders wohl, denn durch die von meiner Haltung offenbar überraschte Versammlung ging ein Flüstern.

Über mir hörte ich leise ein amüsiertes Lachen. Ich hob den Kopf, ich suchte ... und unter einem roten Schleier in einem Gesicht ohne Alter traf mein Blick auf zwei Augen wie Diamanten, die in den meinen versanken.

In diesem Augenblick legte sich eine große Hand auf meinen Scheitel. Sie umspannte meinen Kopf fast ganz und drückte mein Gesicht auf die kalten Fliesen. Der gebieterische Druck dauerte lange, sehr lange ... Ich hatte aufgehört zu denken und schloss die Augen, ich trank an der Quelle aller Süße ... In mir fühlte ich das Fließen eines weißen Nebels, der sich meinem Wesen an der Stelle verband, an der der Druck lag und der im Maße, wie er mich erfüllte, zu Licht und Frieden wurde. Meine Vergangenheit war ausgelöscht, sie existierte nicht mehr, ich war nicht mehr Simon aus dem Dorf der Brüder, sondern ein Kelch, in den Ströme reinster Liebe flossen. In einem Ozean aus makellosem Licht entsprang plötzlich ein kleiner blauer Punkt; er brach hervor aus den Tiefen meines Wesens und war dort, gerade dort, an der Wurzel meiner Nase, und wurde größer und größer ... Es war eine azurfarbene Sonne, die beim Näherkommen immer strahlender wurde.

Ich war nicht mehr im Herzen des Karmel, ich war hundert, hunderttausend Meilen weiter weg, wo, weiß ich nicht, kaum streifte mein Fuß das Gras der Wiese, über die ich schritt, über die ich flog ... und die Essenzen von Wesen umschwebten mich.

Aus der Stille erhob sich ein Lied, langsam und süß. Ich hatte das Gefühl, mein Körper würde vergehen und in die vier Ecken des Weltalls zerstieben. Ich schlug die Augen auf ... und sah nichts als eine schwarze, eiskalte Steinplatte. Ich versuchte mich zu erheben, aber die steifen Glieder gehorchten mir nicht. Mein Atem ging flach.

Zwei kräftige Hände griffen nach meinen Armen und stellten mich auf die Füße. Der Mann mit dem roten Schleier war verschwunden. Ich war ganz erfüllt von der berückenden Melodie, die sich wie eine Wolke von Weihrauch aus der Gemeinschaft der Brüder erhob. Unbeweglich wie Marmor waren sie an ihren Plätzen und modulierten Töne wie eine einzige Seele.

Schließlich erloschen die Gesänge und eine Hand glitt in die meine.

Simon, du hast mit deinem anderen Selbst, jenem, das Ihn betrachten kann, die Bekanntschaft des Namenlosen gemacht. ... Bewahre dies in deinem Herzen.

Der Bruder mit dem roten Schleier stand wieder neben mir und sprach zu mir wie mein Vater.

Dieser Ort ist hundertfach heilig, Sohn des Josche, er wurde vor mehr als tausend Jahren von einem großen König des Roten Volkes[14] für unsere Rasse auserwählt. Die schönsten und die schrecklichsten Geheimnisse unserer Menschheit sind seit jener Zeit hier beschlossen. Mit ihnen wirst du dich beschäftigen müssen, um deine schlafende Seele zu wecken.

Ich spürte, wie die Hand die meine fester drückte und mich zur Mauer hinzog. Nach ungefähr zehn Schritten schob der Bruder mit dem alterslosen Gesicht einen schweren blauen Vorhang zur Seite. Ich sah ein breites, hohes Fenster, das die funkelnde Unermesslichkeit des Firmaments enthüllte.

Sieh, sagte er, da ist der Stern, den ich dir zeigen wollte! Dein Weg wird dem seinen noch oft begegnen, er besitzt die einweihende Kraft!

Ich sah, wie sein Finger an einem bestimmten Punkt des Himmels innehielt – einem Punkt, der wie ein Herz schlug, und ich erkannte ... Mond-Sonne.

---

[14] *Anspielung auf den Pharao Thutmosis III*

Worte von gestern und morgen

Mir wurde ein anderes Zimmer zugewiesen, das klein und reinlich war und ein paar sanitäre Einrichtungen enthielt, deren bloße Existenz mir neu war. In ihm brachte ich die bescheidenen Dinge unter, die mein Vater mir hinterlassen hatte: ein oder zwei Näpfe, eine warme Decke und meine Sandalen ... die ich jedoch nicht lange behielt.

Du brauchst sie hier nicht, sagte man mir im natürlichsten Tonfall der Welt. Wir gehen alle barfuß, das ist die Regel. Wenn du dich an den Vater wendest, spricht dein Herz, weil es seiner Wohnung am nächsten ist, nicht wahr? Nun, wenn du dich an die Erde, deine Mutter wendest, oder wenn sie zu dir spricht, stellen deine Füße die Verbindung her ... Ist das nicht logisch?

Es war tatsächlich logisch, und meine kindlichen Einwände über Gerechtigkeit und Eigentum sahen sich ihrer Argumente beraubt. In den Tagen, die auf meine Ankunft und die erste Einweihung folgten, konnte ich feststellen, dass nur wenige Schüler im Karmel aufgenommen wurden, höchstens dreißig kleine Jungen eilten durch die Gänge, nahmen am Unterricht teil und hatten sich in die langen Stunden des gemeinsamen Gebets zu schicken.

Ich erinnere mich, dass ich die erste Zeit meines Lebens als kleiner Mönch als hart empfand, als strapaziös für Körper und Geist; vor allem an die strenge Unerbittlichkeit der Disziplin gewöhnte ich mich nur schwer. Geschwätzigkeit war nicht gefragt, das machten mir die missbilligenden Blicke meiner Gefährten, die ich in ihren Meditationen zu stören wagte, schnell klar.

Wir standen um fünf Uhr morgens auf. Ich hatte flugs meine Matte einzurollen, zum Krug zu springen und mich kurz zu waschen, auf den Gang zu eilen und schließlich in einem großen, schmucklosen Tempel mit älteren Brüdern und gleichaltrigen Kameraden zu einem langen gemeinsamen Gebet zusammenzutreffen. Das anschließende karge Frühstück bestand aus wenig getrocknetem Obst, einem Weizenfladen und einer Schale mit warmem, leicht duftendem Wasser. Dann begann der erste Unterricht des Tages: Ein Bruder, den ich nie sitzen sah, bemühte sich, uns Hebräisch und Griechisch beizubringen, während wir uns völlig still verhielten, diese Sprachen sollten wir lesen und schreiben können, denn unser Lehrer meinte, wir alle würden sie später brauchen[15]. Nach weniger als einer Stunde wurde er von einem anderen Bruder abgelöst: Einem jovial wirkenden Greis, der, während er einen nach dem anderen prüfend ansah, ständig lächelte und unablässig die dichten weißen Brauen bewegte. Er ließ uns etwas ausführen, was man heute als »psychisches Training« bezeichnen würde. Die ersten Übungen bestanden darin, die eigenen Gedanken beherrschen und lenken zu können. Die Praktiken, in denen er uns unterwies, galten als ausgesprochen wichtig, sie schienen sogar noch bedeutender zu sein als das Studium der heiligen Texte, und ich begriff schnell, dass sie den Großteil unseres Wissens darstellten.

Nach einem Gebet wurde der Unterricht fortgesetzt: Jetzt hieß es, alte Texte zu kommentieren ... Dies ging bis zum Sonnenuntergang so weiter. Zur Erholung zwischendurch standen uns kaum

---

[15] *Für die meisten von uns war die Muttersprache Aramäisch*

mehr als zwei Stunden zur Verfügung. Endlich rief der langerwartete Gong zur großen gemeinsamen Mahlzeit, der einzigen richtigen Mahlzeit des Tages. Den Gong sollten wir übrigens bald wieder hören: Um Mitternacht und früh um drei Uhr riss er uns aus dem Schlaf und erinnerte an das kurze Gebet, das mit dem Gesicht nach Osten auf dem Boden ausgestreckt zu sprechen war. Das genannte Ritual fand insgesamt siebenmal täglich statt, drei dieser Gebete, die jeweils sieben Stunden auseinanderlagen, waren besonders feierlich. So vergingen die Tage der ersten Unterordnung, und nur selten blieb, wenn ich mich der Vergangenheit erinnerte, Zeit für Tränen.

Eines Morgens jedoch, als ich aus meiner Zelle sprang und schon sicher war, zu spät zum Tempel zu kommen, wurde der immer gleiche Rhythmus meines mönchischen Lebens unterbrochen. Ein weißgewandeter Bruder, der auf mich zu warten schien, fasste mich am Arm.

Heute ist ein besonderer Tag für dich, Simon. Folge mir und hab keine Angst. Die Meister wissen, dass du nicht kommst.

Ohne weitere Erklärungen führte er mich durch ein Gewirr von Sälen, Gängen und kaum begehbaren Treppen, deren Existenz mir bislang völlig unbekannt war. Ich hatte das Gefühl, auf verschlungenen Wegen zehnmal durch den Karmel geführt zu werden – in der einzigen Absicht, mir jeden Orientierungssinn zu nehmen.

Am Fuße einer steinernen Treppe, deren jahrhundertelange Benutzung an den ausgetretenen Stufen abzulesen war, stieß mein Führer eine schwere Tür auf, die hinter einem verblichenen Wandbehang verborgen war.

Kein Wort davon darf über deine Lippen kommen, Simon! Keins!

Ich verspreche es, beeilte ich mich zu versichern, denn die Aussicht auf ein Abenteuer entzückte mich, ich …

Nein, Simon, nein! Wer das Gewand trägt, schwört nicht! Dein Wort genügt. Richte dich dein ganzes Leben lang nach diesem Grundsatz.

59

Ein ›Ja‹ sollte immer ein ›Ja‹ sein und ein ›Nein‹ ein ›Nein‹. Die Nach-
kommen Abrahams wissen dies wohl; sie wissen, was das Wort eines
Bruders in Weiß wert ist und werden nie einen Schwur aus deinem
Mund verlangen. Folge mir jetzt. Nimm diese Fackel ...

Eine enge, sehr steile Treppe, die aus dem Stein herausgehauen
war, schien sich endlos in den Bauch des Karmel einzugraben.

Mein Führer schloss die schwere Tür; die Dunkelheit war nun
so dicht, dass unsere beiden Fackeln sie nur mit Mühe durchdrangen. Als unsere Augen sich an die Finsternis gewöhnt hatten, sah
ich, dass der weitere Weg und der Rückweg einfacher sein würden:
Eine Reihe kleiner Behälter war mit einer schwarzen, klebrigen
Substanz gefüllt, die wir beim Abstieg in Lampen verwandelten.

Ich hielt mich an der felsigen Wand fest und wagte nicht zu sprechen, so glücklich war ich über diesen unerwarteten Ausflug. Die
Wände waren feucht, und ein seltsam modriger Geruch, der Geruch
vergangener Jahrhunderte, lag in der Luft. Von Zeit zu Zeit machte
die Treppe eine plötzliche Kehre, und der Abstieg ging weiter und
weiter ... Die Zusammensetzung der felsigen Wände schien sich unmerklich zu ändern. An die Stelle des zunächst grob behauenen
Steines war eine absolut glatte Wand getreten, die im Schein der Fackeln wie polierter Marmor glänzte. Es war, als hätte eine unbekannte
Kraft in geheimnisvoller Absicht alles mit Glas überzogen.

Menschen aus dem Geschlecht des Sem haben diese Treppe ge-
staltet, Simon – unsere Ahnen, die in der Kunst bewandert waren, in
der Zukunft zu lesen und kommende Bedürfnisse zu erkennen ... Sie
haben bei ihrer Arbeit weder Hammer noch Meißel noch Säure verwendet. Allein ihr Wissen gab ihnen die Mittel in die Hand, den Fels so leicht
zu schmelzen, wie Eis in der Sonne zergeht. Du wunderst dich? Dieses
Geheimnis ist jedoch erst seit Kurzem verloren ... und wir müssten
schon sehr blind sein, wenn wir es nicht wieder durchdringen würden.
Sieh, Simon, die Hitze, die den Fels verflüssigt hat, schlummert dort,
neben dir, neben mir, neben uns allen. Sie kreist in der Luft, die du
atmest. Du brauchst nur zu wissen, wie du sie auffangen kannst.

Der Bruder hielt einen Augenblick inne, dann fuhr er mit verändertem Tonfall fort:

Du musst lernen, die Flamme des alten Zerah aufzufangen.

Zerah? Du kennst Zerah?

Nein, Sohn des Josche, meine Augen sind ihm nie begegnet ... Aber die Flamme in seinen Erzählungen ist der Geist der Erde und des Universums, sie ist die Seele deiner Seele, dein Geist und der meine zusammen ... Wie soll man nicht erkennen, was in einem selbst ist? Man müsste schrecklich blind und abgestumpft sein ... Du solltest dir oft wiederholen, Simon, dass es nur eines im Universum gibt, nur eine einzige Kraft: die KRAFT, die ›ich‹ in uns sagt, die eine Vielzahl von Kräften in Erscheinung treten lässt. Denke an einen Wassertropfen, Simon; ist er nicht eins mit den Eiskristallen, die sich in ihm bilden, wenn er abkühlt? Alles in der Natur existiert und lebt nach diesem Bild und nur die Seele kann entsprechend der von ihr gewählten Richtung davon abweichen. Es ist einfach ...

»Es ist so einfach, nur wir komplizieren alles ... «

Wie oft hatte ich diese scheinbar alltägliche Behauptung schon gehört?

Es war vielleicht einfach – aber mein kindlicher Geist beschäftigte sich lieber mit dem spiegelglatten Fels und dem zuckenden Schein unserer beiden Körper.

Beim weiteren Abstieg wurde ein erstickender Geruch in dem engen Gang immer durchdringender; das Atmen wurde schwerer.

Plötzlich blieb mein Führer stehen; wenige Meter vor uns erhellte seine Fackel eine niedrige Tür, die so eng war, als wäre sie für ein Kind meines Alters geschaffen. Sie musste früher einen roten Anstrich besessen haben, zwei oder drei Zeichen einer mir unbekannten, ungefähr handhohen Schrift waren schemenhaft noch zu erkennen.

Was ist das?

Der Bruder antwortete nicht und schien in tiefes Nachdenken versunken. Schließlich setzte er ein Knie auf den Boden und blickte mich an.

Simon. ... Wir werden einer Gefahr begegnen, es ist besser, dass du es weißt ... Diese Tür trennt uns von einem Bereich, in dem die Welt der Menschen kein Heimatrecht hat. Zahlreiche Formen des Lebens gehen auf diesem Planeten den Gang ihrer Entwicklung, und ebenso wie es in der Luft, die du atmest, immaterielle Wesen gibt, so gibt es auch welche im Schoß der Erde, über die wir gehen. Ja, Simon, in einigen Augenblicken werden wir das Reich der Geister der Erde betreten ... Schau mich nicht so an. ... Das ist nicht die Sprache des Aberglaubens. Meine Worte sind die eines Menschen, der weiß, weil er zu sehen gelernt hat, was die meisten nicht sehen wollen. Das kleine Licht in deinen Augen hat mir und den Brüdern zu verstehen gegeben, dass du fähig bist, bestimmte Blicke und Präsenzen zu ertragen.

Sobald wir die Schwelle dieser Tür überschritten haben, werden uns Myriaden seltsamer Wesen umgeben, die vielleicht versuchen werden, uns am Vorwärtsgehen zu hindern. Erschrick nicht darüber, wenn deine Seele rein bleibt, können sie dir nichts anhaben. Sei wie ein Kristall, das ist alles, was ich dir wünschen kann.

Bei den letzten Worten führte der Bruder eine Art metallene Zange durch ein Loch in der Tür, während er gleichzeitig mit der Schulter kräftig gegen sie drückte. Die Pforte drehte sich langsam in ihren Angeln. Heiße Luft wehte uns entgegen. Vor uns öffnete sich klaffend ein absolut schwarzes Loch. Mein Führer, der sich wegen der geringen Höhe des Ganges sehr stark bücken musste, ging ohne Zögern weiter.

Schließ die Tür hinter uns, Simon, und mach deine Fackel aus, eine einzige reicht, die Luft ist kostbar hier ...

Ich hatte die Wünsche des Bruders noch nicht erfüllt, als mich auch schon blitzartig das klare Gefühl einer fremden Präsenz überkam. Ein Schauder durchlief meine Wirbelsäule. Ich schrie leise auf. Ja, da waren Wesen, und sie berührten mich überall!

Erinnere dich, was ich dir gesagt habe! Ein Kristall!

Vor mir war nun nichts mehr als das bleiche Licht einer Fackel, die in der Finsternis wogte und knisterte. Ich hielt den Kopf auf die Brust gesenkt und bemühte mich, so schnell wie möglich zu gehen. Ich wusste nicht, ob ich versuchen sollte, mehr zu sehen, oder ob ich einfach weitergehen und die Tore meines Wesens schließen sollte. Aber auf meinem Körper prickelte es, und meine Augen öffneten sich ganz von selbst.

Unsäglich langsam löste sich aus der Schwärze der Nacht ein Schleier, die Dunkelheit verwandelte sich in Lichtstaub, in eine Zusammenballung von Partikeln, die in scheinbarer Unordnung durcheinander schwirrten. Plötzlich versteiften sich meine Glieder: In diesem Ozean voll von geheimnisvollem Leben zeichneten sich Gesichter ab ... Gesichter, die nicht einzuordnen waren, halb menschlich, halb mineralisch, hässliche Fratzen und Engelsmienen zugleich. Dann schienen ganze Wesen aus dem schwarzen Licht zu erstehen, Wesen wie Kristalle, wie Wurzeln, zottig behaart wie kein Mensch es je sein könnte, kleine Geschöpfe mit lebhaften Gesten und galligem Blick, die mich herausfordernd maßen. Der Haufe aus einer anderen Welt hatte mich im Nu umringt und schien entschlossen, mir als Eskorte zu dienen. Ich wollte schreien, laufen, aber kein Laut drang aus meiner Kehle, und meine Beine trugen den schweren, empfindungslosen Körper wie ein Automat.

Der einzige Punkt, an dem ich mich orientieren konnte, war das tanzende Licht der Fackel, das einige Schritte vor mir blieb. Es hielt einen Augenblick inne.

Wir werden akzeptiert, Simon, hatte ich es dir nicht gesagt?

Der Bruder streckte mir eine Hand entgegen, und ich beeilte mich, sie zu fassen.

Jedes Element lebt das ihm eigene Leben, Sohn des Josche, und diese Existenz ist nicht monströser als die unsre. Liebe diese Wesen, denn ohne sie würdest du nicht leben können; ohne sie würde weder das Leinkorn keimen noch die Blumen sich entfalten. Sie sind ein Teil des Vitalkörpers[16] der Erde, die Essenz der Minerale, die der Mensch schmilzt und formt. Betrachte ihre langen Hände, die dem Lehm ähneln. Der Vater lässt sie alles ernten, was der Mensch sät, sie wirken zusammen mit den Wesen des Feuers, des Wassers, der Luft.

Du weißt, dass die Menschen der Talwiesen und der Berge sie ohne es zu wissen mit tausend unbedeutenden Gesten ehren, die sich durch die Zeiten erhalten haben ...

Aber eine Zeit wird kommen, Simon, in der die Herzen der Menschen so versteinert sein werden, dass sie Seinen Atem nicht mehr erkennen. Die Früchte der Erde werden dann ihr Wachstum einschränken, und die Menschen werden neue Nahrungsquellen und neue Erden erfinden. Dies wird eines der vielen Zeichen sein, die in der Stille rufen: Die Zeiten werden sich ändern.

Ich sage dir, liebe diese Geschöpfe, wie alles, was innerhalb und jenseits des Universums ist. Der Namenlose hat ihnen eine Seele gegeben, die der deinen ähnlich ist, hervorgegangen aus dem Willen der Sonne.

Aber spürst du nicht, wie dein Körper vibriert? Dein Herz hat seine Schläge verlangsamt, und gemächlich zirkuliert die Energie des Vaters durch dein Wesen. Deshalb wirst du die Gegenwart dieser Geschöpfe nicht suchen. Aber du wirst sie an ihren Wohnstätten erkennen, sie ehren und in Harmonie mit ihnen leben. Sie sind zum selben Lichtpalast unterwegs wie wir ... auf einem anderen Pfad, daran solltest du denken. Sie besitzen weder die Substanz deines Körpers noch deiner Seele, nur dein vitalstoffliches Wesen steht ihnen nah. Versuche also nicht, die Beweggründe ihres Denkens und Urteilens bis in alle Einzelheiten

---

[16] *Ätherkörper*

zu ergründen. Für den, der den Fuß auf diese Erde gesetzt hat, bleiben sie unergründlich.

Ich hing an seinen Lippen, mein kindlicher Geist hatte aufgehört zu denken und schaute in sich selbst. Unser Schritt war schwer, und nur die kleinen Schweißtropfen, die über meine Haut rannen, erinnerten mich an meinen Körper und die erstickende Hitze des Ganges.

Von den um uns herumwimmelnden Wesen ging ein dumpfes Gemurmel aus, das bald schneller und aufgeregter, bald leiser wurde. Es schien unser Wesen im Innersten zu berühren.

Bald gelangten wir zu einer zweiten Tür, die der ersten völlig identisch war. Der Bruder blieb zwei Meter vor ihr stehen und befestigte seine Fackel in einem dafür vorgesehenen Zwischenraum des glasgewordenen Felsens. Mit auf den Boden gerichtetem Zeigefinger beschrieb er einen Kreis um sich herum, zählte dabei die auf der Stelle ausgeführten Schritte und vertiefte sich dann ganz in einen eintönigen Sprechgesang. Im Nu waren wir von kleinen leuchtenden Bändern unbekannter Herkunft umgeben, die sich mit rasender Geschwindigkeit kreiselnd hierhin und dorthin bewegten. Wie ein Puzzle, dessen einzelne Teile der Wind zerstreut, schien unsere Eskorte sich aufzulösen ... Und dann nichts mehr. Wir waren allein ... Mein Führer hatte sich bereits umgedreht und zog die schwere hölzerne Tür auf sich zu.

Das ist keine Magie, Simon, sagte er. Die Anstrengung, die das Öffnen der Pforte ihn kostete, war ihm anzumerken.

Du musst lernen, zu unterscheiden ... Die Magie ist nichts anderes als eine Gesamtheit von Techniken, die jedem beständigen und entschlossenen Menschen erlaubt, Naturgesetze zu beherrschen, von denen viele nichts wissen. Hier im Karmel arbeiten wir mit dem Herzen; nur ihm geben wir Ausdruck. Lass es immer dein ganzes Wesen erhellen und entflammen, dann wird es höchster Schlüssel und königlicher Weg bleiben, alles Übrige ist nur Täuschung und Stütze für unsere noch schwächlichen Seelen.

Bei diesen Worten wurde es vor unseren Augen gleißend hell. Ich glaubte durch alle Poren zu atmen und tat schnell die wenigen Schritte, die mich aus der Herrschaft des engen Ganges entließen. Das Schauspiel war faszinierend, wir befanden uns in einem hohen, weiten Saal mit gewölbter Decke, der in ein zartes weißes Licht getaucht war – ein Hafen der Seligkeit, angefüllt mit bebender Stille. Überall Schriftrollen, Schreibtäfelchen, Bücher, die zum Teil bis in beträchtliche Höhen aufeinandergestapelt waren. Trotzdem hatte ich nicht den Eindruck von Unordnung. Im Gegenteil, alles schien systematisch und sorgsam eingeräumt. Vor allem die Sauberkeit des Ortes erstaunte mich: nicht das kleinste Staubkorn, nicht die geringste Spur der Jahre ... Ich konnte mir auch nicht vorstellen, dass einer der für die Reinhaltung des Tempels bestellten Brüder regelmäßig hierher kam und all diese Regale und ihre wertvolle Last mit einer Pfauenfeder abstreifte. Der Bruder, der mich zu diesem außergewöhnlichen Ort geführt hatte, strahlte vor Freude. Leichtfüßig ging er zwischen Schreibrollen und Schrifttäfelchen aus Metall oder Stein umher, und bald tat ich es ihm nach. Die Schönheit und der Umfang der aufbewahrten Stücke, ihre majestätische, achtunggebietende Seite übten eine hypnotische Wirkung auf mich aus. Es war fast nicht vorstellbar, dass seit ... seit ...

Seit so langer Zeit, dass unser menschliches Gedächtnis sich in den Mäandern der vergangenen Epochen verliert ... Ein Teil der Archive unserer Erde und unserer Völker wird hier sicher verwahrt, Simon. Begreifst du, welches Privileg du genießt? Zwei Kontinente sind untergegangen, verschlungen von Wasser und Erde, seit die erste dieser Rollen, die erste dieser steinernen Tafeln mit der Präzision eines Goldschmieds verfasst wurde. Seit fast hunderttausend Jahren werden die Geschichte und das Wissen unseres Planeten auf diese Weise gesammelt. Einige Werke wurden nicht von menschlichen Händen aufgezeichnet. Diese stellen auch für einen Teil von uns ein Geheimnis dar. Mögest du eines Tages in ihr Mysterium eingeweiht werden. Andere sind in Bilderschrift verfasst und stammen aus einer Epoche, in der sogar der Name des

Volkes von Atl noch nichts bedeutete. Es sind Bücher aus der Zeit von ›Ma‹, der Erd-Mutter, auch dieser Begriff heißt übrigens ›Wasser‹. Es war zu jener Zeit, als die von den Kindern Abrahams als Elohim bezeichneten Wesen begannen, den Planeten regelmäßig zu besuchen, um seinen Gang zu lenken. Sieh dir diese beiden Zeichnungen genau an, Simon. Sie tragen den Abdruck jener großen Wesen.

Der Bruder hob mit einer Hand ein kleines Täfelchen aus schwärzlichem Metall auf und zeigte mir in einem Gewirr von Hieroglyphen zwei winzige, fein gravierte Zeichnungen. Eine davon erkannte ich sofort: Es war das Bild der Ischtar, Mond-Sonne; Mond-Sonne, die ich überall, sogar hier in den Eingeweiden der Erde, fand. Die zweite war mir bekannt, aber weniger vertraut: Über einem gleicharmigen Kreuz stand eine Art Spirale und darüber die Mondsichel.

Dies ist eines der Symbole von Hrma[17], dessen Ruhm nicht weit von der Sonne erstrahlt. Ich habe dir bereits gesagt, dass die Boten von Mond-Sonne und Hrma in jenen vergangenen Zeiten oft unter den Menschen lebten. Sie waren richtungweisend als Lehrer und Gesetzgeber; die einen trugen zur Entwicklung von Intuition und Liebe bei, die anderen zu einem unzweideutigen und geheimen Wissen um die Phänomene. Sie waren wie die zwei Hände des Vaters, die dem Menschengeschlecht die Augen öffneten. Das ist nicht nur ein Bild, Simon. Auf der Erde von Ma war der Körper des Menschen noch unentwickelt. Seine Augen glichen nicht richtigen Augen, sondern lediglich sensiblen Punkten an der Oberfläche des Schädels, sein Skelett war weich und biegsam, und nur die strahlenden Kräfte des entstehenden Mondes führten zu seiner Verfestigung. Ich sehe dich lächeln … Aber du musst wissen, dass der Mensch einer Blüte vergleichbar ist, die sich gemäß den Jahreszeiten ihres Herzens und ihres Geistes im Lauf der Ewigkeit langsam entfaltet. Die Körper werden auch nicht in dem Stadium bleiben, das du kennst …

---

[17] *Merkur*

Du fragst dich vielleicht, warum ich dich hierhergebracht habe …
Dieser Ort soll dir beweisen, dass das Geschlecht von Essania eine der
Inhaberinnen der Tradition ist.

Der Tradition?

Jenes Wissens, das die wahren Söhne des Namenlosen seit jeher
auf der Erde bewahren. Die Zeitalter vergehen, Simon, aber von allem
Anbeginn an existieren Kollegien von Wesen, die es sich zur Aufgabe
gemacht haben, ein WORT zu erhalten, zu verbreiten …

Bis wann?

Bis die Tür des *Selbst der Menschheit* sich öffnet! Du wirst diese
Worte später verstehen.

Warten alle Angehörigen unserer Religion auf die Öffnung dieser Tür?

Unserer Religion? Du solltest von nun an diesen Ausdruck nicht
mehr verwenden … Was bedeutet er? Dass man irgendwo auf der
Welt mit einer bestimmten Hautfarbe, bestimmten Gewohnheiten und
Formen des Glaubens und Hoffens geboren wurde? Wenn es so ist,
bedeutet er nichts. Wir haben keine Religion, Simon, wir haben keinen
Glauben; ohne Stange bewegen wir uns auf dem Bündel von Licht,
das aus dem Munde des Vaters hervorgegangen ist … Und wir bereiten
die Ankunft vor *Dessen, der kommt*.

Wer kommt?

Statt einer Antwort lächelte der weißgewandete Bruder, verschloss seinen Mund mit zwei Fingern und führte dann die wie
eine Sonne geöffnete rechte Hand zum Herzen.

Es ist sehr wichtig, dass diese Bibliothek bewacht wird; denn für
den, der nicht eint, sondern trennt, für den, der wie ein Prisma ist, wäre
sie eine zu offene Quelle der Macht.

Aus Vorsicht wechselt auch ihr Standort. Gestern befanden
diese Schriftrollen sich unter dem Stein unseres Tempels am Toten
Meer, morgen werden sie unser Gebiet verlassen und im Land der

aufgehenden Sonne jenseits des Schnees Aufnahme finden: in einem der Vaterländer von Assa[18], das unserem Volk seinen jetzigen Namen gegeben hat.

Der Saal, in dem wir uns befanden, war nicht der einzige in diesem geheimen Heiligtum des Wissens, drei auf ihn mündende Gänge führten in eine Vielzahl anderer, kleinerer Räume, deren Inhalt genauso faszinierend war: überall goldene und kupferne Tafeln, riesige Pergamentrollen, sorgfältig gebundene Papyri. Manchmal zog ein ungewöhnlicher, rätselhaft geformter Gegenstand meinen Blick an; mein kindlicher Geist ordnete ihm die seltsamsten Eigenschaften zu ... die vielleicht durchaus reell waren.

Die im Karmel mit meiner Unterweisung betrauten Brüder erklärten mir viele Jahre später, dass die hier und da verteilten Gegenstände in der unterirdischen Bibliothek eine festumrissene Rolle spielten. So waren einige der Kristallisationspunkt für die Helligkeit, durch die wir uns wie bei Tageslicht bewegen konnten. Nicht, dass das Licht von ihnen ausging, sie dienten lediglich als Verstärker für das Licht, das jedem Ding innewohnt. Ihre Rolle war der Flüssigkeit vergleichbar, die heute zum Entwickeln von Photographien verwendet wird: Sie brachten Verborgenes zum Vorschein. Mit den Jahren verstand ich, dass sie nicht nur einen bestimmten Zweck erfüllten, sondern lebendige Symbole waren. »Man schafft nichts, man hebt Schleier, man enthüllt«, war einer der Schlüsselsätze im Karmel. Andere Gegenstände waren weniger heilig: etwa Vorrichtungen, die das Gleichgewicht der Luft aufrechterhalten, ihren Sauerstoffgehalt erneuern und so ihre Reinheit gewährleisten sollten. Die erstaunliche Sauberkeit des Ortes war, wie mir gesagt wurde, dem heiligen Charakter des Ortes und des in ihm hinterlegten Schatzes inhärent. Die Baumaterialien waren

---

[18] *Wir überlassen es dem Leser, über den Gleichklang und die Bedeutung von Worten wie »Asien«, »Asgarth«, »As« (beim Kartenspiel) zu meditieren.*

durch den Inhalt geläutert worden. Leicht schematisierend könnte man sagen, dass die Rollen und Täfelchen die Eigenschaften eines lebenden Wesens besaßen.

Die Reinheit ihrer Seele, das heißt die von ihnen weitergegebene Lehre hatte ihre Körper – die Pergamentrollen und Schrifttäfelchen – verwandelt, sie gleichsam unveränderlich gemacht. Was die meisten ins Reich der Fabel verweisen oder für eine symbolische Darstellung halten, ist tatsächlich so: Jede Materie untersteht dem Gesetz des ihr innewohnenden Geistes. Unreinheiten und Anfälligkeiten des Körpers haben ihren Ursprung stets darin, dass die in ihm beheimatete Kraft nicht vollkommen ist.

Eine Ausnahme bildet das Altern, das auf die unserem Planeten eigenen Schwingungen zurückzuführen ist.

Unser Besuch in der heiligen Bibliothek des Karmel dauerte sehr lange; viele Stunden vergingen, ohne dass es mir einfiel, mich zu beklagen. Ich bewegte mich in anderen Zeiten, anderen Orten, weitab von der Strenge und der beschwerlichen Disziplin meines alltäglichen Lebens.

Der Bruder wurde nicht müde, mir bestimmte Texte zu erklären, die er laut vorlas, er bestand auch darauf, dass ich die Kalligraphie des ältesten von ihnen genau studierte.

Es gibt Buchstaben und Symbole, die lebende Wesen sind! Das solltest du dir merken. Ein Bild oder eine Zeichnung sind Formen, die sich in einer wirklichen Welt entwickeln. Eines Tages wirst du sie handhaben können, hab nur Geduld. Aber vorher musst du begreifen, dass auch ein Mann, eine Frau oder ein Kind Bücher sind, die es zu entziffern gilt – genau wie die, die du hier betrachtest. Sie haben ihre Erkennungszeichen, ihre Kraftlinien, ihre Fähigkeiten des Verstehens[19], die uns

---

[19] Vgl. den Koran, Sure 17 (13–14): Und jedem Menschen haben wir sein Omen an den Hals gehängt (so dass er sich ihm nicht entziehen kann). Und am Tag der Auferstehung bringen wir ihm eine Schrift heraus, die er dann entfaltet vorfindet. (Und es wird zu ihm gesagt:) Lies deine Schrift! Du selber wirst heute (aufgrund deiner Schrift streng) genug mit dir abrechnen.

immer Tausende, ja Abertausende von Jahren in die Vergangenheit verweisen. Der einzige Unterschied besteht darin, dass die Seele des Menschen den Atem noch nicht verströmt hat, der sie vom Staub befreit und die ›Lektüre‹ vereinfacht.

Habe ich damals den Sinn der Worte meines Führers, von dem ich noch nicht einmal den Namen kannte, ganz verstanden? Ich weiß es nicht. Es war einfacher, den knappen, zielsicheren Bewegungen seiner Finger zu folgen, die Schriftrollen auswählten und die Archive der Vergangenheit durchstöberten. Bei einem Text jedoch, den er mit leiser Stimme vorlas und der, wie er sagte, von einem eingeweihten Priester des Roten Landes stammte, wurde ich aufmerksam.

Es gibt drei Welten: ›Ich habe‹, ›Ich bin‹ und ›Ich werde‹. Sie sind die drei Gewänder des Vaters. Ich schreibe dies für zukünftige Völker, damit sie nicht mehr vergeblich suchen. Wer es nicht weiß, verurteilt sich dazu, immer weiter zurückzufallen. Die Menschen leben nicht nur einmal, eines Tages erscheinen sie wieder: Andere Welten, andere Orte empfangen sie auf ihrem Weg, der aus mehreren Leben besteht. Die Ewigkeit ist ein Kreis, dessen Zentrum der Vater ist, und alle Gesichter des Vaters sind das Zentrum der Großen Sonne. Lernt also, Söhne der Zukunft. Bewahrt das Wort von gestern und morgen.

Ja, Simon, wir haben immer die ärgerliche Angewohnheit zu glauben, die Menschen der vergangenen Zeiten seien Ignoranten gewesen, erbärmliche und abergläubische Geschöpfe, und dass es unserer Epoche bedurft hätte, um klar zu sehen und den Fortschritt zu entdecken. Aber was heißt das, Fortschritt? Hochmut und Selbstgefälligkeit? Nein. Ich versichere dir, alles, was ein menschliches Wesen erkennen kann, wurde vor Zeiten von den ›Herren der Zehn und der Sieben‹, den Herren der Sterne, auf der Erde hinterlegt. Wir tun nichts als zu bewahren, zu erhalten und uns wieder zu erinnern – so lange, bis unser Geist fähig ist, sich dem ihren zu verbinden.

Bei diesen Worten legte der Bruder die Papyrusblätter, die er in der Hand hielt, sorgsam aufeinander, legte einen dicken Holzdeckel darauf und ordnete das Ganze wieder in ein Regal ein ...

Ich spürte, dass unser Besuch unter dem Karmel seinem Ende zuging. Die kleine Uhr, die jeder von uns in seinem Inneren trägt, ließ mich dort oben die freie Luft und die Gegenwart der im Meer versinkenden Sonne erahnen. Wie um sicherzugehen, dass unsere Anwesenheit ihr geheimes Leben nicht gestört hatte, warfen wir einen letzten Blick auf die Säle und ihren kostbaren Inhalt. Dann traten wir in den engen Korridor. Der Aufstieg verlief ohne Zwischenfälle. Ich war müde, und ich glaube sogar, dass der Bruder mich über die letzten Stufen trug. Durchdrungen vom schweren Dunst des Weihrauchs und dem dumpfen Klang des Gongs, der durch die Gänge hallte, hatte ich gehofft, gleich einschlafen zu können; aber eine feine dünne Stimme, die mir wohlbekannt war, die Stimme eines meiner Lehrer, unterbrach meinen Traum.

Auf, Simon! Schnell zum Tempel! Es ist Zeit für den Gottesdienst!

Die Aura

Meinen Führer, der mein Zeitgefühl für einige Stunden außer Kraft gesetzt hatte, indem er Vergangenheit, Gegenwart und Zukunft im Innern eines Felsens zusammenführte, sah ich nie wieder.

Wie er von mir verlangt hatte, sprach ich mit niemandem über mein Erlebnis, und niemand spielte darauf an. Meine Mitschüler schienen meine Abwesenheit gar nicht bemerkt zu haben. Waren sie angehalten worden zu schweigen? Haben sie eines Tages dasselbe erlebt? Ich weiß es nicht.

Der Winter hielt Einzug im Karmel. Ich erinnere mich an die Windböen, die durch die Gänge jagten und pfeifend unter den Türen unserer Zellen entlangstrichen. Ich erinnere mich an die wachsende Strenge unserer Lehrer, die sich dem Rhythmus der Jahreszeiten anzupassen schien ... Das dumpfe, schnelle Geräusch unserer nackten Füße auf den Steinplatten im »Tempel der Unterweisung« kommt mir in den Sinn. Endlose Stunden verbrachten wir damit, die immer gleichen Texte zu psalmodieren, die immer gleichen Buchstaben der verschiedenen Sprachen in Schönschrift wiederzugeben. Da unsere Lehrer behaupteten, Mittelmäßigkeit nicht ertragen zu können, wurden die Lektionen und Regeln wieder und wieder geübt. Aber nie wurde jemand bloßgestellt oder bestraft, stets fanden die Meister das richtige Wort, um uns mit unserem Gewissen allein zu lassen.

In weniger als einem Jahr wurde meinem Gedächtnis so eine beeindruckende Zahl von Texten für immer eingeprägt, und erst in späteren Jahren erkannte ich, wie nützlich diese Arbeit gewesen war. Die Bemerkung eines weißgewandeten Bruders zeigte, worauf es ankam:

Was liegt uns daran, ob ihr die alten Texte der Völker der Sonne wortwörtlich kennt, so wie wir es verlangen? Hast du es nicht begriffen? Wir wollen nicht nur euer Gedächtnis schulen, sondern auch euren Willen, wir treiben den Rost aus euren Gehirnen, das ist das Einzige, was uns wichtig ist.

Auch wurde größte Sauberkeit von uns verlangt: Die Regel besagte, dass man dasselbe Gewand nicht länger als drei Tage hintereinander tragen sollte, und wenn wir mit einer neuen Tätigkeit begannen, hatten wir uns mit viel Wasser Gesicht, Hände und Arme zu waschen. Dies wurde zunächst mit der Achtung vor der beabsichtigten Tätigkeit begründet, die für die Brüder den Wert eines realen, sich in der unsichtbaren Welt entwickelnden Wesens besaß. Einen zweiten Grund erfuhren wir erst später: Unser physischer Körper war bei Weitem nicht unser einziger, und jede Tätigkeit des Gehirns oder des Bewusstseins ließ auf der Oberfläche eines anderen Körpers Schlacken entstehen, die das Wasser auflösen half.

Ebenso mussten die wenigen Kultgegenstände, derer wir uns täglich bedienten – Dreiecke, Sterne und Weihrauchgefäße – nach jeder Verwendung abgewaschen und poliert werden. Dies war eine goldene Regel, der wir uns nicht entziehen konnten. Die genannten Gegenstände sollten außerdem stets von der gleichen Person benutzt werden. Uns wurde gesagt, dass die Essenz unserer Seele sie allmählich durchdringe und ihre Verwendung dadurch effizienter würde.

Dieser unsichtbare, gleichsam magische Aspekt der Dinge beschäftigte meine kindliche Neugierde besonders stark, daher liebte ich auch die Übungen zur Entwicklung der Psyche, die einen Großteil des Unterrichts bildeten und das verborgene Räderwerk unserer Welt verständlich machten.

Das erste Jahr meines Studiums im Karmel ging mit einem Ereignis zu Ende, das einen entscheidenden Wendepunkt in meinem Leben darstellte, einem Ereignis, das wie ein ständig wiederholter Ton von Existenz zu Existenz in mir weiterschwingt und das keine irdische Katastrophe je wird auslöschen können. An einem Morgen des Monats Adar wurde ich durch eine vertraute Stimme geweckt, die sich seit langem in die Tiefen meines Bewusstseins eingegraben hatte.

Simon! Simon!

Ich fuhr auf, und durch die noch geschlossenen Lider nahm ich eine ungewohnte Helligkeit in meiner Zelle wahr. Hatte ich etwa die große Glocke des Tempels überhört? Hatte vielleicht die Sonne ihren Lauf schon begonnen?

Aber das war es nicht.

Die Realität dieses Augenblicks drang in mein Herz wie eine Woge des Glücks. Vor mir, umflossen von einem Strahl weißen Lichts, stand Joseph, der kleine Joseph aus unserem Dorf. Er lächelte, während er mich ansah, und sein Blick, leuchtend wie Aquamarin, traf den meinen. Augenblicklich setzte ich mich auf. Ich war völlig verwirrt.

Simon! Simon!

Der Ruf Josephs durchdrang mich noch immer mit der gleichen überzeugenden Kraft. Ich sah, wie die Lippen meines Freundes sich bewegten, die Falten seines Gewandes glitten sanft über den Boden, so, als käme er mit tänzerischem Schritt auf mich zu. Ein kurzer Schauder durchlief mich. Ich erinnere mich an eine Welle, an den Duft des Frühlings, der vom Boden her aufstieg und langsam zum Scheitel meines Kopfes wanderte. Joseph machte drei Schritte, und sofort verlor ich das Gefühl für meinen Körper. Ich war nur noch ein einziges Auge, ein geöffnetes Bewusstsein für den einweihenden Pfeil.

Schau, Simon, schau! Ich bin nicht die Erinnerung an eine Zeit, die weit hinter dir liegt. Die Erinnerung an liebgewordene Wesen beschäftigt nur Menschen, die an ihren eigenen Tod glauben, Menschen, deren Leben ein kraftloser Atem ist ...

Deine Mutter, dein Vater, Miriam und alle anderen aus dem Dorf weilen in dir, vor dir ... Nicht als Abglanz ihrer selbst, sondern in ihren eigentlichen Körpern. Entferne das Wachs, das die Türen deines Herzens versiegelt, hör, wie ihre Stimmen in deinem Wesen hallen, lass deinen Willen sich weiten, vergiss ihre Körper, und ihre Blicke werden den deinen entzünden, das sage ich dir ...

Du empfindest dein Leben hier als hart ... Aber was du entdeckst, ist nur deine eigene Kälte. Ich kenne diesen Ort, er ist heute wärmer als jeder andere auf dieser Welt, ich kenne ihn, und mein Wissen schöpft aus meinem Leben der vergangenen Zeiten.

Du findest, die Brüder sind streng ... Aber du spürst nur deinen eigenen Egoismus. Ich kenne sie, sie sind wie Muskeln, die die Anstrengung geformt hat ... Warum hältst du dich bei dem arbeitenden Muskel auf, statt den Willen zu erfassen, der hinter ihm steht?

Akzeptiere dein Leben eine Zeitlang, Simon, und beobachte die verschiedenen Gesichter der Liebe.

Joseph schwieg, er legte die Hand auf sein Herz, und sein ganzer Körper begann zu schwingen und zu strahlen, als wäre alle Kraft der Sonne in ihm beschlossen. Ich fühlte nur noch Frieden, absolute und vollkommene Schönheit; die Wände meiner Zelle lösten sich auf und verschwanden im Unendlichen.

In einem einzigen Augenblick zogen in einem Strom reinen, zarten Lichts die Gesichter aller Brüder aus dem Karmel an mir vorüber, und zum ersten Mal bemerkte ich ihre Augen, die groß waren wie Welten, und in ihnen las ich ... Ja, dich Samuel, dich Moschab, ich erkenne euch alle; ich weiß, was wir machen ... Mein

Vater, meine Väter, Galiläa, meine Einsamkeit, die kalten Winter des Karmel ... Das Ziel, alles wurde klar; und ich mit meinen sieben Jahren ...

Mit einem blitzartigen Aufleuchten war alles vorbei. Die Wände meines Zimmers kamen mit enormer Geschwindigkeit näher, und Josephs Erscheinung zerstob in tausend Stücke. Es kribbelte mich am ganzen Körper, und ich hatte Schwierigkeiten, auf die Beine zu kommen. Ein heller schmaler Streifen am nachtblauen Himmel zeigte, dass der Tag noch kaum angebrochen war. Mich fröstelte. Eine seltsame innere Gewissheit ... Ich stürzte auf den Gang, hin zur ersten Öffnung, die auf einen Innenhof führte.

Dort unten, ganz dort unten, standen ungefähr zehn Männer zusammen, die warm in lange Mäntel gehüllt waren, ein paar Maultiere scharrten mit ihren Hufen auf dem Boden. Und neben ihnen ein Kind, dessen lange kastanienfarbene Locken im Winde wehten ...

Joseph!

Mir stockte der Atem. Hinter mir hörte ich das Geräusch langsamer Schritte, ich drehte mich um. Es war ein weißgekleideter Bruder, der mich suchte.

Auf, Simon! Du bist gerufen worden!

Es war Moschab, gerührt und amüsiert zugleich führte er mich fort und vergaß auch nicht, mir einen Zipfel seines schweren Mantels über die Schulter zu legen. Es war ein seltsames Wiedersehen mit Joseph im kleinen Hof des Karmel ... Die wenigen Öllampen waren am Erlöschen, und die Sonne sandte ihre ersten leuchtenden Strahlen über die hohen Mauern. Halblaut wechselten wir ein paar Worte, einfache Begrüßungsformeln; wir erfanden die Kunst des Sprechens neu, wir hörten auf das, was zwischen den Worten lag.

Bald zog er unter seinem Gewand zwei kleine Pergamentrollen hervor; die eine war von meinen Eltern, die andere von Miriam.

Ich werde jetzt auch hier leben, sagte er ruhig, ich muss sechs Jahre studieren.

Diese unzweideutige, ganz natürlich vorgebrachte Erklärung machte mich schwindeln. Sechs Jahre! War ich auch für sechs Jahre da? Niemand hatte mir bis jetzt klar auf diese Frage antworten wollen, die sich mir seit dem ersten Tag gestellt hatte ... Und nun war es ausgerechnet Joseph, der ...

Nun ja, schließlich haben wir es so gewollt ... Wir haben ›ja‹ zum Vater gesagt. Im Dorf sind sie alle stolz auf uns.

Joseph lachte bei diesen Worten, als ob er eine Reaktion erwarten würde, aber diese kam nicht. Mein Blick war starr, ganz sicher stumpfsinnig starr, und mir war, als sähe ich in regelmäßigen Abständen Flammenzungen, bläulich-weiße Streifen, die von jedem Körper unserer kleinen Gruppe auszugehen schienen. Ich hatte diesen flüchtigen Eindruck nicht zum ersten Mal, aber ich hatte niemandem davon erzählt. Ich sah uns alle wie von einer riesigen weißen Muschel umgeben, einem Kokon aus milchigem, beruhigendem Licht, der von azurblauen Blitzen durchzogen wurde. Ein paar Worte drängten über meine Lippen:

Schaut, da sind überall kleine Flammen ...

Die Wahrnehmung war sofort verschwunden; meine Worte hatten den Zauber gebrochen.

Übrigens, Zerah lässt dich grüßen, sagte plötzlich Joseph mit sanft verschmitztem Blick.

Dieser Satz war für mein Gehirn wie ein Auslöser, Hunderte von Ausdrücken, die mein alter Freund früher ausgesprochen hatte, stürmten auf mich ein.

Die Frage sprudelte ganz unwillkürlich aus meinem Herzen:

Da waren überall Flammen um euch herum, sie stiegen hoch, rollten sich zusammen, tanzten ... was ist das?

Ich spürte auf meinen Schultern zwei raue Hände, deren schmale Finger ich undeutlich wahrnahm.

Gleich, nach dem großen Gebet, musst du zu mir kommen, Simon.

Ich drehte mich um. Es war der Bruder mit dem roten Schleier, der mir ein Jahr zuvor den ersten heiligen Odem des Karmel eingehaucht hatte.

Das war alles. Mir blieb nicht die Zeit, sein Gesicht genauer zu betrachten, schon entfernte er sich und ging mit Joseph zu einer kleinen Holztreppe, zu der wir keinen Zutritt hatten. Ihre beiden Silhouetten waren ebenso schnell verschwunden wie die einiger anderer Brüder.

Die Stunde des Gebets durchlebte ich wie im Traum; die klangvoll tönenden Gesänge waren das einzige, was ich wahrnahm. Mit geschlossenen Augen vertiefte ich mich in die nochmalige Lektüre der beiden Pergamentrollen, die mir übergeben worden waren und die trotz ihres bescheidenen Äußeren die Sonne und den Duft Galiläas in sich trugen.

Ein Bruder schlug kräftig erst sechsmal, dann noch einmal, auf eine hölzerne Trommel, die Zeremonie war beendet. Wie die Meister uns gelehrt hatten, atmete ich mit beiden Nasenlöchern einen vollen Zug Weihrauch ein, dadurch sollten die Schwingungen meines Wesens dem Namenlosen nähergebracht werden.

Ich war nur allzu glücklich, dem Studium der griechischen Schrift entronnen zu sein. Es dauerte einige Zeit, bis ich mich im Gewirr der Gänge zurechtfand, die zu dem Bruder mit dem roten Schleier führten – einem Ort, der mir weitaus schwerer zugänglich schien als alle anderen, dem Ort des Mysteriums schlechthin.

Fragenden Brüdern, die versuchten, mich unterwegs aufzuhalten, entgegnete ich stolz: »Ich werde erwartet.«

Ein hochgewachsener Mann mit dichtem grauem Haar führte mich schließlich in einen kleinen Raum, dessen niedrige Tür von zwei majestätischen Leuchtern flankiert war, in denen jeweils elf

Flammen brannten. Der Ehrwürdige saß in einer Ecke auf dem Boden und schien mich zu erwarten.

Seit wann siehst du die Flammen der Wesen, Simon? sagte er sanft und lud mich mit einer Handbewegung ein, ihm gegenüber Platz zu nehmen. Bewege dich nun nicht mehr, hör nur zu.

Die Flamme der Wesen?

Das Feuer und das Wasser ihrer Seelen … die Strahlen ihres Herzens. Ich weiß, was du siehst, Simon, lass es mich dir erklären … Du sollst heute erfahren, wie der Namenlose den Menschen erschaffen hat, und warum der Umgang mit Menschen wärmt … oder verbrennt …

Der Bruder mit dem alterslos wirkenden Gesicht blickte dann auf und begann zu erzählen:

Vor undenklichen Zeiten, als der Vater seinen Odem lange zurückgehalten hatte, erwachte er aus seinem Schlaf, da entströmte seinem Mund ein sehr langer Atem, ein Atem, der unserer Seele das Leben einhauchte. Und je weiter diese wunderbare weiße Wolke sich von ihm entfernte, desto weiter fiel sie ins Unendliche und zeichnete eine Spirale in den Farben des Regenbogens; so wurde sie Äther, Gas, Feuer, Wasser und Erde.

Daraus entstand überall in der Unendlichkeit der Himmel das Leben. Die formlose Erde, die ihre Bestimmung nicht kannte, lernte das Wasser zu erkennen, und das Wasser fand zu seiner Identität, als es das Feuer bemerkte, Feuer und Wasser ruhten auf der Erde und erschufen die Gase. Aus der Vereinigung der vier wurde der Mensch gebildet, er offenbarte den Äther, der in ihnen allen ruhte. Aber meine Geschichte ist noch nicht zu Ende, Simon, sie hört nicht bei den fünf Elementen auf, sie hat eine Fortsetzung … Du musst selbst entdecken, wie sie weitergeht und sich verzweigt.

So haben wir Menschen alle einen Körper aus Erde, einen aus Wasser, einen aus Feuer, und so weiter … Unser kleiner menschlicher Verstand unterscheidet sechs und einen … Wisse nun, Simon, dass diese Körper wirkliche Wesen sind, sie haben ihre Begierden und Hoffnungen und tun sich paarweise zusammen. Das menschliche Wesen besitzt demnach eigentlich drei Körper, deren Neigungen männlich und weiblich zugleich sind. Der letzte, das Juwel von Scheba, umfasst sie alle und krönt sie wie einhundertvierundvierzigtausend Diamanten.

Was also wie tausend Feuer erscheint, sind die drei Körper, und du magst sie sehen, sobald dein Herz empfangen kann, ohne zu wollen. Einmal hat dein Auge das Juwel von Scheba erblickt. Es ist die Vier, die Grundfläche der Pyramide, die dem einen Licht zustrebt. Deshalb haben die Weisen dem Widerschein des göttlichen Namens vier Buchstaben gegeben.

Der Ehrwürdige machte eine Pause; ich fühlte, dass er jedes seiner Worte genau überlegt hatte und dass zur Bedeutung der Klang kam, der sich mir einprägte.

Ohne die ständigen Lektionen meiner Meister hätte ich sicher nichts von der Botschaft verstanden, aber heute weiß ich, warum mein kindlicher, vornehmlich im Empfinden geschulter Geist fähig war, das Gleichnis aufzunehmen.

Es wäre gut, wenn das, was dein Herz bisher spontan erfasst hat, jetzt von deinem Willen gelenkt würde. Ich meine, Simon, dass es notwendig ist, dich das zu lehren, was das sterbliche Auge nicht herausfinden kann. Ich sage ›ich meine‹, und ich glaube, dass mein Vertrauen nicht enttäuscht wird; denn das, was ich dich zu lehren habe, ist ein zweischneidiges Schwert. Du kannst es gebrauchen, um das Böse aufzuspüren und zu bekämpfen, oder aber um deine Absonderung fortzusetzen. Siehst du die Gefahr?

Das ›Lesenkönnen‹ in den Körpern anderer Menschen sollte dich dazu bringen, sie zu erkennen, ihnen zu helfen, sie zu heilen – nicht aber, in ihr Inneres einzudringen und sie zu gebrauchen …

Freue dich nicht, Simon, ich gebe dir keine Macht. Niemand kann irgendjemandem wirkliche Macht verleihen. Ich schlage dir nur eine Methode vor, die es zu entwickeln gilt und die offensichtlich dir mehr entspricht als deinen Kameraden, denn sie scheint dich zu rufen.

Du sollst also erfahren, welches die drei Lichter sind, die den menschlichen Körper erhellen, und ihre Funktionen kennenlernen.

Das Problem, vor das ich dich stelle, ist schwer und einfach zugleich; es besteht darin, mittels geeigneter Übungen eine Fähigkeit zu erlangen, die sich in zwei Worten zusammenfassen lässt: Sehen lernen. Kann jeder sehen, Simon? Nein, durchaus nicht ... denn dann würde *jeder* sehen.

Nun pass auf! Ein Wesen, das in sich die Fähigkeit entwickelt hat, die drei Lichter des Menschen zu sehen, nimmt die Aura – wie man diese Lichter zusammen nennt – als große, leuchtende, eiförmige Umhüllung wahr. Man kann sie auch mit einer Muschel aus Licht vergleichen, in deren Mitte das Individuum sich entwickelt wie der Kern im Inneren einer Frucht. Die Brüder sagen auch: Ausstrahlung.

Ihrer Natur nach ist sie außerordentlich subtil[20]. Aber ich könnte auch von Emanationen sprechen, von Strahlungsbündeln[21], die sich in den unterschiedlichsten Rhythmen fortbewegen. Ich kann es dir nicht besser beschreiben, denn die menschlichen Sprachen sind arm auf diesem Gebiet. Du hast selbst erlebt, dass zunächst der gasartige, das heißt extrem bewegliche und fließende Charakter der Aura auffällt.

Insgesamt kann sie bis zu ungefähr drei Ellen[22] über den Körper hinaus leuchten. Ein Anfänger in der Kunst des Aura-›Lesens‹ wird diese Strahlungsweite natürlich noch nicht wahrnehmen. Denn die Aura besteht aus mehr oder weniger dicken, aufeinanderfolgenden Schichten, die man erst nach und nach entdeckt ...

Als Erstes wird oft die Aura am Kopf eines Menschen entdeckt, denn sie ist dort besonders leuchtend. Das erscheint logisch, nicht wahr? Ist das Gehirn nicht so etwas wie eine Glut, die den ganzen Körper versorgt?

---

[20] *Heutzutage würde man »elektrisch« sagen.*

[21] *D. h. Wellen*

[22] *Ca. 1,20 m*

Die leuchtende Umhüllung bildet jedoch nicht ein vollkommen geformtes Ei. An der Spitze wird es durch eine Ausstülpung verlängert, die man mit einer Flamme vergleichen kann, die heftiger als die anderen brennt. Einige Menschen weit entfernter Völker, deren Besuch wir manchmal empfangen, kennen diese Lichtgarbe ebenfalls. Sie tragen sehr bezeichnende Frisuren[23]. Dieser dem höchsten Punkt des Schädels entwachsende Schopf – man könnte auch Flammenkranz sagen – ist eine Manifestation des inneren Feuers, das kosmischen, ja göttlichen Ursprungs ist und alle denkenden und suchenden Geschöpfe beseelt. Er ist das Zeichen des Juwels von Scheba, der Sitz des höchsten menschlichen Bewusstseins. Wenn du diese weiter als die anderen herausragende Flammenzunge siehst, sagt dir das sehr viel über ihren Besitzer.

Du musst außerdem wissen, dass Leuchtkraft und Größe der Aura nicht starr sind. Sie hängen von zahlreichen Elementen und Umständen ab, die ich dir noch nennen werde. Zunächst einmal solltest du Folgendes behalten: Die Ausstrahlung eines Menschen setzt sich aus vielen farbigen Wellen zusammen, die sich, ausgehend von einem Grundton, miteinander vermischen, dieser ›Hintergrund‹ zeigt sozusagen den Kern der Persönlichkeit und die Veranlagung des Betreffenden. Auf ihm erscheinen dann die farbigen Ströme, die in allen Richtungen verlaufen. Sie machen die Aura instabil und schwer fassbar. Die Energieströme verändern sich jedoch auch nicht so kreuz und quer, wie es zunächst vielleicht erscheint ...

Ja, unterbrach ich eifrig den Ehrwürdigen, dessen Augen sich geschlossen hatten. Ich habe gesehen, wie sie sich kreuzten und konzentrierten.

Genau, fuhr er lächelnd fort, an vielen Stellen des Körpers bilden sie Wirbel und Spiralen, sogenannte Vitalknoten‹, die sich oft mit lebenswichtigen Organen decken.

---

[23] *Z. B. die Schwarzfuß- und Karaja-Indianer, die chinesischen Mandarine, die eine entsprechend geformte Feder auf dem Kopf trugen, etc.*

Milz und Herz etwa sind bevorzugte Kraftzentren, ebenso die Nasenwurzel. In einigen Bereichen gibt es auch sehr lebhafte ›farbige Turbulenzen‹, die im Körper verschwindenden Spiralen gleichen. Sie zeigen, wo die ›Räder der Kraft‹ liegen, von denen einige, z. B. das in der Magengrube[24], für das Gleichgewicht unerlässlich sind. Sechs und Eins jedoch besitzen mehr Bedeutung als die anderen. Sie sind uns seit dem Volk von Atl bekannt, und alle Überlieferungen dieser Erde sprechen von ihnen. Sie reichen von der Basis unserer Wirbelsäule bis zu ihrem höchsten Punkt.

Unsere Aura folgt natürlich der geringsten Körperbewegung, sie passt sich seinen verschiedenen Stellungen an, verändert sich mit den Bewegungen der Gliedmaßen …

Sie kann letztendlich als ein von zahlreichen Schwingungen belebtes Energiefeld[25] betrachtet werden, das in den aktiven Kräften unseres Körpers und unseres Bewusstseins seinen Ursprung hat.

Du solltest jetzt besser aufpassen, Simon, dein Wille lässt sich noch zu leicht ablenken, dein Intellekt glaubt sich verpflichtet, die einfachen Kenntnisse, die ich dir vermittle, zu komplizieren … Die Energien, von denen ich gesprochen habe, stammen ursprünglich nicht aus den ›Nerven‹ – oder ›Vitalzentren‹ unseres Körpers … die ›Räder der Kraft‹, die ich und auch deine Meister schon erwähnt haben, nehmen sie von außen auf und verteilen sie dann. Die ›Spiralen‹ sind in gewisser Weise die Eingangstüren, durch die sie in unseren Organismus gelangen.

Und was nehmen sie von da draußen auf, Bruder?

Eine gute Frage, Simon; nicht die Atmosphäre, nein … oder jedenfalls nicht nur die Atmosphäre. In der Luft, die du atmest, gibt es eine wundervolle Energie, die unsere allzu groben Sinne nicht wahrnehmen können. Ein paar gelehrte Priester vom großen Tempel Salomos nennen

---

[24] *Der Solarplexus*

[25] *Heute würde man sagen: von einer starken Schwingungsaktivität elektromagnetischer und psychischer Frequenzen.*

sie ›lebendiges Licht‹ oder ›Od‹[26]. Sie erzeugt unter anderem das, was ich in meiner kleinen Geschichte Äther genannt habe. Wenn du die Ausstrahlungen beobachtest, wirst du feststellen, dass in einem physisch und psychisch gesunden Körper die ›Räder der Kraft‹ aktiver sind und mehr ›Od‹ anziehen. Weil diese Energie für das ganze Wesen so positiv, nährend und belebend wirkt, nennen wir sie ›solar‹ oder ›kosmisch‹. Aber welches sind nun die drei Körper, von denen ich gesprochen habe?

Es sind drei Umhüllungen:

Die erste verdient die Bezeichnung ›Aura‹ eigentlich gar nicht, denn sie besitzt nur eine sehr geringe Strahlkraft. Für den Nicht-Eingeweihten ist sie jedoch die sichtbarste, weil sie als die ›dichteste‹ von allen erscheint … Nach der Art ihrer Schwingungen steht sie dem physischen Bereich so nah, dass sie fast materiell zu nennen ist. Sie ist die einzige der drei Hüllen, die genau den Formen unseres fleischlichen Körpers folgt und strahlt höchstens zwei Finger breit um ihn herum, selten mehr. Im Karmel nennen wir diese Umhüllung ›Vitalkörper‹; er besteht aus Äther. Einige Völker der Erde sehen in ihm eine Form der Seele, aber das ist ein Irrtum, eine Verwirrung, die auf die Beziehungen des Äthers zum Blut zurückzuführen ist.

Kann man diese Hülle vielleicht mit dem Dunst des Weihrauchs vergleichen?

Ja … aber sie ist nicht so unbeständig. Je nachdem, um welche Stelle des Körpers es sich handelt, ist sie mehr oder weniger dicht, ihre Farbe ist graublau. Aber bei einigen Wesen, deren Gesundheit in jeder Beziehung vortrefflich ist, wird diese Farbe manchmal durch ein goldumsäumtes Weiß ersetzt. Du wirst es sehen … später … Der Vitalkörper ist sozusagen die ›Aura der Gesundheit‹ und wir alle wünschen, dass du oft mit ihm arbeiten wirst.

---

[26] *Darunter ist das »Astrallicht« mancher Traditionen zu verstehen, das »odische« Licht der Kelten.*

Du wirst auch feststellen, dass seine Kraft mit der Milz in Zusammenhang steht. Die Brüder hoffen jedoch, Simon, dass du nicht auf halbem Wege stehenbleibst – falls du ihn überhaupt einschlagen willst. Beim Erkennen und Helfen wirst du es für unerlässlich halten, über den Vitalkörper hinauszugehen.

Also weiter … Wenn unser Herz und unser Auge schwingen, leuchtet die Strahlung unseres zweiten Körpers auf: es ist der Emotionalkörper[27], dessen Wünsche, Ängste, Enttäuschungen, Glückszustände, gefühlsmäßige Veranlagungen, Tugenden und Mängel diese zweite Aura übermittelt. Sie reicht eine Elle über den Vitalkörper hinaus, und da sie sich im Rhythmus der Gedanken und Impulse verändert, ist sie die instabilste Aura von allen. Ihre Grundtönung ist bei jedem Individuum anders und passt sich der gefühlsmäßigen Aktivität genau an. Die Astralaura bleibt sich also nie völlig gleich, denn auch ein Wesen ist von einer Sekunde zur nächsten nicht mehr dasselbe. Es ist nur wenig bekannt, dass sie auch bestimmte Anhaltspunkte für die Gesundheit eines Organismus bietet, die die Analyse des Ätherkörpers ergänzen. Körperliche Leiden sind oft Ausdruck seelischer Krankheiten, das solltest du nicht vergessen … Und das emotionale ›Gesicht‹ eines Wesens ist immer mit dem rein physischen Körperbefinden verbunden. Kurzum, sie ist nichts anderes als die Ausstrahlung des Ego … Aber wenn der Namenlose es erlaubt, wirst du auch an diesem Punkt nicht stehenbleiben.

Du wirst versuchen, deinen Blick über diese zweite Strahlung hinauszurichten, um die dritte Hülle zu entdecken, die wie ein ebenmäßiges Ei geformt ist und weit weniger gestört erscheint als die zuvor Genannte.

Meinst du einen Körper aus bewegungslosem Licht, Bruder?

Nein, Simon, nein … Nichts ist je unbeweglich. Es wäre falsch zu sagen, dass dieser Körper sich nicht verändert, aber an seiner Oberfläche wirst du nur kleine Wellen in mehr oder weniger schnellen, mehr

---

[27] *Astralkörper*

oder weniger regelmäßigen Kadenzen bemerken ... Ihre Entstehung hängt mit der mentalen Aktivität der betreffenden Person zusammen.

Eine weitere Besonderheit der mentalen Aura besteht in der vergleichsweise geringen Varianz der Grundtöne, die vorherrschenden Farben sind ein lichtes Gelb, Blau oder Weiß.

Auch was ich dir jetzt sage, solltest du gut behalten, Simon: Je korrekter die Persönlichkeit eines Wesens entwickelt ist, je gefestigter und strahlender sie ist, desto stärker und dauerhafter ist auch der dritte Körper – wie eine Schale, die eine zweifache Aufgabe zu erfüllen hat.

Eine zweifache Aufgabe?

Alles ist zweifach ... Zum einen kann die Persönlichkeit des Wesens ihren inneren Reichtum in der umgebenden Atmosphäre verteilen, zum anderen ist sie gegen psychische oder mentale Angriffe von außen geschützt. Die dritte Aura ist also eine Art Ausgangspunkt für die Beziehung zu anderen, Sohn des Josche, und ein Schutzwall gegen alles, was nicht mit ihr in Einklang ist. Ich brauche nicht extra zu betonen, dass sie sich bei jedem Individuum anders entwickelt; deshalb scheinen einzelne Wesen eine ganze Versammlung zum Leuchten bringen zu können, während andere wie erloschen wirken. Ja, bei vielen Menschen befindet sich der dritte Aurakörper leider noch im Embryo-Stadium. Oft handelt es sich um wankelmütige, impulsive Geschöpfe mit kindlich-affektiven Reaktionen.

Wann wirst du mich lehren, all das richtig zu sehen, Bruder?

Du hast mich nicht richtig verstanden, Simon ... Ich werde es dich nicht lehren. Ich kann dir nicht etwas zeigen, was du selbst entdecken musst. Ich habe nur die Aufgabe, dich vor Irrtümern zu bewahren und dir die Beachtung bestimmter Details anzuraten. Die atmosphärischen Bedingungen etwa können deine Aufgabe erschweren oder erleichtern.

Bei sonnigem, trockenem Wetter werden die Strahlungen eher wahrgenommen; dies gilt besonders für die ätherische Flamme. Die

Sonnenstrahlen lassen sie an der Milz verstärkt zutage treten. Auch Nebel und Schnee erleichtern diese Wahrnehmung.

Große Feuchtigkeit – etwa wenn ein Körper sich im Wasser befindet oder das Bad gerade verlassen hat – führt zu einer sofortigen weitgehenden Auflösung der Äther – und in geringerem Umfang auch der Astralaura.

Das Folgende ist sehr wichtig, Simon: Das vollständige Eintauchen eines Körpers ins Wasser hat zur Folge, dass der Ätherkörper für den Bruchteil einer Sekunde den Organismus ganz verlässt, er wird sozusagen hinauskatapultiert. Ein auch nur kurze Zeit seines physischen Trägers beraubter Ätherkörper löst aber immer einen kurzen, blitzartigen Bewusstseinsverlust aus, der genügt, damit sich auf einer subtileren Ebene gewisse Dinge ereignen können. Du wirst sehen … Eines Tages wirst du die Bedeutung dieses Details erfassen, das dir dann ganz klar erscheinen wird!

Da du jetzt bestimmte Ursachen und ihre Wirkungen kennst, wirst du es vermeiden, die drei Körper eines Wesens zu ›lesen‹, das nach einem Bad noch nicht ganz trocken ist.

Glaub nicht, dies sei nur eine Phantasievorstellung der Brüder! Den ganzen Tag über und auch bei Nacht sammeln sich auf der Hautoberfläche organische und andere Abfälle an. Sie besitzen eine ihnen eigene Strahlung. Es ist wichtig, dass der Körper sich ihrer entledigt, denn nur so bleibt seine Aura klar und wird nicht verunreinigt. Bei diesen Worten öffnete der Ehrwürdige die hell strahlenden Augen und blickte mich fest an. Ich hatte ein seltsames Gefühl, an das ich mich noch gut erinnere, das Gefühl einer Brücke zwischen unseren beiden Wesen. Ohne mein kindliches Vertrauen hätte ich die Glut dieses mich messenden Blickes kaum ertragen …

Nach einigen Sekunden stand der Bruder mit dem roten Schleier langsam auf und ging zu einem schweren Vorhang aus blauem Leinen.

Nun komm, Simon! Die Hilfe, die ich dir heute gewähre, ist noch nicht zu Ende.

Mit der Hand schob er den schweren Stoff zur Seite; ein enger Gang tat sich vor uns auf. Der Ehrwürdige hieß mich, voranzugehen. Gleich darauf stand ich in einem quadratischen Raum von ungefähr vier Metern Seitenlänge. Zwei Wände waren weiß angestrichen, die übrigen schwarz. Mein Lehrer machte mich auch auf eine Öffnung in der Decke aufmerksam, durch die das Tageslicht in den Raum fiel. Es handelte sich jedoch um ein indirektes Licht, das zart wirkte und sich gleichmäßig auf die vier Wände verteilte. Auf dem Boden vor den Mauern standen in regelmäßigen Abständen zahlreiche Öllampen, so dass die Wände auch vom Boden aus erhellt werden konnten, wenn man dies wünschte. Vervollständigt wurde das Ganze durch eine mächtige, ungefähr zehn Zentimeter starke Holzbohle, die die ganze Länge einer Wand einnahm. Der Bruder sagte mir, sie solle die Reihe der angezündeten Öllampen verbergen, wenn jemand vor der Wand auf dem Boden saß.

Dieser Raum, Simon, wurde so hergerichtet, um verschiedenen Aufgaben gerecht zu werden, deren wichtigste das Erlernen und die vollständige Beherrschung des ›Aura-Lesens‹ zu medizinischen Zwecken ist. Aber ich sage es dir noch einmal, erwarte weder von mir noch von der Kenntnis dieses Saales eine Art Rezept. Um Fortschritte zu machen, wirst du vor allem deinen Mentalbereich ändern müssen, das heißt die Art, in der du an die Welt und ihre Probleme herangehst.

Du weißt bereits, dass der erste Schritt in dieser Richtung darin besteht, sich der Grenzen unserer gewöhnlichen Sinne bewusst zu werden. Aber wenn es ein schöner Weg werden soll, muss diese Bewusstwerdung über das rein intellektuelle Verstehen von Fakten hinausgehen. Sie muss in ein spirituelles Nachsinnen einmünden, zu dem jeder von uns fähig ist und das uns dazu bringt, die Welt und die Wesen jenseits des oft dichten Schleiers des äußeren Scheins zu betrachten. Lass dein Herz arbeiten, Simon, nur dein Herz! Du wirst mit ihm und durch es denken! Wenn du das tief im Inneren weißt, habe ich nichts mehr in dir zu wecken.

Unter diesen Vorbedingungen solltest du zwei grundlegende Eigenschaften entwickeln: Willenskraft und Geduld. Lerne, deinen Willen beständig, entschlossen und stetig zu machen – nicht starr, denn blinder Eigensinn baut unbewusste, unüberwindliche Mauern auf. Deine Sanftmut sei gefestigt und dein Wille beharrlich! So wirst du dich bei deiner Arbeit nicht verspannen und echte Fortschritte machen – es sei denn, du bemisst das, was du vor Augen hast, mit der scharfen Klinge deines Denkens und versuchst nicht, es zu verstehen und zu lieben …

Von heute an sollst du dich regelmäßig darin üben, das Licht der Wesen zu entziffern. Du weißt, dass die Brüder seit jeher dem Pflegen und Heilen einen Großteil ihres Daseins gewidmet haben. Mögest auch du eines Tages deinen Beitrag dazu leisten …

Die Übungen, die ich dir jetzt zeigen werde, solltest du täglich so oft wie möglich ausführen.

Bevor du irgendetwas unternimmst, verwende zuerst einige Minuten darauf, Ruhe und Frieden in dir einkehren zu lassen. Dazu ist ein leeres Zimmer in neutralen Farben besonders geeignet; lebhafte Töne und überladene Motive solltest du meiden. Im Karmel hast du die Auswahl … Täusche dich nicht, dieses Detail ist sehr wichtig.

Dann tu Folgendes, sieh her.

Der Ehrwürdige schob den Ärmel seines Gewandes bis weit über den Ellenbogen zurück und streckte den Arm mit angewinkelter, offener Handfläche und abgespreizten Fingern in Richtung der weißen Wand.

Am Anfang ist es gleich, ob du die weiße oder die schwarze Wand wählst; wichtig ist nur, dass der Hintergrund gleichmäßig ist. Achte darauf, dass weder auf der Wand noch auf deiner Hand die geringste Kleinigkeit, zum Beispiel ein Ring, deine Aufmerksamkeit ablenkt … Schau wie ich es mache, ich sehe in Richtung meiner Hand, aber ich stelle meinen Blick nicht auf sie ein. Ich betrachte sie, ohne sie zu sehen, ich sehe weit, weit hinter sie[28]. Tu es mir nach …

Dein Blick sollte nur den sehr verschwommenen Umriss deiner Hand wahrnehmen. Vertiefe dich ganz in das undeutliche Bild deiner gespreizten Finger.

Wenn du ein paar Sekunden so geschaut hast, kannst du wieder von vorne anfangen, diesmal etwas länger. Sehr bald wirst du um deine Finger herum einen winzigen Lichtkreis beobachten können, der wie ein schillernder Handschuh aussieht ...

Ja, das stimmt, Bruder, aber ich habe dieses erste Licht der Wesen schon oft gesehen ...

Tu so, als ob du nichts wüsstest, Simon. Auch die einfachsten Übungen sind nützlich. Du glaubst zu wissen, aber bisher waren es nur flüchtige Ahnungen ...

Nein, Simon, nein ... Das hättest du nicht tun sollen ... Du musst den unwiderstehlich erscheinenden Drang beherrschen, deinen Blick auf die Hand einzustellen. Es war ein Reflex, aber deine Wahrnehmung ist verschwunden ... Verändere die Stellung deiner Hand, bring deinen Daumen langsam dem Zeigefinger näher, dann siehst du den Äther deines Körpers wieder. Übe weiter, ich bin gleich zurück.

Der Ehrwürdige lächelte, während er langsam zu einer Ecke des Raumes ging, eine der zahlreichen Öllampen nahm und sie an einen dafür vorgesehenen Haken an der Decke hängte. Dann verließ er den Raum, und ich war allein. Ich fragte mich, weshalb ausgerechnet ich das Glück hatte, vom Ehrwürdigen des Karmel allein unterrichtet zu werden. Ich weiß nicht warum, aber ich war traurig ... Warum musste ich hier allein sein, während die anderen zusammen lernten. Ich dachte auch an Joseph, den ich gesehen hatte, und an Miriam, deren Brief ich gelesen hatte ...

---

[28] *Um einen Begriff aus der Fotographie zu verwenden, könnte man sagen, dass die »Einstellung« nicht auf die ausgestreckte Hand erfolgt, sondern auf etwas Imaginäres hinter ihr.*

Die Bangigkeit war schnell verflogen, das dumpfe Geräusch nackter Füße ließ mich aufblicken: Es war der Ehrwürdige, der einen großen schwärzlichen Docht hielt, von dem das Feuer sprühte. Im Handumdrehen verbreitete die aufgehängte Lampe ein warmes Licht, und der wohlbekannte Harzgeruch stieg mir in die Nase.

Jetzt eine zweite Übung, Simon ... Stell dich aufrecht unter die Lichtquelle und wende ihr bei geschlossenen Augen dein Gesicht zu. Du wirst einen leuchtenden, gelblichen oder weißlichen Nebel sehen. Fühle dich jetzt vor allem nicht von diesem Licht bedrängt, sondern versuche im Gegenteil mit weiterhin geschlossenen Augen ohne Anstrengung weit nach vorne zu sehen. Richte deinen inneren Blick auf deine Nasenwurzel, auf die Stelle zwischen den Augen oder vielleicht auch ein wenig höher, je nachdem, wo es dir besser erscheint. Dann senke dein Gesicht in die Waagerechte.

Gelehrig führte ich die Anordnungen des Ehrwürdigen aus, und was sich meinem inneren Blick darbot, erfüllte mich mit grenzenlosem Entzücken. Während mein Kopf sich der Horizontalen zuneigte, zogen alle Farben des Regenbogens langsam an meinem inneren Auge vorbei. Ich begann sofort wieder mit der Übung; jetzt fielen mir vor allem leuchtende blaue und violette Bänder auf und schließlich ein dunkelblauer Punkt, der im Zentrum meines Blickfeldes erstand.

Siehst du den Schleier der Isis, Sohn des Josche? Es ist jener kleine blaue Kreis, der wachsen muss, bis er dich ganz erfüllt, eines Tages wird er so groß sein, dass du in ihn hineintauchen kannst ... Es ist das *eine* Auge. Manche sagen, es sei das dritte, obwohl eigentlich die Bezeichnung ›erstes‹ zutreffend wäre. Es besitzt grundlegende Bedeutung, und von seiner Entwicklung hängt unter anderem die leichtere Wahrnehmung der verschiedenen Auren ab.

Die letztgenannte Übung darf nicht zu lange dauern, Simon, und es ist auch nicht gut, sie zu oft zu wiederholen. Drei- oder viermal pro Woche ist genug. Sie kann dir helfen, dir des inneren Blicks bewusst zu werden, den jeder besitzt. Das *eine* Auge besitzt zwar keine konkrete Existenz mehr, aber es ist nichtsdestoweniger vorhanden, auf körperlicher Ebene wird seine Tätigkeit durch die gleichzeitige Arbeit zweier kleiner, im menschlichen Gehirn gelegener Organe hervorgerufen[29]. Damit diese Arbeit Bestand hat, muss der Wille zu einer echten Erforschung des Inneren, der Wunsch nach Vereinigung mit dem inneren Wesen vorhanden sein. In den von deinen Meistern verlangten Augenblicken der Konzentration und der Suche nach Frieden löst das erste dieser Organe eine Kraft aus, die auf das zweite einwirkt und zur Entstehung des Schleiers der Isis[30] führt. Aber ich warne dich, Simon, halte nicht die Wahrnehmung des *einen* Auges für das Wichtigste; der Widerschein des Lichtes ist nicht das Licht selbst. Wir Menschen neigen leider alle zu diesem Irrtum.

Bevor du mich verlässt, Simon, möchte ich dich noch vor etwas anderem warnen: jedes Kleidungsstück verbreitet seine eigene Aura … Achte also darauf, dass du nicht statt des eigentlich zu analysierenden Körpers die Kleidung ›liest‹. Erinnere dich, die Nacktheit eines reinen Körpers ist für die genaue Kenntnis[31] immer der ideale Zustand. Nur so wird deine Analyse sich mit unbeeinflussten Farben beschäftigen, und du kannst kranke Organe leicht anhand der sich deutlich abzeichnenden farbigen Flecken, die oft ins Graue oder Bräunliche gehen, lokalisieren.

Der Ehrwürdige führte mich dann wieder in den ersten Raum, in dem er mich empfangen hatte. Im Vorübergehen wies er mit dem Finger auf eine winzige, zwei Stufen tiefer gelegene Kammer, in der man sich waschen konnte, bevor man die drei ›Lichter‹ zu ›lesen‹ begann.

---

[29] *Gemeint sind Hypophyse und Zirbeldrüse.*

[30] *Heute würde man sagen, dass die Hypophyse ein sich verstärkendes magnetisches Phänomen erzeugt, das auf die Zirbeldrüse trifft; daraus entsteht das Dritte Auge.*

[31] *Heutzutage wären synthetische Stoffe und farbige Stoffe zu vermeiden.*

Das Vorhandensein so vieler mit Wasser ausgestatteter Räume überraschte mich im Karmel noch mehr als in unserem kleinen Dorf in Galiläa, wo das frisch der Quelle entnommene Nass bei den meisten unserer Handlungen eine geheiligte Rolle spielte. Hier schien das Wasser der Motor jeder Tätigkeit zu sein, fast genauso notwendig zum Leben wie die Luft, die wir atmeten.

Das Blut der Erde, wie unsere Lehrer es manchmal nannten, sollte möglichst zwischen jeder der verschiedenen Beschäftigungen des Tages benutzt werden.

Nun, Simon, es wäre gut, wenn du jeden Tag eine halbe Stunde hierherkommen würdest. Wenn du willst, brauchst du an den Übersetzungen unserer Texte nicht mehr teilzunehmen ...

Ich stand auf der Schwelle zu den Räumen des Ehrwürdigen, ein frischer Wind strich über mein schwarzes Gewand. Den letzten Blick meines Lehrers, dessen lange Haare das Gesicht teilweise verdeckten, fing ich nicht auf, aber auf der Schulter spürte ich den warmen Druck seiner Hand.

Noch etwas, Sohn des Josche, hörte ich, als ich schon über die kalten Platten des Korridors davonlaufen wollte.

Nachdem du das alles weißt, besteht der dritte Schritt in deiner Unterweisung darin, festzustellen, auf welcher Art von Hintergrund du die Ätherflamme deiner Hand leichter siehst. Du wirst dies nach einigen Versuchen schnell bemerken. Manche Wesen nehmen die Ausstrahlungen des Körpers eher auf einem hellen Grund wahr, andere bevorzugen einen dunkleren. Wir empfehlen dir, extreme Farben zu wählen, das heißt weiß oder schwarz, denn Zwischentöne können die Wahrnehmung mehr oder weniger verfälschen. Tritt jetzt näher an diese Wand heran und sieh dir an, wie der Raum beleuchtet wird. Das Sonnenlicht, das durch die Decke einfällt, und die Reihe der Öllampen erzeugen ein sanftes Licht, das die gewählte Wand ganz bestreicht. Darin besteht das Geheimnis der letzten Phase eines guten Unterrichts[32].

Wenn du hierherkommst, um die Ausstrahlung eines Bruders zu betrachten, solltest du ihn eine Handbreit vor die gewählte Wand treten lassen. Am günstigsten ist es, wenn du dich ungefähr zwei Klafter[33] entfernt von ihm aufhältst. Sieh ihn so an, wie ich es dir gesagt habe. Damit du nicht von den mehr oder weniger hellen Bereichen seines Körpers angezogen wirst, ist es anfangs vielleicht gut, wenn du ein wenig blinzelst. Auf diese Weise wird deine Aufmerksamkeit nicht durch die weniger lebhaften Kontraste abgelenkt.

Vor allem solltest du nie die Augen aufsperren, denn dann wirst du nie zu einem Ergebnis kommen. Wenn du die genannten Bedingungen gewissenhaft befolgst, wird deine Wahrnehmung sich langsam ausweiten und alle drei Körper erreichen. Aber sei nicht ungeduldig: Es wird vielleicht Monate dauern, bis du die Skala der Farben ganz siehst. Aber das macht nichts, die Zeit ist unwichtig, wenn man an sich selbst arbeitet. Ja, tausche dich nicht, gerade darum geht es. Nur wenn du den Weg einschlägst, der dich verwandelt, wirst du anderen wirksam helfen können.

Behalte auch Folgendes: Reinige dein Herz, bevor du das Licht eines Menschen deutest; gib Obacht, denn wenn du nicht bist wie ein Kristall, wirst du den anderen durch den Schleier deiner eigenen Falschheit sehen ...

Die schwere Tür wurde leise hinter mir geschlossen; ich hüpfte über die Steine, angezogen vom Sprechgesang der Psalmen, die wie Spiralen des Friedens vom Tempel herüberklangen.

---

[32] *Natürlich kann diese Vorgehensweise unseren heutigen Verhältnissen angepasst werden. Ein tiefschwarzer Stoff oder eine weiß schimmernde Leinwand sind sehr gut als Hintergrund geeignet. Als Lichtquelle kommen, vor allem bei weißem Hintergrund, zwei auf die Leinwand gerichtete Neonröhren infrage, von denen eine in Bodenhöhe, die andere an der Decke angebracht wird: Ideal ist ein sanftes, gleichmäßiges Licht.*

[33] *Ca. vier Meter*

Die sanfte Stimme

In den folgenden Tagen verbrachte ich meine freie Zeit damit, die Spur Josephs in den Gängen und Sälen des Karmel zu suchen, zu denen ich Zugang hatte.

Aber der Karmel war groß, und zuweilen fand ich den Weg zurück erst nach längerem Suchen.

War es möglich, dass seine Ankunft nur in meiner Vorstellung stattgefunden hatte? Dass ich so den Wunsch konkretisiert hatte, meine Einsamkeit zu durchbrechen?

Niemand schien meinen Freund zu kennen, und in den stillen Hallen des Klosters wagte ich kaum, die Silben seines Namens zu rufen, die das Echo vielfach zurückgab.

Dies lenkte mich ungefähr eine Woche von meinen täglichen Beschäftigungen ab. Auch die Brüder, die meiner Unterhaltung mit Joseph beigewohnt hatten, schienen verschwunden zu sein. Einen von ihnen bemerkte ich jedoch nach einer langen gemeinsamen Meditation, die für die meisten Bewohner des Karmel obligatorisch war.

Joseph? Ich kenne hier keinen Joseph, Simon; von wem sprichst du?

In seiner Stimme lag ein gewisser Schalk, und mit aller Festigkeit, derer ich fähig war, versuchte mein Blick, den seinen zu durchdringen.

Der Bruder ließ ein kräftiges Lachen hören und zog mich rasch in einen kleinen Hof, in dem wir offener reden konnten.

Hör zu, Simon, es gibt hier keinen Joseph mehr. Die, die ihn vor zehn Tagen hierherbrachten, haben ihn nicht unter diesem Namen eingetragen. Also existiert kein Joseph mehr, und der Ehrwürdige hält es nicht für richtig, seinen neuen Namen jetzt bekannt zu machen. Denn schau, Simon, wenn man jemanden bei seinem Namen kennt, gibt man der Welt eine Gewalt über ihn, nun, der Vater hat von deinem Freund verlangt, neu geboren zu werden, frei von allem. Deshalb ist er hier in diesen Mauern, er soll transparent werden, frei von seiner Vergangenheit, frei von den Mauern seines Dorfes und dem Staub der Täler Galiläas. Aber keine Angst, du wirst ihn wiedertreffen. Einige Brüder, die die Straßen weit entfernter Länder durchwandert haben, müssen sehr lange mit ihm sprechen. Du musst das verstehen und nicht darüber die Arbeit vergessen, die man dir, Simon, anvertraut hat.

Bei diesen Worten drückte der Bruder seinen Zeigefinger kräftig auf die Mitte meiner Brust und verließ mich mit der Andeutung eines Lächelns. Ich wusste nicht genau weshalb, vielleicht schämte ich mich meiner Ungeduld, die ich doch gerade beherrschen lernen sollte, ich blickte zu Boden und bemerkte nur noch die weitaufgeblähten Falten im Gewand des sich entfernenden Bruders.

Ich sah Joseph tatsächlich wieder. Er nahm nun regelmäßig an den gemeinsamen Gebets- und Meditationsstunden teil. Aber sobald diese vorbei waren, verschwand er sofort – entweder allein oder mit einem betagten Bruder, über dessen Kahlheit meine Mitschüler und ich uns immer amüsierten, weil man uns doch beigebracht hatte, dass lange Haare eines der Erkennungszeichen unseres Volkes seien. Ich traf Joseph auch manchmal während unserer freien Zeit und immer bei den gemeinsamen Mahlzeiten am Ende des Tages. Er sagte mir, dass drei Meister, die nicht immer dieselben seien, ihn allein unterrichteten, was ihm manchmal schwer wurde. Der Inhalt des Unterrichts war anscheinend derselbe wie bei uns, allerdings wurde er ergänzt oder vertieft durch Dinge, die uns nicht zugänglich waren. All dies verstärkte im Laufe der Monate den seltsamen und irgendwie faszinierenden Eindruck, den Joseph schon immer auf mich gemacht hatte. Obwohl ich seinen Namen nicht mehr zu nennen wagte, wurde er für mich nicht zu einem Fremden, ich bemerkte nur, dass sein Blick sich immer öfter in einer Ferne verlor, die er hinter den schweren Mauern aus Erde und Stein zu sehen schien.

Gleich mir sprach er gerne und oft vom Dorf, und wir dachten an unsere gemeinsamen Bekannten: Miriam, den alten Zerah und andere ... Trotz seines im Allgemeinen recht ernsthaften Charakters konnte er ausgesprochen heiter, ja lustig sein. Das entwaffnete mich, und ich wusste nie, ob er nun lachen wollte oder lieber an den »Namenlosen« dachte.

Noch zwei Jahre ging mein Leben im Karmel so weiter, auch die Kontakte zu dem einstigen »Joseph« blieben während dieser Zeit unverändert. Dann nahm meine Ausbildung eine andere Richtung. Ich sollte mich nun an den Feldarbeiten beteiligen, die zum Lebensunterhalt der Gemeinschaft beitrugen.

Jeder Mensch sollte die Erde kennen, sagte einer der Brüder, der uns in die harte Arbeit einwies. Die Erde ist nicht nur eine Anhäufung aus schwarzem und rotem Staub, auf dem der Mensch sich fortbewegt. Die Erde ist ein Ferment, eine Welt, eine Vielzahl kleiner Wesen, die alle das Leben des Vaters spiegeln. Sie ist ein lebender und denkender Organismus. In der Berührung mit dem Boden, die Füße auf der lehmigen Erde, müssen die Brüder Essanias lernen, mit dem Korn des Lebens zu sprechen, so sollen sie ihre Körper vergessen und sich so klein, so groß machen wie dieses Korn. Denn in ihm ist der Eine, und auch wir sind Kinder des Einen. Deshalb sollten wir uns mit dem winzigsten Staubkorn identifizieren, das der Wind uns in die Augen treibt. Die Identifikation ist der Schlüssel zum Mitgefühl, und das Mitgefühl ist der Schlüssel zum Vater, der Schlüssel zum Menschen.

Ich hatte es mir nicht so vorgestellt, aber es fiel mir tatsächlich schwer, nach so langer Zeit den Karmel zum ersten Mal zu verlassen.

Aus der Sicht meiner zehn Jahre begann nun die Konfrontation mit einer Welt, von der man mir oft gesagt hatte, dass sie nur in einem Traum lebte und deshalb die Brüder leiden ließ.

Trotzdem sog ich bewegt die pastelligen Töne der Landschaft ein, das zarte Grün der Olivenbäume und die blühende Pracht der Mandelbäume.

Unsere Lehrer hatten es sich zur Gewohnheit gemacht, uns auf den Abhängen des Berges im Angesicht des Meeres zu unterrichten. Wir arbeiteten zu sechst oder zu siebent in kleinen Gruppen, und ich verstand nun das »Geheimnis« jener älteren Gefährten, die ich früher beim Verlassen der Mauern beobachtet hatte. So zu lernen und unter Anleitung zu meditieren fiel mir leichter, es war irgendwie verlockender; aber ich wusste auch, dass gerade darin die Falle bestand. Unser jeweiliger Betreuer schien unser Verhalten, unsere Reaktionen sorgfältig zu analysieren, und manchmal gab es Veränderungen in der Zusammensetzung der Gruppen. Wir hatten der Versuchung zu widerstehen, uns ablenken zu lassen, denn das Leben in der Natur ist nicht so ruhig, wie man gemeinhin annimmt: Hier fällt ein Blatt zu Boden, dort öffnet sich behutsam ein Kokon, und wieder woanders wird ein Insekt von einem anderen verschlungen ... Bei allen Arbeiten war Schweigen die goldene Regel. Nur die auf- und abschwellende Stimme des weißgewandeten Bruders, der unser Wissen vervollständigte und unser Wesen bereicherte, hallte durch die Täler und Gärten. Ich fühlte mich an die Süße des Lebens im Dorf meiner Eltern erinnert, meine Lehrer schienen mir weniger streng als früher ... Sollten wir im Karmel zunächst einmal geprüft werden, abgehärtet, damit man uns dann einem bestimmten Rhythmus anpassen konnte?

Erst sehr viel später verstand ich, dass die Härte während der ersten Studienjahre zu den Erziehungsprinzipien dieses bedeutenden essenischen und nazarenischen Zentrums gehörte. Von dem neuen Leben im und um den Karmel ist mir besonders eine Unterrichtsstunde im Gedächtnis geblieben, die während unserer Arbeit im Weinberg stattfand.

Ein sehr großer, hagerer Bruder sprach von der Kunst der »sanften Stimme«, der »Stimme wie Milch«, für die unser Volk, wie er sagte, im ganzen Land und weit darüber hinaus bekannt war. Wie viele unserer Lehrer achtete er während seines Vortrags vor allem darauf, dass unsere Hände nicht müßig waren. Er sagte, die Brüder der alten Zeiten hätten bemerkt, dass eine mit den Händen ausgeführte Arbeit die Tore des Geistes und des Gedächtnisses weit öffnete. Die Lehren würden so besser aufgenommen und behalten. Im Rahmen des Möglichen und falls der uns unterrichtende Besucher nicht einen sehr hohen Rang besaß, wurde diese Methode respektiert. Der genannte »hohe Rang« war übrigens sehr relativ. Die Brüder kannten eigentlich keine Hierarchie; sie passten sich nur, soweit sie konnten, den Gegebenheiten des Landes an und bezeugten einigen auf dem Weg wirklich fortgeschrittenen Wesen eine größere Achtung.

Jeder Satz, der von euren Lippen kommt, ist ein von euch erschaffenes Universum, begann also eines Tages der große dünne Lehrer mit dem weißen Leinengewand. Vielleicht erwartete er eine Reaktion, ein Aufleuchten in unseren Augen, denn er machte nach diesen Worten eine längere Pause. Aber nichts geschah, seine Aussage erschien uns durchaus normal. Wir alle waren seit langem an den Wert von Symbolen gewöhnt, und die Worte des Bruders waren ganz offensichtlich im höchsten Grade symbolisch …

Das ist kein Bild, sagte er schließlich. Wie von ihm vielleicht erhofft, blickten wir ihn nun voll an, und unsere Gesten wurden langsamer.

Ein gesprochener Satz ist ein Universum, ein einmal artikuliertes Wort eine Welt mit ihrer Sonne, ein erklungener Laut ein Planet, eine Erde voll Leben. Ihr seid ein Gott für die Worte, die ihr mit eurem Munde erzeugt; sie schaffen und erhalten Welten, von denen ihr nichts ahnt, die euch aber jetzt nicht mehr verborgen bleiben dürfen. Die ältesten Texte unserer Erde besagen, dass alles aus einem Laut hervorgegangen ist, den der Vater ausgesandt hat. Das ist keine leere Behauptung. Die Schwingung ist das ursprünglichste Leben, das man sich vorstellen kann. Um in der Nachfolge des Namenlosen zu wirken, sollten also die Worte nicht wahllos von euren Lippen fallen, sondern sanft wie die Milch des Lebens von ihnen fließen. Es ist wichtig, dass sie nicht wie ein Sturzbach hervorquellen, sondern sich friedlich wie eine Woge der Labsal verströmen. Von anderen Brüdern seid ihr in der Analogie und ihren Grundsätzen unterwiesen worden, versteht meine Worte entsprechend. Seht von nun an in jedem Wort ein Sonnensystem, in seiner Bedeutung das zentrale Feuer und in jeder Silbe, in jedem Laut die Planeten ...

Auf einer Ebene, die euer Blick und euer Denken noch nicht erfassen können, sind diese Laute Materie. Merkt euch, die Materie ist eine Kraft. Formt sie mit dem Herzen, denn wie jede Energie hat sie zwei Seiten, sie kann beleben oder vernichten ... Ihre Wirkung hängt von eurer richtigen Aussprache ab, von der durch die Schwingungen eures Herzens in sie einfließenden Wärme.

Ich hätte gerne das kleine Stock Holz, mit dessen Hilfe ich Teile der Weinstöcke mit einer rostfarbenen, dickflüssigen Substanz bestrich, beiseitegelegt, aber jeder von uns hatte eine festumrissene Aufgabe, die vor dem gemeinsamen Gebet beendet sein musste. Man vertraute uns, und ich wollte dieses Vertrauen nicht enttäuschen.

Der Bruder, der weiter die langen Reihen niedriger Weinstöcke durchschritt, die sich an die Hänge des Berges klammerten, fuhr mit seiner Lektion fort.

In unserer Sprache und in unserem Wesen gibt es drei heilige Töne, deren Modulation ihr vollkommen beherrschen müsst. Viele Dinge, die einige von euch ausführen werden und die anderen Menschen wunderbar erscheinen, hängen von ihrer exakten Kenntnis und Aussprache ab. Es sind die Töne ›A‹, ›M‹ und ›N‹. Ihr werdet bemerkt haben, dass ich sie weder durch die Nase noch durch die Kehle ausgesprochen habe. Diese Töne kommen, wenn sie richtig platziert sind, von der Stelle, an der sich mein physisches Herz befindet: dem Mittelpunkt meiner Brust, dem Ursprung meines Atems. Die Übung besteht darin, sie möglichst nahe an diesem inneren Punkt zum Schwingen zu bringen, so dass der gesamte Brustkorb zu einem Resonanzkörper wird. Schließt dabei die Augen, euer gesamtes Wesen muss in diesen Augenblicken vibrieren.

Erst wenn ihr jeden dieser drei Töne vollkommen richtig aussprecht, seid ihr fähig und würdig, sie in der Folge zu singen. Wenn ihr dieses Stadium erreicht habt, Söhne des Einzigen, löst ihr in euch eine Kettenreaktion aus, die alle Zellen eures Körpers im Einklang schwingen lässt. In Sekundenschnelle werden euer Körper und eure Energie sich so wandeln, dass ihr die Wunder vollbringen könnt, die die Hilfe am Nächsten manchmal verlangt. Macht es mir jetzt nach, wenn ich einen Ton moduliere. Atmet tief ein, indem ihr zunächst den unteren Teil eurer Lungen füllt, der ganze Berg soll dröhnen, wenn ihr das ›A‹ singt. Ich sagte ›singt‹, denn obwohl man euch oft wiederholt hat, dass das Wort eine sanfte Melodie und nicht nur eine Anhäufung von Lautfragmenten sein sollte, vergesst ihr dies oft.

Wir erhielten dann alle die Erlaubnis, uns zu setzen, und mit aufrechtem Oberkörper versuchten wir zum ersten Mal, im Schein der noch frischen Morgensonne das ›A‹ der alten Zeiten korrekt zu reproduzieren. Unter der maßgeblichen Beteiligung unseres Lehrers war der Ton, der aus unserer Brust drang, so dumpf und tief, dass mir ein Schauder über den Rücken lief. Unser Gesang flog dahin, er schien bis ins Tal zu schweben, wo er mit dem Blöken vorüberziehender Schafe verschmolz. Auf der inneren Wand meiner geschlossenen Lider entstanden lichtvolle Bilder, ich sah das Meer und seine schäumenden kleinen Wellen, ich sah die Kamele, die die Händler von ihren schweren, ocker- und purpurfarbenen Lasten befreiten, ich sah die großen irdenen Krüge, die halbnackte Männer über den Boden rollten. Schließlich spürte ich, wie ein Schleier aus intensivem blauem Licht mein inneres Wesen bedeckte. Und dann Ruhe, vollkommene Stille. Es war, als ob unser ersterbender Gesang die ganze Natur in Schlaf versetzt hätte ... In den folgenden Tagen wurde diese Übung noch oft wiederholt. Als der Mond seinen Kreislauf einmal beendet hatte, lernten wir das ›M‹ und seine Kraft und schließlich das ›N‹. Die Ausführung dieser Übungen gab mir eine große Ruhe; die heilvolle Stille war für meine zehnjährige Seele, die nach dem »Warum« und »Wie« des Lebens fragte, wie ein Balsam des Friedens. Der Bruder, der uns in der Kunst der sanften Stimme unterwies, blieb fast ein Jahr bei uns, was für einen wandernden Lehrer sehr selten war. Wir begriffen bald, dass es noch lange Jahre dauern würde, vier, fünf oder vielleicht noch mehr, bis wir die drei heiligen Laute einigermaßen korrekt nacheinander wiedergeben konnten. Oft wurde uns gesagt, wir sollten uns die Töne erst im Geist und im Herzen in ihrer ganzen Vollkommenheit vorstellen, bevor wir versuchten, sie hervorzubringen. Das fiel uns manchmal schwer, denn nicht immer gehorchte unser Brustkorb den ihm vermittelten Impulsen. In manchen Augenblicken waren wir der Mutlosigkeit nahe.

Die Brüder hatten uns gelehrt, dass das Wissen der alten Völker mit jedem Buchstaben oder Ton eine feststehende Zahl verband. Die M und N zugeordneten Zahlen waren dabei besonders wichtig. Es war der Ehrwürdige persönlich, der uns die Bedeutung der Zahlen enthüllte.

Die Zahlen, sagte er, sind auf unserer Erde nur ein schwacher Widerschein der Kraft, die sie in der Ewigkeit darstellen. Auf den dem Vater nahen Seinsebenen existieren sie als eigenständige Wesen, denen der Namenlose die Ordnung des Universums anvertraut hat. Sie sind große Geistwesen, die als Mittler zwischen der Unendlichkeit und den Geschöpfen stehen und ohne die es kein Gleichgewicht, kein Maß und keinen Rhythmus gibt. Wenn ihr sprecht oder zählt, aktiviert ihr, ohne es zu wissen, die letzten Auswirkungen ihrer Kräfte. Begreift also den Nutzen, den ihr für euch und andere aus einer bewussten und harmonischen Arbeit mit ihnen ziehen könnt. Das rechte Verständnis von Ursache und Wirkung erzeugt den rechten Gedanken, der sich natürlich in einer rechten Maßnahme, in einem rechten Wort spiegelt …

Ihr, Söhne des *Einen*, seid noch den Blättern am Baum des Lebens vergleichbar, denen kaum der Zweig bewusst ist, auf dem sie Knospen getrieben haben; sie wissen nichts von dem Ast, auf dem dieser Zweig wächst, und sie ahnen nicht einmal, dass es in der Mitte einen Stamm gibt, der zu den nährenden Wurzeln führt. Dies muss sich durch das rechte Verständnis und das rechte Wort ändern. Lasst euer Wesen in den Stamm des Lebens fließen, werdet zum *Menschen* und nicht zu einem Herdenwesen!

In euren stillen Gebeten und den täglichen Meditationen könnt ihr, um euch die Aufgabe leichter zu machen, im Geiste das Alphabet unserer Sprache aufsagen. Haltet bei jedem Buchstaben oder Ton inne und sendet einen Gedanken der Liebe an den Geist, der ihr Ursprung ist, stellt euch seine reine Aura vor.

Zusammen mit den gewohnten Meditationen, den Reinigungen und den Gebeten zum zentralen göttlichen Feuer wird diese Übung, falls euer Herz rein bleibt, in euch ein Wort aufkeimen lassen, das wie Honig, wie die Milch der Reinen von euren Lippen fließen wird.

Euer Wort sollt ihr selbst sein; die Vollkommenheit des Begriffs und der Aussprache sei nicht berechnet, sondern die äußere Seite dessen, was euer Herz gewollt hat.

Das Ende meiner Kindheit war angefüllt mit solchen Lehren. Die Stimmübungen, die man uns so sehr ans Herz legte, wurden für mich zu einer Art Spiel. Manchmal, wenn ich im Winkel eines Hofes oder im Schatten eines Feigenbaumes meine Versuche absolvierte, schloss sich mir der kleine Junge an, der für mich trotz allem »Joseph« geblieben war. Ich stellte sehr schnell fest, dass er mir weit überlegen war, er sang die Töne und Worte, als wäre er einer der ältesten Brüder des Karmel. Zuweilen veranlasste der tiefe, aus seiner kleinen Brust dringende Wohlklang einen Greis dazu, stehenzubleiben und sich nach uns umzuschauen.

Die Zuversicht und die Fortschritte »Josephs« ermunterten mich, aber ich verstand auch, was uns trennte, und warum er ein

Wesen war, das gesondert unterrichtet wurde – ein Wesen, von dem man mir gesagt hatte:

»Brüder aus fernen Ländern sind hierhergekommen, um mit ihm zu reden ... «

Sein Gesicht, zuweilen traurig, zuweilen strahlend, wurde zu einem Rätsel ... und machte mir manchmal Angst.

Der alte Jakob

Wir näherten uns dem »Großen Versöhnungsfest« [34]. Im Karmel wurde es nicht gefeiert, da wir unser Leben nicht nach dem Rhythmus des jüdischen Volkes richteten. Trotzdem strahlte seine Atmosphäre auch auf uns ab, und unser schweifender Blick versuchte in der Ferne die roten und weißen Terrassen des kleinen Nachbarortes zu erspähen, der in der Richtung des Meeres lag. Von Zeit zu Zeit trug der launische Wind den Schall der Hörner, die das Fest ankündigten, bis zu uns, und freudige Erregung erfüllte uns. Die Brüder, die das Versöhnungsfest früher miterlebt hatten, ließen während dieser Zeit den schlichten Ernst der Zeremonien in detailreichen Erzählungen vor unseren Augen erstehen. Wir stellten uns die endlosen Prozessionen der Rabbiner vor, auf deren langen, blau umsäumten Gewändern das Licht sein Spiel trieb; die stille Andacht der Menge; die feierlichen Gesten des Hohepriesters, der allein das Allerheiligste betrat, um für seine Sünden und die des ganzen Volkes Abbitte zu leisten. Insgeheim hatten wir sicher alle den Wunsch, einmal bei solchen Ereignissen dabei zu sein. Vielleicht irgendwann ... später ... wenn die schweren Tore

---

[34] *Findet um den 10. September statt.*

des Karmel sich öffneten, um uns in die Welt zu entlassen. Hinter diesem Wunsch standen weder Neugierde noch das Verlangen, mit bislang fremden Bräuchen in Kontakt zu kommen – wir wollten lediglich mehr wissen, mehr verstehen.

Hierin wurden wir übrigens von den älteren Brüdern unterstützt, die eine genaue Kenntnis des mosaischen Gesetzes für notwendig hielten. Wir erfuhren jedoch, dass das Volk von Palästina die Dinge nicht immer genauso sah. So war verschiedenen Meistern von uns der Zutritt zum Tempel und die Teilnahme an kleinen gottesdienstlichen Feiern verweigert worden.

An jenem Morgen nun, an dem wir uns vor einer engen, vergitterten Öffnung an die Mauer pressten, um das aus dem Tal aufsteigende Klagen der Hörner besser hören zu können, trat still ein Bruder zu unserer Gruppe.

Wir müssen den Karmel ein paar Tage verlassen, sagte er ohne besondere Begrüßung. Gestern Abend hat uns noch zu später Stunde ein Händler aus der Stadt aufgesucht. Er hat uns gebeten, ihm zu helfen.

Den folgenden Erklärungen des Bruders entnahmen wir, dass seit einiger Zeit eine Art Epidemie in den Tälern wütete, und nun auch in den Gassen des Dorfes die ersten Opfer zu beklagen waren. Der Händler fürchtete die Missbilligung seiner Umgebung, war deshalb heimlich gekommen und hatte auch die Brüder um Diskretion gebeten.

Ein zustimmendes, fast freudiges Geflüster lief durch unsere kleine Gruppe. Wir würden in die Stadt gehen!

Da traf uns von oben herab ein kurzer, knapper Satz des Bruders:

Eure schwarzen Gewänder stehen euch heute Morgen sehr gut ...

Das war genug ... Einer von uns hielt es für richtig, ein paar Worte zu murmeln, die beklemmende Stille, die sich nun einstellte, wurde nur durch das Geschrei eines Trupps von Eseln unterbrochen, die unten im Hof in der Sonne warteten.

Der Bruder ging ungefähr zehn Schritte weiter und kam dann zu uns zurück.

Euer Glück kann also nur durch den Schmerz anderer realisiert werden? ... In zwei Jahren seid ihr nach dem Gesetz des Mose erwachsen. Was nützen euch die Gebetsstunden, die ihr hier erlebt habt, wenn ihr in der Kunst des Egoismus der Hefe ähnlich werdet? Ihr werdet heute nicht nur Fremden behandeln, sondern euch selbst ... Merkt euch, die einzige Quelle für das Vorhandensein und die Entwicklung aller Übel des Körpers ist immer nur die negative Ausstrahlung des menschlichen Herzens – auch des euren, und selbst wenn der Vater euch in den Karmel berufen hat! Legt also eure Panzer ab, vernichtet die Gewänder, die man euch bei eurer Ankunft hier gegeben hat und die das Absterben eurer Ichsucht darstellen sollen ...

Schweigend ging jeder von uns zu seiner Zelle und nahm seinen Mantel. Nur acht oder neun von uns Kindern waren von der Neuigkeit benachrichtigt worden; die Zahl der weißgewandeten Brüder war größer. Als Treffpunkt diente ein alter Feigenbaum im großen Hof. Unsere erste Arbeit bestand darin, die Esel mit kleinen roten Tonkrügen und duftenden Körben zu beladen, in denen ich die während der vergangenen zwei Sonnenwenden gesammelten Kräuter erkannte. Sie rochen gut nach Sonne und Mond, und ich dankte dem Namenlosen, dass ich nun vielleicht die Möglichkeit hatte, ihre Verwendung kennenzulernen. Da wir nicht wussten, wie lange unser Aufenthalt dauern würde, kümmerten wir uns schließlich um unsere eigene Nahrung und füllten die an den Hüften getragenen Leinenbeutel mit Gerstenbroten und flachen Kuchen. Eines der breiten Tore des Klosters knirschte in den Angeln, unsere kleine, aus ungefähr vierzig Seelen bestehende Karawane setzte sich in Bewegung. Ungeachtet der Jahreszeit empfing uns draußen sofort sengende Hitze. Zwar kannten wir Atemübungen, die sie besser erträglich machten, aber der Abstieg ins Tal über steinige, kieselübersäte Pfade strengte mich so an, dass ich nur schwer in sie hineinfand. Wir durchquerten unsere Weinberge, dann folgte ein schöner Steineichenwald, der bis ans Meer zu reichen schien. Es wurde wenig gesprochen, aber die von den Älteren verbreitete

Stimmung war gut. Einer von ihnen stimmte sogar ein Lied an, das wir zuweilen des Nachts leise durch die Gänge des Karmel hatten klingen hören. In einem flüchtigen Augenblick erfasste ich, wieviel mich mit diesem Dasein als kleiner Mönch verband, mit den schweren Mauern aus Stein und Erde, die das Wissen vergangener Zeiten bargen ... Der Gesang war wie ein Aufruf, wie ein Faden der Ariadne, der im Labyrinth meines Gedächtnisses nach Auflösung verlangte ...

Es war gegen Ende des Vormittags, als wir uns den ersten Häusern näherten; auf den Terrassen lagen Fisch und Gemüse zum Trocknen in der Sonne. Am Eingang des kleinen Marktfleckens fiel uns eine große Menge Schafe auf, die auf irgendein Zeichen, einen Befehl ihres Hirten zu warten schienen. Viele Tiere trugen mitten auf der Stirn eine grob gezeichnete rote oder schwarze Markierung, ihr Zweck war mir nicht sofort klar, aber dann fiel mir ein, dass dies die Tiere sein mussten, die während der Bußzeremonien geopfert wurden. Mein Herz begann heftig zu schlagen: Ich spürte eine leichte Rührung, den Nachgeschmack vergangener Zeiten ... Es war schon lange her, seit meine Füße die Gassen einer kleinen Stadt betreten hatten ... Das bunte Treiben, das mich früher fasziniert hatte, machte mir jetzt eher Angst. Dabei war der Ort schwerlich mit Jappa zu vergleichen! Der erste Blick zeigte lediglich ein paar sonnenhelle Gassen, die von allerlei Buden gesäumt waren und durch die von Zeit zu Zeit ein böiger Wind fuhr. Nur am Schnittpunkt zweier Straßen, die eine Art öffentlichen Platz bildeten, herrschte wirkliche Geschäftigkeit. Erzeugnisse des Fischfangs und ein wenig Gemüse waren dort inmitten eines unbeschreiblichen Durcheinanders ausgebreitet, das durch die Ankunft einer Kamelkarawane und einer Schafherde entstanden war; der Staub, den sie von ihren Wegen mitgebracht hatten, erfüllte noch die Luft.

Als ich mich umwandte, stellte ich fest, dass unsere Gruppe sich geteilt hatte; nur noch ein kleiner Mönch in meinem Alter und vier Brüder waren in meiner Nähe. Zweifellos hatten wir uns am Eingang des Marktfleckens von den anderen getrennt, um Aufsehen zu vermeiden. Es war Bruder Moschab, der sich an die Spitze unserer kleinen Truppe gesetzt hatte und zielsicher einen Punkt ansteuerte, den vielleicht nur er allein kannte. Im Vorübergehen bemerkte ich, dass die Menge, durch die wir uns einen Weg zu bahnen versuchten, uns zu betrachten begann. Alle ohne Ausnahme – einfache Bauern, Händler und Rabbiner – warfen uns verstohlene Blicke zu. Man hatte mir oft gesagt, dass die Bevölkerung Palästinas im Grunde die Brüder in Weiß achtete, die meisten erkannten ihr Wort und ihre Rechtschaffenheit an. Trotzdem fühlte ich mich unbehaglich. Schließlich lag der Platz hinter uns, wir betraten eine fast ausgestorbene Gasse, deren einander gegenüberliegende Behausungen zuweilen von steinernen Bögen überwölbt waren. Die meisten Wohnungen besaßen ein Zimmer im ersten Stock. In der Öffnung eines winzigen Fensters in einem jener hochgelegenen Zimmer erschien das Gesicht eines alten Mannes, der seinen Kopf mit einem braunen Stoffzipfel bedeckt hatte.

Wir sind angekommen, sagte Bruder Moschab.

Während wir versuchten, unsere Blicke an die umgebende Dunkelheit zu gewöhnen, überschritten wir nacheinander die Schwelle der Wohnung. Wie bei den meisten uns bekannten Behausungen entdeckten wir nur einen einzigen Raum, der auf zwei Seiten durch kleine, vergitterte Öffnungen erhellt wurde. Eine Ecke des Zimmers war geringfügig höher, dort lagen, sorgfältig zusammengerollt, die Matten sowie ein paar erd- und feuerfarbene Küchenutensilien. Eine schmale, nicht gerade stabile Leiter führte ins Obergemach. Dort erschien langsam die Gestalt des Greises, dessen Gesicht wir einen Augenblick zuvor kurz gesehen hatten. Er kam die Leiter herab.

Der Allerhöchste segne euch … murmelte er und stieß dabei mit dem Fuß ein paar Reisigbündel zurück, die am unteren Ende der Treppe aufgeschichtet waren.

Ich hätte nicht gedacht, dass ihr so schnell kommen würdet … Seid gesegnet …

Sei auch du gesegnet, ehrwürdiger Jakob. Aber sage uns, wo ist dein Sohn …

Er ist oben … hier entlang.

Und mit erstaunlicher Behändigkeit stieg der Alte die Leiter wieder hinauf und verschwand im oberen Stockwerk. Bruder Moschab folgte ihm, dann kletterten wir hinauf. Die Anlage des Obergemachs unterschied sich nicht wesentlich vom Untergeschoß: die gleiche Kargheit, stein- und erdfarbene Töne, eine Leiter, die aber diesmal auf die Terrasse führte. In der dunkelsten Ecke machten wir nach einigen Augenblicken ein aus Kordeln gefertigtes Bett aus, das einzige Möbelstück der Behausung. Dort lag, nur undeutlich zu erkennen, ein zusammengekrümmtes Wesen, das in einen Wollmantel gewickelt war.

Seht, murmelte der Alte beim Nähertreten, mein Sohn. Schon seit mehr als zehn Tagen kann er das Bett nicht verlassen … Er hat Fieber und klagt ständig über Schmerzen im Bauch … wie viele in der Stadt und in der Umgebung!

Der Sohn wandte uns schließlich das Gesicht zu; im Halbdunkel sahen wir die fiebrigen Augen eines ungefähr vierzigjährigen Mannes, den von Zeit zu Zeit ein heftiges Zittern befiel.

Man weiß nicht, was es ist, ließ sich wieder der alte Jakob vernehmen, der sich nervös mit der Hand über die Wange fuhr. Niemand hat das je gesehen. Sicher müssen wir viele Opfer bringen … Ich will zum Allerhöchsten beten …

Wir sahen, wie Bruder Moschab zartfühlend und doch bestimmt den schweren Wollmantel von dem Kranken nahm und ihn sorgsam ans Fußende des Bettes legte. Der Mann, dessen einziges Kleidungsstück ein schmutziger Schurz aus grobem Leinen war, krümmte sich zusammen; trotz der erstickenden Hitze im Raum zitterte er am ganzen Leib. Ich suchte in der Dunkelheit die beruhigenden Augen eines Bruders oder meines Kameraden. In diesem Augenblick zogen zwei von uns sich zurück, sie wollten den Esel von seinen

Lasten befreien und die Kräuter vorbereiten. Mein Blick fiel auf Bruder Moschab, der sich langsam neben den Kranken kniete und mit geschlossenen Augen dessen Hand- und Fußgelenke ergriff. Der Bruder atmete tief; bei jedem Ausatmen schien er eine verbrauchte Kraft von sich zu weisen.

Simon, sagte er plötzlich halblaut, du kannst dich jetzt nützlich machen.

Geschmeichelt, aber auch besorgt über das, was man von mir erwartete, näherte ich mich dem Bett.

Nein, geh lieber ein paar Schritte zurück. Jetzt kannst du anwenden, was wir dich gelehrt haben, betrachte diesen Mann genau und versuche, seine drei Lichter zu sehen.

Ich war wie gelähmt: Es war das erste Mal, dass man so etwas von mir verlangte ... und noch dazu in der Öffentlichkeit ... für jemanden, der wirklich krank war ... Bruchteile einer Sekunde zweifelte ich an mir, ich versuchte zum Ausdruck zu bringen, dass ich es nicht mehr konnte, dass es nicht möglich war. Aber ich fand keine Worte, und während ich unbeweglich stehenblieb, legte mir ein Bruder die Hand auf die Schultern und führte mich einige Schritte von dem an allen Gliedern zitternden Mann weg.

Nun gab es keine Ausflüchte mehr. Die anderen Brüder verteilten sich im Raum, und ich versuchte, in mir einen Funken der Ruhe zu finden – einen kleinen Funken, der wachsen musste, damit ich sehen konnte ...

Der Sohn des alten Jakob hatte die Augen geschlossen und lag jetzt still. Bald sah ich ihn von einem schwachen, gelblich-grauen Schein umgeben, der von schmutzig-braunen Streifen durchzogen wurde. Im oberen Bereich des Bauches zeigte sich ganz deutlich eine Art Wirbel, eine Depression. Die Energien, die an dieser Stelle einzudringen versuchten, schienen sich um sich selbst zu drehen und sich schließlich zu verteilen. Die Ätherflamme war schwach, fast erloschen.

Bruder, sagte ich plötzlich mit meiner neugewonnenen Sicherheit, ich glaube, die ›kleine Sonne‹[35] ist krank …

Bei diesen Worten löste sich mein Blick vom Sohn Jakobs und begegnete der hohen weißen Gestalt eines Bruders, der meine Arbeit offenbar kontrollierte.

Gut, Simon, sagte er schließlich, und es klang wie ein Urteil, es ist tatsächlich die ›kleine Sonne‹, die nicht mehr arbeitet, sie nimmt die Energien des Vaters nicht mehr auf, und deshalb kann der Körper sich nicht mehr verteidigen.

Am anderen Ende des Zimmers saß der Greis. Ein Lichtstrahl fiel auf seine Gestalt; er hatte die Stirn auf die Knie gelegt und flüsterte mit erstickter Stimme eine Folge unverständlicher Worte, offensichtlich ein Gebet.

Moschab und die anderen, die sich nicht abgesprochen hatten, näherten sich nun wieder dem Kranken. Gleichzeitig stellten sie die Füße zusammen, schoben die weiten Ärmel ihrer Gewänder nach oben und breiteten eine Elle über dem ausgestreckt daliegenden Körper ihre Arme aus. Auch passten sie allmählich ihre Atmung dem Rhythmus des unter ihnen liegenden Kranken an – ganz so, wie man es mich gelehrt hatte.

Sieh, Simon, hörte ich die Meister des Karmel noch in mir, der erste Schlüssel, der dem Menschen auf dieser Erde abhandengekommen ist, trägt den Namen ›Mitgefühl‹. Nur das Mitgefühl öffnet dir die Tür zu einer vollständigen Hilfe … zu einer wirklich vollständigen, absoluten Hilfe, die kein ›aber‹ kennt! Wenn ein Wesen leidet, dann bring in Erfahrung, woran, nimm seine Disharmonie in dich auf, indem du dich mit ihm identifizierst. Atme und schwinge im Rhythmus dieses Wesens, dann wirst du die Quelle seines Leidens erfassen, und durch die Berührung deines Lichtkörpers mit dem seinen wirst du sie umlenken. Es

---

[35] *Bezeichnung der Essener für die Milz*

genügt, dies mit aller Kraft zu wollen, Simon, es zu wollen und ein paar Räder im großen Getriebe zu kennen, ein paar einfache Gesten, so einfach, dass kleinliche, engherzige Menschen über sie lächeln werden. Erwärme also dein Herz, lass deine Hände strahlen, und kein Schmerz wird mehr seine Spirale entwickeln, kein Übel mehr sein Netz spinnen. Wisse auch, Simon, dass dieses Böse eine eigene Existenz besitzt und man es nicht zerstört; die Schwäche unserer Seele hat ihm erlaubt, einen Kern zu formen. In jedem Bruchteil unserer inneren Zeit erzeugen wir Welten! Hattest du das vergessen? Lerne, diesen Welten ein Vater zu sein und nicht aus Mangel an Liebe ein Dämon.

Lange standen die Brüder so um den Sohn des alten Jakob. Ihr Atem war allmählich kaum mehr zu spüren. Es war, als würden sie das Leben mit allen Poren aufnehmen, als atmeten sie durch die Seele, ihre Handflächen mit den abgespreizten Fingern strahlten wie von Feuer. Der schweißüberströmte Mann unter ihnen zitterte nicht mehr, er schien zu schlafen. Nach ein paar kurzen Blicken der Verständigung kamen die Brüder mit Händen und Armen seinem Körper immer näher, achteten jedoch darauf, einander nicht zu berühren. Anschließend führten sie mit den immer noch offenen Handflächen kleine senkrechte, dann kreisförmige Bewegungen aus, auf diese Weise sollte die Verbindung mit dem Vitalkörper des Kranken gefestigt werden.

In diesem Stadium der Arbeit wurden mein Kamerad und ich aufgefordert, uns der Gruppe anzuschließen. Zwei der halb über den Körper gebeugten Brüder traten zurück, um uns Platz zu machen. Meine Hände befanden sich jetzt über der Brust des Kranken, zum ersten Mal bemerkte ich die kleinen rosafarbenen Flecken, die sich an dieser Stelle des Körpers und am Bauch befanden. Hinter uns erschienen die zwei Gefährten wieder, die vorher zurückgetreten waren. An verschiedenen Geräuschen erriet ich, dass sie die metallenen Behälter aus der unteren Etage gebracht hatten. Ein Lichtschein flammte im Zimmer auf, es knisterte, und vom Boden stieg starker Kräuterduft auf. Es war nicht Weihrauch, sondern ein herber, kräftiger Geruch, der überall eindrang. Die beiden Brüder verteilten die Kräuter auf zahlreiche Tiegel aus Ton und Kupfer, die sie entlang der Wände platzierten. Gleichzeitig wurden die zwei Öffnungen des Raumes mit grober Leinwand verhängt. Die dichte, fast greifbare Dunkelheit schien uns einander anzunähern, uns zu einem einzigen Körper, einer einzigen Energie zusammenzuschmelzen, die darum kämpfte, jede ihre fremde Kraft zu verwandeln und zu bekehren. Die Alchemie unserer Körper war am Werk ... Es gab nur noch ein einziges Ziel, einen einzigen Seinsgrund im Jetzt, das Ewigkeit wurde: heilen. Mit der ganzen Gewalt meiner Seele schloss ich die Pforten meiner Sinne. Vergessen waren das Gewicht der Tunika auf meinen Schultern, die über dem Körper schwebenden Hände, der Kontakt meiner Füße mit dem hölzernen Fußboden. Mein Körper musste hinter mir zurückbleiben, und ich hatte mir jene kleine Kugel aus »Nicht-Licht« vorzustellen, die angefüllt war mit Fieber, und sie in eine neue, strahlende Sonne zu verwandeln. Ich verlor meine Identität und das Gefühl für die Zeit, ich war emporgerissen von der Kraft der Liebe, die von den Brüdern ausging. Nur das heftige Prickeln in meinen Handflächen brach diesen Zauber allmählich. Ich hatte das Gefühl, nicht mehr atmen zu können; ein dichter, beißender Dunst schien uns alle zu ersticken. In der schwitzig-feuchten Atmosphäre erhob sich unerwartet die Stimme von Bruder Moschab, der uns sagte, dass wir uns nun vom Bett entfernen konnten.

Ich hörte leise Schritte; Gewänder raschelten. Der Schein einer Öllampe zog mich schließlich völlig aus meiner Betäubung. Bruder Moschab ordnete an, die Fensteröffnungen bis zum nächsten Tag geschlossen zu halten; darauf näherte er sich dem schlafenden Kranken, kniete sich an seine Seite und legte die eng geschlossenen Finger der rechten Hand auf Milz und Lungen des Mannes. Der Erfahrenste von uns verharrte einige Minuten in dieser Stellung, und wir nutzten die Gelegenheit, ins untere Stockwerk zu gelangen, wo sicher ein freieres Atmen möglich wäre. Aber die Hoffnung war vergeblich ... Auch am Fuße der Leiter verzehrte sich gerade der letzte Rest eines Büschels verbrannter Kräuter. Wir traten schnell nach draußen. Der alte Jakob, der die Wohnung vor uns verlassen hatte, stand, angelehnt an eine Mauer, im Gässchen und kaute nervös auf ein paar Körnern herum. Offenbar fürchtete er eine unheilvolle Diagnose, denn er wagte nicht, uns anzusehen. Einer von uns ging zu ihm und bat ihn, alle Kleider seines Sohnes sowie alle Gegenstände, derer er sich bedient hatte, zu verbrennen. Statt einer Antwort nickte der Greis zustimmend mit dem Kopf.

Jakob, sagte ein anderer Bruder, der ebenfalls zu ihm trat, heute Abend wollen wir alle lange zum Ewigen beten, damit dein Sohn und die anderen geheilt werden. Glaub an die Hilfe des Vaters wie an den Sonnenaufgang am Morgen. Dann hat das Übel keinen Bestand ...

Hinter uns hörten wir das Geräusch einer sich öffnenden Tür. Es war Bruder Moschab. Er wirkte erschöpft und hielt die Hand vor die Augen, um sie vor dem Licht zu schützen. Wir wollten nun die Brüder treffen, die mit uns vom Karmel gekommen waren. Ich ließ mich blindlings führen und versuchte gar nicht erst, unseren Weg durch das Gewirr der Gassen logisch zu erfassen. Wir überquerten den kleinen Platz, auf dem es jetzt ruhiger geworden war. Die Tiere waren verschwunden; lediglich ein paar verspätete Passanten und die hastig ihre Waren ordnenden Händler erinnerten noch an die Geschäftigkeit, die einige Stunden zuvor hier geherrscht hatte. Der Durst hatte unsere Kehlen ausgetrocknet, und wir gingen zu einem kleinen Laden, der Zitrusfrüchte feilbot. Unsere Überraschung war groß, als wir dort einen Reisenden aus unserem Volk antrafen, der nicht im Karmel wohnte. Er kam aus dem Süden, wo unsere Meister ebenfalls eine Schule[36] besäßen. Wegen der Epidemie war er länger in der Stadt geblieben. Er sagte, die Krankheit habe schon so viele Opfer gefordert, dass er die Leinenbinden, die traditionsgemäß um die Köpfe

---

[36] *Ohne Zweifel Qumran*

der Verstorbenen geschlungen wurden, gar nicht mehr zählte. Das Leben gehe trotzdem seinen gewohnten Gang, denn die meisten setzten ihre Hoffnungen auf das große Versöhnungsfest, die Opfergaben und die Buße des Hohepriesters.

Stiere und Schafe waren schon ausgewählt, und es gab keinen Armen, der nicht wenigstens einen Vogel für das Sühneopfer gekauft hatte. Obwohl wir das Denken des israelischen Volkes akzeptierten und dessen Grundlagen gelten ließen, lagen für uns die Dinge nicht so einfach. Von jeher hatte man uns gelehrt, dass die Menschen ihr Dasein, das heißt ihr Schicksal, selbst in den Händen hielten, und dass sie ihre Kraft in sich selbst finden sollten – in Harmonie mit dem Vater, aber ohne sich ausschließlich auf ihn zu verlassen; man hatte uns gesagt, dies sei eine der Bedingungen für das Wachsen des tiefinneren Wesens.

Die schnell hereinbrechende Dämmerung breitete ihren violetten Mantel über uns. Wir hatten die anderen außerhalb des Marktfleckens getroffen und stellten uns nun darauf ein, auf einem noch warmen Stein oder einem kargen Grasbüschel die Nacht zu verbringen.

Forschend wanderten meine Augen über den Himmel. Seit langem hatten sie Mond-Sonne nicht mehr in Ruhe betrachten können. Ich reiste durch die Erinnerung, die mir so voll erschien, und fand den Duft vergangener Jahre.

Der Stern war da, bereit zum Stelldichein. Ich sah ihn an, um seine Laufbahn und seinen Glanz zu erfassen. Die Stimmung um mich herum wurde fröhlich, obwohl einige sich über das Ausmaß der Epidemie Sorgen machten. Schließlich rezitierten wir, wie wir es beschlossen hatten, lange, nicht enden wollende Gebete, gemurmelte Litaneien, die sich vielleicht bis zur Morgendämmerung fortsetzen würden ... Sehr spät am Abend kündigten zwei Brüder an, dass während der Nacht dreiköpfige Gebetsgruppen einander ablösen sollten, denen sich jeder anschließen konnte, der wollte. Es wurde auch entschieden, dass ständig drei Brüder meditieren und fasten sollten, bis die Epidemie vorüber war. Später verstand ich, dass diese Arbeit ohne direkten Kontakt zum Kranken, die sich auf Seinsebenen abspielte, von denen ich noch nichts wusste, die anscheinend konkretere Aufgabe der anderen wesentlich erleichtern konnte. Auch ich wollte wachen; die erste Berührung mit einer bestimmten Realität, die mir anvertraute Rolle gaben mir ein Gefühl der Bedeutsamkeit ein. Die im Karmel erhaltene Unterweisung trug nun endlich Früchte, ich war »etwas« sehr nahe gekommen, und als ich spät in der Nacht den steten Fluss der Litaneien regelrecht aufsog, empfand ich unbeschreibliches Glück ...

Die folgenden Tage glichen dem ersten. Wir verteilten uns im Ort oder seiner nahen Umgebung und pflegten, wo immer es möglich war. Einen Heiltrank verordneten die Brüder nur selten, sie zogen die Wärme ihrer Hände und ihres Herzens vor, ihren Glauben und die von den Vätern erlernte Kenntnis des verborgenen Räderwerks. Am vierten Tag unseres Aufenthalts fand das große Versöhnungsfest statt; von Weihrauchwolken umhüllte Priester zogen durch die Gassen. Von einem Dritten hörten wir, dass der Sohn des alten Jakob sich am Tag nach unserem Besuch erhoben und zu essen verlangt hatte; Jakob selbst sahen wir nicht. Die Krankheit ging schnell zurück. Neue Opfer waren nicht mehr zu beklagen, und in einigen Fällen hatten die Brüder spektakuläre Verbesserungen erzielt. Manche führten dies auf die Kraft des Festes zurück; andere wollten uns bezahlen, aber unserer Regel entsprechend akzeptierten wir nur die Mahlzeiten, wenn die Behandlung verlangte, dass wir den ganzen Tag anwesend waren. Nach dem Fest blieben wir noch fünf Tage – fünf aufreibende Tage, in denen die Männer in Weiß alles gaben, was sie geben konnten. Wenn ich heute diese Stunden wiedererlebe, sehe ich noch immer ihre Augen vor mir – die von Moschab, von Judas und allen anderen – ihre hellen oder dunklen Augen, in denen so viel Licht stand, Augen, deren Glanz auch nach zweitausend Jahren nicht erloschen ist ...

Das Labyrinth

Ich würde nun bald zwölf Jahre alt sein ... Das früher harte, jetzt angenehmere Leben im Karmel hatte meinen Geist für immer geprägt. Das nächtliche Wachen im Gebet, die langen, einsamen Meditationen, die Rituale, die jeder Stunde des Tages und der Nacht ihren gleichförmigen Rhythmus aufzwangen – all dies ließ einer Seele nur zwei Möglichkeiten: Entweder sie wurde aus dem Gleichgewicht geworfen und zerbrach am Übermaß der Strenge oder sie fügte sich der Form ein, erwachte zu einem neuen Leben und wurde so fähig, allen Schwierigkeiten des Daseins zu begegnen.

Getragen vom Anspruch der Brüder, unter strikter Beachtung unserer Lebensregeln, beim geringsten Kummer gehalten von ihrem warmherzigen Wesen, erfuhr ich das Glück, langsam die Fähigkeiten und die Ausdauer zu entwickeln, die man von mir erwartete. Ich wusste nicht, wohin ich ging, aber ich hatte eingesehen, dass ich dorthin gehen musste, dass ich es damals so gewollt hatte ... in den Welten, in denen die Seele ihr künftiges Leben schmiedet. Nazarener, Nazariter und Essener glaubten an die verschiedenen Geburten der Seele. Die Reinkarnation war für sie kein leeres Wort. Sie war mehr als eine zu befolgende Lehre, sie war eine Realität des täglichen Lebens, die durch immer neue

Beweise bestätigt wurde. Die Verwendung des Begriffs »Beweis« auf einem rein metaphysischen Gebiet war eigentlich nicht üblich. Jeder spürte die Ordnung der Dinge mit seinen Sinnen.

Mit dieser Auffassung von der Welt unterschieden die Brüder im weißen Gewand sich im Übrigen nicht von der Mehrheit des Volkes von Palästina. Viele von denen, die das Gesetz des Mose in allen Punkten befolgten, glaubten an die Entwicklung der Seele von Körper zu Körper.

Für mich war das alles ganz offensichtlich, und ich hatte nie das Bedürfnis, die Brüder darüber zu befragen ... Eines Tages sagte man mir, der Ehrwürdige wünsche mich und ein paar gleichaltrige Kameraden zu sehen. Erwartungsvoll, aber doch leicht beunruhigt, waren wir zu fünft, als wir die Tür zu den Gemächern des Bruders mit dem roten Schleier und dem alterslosen Gesicht aufstießen. Wie gewöhnlich saß er mit halbgeschlossenen Augen auf einer Matte, den Rücken an die Wand gelehnt.

Der Raum erschien mir kleiner als damals, aber ebenso leer. Zwei schwere Vorhänge in verwaschenem Blau verbreiteten auf den kahlen Wänden nur einen spärlichen Eindruck von Wärme. Ein breiter Sonnenstrahl fiel auf einen achtarmigen Stern, ein Dreieck mit nach oben gerichteter Spitze und einen einfachen Punkt, die über dem Ehrwürdigen von feiner Hand auf die Wand gemalt waren.

Tretet ein, sagte er leise, tretet ein und seid gesegnet.

Dem Brauche gemäß verneigten wir uns leicht, die Arme über der Brust gekreuzt.

Setzt euch und trinkt ein wenig Milch, ich habe sie für euch kommen lassen.

Schweigend gehorchten wir, der große, schwere Krug aus rotem Ton, der voll war mit cremiger Milch, ging von einem zum anderen.

Eure Zeit bei uns geht seinem Ende zu, fuhr der Ehrwürdige, diesmal lauter, fort.

Die silberfarbenen Haare, die das Gesicht bedeckten, verhüllten ein Lächeln, und die Augen, Perlen gleich, glänzten wie Perlmutt. Langsam sprach er weiter:

Ihr habt bemerkt, dass eure Arbeit hier ... nicht immer einfach war. Es wurde viel von euch verlangt; aber nur von denen, die viel geben können, wird auch viel verlangt! Wie eine Flamme stehe dies über eurem Leben!

Man hat euch viel genommen, weil man euch mehr geben wollte. Also solltet auch ihr die euch anvertrauten keimenden Schätze nicht einfach behalten. Bewegt sie im Schmelztiegel eures Herzens, destilliert sie, verbreitet sie als scharlachrote Blüten ... Hütet euch jedoch, beim Säen die Wahl des Bodens dem Wind zu überlassen ... Es gibt Erde, auf der das Korn keimt, und andere, auf der es vertrocknet, weil der Pflug sie lange nicht bearbeitet hat. Ihr wisst dies, es ist euch oft gesagt worden. Bald werden eure Väter euch abholen, ihr werdet reisen. Vielleicht glauben einige von euch, die Silhouette des Karmel werde in seiner Seele verblassen, wenn er die Seinen wiedergefunden hat. Aber das ist falsch, die Seinen sind hier genauso wie in seinem Dorf; sein Herz ist für immer von der Quintessenz des Namenlosen geprägt. Acht Jahre lang werdet ihr in den Dörfern arbeiten, ihr werdet wachsen und die Regeln der Kinder des Sdech[37] vollständig zu den euren machen. Bis zu eurem einundzwanzigsten Lebensjahr bleibt ihr Schüler unserer Bruderschaft, dann dürft ihr das Gewand aus weißem Linnen tragen. Und erst dann wird euch, wie allen Angehörigen unseres Volkes, eine Arbeit anvertraut, ein Auftrag, den ihr gemäß dem Willen des Vaters zu Ende führen müsst ... Vielleicht werdet ihr für ihn sogar euer Leben opfern müssen. Meine Worte werden euch verwundern, aber in den gegenwärtigen Zeiten ist dies mein Wunsch für euch alle. Denn es bedeutet, dass ihr an dem Großen Werk teilgenommen habt, das sich auf dieser Erde vollzieht; Rubin und Schwan, der zielgerichtete Wille und die allumfassende Liebe, werden ihren Schutz über eure Seele ergossen haben.

---

[37] *Andere Bezeichnung für die Essener*

121

In diesem Moment sah ich, wie im Blick des Ehrwürdigen ein Licht heranwuchs, das ich bis jetzt nicht kannte, Feuer und Welle zugleich, ein Hauch, ein Atem, der weit, sehr weit in die Zukunft reichte ...

Der Gerechte der Gerechten – wie wir ihn manchmal nannten – nahm dann ein wenig Sand aus einer neben ihm stehenden Schale und zeichnete mit den Körnern ein gleichschenkliges Kreuz mit vier im gleichen Drehsinn angeordneten kreisbogenförmigen Armen, wodurch der Eindruck von Dynamik entstand. Der Weise vervollständigte die Darstellung durch zwei Buchstaben aus dem hebräischen Alphabet, die er zu beiden Seiten des Kreises eintrug. Wir verwendeten dieses Alphabet im Karmel beim täglichen Studium eigentlich nicht, aber seine Kenntnis war obligatorisch, und wir schuldeten ihm sogar eine gewisse Verehrung. Rechts und links der auf die Steinfliesen skizzierten Zeichnung erkannte ich die Buchstaben »Cheth« und »Kaf«[38].

Die einfachen Gesten hatten einen Zauber um den Ehrwürdigen gelegt, einen Schleier der Stille, der ihn der Welt entrückte; niemand von uns hätte in diesem Augenblick gewagt, ihn zu stören. Wir sahen nur zu, wie er mit dem Zeigefinger die Linien von Kreis, Kreuz und Buchstaben nachfuhr. Er schien aus diesen Buchstaben etwas herauslesen zu wollen, das unser anfängerhaftes Wissen nicht nachvollziehen konnte. Schließlich hob er den Kopf, nickte einmal und gab uns mit den Augen einen Wink: die Unterredung war zu Ende. Mit gesenktem Kopf und ehrerbietig über der Brust gekreuzten Händen näherten wir uns ihm, ich spürte seine breiten, warmen Handflächen auf meinem Scheitel und hatte das Gefühl, dass im Buche meines Lebens eine neue Seite aufgeschlagen wurde. Noch heute glaube ich, dass meine kindliche Seele in jenen magischen Sekunden Jahre reifer wurde ...

---

[38] *Der Zahlenwert der beiden Buchstaben ist 8 bzw. 100.*

Wir verließen die Räume des Ehrwürdigen. Unsere Augen studierten den Boden, irgendeine bedeutsame Entscheidung, ein schreckliches Urteil schien über uns gesprochen worden zu sein. Ich hörte nur noch das Knirschen der Türen, die ein Bruder hinter uns schloss.

Meine Abreise sollte erst in zwei oder drei Wochen stattfinden, aber schon hatte sich in meinem Herzen die kalte, angstvoll harrende Wunde derer aufgetan, die alles hinter sich lassen müssen. In diesem Augenblick ergriff eine fest zupackende Hand meinen Oberarm und führte mich von meinen Kameraden fort. Es war ein Greis, dem ich manchmal in den Gängen begegnet war, und dessen Gutmütigkeit mich sehr amüsierte.

Der Gerechte hat mich mit einer Nachricht für dich beauftragt, Simon, sagte er, während er mir auf einer Treppe voranging, die in einen Innenhof führte. Du weißt, dass wir hier alles getan haben, um gewisse Fähigkeiten in dir zu entwickeln. Wir haben dich beobachtet, weil wir in Erfahrung bringen wollten, auf welchem Weg der Vater dich erwartet. Wir glauben es jetzt zu wissen, und da die Stunde deiner Abreise näher rückt, müssen wir dich einer Prüfung unterziehen, die mit dem zusammenhängt, was in deinem Wesen erwacht ... Verstehst du mich?

Ich verstand nichts von dem, was der Bruder sagte, bleiern drückte die Sonne, und ich hatte nur das Bedürfnis, mich in einem Winkel des Hofes auf den Boden zu setzen.

Du musst lernen, auf Entfernung zu sehen, sagte der Alte und tätschelte meinen Kopf ... und deinen Willen entwickeln. Wenn der Namenlose dem Neugeborenen eine Gabe ins Herz legt, hofft er, dass sie nicht vom Staub der Zeit bedeckt wird. Eine nicht wahrgenommene Möglichkeit ist wie eine fette Erde, die brach liegt, sie gleicht einem verachteten Schatz ... Was würdest du von einem Mann halten, dessen Familie hungert und dessen Trägheit ihn daran hindert, das Gold aufzuheben, das die ewige Kraft hinter jeder Biegung des Weges zu seinen Füßen bereithält?

Ich wusste immer noch nicht, worauf der Bruder hinauswollte, ich verstand nur, dass ich wohl noch gewisse Fähigkeiten entwickeln sollte, von denen ich bislang nichts ahnte.

Das Dasein eines jeden Wesens hat ein bestimmtes Ziel, Simon. Zunächst ist unser aller Ziel hier die Erreichung einer Dimension, in der wir weder Jäger noch Gejagte sind, vielmehr Waagebalken, Punkte des Gleichgewichts. Auf einer zweiten Stufe wird von uns verlangt, dass wir die Phänomene beherrschen, die dem gewöhnlichen Sterblichen jede wahre Freiheit zu nehmen scheinen. Dazu muss das fünfte Element unseres Wesens keimen und aufblühen. Warum? Damit wir nicht mehr reden, sondern singen! Damit der Mensch lernt, die Melodie zu singen, die die Sterne und der Vater in ihm angelegt hat.

Deshalb, Bruder, lassen wir dich drei Tage ...

Ich verstand immer noch nicht, was der alte Mann mir sagen wollte. Im Augenblick war mir das auch gar nicht wichtig. Zum ersten Mal hatte jemand mich »Bruder« genannt, das war das Einzige, was jetzt zählte. Stolz empfand ich diese Bezeichnung als eine Initiation, als das Versprechen eines künftigen Adels ... Die wirklich wichtigen, schicksalhaften Worte drangen jedoch ein zweites Mal an mein Ohr:

Wir lassen dich drei Tage ... an einem Ort, den du nicht kennst. Er wird vollkommen dunkel sein. Deine Aufgabe besteht darin, den Ausgang zu finden. Dabei musst du auch den Ausgang aus deinen Ängsten suchen, aus deiner begrenzten Persönlichkeit als Mönch, den Stein des Lichts ... Du wirst meine Worte hören, wenn der Moment gekommen ist! Jetzt nimm dies!

Die kleinen, fast wimpernlosen Augen des Bruders waren nur noch zwei winzige horizontale Schlitze. Er öffnete seine Hand und legte einen runden, grauen Stein in die meine. Nachdem ich ihn ein paarmal gedreht und gewendet hatte, stellte ich fest, dass eine tiefe Kerbe ihn in zwei gleiche Hälften teilte. Jede Hälfte war von vielen sich überschneidenden Strichen durchzogen, die einer gewissen

Logik zu folgen schienen. Während meine Fingerspitzen mechanisch dem Gewirr der Linien nachfuhren, blickte ich hoch.

Neben dem Bruder stand Joseph und lächelte mir zu. Die beiden halb über mich gebeugten Gestalten sahen fast wie Komplizen aus. Ich muss ziemlich verblüfft gewirkt haben, denn mit einem Mal begannen sie zu lachen ...

Die wenigen Eulen, die den Karmel zu überfliegen pflegten, konnten am Abend zwei Silhouetten sehen, die den großen Hof überquerten. Ein Bruder, der sehr viel jünger war als der, der mich von der bevorstehenden Prüfung unterrichtet hatte, führte mich zu einem Punkt des Klosters, den wir nur selten aufsuchten: Es war ein winziger Saal voll von alten Manuskripten und jenem sympathischen Geruch nach Staub, der zu sprechen scheint. Die mit einem riesigen, wenn auch rudimentären Schloss versehene Tür wurde von dem Bruder sorgfältig hinter uns geschlossen.

Nachdem wir in einer Ecke des Raums eine hölzerne Truhe beiseite gerückt hatten, erschien dort eine Steinplatte, die größer war als die anderen. Der Bruder nahm einen am Gürtel getragenen Metallhaken und schob ihn in ein Loch in der Platte, die sich damit als eine Art Falltür erwies. Sicher war mir in diesem Moment nicht klar, was eigentlich vor sich ging und auf was ich mich einließ, denn der Anblick des riesigen, vollkommen schwarzen Lochs zu meinen Füßen machte mich mehr neugierig als unruhig.

Hatte ich überhaupt verstanden, dass ich dort, ein paar Meter unter der Erde, drei Tage zubringen und ein Problem lösen sollte, dessen Fragestellung ich im Moment nur ganz entfernt ahnte? Ich glaube nicht.

Der Bruder ergriff ein mitgebrachtes langes Seil und ließ es in die Öffnung im Boden gleiten. Nachdem er das Seilende unter der weggeschobenen Platte befestigt hatte, nahm er sanft meinen Kopf zwischen seine Hände.

Drei Tage, Simon, sind das äußerste, was man von dir verlangt. Ich wünsche dir, dass du vor dieser Frist den Ausgang aus den unterirdischen Gewölben findest und die freie Luft durch eigene Kraft erringst.

Der Bruder in Weiß sprach dann leise ein kurzes Gebet und drückte mich einige Sekunden fest an sich, wie früher meine Eltern. Darauf ergriff er wieder das Seilende. Ich sollte mich an ihm festhalten und in den dunklen Schacht hinabgleiten. Obwohl die ganze Entfernung nicht über die Höhe von drei oder vier Männern hinausging, empfand ich den Abstieg als lang. Schließlich trafen meine nackten Füße auf eine leicht feuchte Erde. Ich ließ das Seil los und hörte nur noch, wie der Bruder kurz nachfragte, ob ich gut unten angekommen sei. Oben wurde knirschend die Platte über den Boden geschoben, dann plötzlich ein dumpfer, kurzer Lärm, dessen Echo von den Wänden meines Gefängnisses unerbittlich zurückgeworfen wurde. Die Falltür hatte sich endgültig geschlossen. Automatisch tastete ich meine linke Seite ab, wo eine kleine Flasche mit Wasser und ein Gerstenfladen befestigt worden waren. Ich weiß nicht mehr genau, was ich während dieser ersten Augenblicke tat, aber blitzartig erfasste ich die ganze schwarze, pechartige Dichte des Wortes »Einsamkeit«. Mich bedrückte nicht so sehr die Dunkelheit als vielmehr die Tatsache, dass ich mit mir selbst konfrontiert war, dass ich irgendwo schwebte zwischen dem, was ich war und dem, was ich sein wollte. Die Brüder hatten mir empfohlen, bei jeder Aufregung tief einzuatmen, aber ich wusste noch nicht einmal, dass ich aufgeregt oder verwirrt war: Ich musste alles jetzt sofort verstehen, ich musste meine Kraft beweisen, indem ich mich so schnell wie möglich von hier befreite, und außerdem lag in der Luft ein solcher Gestank, ein solcher Geruch nach Moder ...

Meine erste Überlegung war, irgendeine Mauer zu finden, der ich folgen konnte und deren kleinste Besonderheiten ich mir vorstellen musste, um im Kopf einen Plan des Ortes zu entwerfen. Der Boden schien völlig horizontal; wie ein Schlafwandler bewegte ich mich in der Nacht. Bald trafen meine Hände auf eine raue, feuchte Wand. Vorsichtig ging ich weiter, meine Finger streiften die

Wand entlang. Ich stellte erst eine Ecke fest, dann zwei, dann drei und schließlich eine vierte. Ich tastete mich noch ein wenig weiter, aller Logik nach musste ich mich jetzt wieder ungefähr an meinem Ausgangspunkt befinden. Ich besaß nun eine genaue Vorstellung der Örtlichkeit: der Raum war viereckig und nicht mehr als drei Klafter[39] lang. Mir fiel ein, dass ich auch schreien konnte, um durch das Echo das bis jetzt erhaltene Bild zu vervollständigen. Aber nicht nur ein Schrei drang aus meiner Brust, sondern zehn, zwanzig – eine Vielzahl kleiner Klagen, die sich in Beweise meiner Existenz verwandelten – einer Existenz, die, das wusste ich ganz genau, ein konkretes Ziel haben sollte. Es waren Rettungsringe, die ich mir selber zuwarf. Ich hätte mich an ihnen festklammern und eine Ruhe wiederfinden können, deren Nichtvorhandensein mir durch eine Art Selbsthypnose verborgen geblieben war, aber ein schrecklicher Verdacht stieg in mir auf. Konnte der mögliche Ausgang aus diesem Gefängnis, aus diesem Grabgewölbe, das man frühestens in drei Tagen öffnen würde, nicht eine entsetzliche Lüge sein, ein erbarmungsloser Test für meine nervliche Widerstandskraft und meine Ausdauer? Diese Idee wurde mir fast unerträglich. Sollte ich hier einfach endlos warten?

All die großen Reden über den Vater, den man in Stunden der Angst und eines vor Kälte frierenden Herzens anruft, brachen Stück um Stück in sich zusammen. Ja, es war tatsächlich erfroren, mein Herz! Gab es immer diesen Abgrund zwischen Wort und Tat, diese Verbindungslosigkeit zwischen Idee und Verwirklichung? Instinktiv wickelte ich mich in meinen Mantel, und in der einzigen Tasche fanden meine Finger den kleinen kugeligen Stein, den der alte Bruder mir gegeben hatte. Er schien warm, und im Wellental eines Ozeans voller Dunkelheit versuchte ich, die Linien zu erspüren. Ich hatte ab und zu die Brüder von dieser Materie reden hören, die sie manchmal benutzten und mit der sie gewisse Gegenstände

---

[39] *Ungefähr sechs Meter*

überzogen, um ihre Ausstrahlung zu vergrößern und ihren Äther besser wahrzunehmen. Sicher war auch das ein Märchen, genauso wie die Möglichkeit, aus diesem Loch zu entkommen! Ich setzte mich auf den Boden, lehnte mich an die Wand und zitterte so, dass mir die Zähne klapperten ... Auf diese Weise vergingen einige Stunden. Hinter mir lag nichts als zwölf Jahre der Leere.

Der Stolz des kleinen Mönchs, der sich schon für einen Bruder gehalten hatte, verging angesichts der harten Schläge der Prüfung. Das Bild, das er sich von sich selbst gemacht hatte, löste sich allmählich auf.

Meine Willenskraft war dahin, ich hatte genau gespürt, wie diese vitale Substanz durch die Fingerspitzen entwichen war – mit meinen Ängsten beladen kehrte sie in ihre eigene Welt zurück.

»Sei ein Wesen, das will, hatte man in unseren Studientempeln immer wieder gesagt. Jedes Mal, wenn du die Arme senkst, verlässt die Vitalenergie schnell wie der Wind deinen Körper, sie verbindet sich mit einer gemeinsamen Kraft, dem großen Egregore des menschlichen Scheiterns. Sie vergiftet so die Erde ein wenig mehr, hält dich noch sicherer in deiner Negativität gefangen. Die Verzweiflung ist wie eine umgekehrte Pyramide, die die Welten untergräbt! Das Räderwerk einer komplexen Maschine ist leicht ruiniert, also sei einfach, befreie dich von allem, was dich jeden Morgen beim Einrollen deiner Matratze sagen lässt: ›Ich bin ich.‹ Wirf deinen Harnisch fort, der aus eitlen und erstarrten Kräften besteht! Mach dich so klein, dass du Platz hast in den Schwingen des Winds, mach dich ganz klein ... «

Die seltsame Steinkugel mit den tausend nervenartigen Linien drehte sich in meinen Händen. Sie schien die Macht zu haben, mich mit meinen Meistern zu verbinden und mir vergessene Wahrheiten ins Ohr zu flüstern.

Sich klein machen! Ich hatte eine Idee ...

»Die Tür eines Tempels ist immer niedrig, hatte man uns auch gelehrt, und der Mensch muss immer vom hohen Thron seines

Hochmuts herabsteigen, um sie zu durchschreiten. Aber glaubt nicht, dass es der Vater ist, der von euch verlangt, dass ihr euch vor ihm neigt, er lässt seinen Kindern die Freiheit. Es ist vielmehr denen wichtig, die eines Tages bemerken, dass sie vor der Zeit herangewachsen sind und dass das zu schwere Mauerwerk, mit dem sie sich umgeben haben, die Flamme ihres Herzens erstickt.«
Ich ahnte etwas. Zu allen Zeiten hatten die Brüder zwischen Symbol und Materie Brücken geschlagen. Sie wussten, dass große Lichtwesen durch Bilder zu den Seelen sprechen. Ich stand auf und versuchte noch einmal, den Raum abzugehen; diesmal berührten meine Hände die Wand in der Höhe meiner Knie. Eine Ecke, zwei Ecken, dann plötzlich ein deutlicher Vorsprung, eine Unterbrechung in der Mauer ... Es gab also einen Ausgang, wenn er auch sehr klein war. Um ihn zu benutzen, musste ich mit gesenktem Kopf auf dem Boden kriechen. Ich stellte sofort fest, dass der umgebende Raum sich änderte: der geringe Spielraum um mich herum ließ mich an eine Art Schlauch denken, der Gang stieg leicht an. Wieder änderte sich meine Wahrnehmung: Die Wände warfen meinen Atem nicht mehr mit der gleichen Intensität zurück. Sicher war ich in einem zweiten Raum angekommen. Ich hielt den Atem an. Da war etwas.

»Irgendetwas« lebte in diesem Zimmer ... ein helles, beständiges Murmeln, eine unerwartete Frische. Ich dachte sofort an Wasser und lokalisierte eine kleine Quelle, ein dünnes Bächlein, das rechts vor mir verlief. Ich stand auf; mein Ziel war, gedanklich wieder einen Plan des Raums zu erstellen. So zählte ich sechs Wände aus hartem, rauem Stein. Mein jüngster Erfolg hatte mich ermuntert, und unverzüglich begann ich, den folgenden Ausgang auf dieselbe Weise zu suchen. Aber nicht nur eine Pforte öffnete sich vor mir, sondern drei anscheinend gleich große. Ich war verwirrt. Wollte etwa irgendein perverser Geist sich über mich lustig machen? Wahrscheinlich würden die Schwierigkeiten bis zum Ende des Weges so weitergehen. Der konkrete Charakter der zu lösenden Rätsel verblüffte mich. War es möglich, dass man sich im Karmel diese ungewöhnliche Strecke nur deshalb ausgedacht hatte, um den Scharfsinn und die Ausdauer junger Mönche herauszufordern? Mein Geist wurde leer ... Sollte ich mich, ohne weiter zu überlegen, mit zur Erde gesenktem Kopf in einen der drei sich zu ebener Erde öffnenden Gänge stürzen, auf die Gefahr hin, wieder zum Ausgangspunkt zurückkehren zu müssen? Warum hätten sich die Brüder dann so oft gerühmt, uns die »Geduld einer beobachtenden Katze« beizubringen? Was gab es überhaupt zu beobachten, zu entschlüsseln, wo ich doch allein war? Mit meiner ganzen Willenskraft, die nicht wanken wollte, begann ich dann zu beten.

Ich weiß nicht mehr, wie viele Formeln ich in der Hoffnung auf irgendetwas Wunderbares, das mich retten konnte, wiederholte. Wahrscheinlich waren es Hunderte. Ich betete so viel und so gut, dass ich allmählich wie ein Automat handelte. Ohne Beteiligung meines Willens artikulierten meine Lippen Worte und Sätze. Ich war wie eine völlig überdehnte Feder, die plötzlich losgelassen wird und sich entspannt.

Der Schlaf brachte die Befreiung, ich tauchte ein in große, leuchtende Dreiecke, und als ich wach wurde, flüsterten meine Lippen noch immer dieselben Worte ... Ich wusste nicht, wie viel Zeit verflossen war, aber in meinem Geist herrschte intensive Aktivität. Ohne weiteres Nachdenken packte ich meinen Mantel und betrat den mittleren Gang; irgendetwas sagte mir, dass er das von den Brüdern so sehr geschätzte Gleichgewicht repräsentierte. Ein dritter Saal folgte ... Noch heute spüre ich seine sechs glatten, warmen Wände, das stechende Gefühl des Erstickens. Wieder begann alles von vorn ... Das mitgebrachte Fladenbrot wirkte lächerlich, ich ließ es zurück. Drei weitere Säle folgten. Sie waren durch enge Gänge verbunden, an deren verschiedene Formen ich mich nicht mehr erinnere.

Jeder Raum besaß mehr Wände als der vorhergehende. Im dritten Raum waren es zehn, im vierten zwölf, dann sechzehn, dann folgte seltsamerweise ein kleiner, sehr unregelmäßig geformter Raum. Von ihm führte eine breite, hohe Tür in einen zweifellos großen Saal. Er schien kreisförmig zu sein, und seine vollkommen glatten Wände bildeten unzählige Facetten, von denen jede einzelne größer war als meine beiden Handflächen.

Ich war müde, müde all dieser Probleme und ihrer Lösungen, die zu nichts führten. Sollte ich wirklich drei Tage so leben? Wieder überkam mich der Schlaf, ein leerer Schlaf diesmal. Ich hatte das immer stärker werdende Gefühl, dass die scheinbare Leblosigkeit des Ortes langsam in mich eindrang und mein Innerstes aushöhlte. Ich glaubte nicht mehr auf einen Ausgang zuzugehen, sondern auf eine Art inneres Begräbnis. Dieser Zustand zunächst der Betäubung, dann der Bewusstlosigkeit dauerte sicher sehr lange.

Bei meinem »Erwachen« hatte sich jedoch irgendetwas verändert. Einen Augenblick lang glaubte ich in der Dunkelheit sehen zu können und hatte sogar das Gefühl, zu Hause zu sein. Erstaunlich klar zeichnete sich in meinem Geist die Wegstrecke ab, die ich bis jetzt zurückgelegt hatte. Es waren sieben Räume gewesen. Jeder hatte seine ihm eigenen Charakteristika: Stimmung, Größe, Form, Farbe, Wärme, alles war anders. Ich erkannte in ihnen Symbole für die Bewusstseinszustände des Menschen. Bedeuteten diese sieben Säle nicht die sieben feurigen Räder des menschlichen Körpers, von denen der Ehrwürdige gesprochen hatte? Waren die drei Schächte, die sie oft miteinander verbanden, nicht der dreifachen Flamme der Erdenmutter vergleichbar, dem im Zentrum unserer Wirbelsäule schlangenartig aufsteigenden Feuer? Mir wurde klar, dass ich mich auf dem Gipfel eines menschlichen Lebensbaumes befand, dessen Abbild die Brüder vergangener Zeiten unter der Erde erbaut hatten. Hoffte man, dass sich bei jeder Überschreitung einer Schwelle ein neuer Bewusstseinszustand eröffnen würde? In diesem Fall musste ich das Unternehmen als kläglich gescheitert betrachten. Denn ich hatte meinen Weg gefunden wie eine Ratte, das heißt ohne die innere Flamme, die man mir versprochen hatte. Ich zehrte mich aus, statt mich mit neuer Kraft zu füllen ...

Unabweislich standen plötzlich drei Worte vor mir:
»Wer bist du?«

Die Stimme, innen und außen zugleich, war weder freundlich noch feindlich.

»Eine Ratte! Eine Ratte!« wollte ich schreien; und dann glitt sehr klar, friedvoll und vollkommen deutlich eine Antwort in mich ein, ein Hauch.

»Simon! Simon! Du sprichst von einem Loch, einem Abgrund, aber ist die Leere nicht notwendig, wenn etwas angefüllt werden soll? Erinnere dich an die Gesänge im Tempel: ›Leere deine Seele, leere sie, sie wird sich mit dem Ewigen füllen.‹ Die Ratte ist ein Symbol für die Verheißung der kommenden Zeiten. Sie zeigt die Stunde des *Menschen* an, der in das Labyrinth seines Schädels, in die Mäander seines Gehirns eintaucht und zu seiner ursprünglichen Quelle zurückkehrt.

Sein Name ist in den Himmeln eingetragen bei Dem, der den verlorenen Söhnen den Kelch reicht, damit sie ihren Durst stillen können. Die Ratte entstammt dem Ort, an dem die Sonne aufgeht, sie ist die Verheißung des inneren Sterns[40]. Ziele auf das Zentrum der Scheibe, auf das Herz des Baumes; stoße die Schale ab, lass dich nicht anziehen von ihren endlosen magnetischen Wirbeln. Verlangsame deinen Gang! Finde deine Achse wieder!«

Ich sprang auf und stürzte wie ein Schlafwandler zur vermuteten Mitte des Saales. Nach ungefähr zwanzig Schritten hatte ich das seltsame Gefühl, abwärts zu gehen. Die Neigung war stark und spiralförmig gewunden, was die Wände rechts und links mir bald zeigten. Dann trafen meine Fußsohlen wieder auf eine horizontale Ebene. Ich tastete umher und stellte schnell fest, dass sich vor mir ein leicht gewölbter Gang öffnete, der aus dem anstehenden Fels gehauen zu sein schien. Ich konnte mich jetzt ohne Schwierigkeit aufrecht fortbewegen.

---

[40] *Wir überlassen diese scheinbar rätselhaften Worte der Meditation des Lesers. In symbolischer und lautlicher Hinsicht könnte er seine Überlegungen auf die Worte »Rama« und »Ra« lenken; das französische Wort für die Milz, ein ausgesprochenes Sonnenorgan, ist übrigens »rate«.*

Ohne Übergang wurde die Strecke plötzlich unübersichtlich. Der Gang führte erst schräg nach rechts, dann nach links, wieder nach rechts, nach links, und so schien es endlos weiterzugehen. Panik erfasste mich, und wieder einmal war meine Sicherheit dahin. In unregelmäßigen Abständen öffneten sich auf den Seiten ein, zwei, drei, vier Gänge – Herausforderungen für meinen Instinkt, der mich eine Minute zuvor noch mit blindem Vertrauen gewappnet hatte. Ich wählte den ersten Gang rechter Hand – vielleicht war es auch links, ich weiß es nicht mehr, ich handelte ohne nachzudenken. Er teilte sich in vier andere Gänge; der, den ich ebenso unbewusst einschlug wie alle folgenden, beschrieb einen langen, kreisförmigen Bogen. Ich war in einem Labyrinth und würde möglicherweise endlos um das Ziel herumirren! Ich lief fast, als ob die Schnelligkeit mich zu dem Licht hätte führen können, das sich nun wieder von mir entfernte. Ich hatte das klare Gefühl, dass Gestalten mich streiften, und ich dachte an jene unterirdischen Wesen, die ich in Begleitung eines Bruders vor Zeiten entdeckt hatte ... Ich war nicht allein! Offensichtlich nicht ... und das von Anfang an! Die Einsamkeit, hatte man mich gelehrt, ist die Falle für die, die die Augen schließen.

»Wenn man die Läden seines Herzens schließt, nimmt man nur noch sich selbst wahr, und dann betrachtet man sich endlos. Man gefällt oder hasst sich, aber man entblößt sich, man zersplittert sein Wesen und wird unfähiger denn je, die Verbindung und letztendlich die Einheit der Dinge zu erfassen. Der Eremit ist nie allein, denn selbst die Luft, die er atmet, pulsiert vor Leben, und dadurch, dass sie aufnimmt, verwandelt er sie in noch intensiveres Leben, das er erneut ins Universum verströmt.«

So sagten die Brüder.

Ich blieb abrupt stehen und begann zu schluchzen. Ich war also zu einer Rückkehr in mich selbst gezwungen, zu der ich vielleicht nicht fähig war.

Das, was dann geschah, lebt noch in meiner Seele mit der zähen Kraft einer Realität aus einer anderen Welt.

Während ich mich zu Boden gleiten ließ, legte sich sanft eine Hand auf den Scheitel meines Kopfes. Aufspringend blickte ich hoch. Da stand Joseph, umgeben von herrlichem, strahlend blauem Licht. Er lächelte, und seine unvorstellbar klaren Augen gaben mir eine Kraft ein, wie es die schönste Rede nicht besser vermocht hätte. Sie entrollten in meiner Seele ein Band verzauberter Worte, von denen ich nicht das Geringste wiedergeben könnte. Die Vision – oder die Präsenz – verschwand fast sofort. Aber sie hatte ausgereicht, um in mir einen Fels der Gelassenheit erstehen zu lassen, und eine Stille ausgelöst, mit der man Welten bauen konnte.

Joseph hatte einem riesigen, pechschwarzen kubischen Stein Platz gemacht, der sich von einem vollkommen weißen, strahlenden Hintergrund abhob. Er stand vor mir wie ein gewaltiges Gebäude über einer Reihe von Stufen. Hinter ihm spürte ich die wärmende Gegenwart einer unvorstellbaren Kraft, einer Macht, die ich nicht näher bezeichnen konnte, mit der ich mich aber in inniger Verbindung wusste. Wieder rief mich eine Stimme an, zweimal. Sie schien hinter dem riesigen Würfel hervorzukommen. Ich empfand sie als Bitte, Befehl und Ermutigung zugleich.

Ich hatte das seltsame Gefühl, als hätten meine Arme sich in zwei schwere Flügel verwandelt, die ich nicht heben konnte. Meine Kehle war wie zugeschnürt. Vielleicht weinte ich auch ... Ich weiß es nicht, denn mein Körperbewusstsein war völlig verändert. Ich war überhaupt kein Körper mehr, ich bewohnte ein Gerippe, eine Ansammlung von Eingeweiden, die mir zutiefst fremd waren. Ich fühlte mich wie in einem zu großen Kleidungsstück: sehr klein, so klein, dass ich mit Leichtigkeit darin spazieren gehen konnte. Langsam erschien so, Organ für Organ, das Innere meines Körpers. Ich betrachtete meine angespannten, dann wieder entspannten Muskeln, das in den Arterien brausende Blut, den seine Säfte produzierenden Magen, das gleichmäßig schlagende Herz. All dies erlebte ich als kaltes Schauspiel, ohne Emotionen. Ein inneres Auge führte mich bis zum Zentrum meines Schädels. Ich sah ein unentwirrbares Netz phosphoreszierender Fasern, die ab und zu von

Schaudern durchlaufen wurden. Fast unmerklich zirkulierte die Energie in ständiger Bereitschaft. Nach und nach zeichnete sich so ein ganzer Kreislauf mit der ihm eigenen Logik ab. Ich sah, ich fühlte den leitenden Faden, der dem Leben durch das Labyrinth meines Gehirns folgte. Der kleine, wie von Nerven durchzogene Stein ... Es war eine Reise von strahlender Strenge. Jedes sternförmige Zentrum, jede Sackgasse besaß ihren Seinsgrund und schien Freuden und Leiden, Siege und Niederlagen in einer einzigen Wesenheit zu vereinen.

Plötzlich verschwand das alles. Ich erkannte nur noch den Körper eines zwölfjährigen Kindes, das auf der Seite lag und im Schnittpunkt zweier Gänge zu schlafen schien. Ich war nur noch ein Paar Augen und ein Seelenzustand, der ihnen bei meinen Ortsveränderungen folgte. Ich begriff nicht sofort, dass ich meinen eigenen Körper betrachtete, er schien mir fremd. Vielleicht war so der Tod ... Egal. Ein Wind der Freiheit übernahm die Führung meines Wesens, das allein zählte.

Ohne dass mein Bewusstsein tätig wurde, fühlte ich, wie eine unsichtbare Kraft mich durch die engen, gewölbten Gänge des steinernen Labyrinths zog. Die Dunkelheit hatte sich in knisternde weiße und blaue Lichter verwandelt, und die endlose Folge der Gänge erschien mir so klar wie im strahlendsten Sonnenschein.

Mein Blick, der zeitweise das ganze Labyrinth auf einmal zu erfassen suchte, traf auf einen gewaltigen Block aus grauem Stein, ein Loch in der Mauer wurde teilweise von ihm verborgen. Aus dem Zwischenraum drang ein kaltes Licht, das aber vor Leben sprühte. Ich weiß nicht wie, aber plötzlich stand ich auf der anderen Seite des felsigen Blocks. In höchster Verwunderung stellte ich fest, dass sich unter mir Steineichenwälder und gelbe und violette Blumenteppiche erstreckten, soweit das Auge reichte, ganz hinten zog sich die blaue Linie des Meers dahin. Soviel Schönheit und unerwartete Frische erfüllten mich mit unendlichem Glück. Ich hatte das Gefühl, in der Luft zu schweben, und ohne dass ich mich umzublicken brauchte, nahm ich hinter mir die gewaltige

Masse des Karmel wahr. Mir schien, als würde ich all dies durch eine weiße Kugel sehen, oder, besser gesagt, durch ein transparentes Ei, ein Ei des Friedens und der tiefen Ruhe ...

Die ekstatischen Augenblicke unendlicher Freiheit setzten sich noch eine Weile fort, dann zog irgendjemand oder irgendetwas vor die Augen meiner Seele einen schwarzen Vorhang. Ich war noch immer gefangen, und nur mit Mühe richtete ich den steifen Körper auf. Aber es war nicht mehr der im unterirdischen Labyrinth des Karmel eingeschlossene Simon von vorhin, sondern ein Wesen, das den wahren Sinn des Wortes »Gefängnis« endlich verstanden hatte und aus einem zwölfjährigen Traum zu erwachen schien. Den Ausgang des Labyrinths zu finden, war jetzt ein Kinderspiel. Es genügte, dass ich mich ohne Zutun des Verstandes von einem inneren Kompass leiten ließ. Bald stand ich vor dem schweren Steinblock, den meine Augen einen Augenblick zuvor gesehen hatten. Durch einen Spalt in der Wand fiel ein breiter Sonnenstrahl; ich brauchte ihm nur zu folgen. Ich überschritt ein kleines, tiefer gelegenes Wasserloch und war inmitten der Eichen ...

Als ich später wieder im Karmel war, erfuhr ich von meinen Lehrern, dass die von mir zurückgelegte Strecke einer tellurischen Kraftlinie folgte, die von den Eingeweihten früherer Zeiten lokalisiert und kanalisiert worden war. Sie sagten mir, dies sei eine durchaus übliche Praxis gewesen, jeder der sieben Säle, die ich durchquert hatte, entsprach einem Energiekondensator.

Ihre Rolle bestand darin, die verschiedenen heiligen Zentren des menschlichen Körpers zu aktivieren.

»Es gibt zwei Urkräfte, sagten mir die Älteren: die der Erdenmutter und die des Kosmischen Vaters.« Ich war in die erste dieser beiden Kräfte eingeweiht worden, die dem Festen und den keimenden Energien entsprach. Sie wurde auch die Einweihung der Erd-Jungfrau genannt und sollte die tiefen Triebe des menschlichen Wesens wecken und bestimmte Schlacken der Seele durch Selbsterkenntnis und Selbstbeurteilung ausstoßen. Wer sie erlebte, musste in sich selbst hinabsteigen und alles von sich stoßen, was nicht wirklich zu ihm gehörte. Es war wie eine Entkleidung, und es gab keine Möglichkeit, sich auch nur die geringste Schwäche zu verzeihen. Die durchlebte Einweihung ähnelte dem Tod, aber wie jeder Tod trug sie den Keim der Auferstehung in sich. Sie entsprach dem Symbol und der Macht der Ziffer Sieben, sie war das »Scheba«[41] in der verborgenen Tradition des Mose und der Brüder.

Viele Männer und Frauen, sagte mir Bruder Moschab bei unserer letzten Unterredung, glauben, die sie ernährende Erdenmutter verachten zu können. Aber ihre Kraft ist von der himmlischen Kraft nicht zu trennen. Jeder ist verpflichtet, alle Energien der Ur-Jungfrau aufzunehmen und zu beherrschen. Auf der Ebene der fleischlichen Wesen gibt es also zwei Energien, die sich zum Guten oder Bösen verändern können, wenn wir sie nicht verstehen. Wenn aber die Mutter auf dem Weg des Aufstiegs dem Vater vorausgeht, kann ihre Kraft nur schlummern, bis er sie als Geliebter aus ihrem Traum zieht. Ein Strom der Liebe muss herabsteigen, damit der andere aufsteigen und sich an seiner Quelle mit ihm verbinden kann. Dieser beständige Austausch zeugt die vollkommene Kraft, die sich in einem einzigen erhabenen Feuer konkretisiert, das sich zwischen die beiden anderen stellt: das Feuer des Namenlosen. Es bleibt für immer die Frucht der höchsten Einweihung, der Thot-Stab unserer Brüder aus dem Roten Land. Es ist der gerade Pfad des wahren Eingeweihten, der sich seinen Weg in der schlangenförmig gewundenen Leiter mit den 33 Stufen gebahnt hat. Die Einweihung des Vaters trägt den geheiligten Namen des Noah. Suche von nun an sie! Bis jetzt hast du nur ein wenig Brot gekostet, jetzt brauchst du den Wein!

Die letzten Tage, die ich im Karmel verbrachte, erschienen mir öde. Zum ersten Mal hatte sich in meinem Herzen eine echte Flamme entzündet, und nun musste man mich den Orten und Wesen entreißen, die am Beginn meiner Verwandlung gestanden hatten!

---

[41] *Vgl. die Hindu-Gottheit Shiva, ebenfalls Sinnbild eines die Wiedergeburt ankündigenden Todes*

Ich suchte Joseph, um ihn meiner Zuneigung zu versichern und ihm das Geheimnis meiner Ängste und Ekstasen anzuvertrauen, aber man sagte mir, dass ich ihn nicht finden würde. Er musste eine Zeit lang allein bleiben. Ich hatte mich damit abzufinden. Eines schönen Morgens, als ich gerade mit den rituellen Waschungen begann, trat ein Bruder in mein Zimmer und sagte, mein Vater sei angekommen. Das folgende Wiedersehen lässt sich kaum mit Worten beschreiben. Sechs Jahre wiegen schwer im Leben eines jungen Mannes, und ich wusste nicht, ob Freude oder Angst meine Augen verschleierten. Die Worte flossen zäh, zu viel gab es zu sagen. Im Hof warteten die Esel, nur das war im Moment wichtig.

Zum letzten Mal hörte ich das Geräusch meiner nackten Füße auf den Steinplatten des Karmel, ein letztes Mal erfasste mein Blick das riesige Gebäude.

Der Weg nach Jerusalem war lang, wir mussten aufbrechen ...

Jerusalem

»Hamla! Hamla … !«
Vor uns, am Rand der staubigen Straße, bedrängten zwei Wasserhändler die kleinen Gruppen von Pilgern und Kaufleuten, die schweren Schrittes nach Jerusalem zogen. In dieser Jahreszeit, in der die Sonne schon heiß brennen konnte, war die Begegnung mit ihnen ein wahrer Segen. Sie waren ein Vorwand, um abzusteigen, die Esel grasen zu lassen und mit anderen Reisenden zu reden. Auf der Straße, die in einem Zug ganz Galiläa durchquerte und bis vor die Tore des großen Salomonischen Tempels führte, herrschte reger Verkehr. Nach dem Kalender der Priester von Jerusalem war es der zehnte Tag des ersten Monats, und wir näherten uns dem Passahfest. Mein Vater hatte mir sofort angekündigt, dass wir nicht ins Dorf reiten konnten, weil das ein bedeutender Umweg gewesen wäre. Das Gesetz verlangte, dass jedes Kind am Passahfest vor seinem dreizehnten Geburtstag im Tempel eingeführt wurde. Ich konnte mich der allgemeinen Regel nicht entziehen, auch wenn unser Glaube ihren Wert nicht anerkannte. Es war uns höchstens erlaubt, den Zeremonien an den ersten beiden Festtagen fernzubleiben. Ich jedenfalls weigerte mich nicht: es war immer mein Traum gewesen, einmal nach Jerusalem zu gehen und seine reichen Wohnungen, seine Paläste und Tempel zu sehen. Der Weg war weit,

aber das machte nichts, ich war froh, bei meinem Vater zu sein und seine breiten, schwieligen Hände, seine sanfte, warme Stimme und seine beruhigende Sicherheit wiederzufinden. Nur auf der Stirn hatte er ein paar Falten mehr. Diese Einzelheiten führten mich weit in die Vergangenheit, und ich vergnügte mich damit, mir das Gesicht meiner Mutter vorzustellen, das von Miriam und vielen anderen Bekannten, die ich vor Zeiten hinter der Umfriedung unseres Dorfes zurückgelassen hatte ... Was hatten die Jahre aus ihren Gesichtern gemacht? Es gefiel mir auch, die Gegend zu betrachten, die ich nur aus den Erzählungen der Händler kannte. Sie glich einer Melodie in Grün und Gelb, soweit das Auge reichte, erstreckten sich Täler und blühende Bäume. Ab und zu warf eine Gruppe von Zypressen ihre düstere Silhouette gen Himmel, die Olivenbäume dagegen schienen auf immer mit der Erde verwachsen.

Während wir uns Jerusalem näherten, änderte sich die Landschaft. In weniger als einem halben Tag machten die üppigen Täler ausgetrockneten Hügelketten Platz, auf denen riesige Schafherden sich über die wenigen mageren Gräser hermachten. Wir durchquerten ein paar Dörfer, kleine weiße und ockerfarbene Flecken, die seitlich an einem kahlen Hügel oder inmitten eines Olivenhains lagen. Das Fest kündigte sich bereits an, grelles Flötenspiel erfüllte die Gassen, in denen sich Pilgergruppen bildeten. Außer an einem Abend, an dem wir einen Betsaid fanden, schliefen wir, sorgsam eingewickelt in unsere Mäntel, unter freiem Himmel.

Schließlich, am vierten Morgen nach unserer Abreise, hoben sich vom intensiven Blau des Himmels die hohen Mauern Jerusalems ab. Der Anblick war noch schöner, als ich mir vorgestellt hatte. Die Stadt schien mit dem Berg verwachsen; es war, als hätte sie seine Majestät, seine herbe Strenge, aber auch seine Wärme in sich aufgenommen. Ich sah sie als einen einzigen Block, eine einzige felsenfarbene Kraft. Sie drängte sich um ein Zentrum: den Tempel, der grau und ocker war wie die Erde der Hirten. Aber an diesem Morgen zeigte Jerusalem einem aufmerksamen Beobachter zudem ein vielfarbiges Mosaik von Stoffen, Tüchern und Segeln, die im Wind über die Mauern flatterten. An den Berghängen zu Füßen der Stadt zeichneten sich stellenweise schöne Grünflächen ab. Zwischen Nomadenzelten und bescheidenen Wohnungen wogte dort eine lärmende Menge. Bald gehörten wir zu ihr, bahnten uns einen Weg und hatten Mühe, unsere erschreckten Esel an den langen Prozessionen der Kamele und dem Geschrei der Händler vorbeizuziehen.

Mein Vater wollte eine Ansammlung anthrazitfarbener Behausungen etwas abseits der Mauern erreichen. Es war eine Art Betsaid, der von Angehörigen des Volkes von Essania errichtet worden war und in dem fremde Brüder und Kranke oder Bedürftige gepflegt werden konnten. Er stand jedem offen; eine Bezahlung wurde nicht verlangt. Der gute Wille der Reisenden und die Arbeit der Brüder von Jerusalem waren für seinen Unterhalt ausreichend. Zahlreiche Frauen brachten hier ihr Kind zur Welt, und viele Arme und Bettler baten hier um das, was sie schließlich als etwas ihnen Geschuldetes betrachteten. Mein Vater sagte mir, bis jetzt habe das Volk mit diesen Angeboten noch nie Missbrauch getrieben. Die Brüder in Weiß wurden zwar nicht von allen geschätzt, aber sie wurden doch allgemein geachtet. Der Ruf der Rechtschaffenheit umgab sie wie eine schützende Aura.

Ich wusste, dass wir in diesem Betsaid einige Verwandte hatten, und so hofften wir, dort ein Zimmer zu finden, was innerhalb der Mauern sicher unmöglich gewesen wäre. Aber da am Vorabend das Passahfest begonnen hatte, konnte man uns trotz der warmherzigen Aufnahme nur einen Winkel im Pferdestall anbieten; in gewisser Weise war mir das nicht unrecht, denn wahrscheinlich würden die Nächte dort wärmer sein. Der Bruder, der uns empfing, bestätigte uns, dass die Einführungsformalitäten für den folgenden Tag vorgesehen waren. Vor den Priestern und Gelehrten hatte ich zu verkünden, dass ich der Sohn Josches war, eines Töpfers aus einem kleinen Dorf im Zentrum Galiläas; dass ich an den Ewigen glaubte und sein Gesetz befolgte. Mein Vater hatte hinzugefügt, sicher müsse ich auch noch ein paar andere Fragen zu meinem Glauben und meinen Pflichten beantworten. Keinesfalls durfte ich meinen Aufenthalt im Karmel erwähnen, denn dies würde ohne Zweifel den Zorn der Priester und Schriftgelehrten erwecken. Mein Vater war Töpfer, und ich würde ebenfalls Töpfer werden, das musste genügen; mein Gesicht, meine Haare sagten ihnen nur allzu deutlich, dass ich, um mit ihren Worten zu sprechen, ein Nazarener war. Ich musste in gewisser Weise meine Person vergessen machen und lediglich ein paar religiöse Kenntnisse aufweisen ... Die Brüder hatten mich auf diese Unterredung lange vorbereitet, und wie wahrscheinlich viele aus unserem Volk kannte ich die heiligen Schriften besser als mancher Gläubige, der täglich in den Tempel ging. Im Übrigen hielten auch wir das Wort des Mose und der ihm vorausgegangenen großen Lehrer in Ehren. Wir wussten sehr wohl, dass einige von ihnen aus der Rasse Essanias[42] stammten. Diese Wahrheit, für die wir gesteinigt werden konnten, durfte jedoch nicht offen verkündet werden. Wir glaubten, dass die Worte dieser Führer, so heilig sie auch waren, bei Weitem nicht die einzigen waren, die es zu achten und zu ehren galt. Sie stellten für uns nur einen Aspekt der fortschreitenden Offenbarung des Vaters dar, eine Seite des gewaltigen Buches, das die Sterne seit undenklichen Zeiten in die Erde eingravierten – eine Seite, die auf verschiedenen Ebenen zu lesen war und die mehr enthielt als die Bedeutung der Buchstaben.

Nachdem wir unsere beiden Esel und die wenigen Dinge, über die wir verfügten, bei den Brüdern zurückgelassen hatten, machten wir uns auf den Weg zum Tempel, und wieder tauchten wir ein in die Flut der Pilger. Wir konnten den Tempel direkt vom Tal aus betreten. Nachdem wir ein kleines Stück die Mauern entlanggegangen und eine beeindruckend steile Treppe in angenehm grüner Umgebung hinaufgestiegen waren, erhob sich über uns die massige, hochgelegene Wohnstatt des Ewigen mit ihren titanischen Mauern

---

[42] *Z. B. Ezechiel und Elias*

142

und den blau-weißen, im Winde flatternden Bändern. Leicht nach rückwärts versetzt zeigten sich links die Vorsprünge anderer Gebäude, die trotz ihrer geringeren Größe offenbar wichtig waren. Mein Vater erklärte mir, dass es sich um einen militärischen Stützpunkt handelte, eine wahre Festung, von der die Befehle in alle Ecken des Landes gingen[43]. Beim Aufstieg, der vom dröhnenden Klang der Trompeten begleitet wurde, bemerkte ich unten den scharf gezeichneten Verlauf einer Straße, die von einem der Tore des Tempels zu einem schönen, olivenbaumbestandenen Berg führte. Zwischen grüner Vegetation und den bunt zusammengewürfelten Warentischen der fliegenden Händler waren zahlreiche hohe Arkaden zu sehen.

Fast erstickt von den feuchten Ausdünstungen der aus den Bergen zusammenströmenden Menge, die, von der Reise übererregt und erschöpft, nun ihren Glauben bezeugen wollte, erreichten wir schließlich eine hohe Säulenhalle. Sie öffnete sich auf einen riesigen Hof, der sich rechts und links von uns unendlich auszubreiten schien. Eine doppelte Reihe von Marmorsäulen umgab den geschlossenen Raum auf allen Seiten. Zwischen einigen von ihnen waren Seile gespannt, wodurch so etwas wie provisorische Gehege entstanden, in denen die ihr Futter kauenden Tiere warteten: Esel, Schafe, Widder mit rot oder blau markiertem Kopf, und fast schien mir, als ob ich in dieser wimmelnden Herde sogar das hochmütige Profil eines Kamels entdeckte. In der Luft lag der schwere Duft des Weihrauchs, der in lichten Spiralen überall aufstieg. Auf meiner rechten Seite, die im Allgemeinen von der hohen Silhouette meines Vaters verdeckt wurde, ragte ein massiger Turm gen Himmel. Ich erfuhr sehr viel später, dass sich jeden Morgen bei Sonnenaufgang die Priester zu ihm begaben, um astronomische Berechnungen anzustellen oder, was jedoch seltener geschah, um zu weissagen[44]. Die Menschenflut drängte uns schließlich in einen zweiten, sehr

---

[43] *Ohne Zweifel die berühmte Festung Antonia.*

viel kleineren, aber höher gelegenen Hof, den wir über ein paar ausgetretene Stufen erreichten.

Meine Lehrer hatten uns manchmal von der Anlage des großen Tempels von Jerusalem erzählt. Ich versuchte mich zu erinnern und glaubte, den Hof des großen Sanhedrin zu erkennen. Dies war der aramäische Ausdruck für einen Ort, an dem bedeutende Sadduzäer und Pharisäer zu wichtigen juristischen oder religiösen Fragen ihr Urteil abgaben. Die Säulen waren dort weniger zahlreich, ich bemerkte sofort, dass der Boden aus großen, quadratischen Steinplatten bestand, die bald hell, bald dunkel waren. Diese Symbolik schien mir wohlvertraut, und ihre Bedeutung an einem solchen Ort verstand ich sofort: sie stellten die Kräfte des Lichts und der Finsternis dar und bezeugten damit den geistigen Ursprung der Erbauer des Heiligtums. Traditionell verdammten die Hohepriester jede Religion, die anders war als die ihre. Sie wussten nicht – oder sie gaben vor, es nicht zu wissen –, dass König Salomo große Weise aus Babylon und dem Land von Schaba gerufen hatte, um sein Werk auszuführen. Die Priester verfluchten Thot und Zoroaster, aber ich wusste bereits, dass auch sie zu den Vertretern des Vaters gehörten und ihre sich aus dem Urgrund der Zeiten erhebenden Stimmen denselben Ursprung hatten. Während ich versuchte, meinen Vater nicht aus den Augen zu verlieren, fiel mir auch ein, dass die Anzahl der Platten nicht willkürlich war und dass jede eine Tendenz des Menschen verdeutlichte, die sich aus ihrem Platz und ihrer Farbe ergab. Da wir dem Herzen des Tempels näher kamen, glaubte ich, es würde nun bald ruhiger werden. Aber dem war nicht so.

Nach weiteren Stufen schritten wir durch ein breites Tor, dessen schwere Holzflügel mit Eisen beschlagen waren. Ich hatte plötzlich den Eindruck, in Jappa zu sein. Die bunte Menge, die sich um ein duftendes Kohlebecken bewegte, war von betriebsamer Erregung ergriffen. Bald sah ich nur noch Strohbündel, Stoffballen und Berge

---

[44] *Die Zinne des Tempels*

von Früchten. Ein Bettler sprach uns an, dann ein zweiter, und ich sah nichts mehr, ich verstand nichts mehr. Ich war nur noch ein kleiner verlorener Punkt, der, von der übrigen Welt isoliert und eingeschlossen in seine Schale, von tausend Geräuschen, tausend Farben angegriffen wird, den alle Gerüche des Lebens und des Todes durchdringen. Zitrusfrüchte verbreiteten ihren säuerlichen Duft, Händler schrien psalmodierenden, in Gedanken verlorenen Pilgern ihre Angebote zu. Diese Welt war nicht mehr die meine, statt der Sanftheit Galiläas herrschte hier die rohe Kraft Judäas. Mein Vater bewegte sich inmitten dieses Lärms und der verrückten Geschäftigkeit ohne Schwierigkeit. Ich wusste aus einigen Andeutungen, dass er sie nicht schätzte, aber die auf ihn einstürmenden Sturzbäche von Worten und Vorschlägen schienen von ihm abzufallen, ohne ihn überhaupt zu erreichen. Ich versuchte, die Gesichter zu betrachten, die Augen, die Münder ... Und manchmal erntete ich Erstaunen, einen spöttischen Blick oder eine ironische Bemerkung. Mein Vater schwieg und lächelte, aber ich verstand, dass es nicht einfach war, unter Menschen wie Blei das weiße Linnen zu tragen.

Am gegenüberliegenden Ende des Hofes bemerkte ich, leicht versetzt, eine weitere, mehr hohe als breite Tür. Sie wurde von zwei riesigen Säulen aus rosafarbenem Marmor flankiert und von eindrucksvollen Personen bewacht. Es war mir nicht klar, ob es sich bei ihnen um Priester oder gedungene Schergen handelte. Das honorige Verhalten erinnerte an erstere, die muskulöse Statur und der bestialische Blick an letztere. Es war schon eine seltsame Mischung: graue, ehrwürdige Bärte, lange, blau-weiß gesäumte Gewänder, und dazu eine metallblitzende Ausrüstung, die einem Provinzgouverneur alle Ehre gemacht hätte! Zwanzig Schritte vor mir warteten sie am oberen Ende einer Treppe und präsentierten stolz die schwere Lanze der Soldaten und den über der Brust eingenähten goldenen Stern der Gelehrten. Hier gab es für uns kein Weiterkommen mehr.

Mein Vater wusste wohl, dass der Zutritt zu den anderen Höfen und Sälen des Tempels uns streng verboten war. Das Gesetz hatte uns – Essener, Nazarener, Nasiräer und andere – zu Wesen gemacht, die zu unrein waren, um dieses Vorrecht in Anspruch nehmen zu dürfen. Aus Gesprächsfetzen, die ich hier und da aufschnappte, erfuhr ich, dass die für den folgenden Tag vorgesehene Einberufung vor dem Ältestenrat in diesem Hof stattfinden würde. Angesichts des Durcheinanders der Körper und Seelen fühlte ich mich irgendwie unwohl, neugierig und ängstlich zugleich. Mein Vater spürte wahrscheinlich meine Beklommenheit, denn unser erster Besuch im Tempel des Ewigen ging nach kurzer Zeit zu Ende. War ich begeistert? Enttäuscht? Ich wusste es nicht, denn alles hier war anders als meine bisherigen Erfahrungen. Wir kehrten jedoch nicht direkt zum Betsaid zurück. Die Zeit drängte nicht, und die Straßen Jerusalems hatten so oft meine Träume beschäftigt ... Durch einen riesigen hölzernen Torbau, bei dem zahlreiche Soldaten eines mir fremden Volkes postiert waren, gelangten wir in die Stadt. Ich wusste nicht, wen sie repräsentierten, und kümmerte mich im Moment auch nicht weiter darum; der Karmel hatte ein bestimmtes Gesicht der Welt, das ich ohne Zweifel noch entdecken musste, stillschweigend übergangen. Auch eine Insel des Friedens ist nur eine Insel, und irgendwann einmal werden ihre Bewohner mit den von fremden Horizonten heranrauschenden Wogen konfrontiert.

Mein Vater zog ein paar Geldstücke aus seinem Beutel und gab sie einem mürrisch dreinschauenden Mann. Wieder umgaben uns die tumulthafte, frenetische Geschäftigkeit der Händler und Käufer, die sich vermischenden Gerüche von Nahrung, Blumen und verbranntem Holz. Geradezu begeistert war ich jedoch von der Schönheit und dem Duft der Gewürzstände. Und dann gab es so viele Dinge, die ich nie gebraucht hatte und die ich eines Tages vielleicht als notwendig erachten würde! Erst einige Jahre später lernte ich, dass wahre Größe nicht darin besteht, inmitten von Weisen weise zu sein, sondern inmitten von Schlafenden wach zu bleiben. Dass Jerusalem eine Falle war, ein Strudel, der mir jede Erinnerung rauben konnte, war mir in diesen Tagen klar bewusst. Heute danke ich diesem heilsamen Gefühl, durch das ich jenen treu blieb, die einen Weg bereiten wollten ... In den verwinkelten Gassen der Stadt entdeckten wir häufig Abteilungen von Soldaten, die, etwa im Schatten eines die Straße überwölbenden Bogens, mit der Zivilbevölkerung sprachen, offensichtlich wurde ihre Anwesenheit toleriert. Jerusalem erschien mir bald wie eine seltsame Festung, in der Priester, Soldaten und Händler sich die Macht teilten, wie eine wunderliche Mischung, in der Wissen, Blut und Gold einen Kompromiss gefunden hatten. Einige Paläste von mächtigen Fremden oder reichen Sadduzäern erregten unsere Aufmerksamkeit, und wir bemerkten die sonderbarsten Tempel. Jeder Glaube und jeder Aberglaube der Welt schienen auf diesen wenigen Morgen eines ausgedörrten Berges zugegen zu sein.

Im Betsaid beschloss mein Vater, ich solle allein in dem uns überlassenen Winkel des Pferdestalls zurückbleiben, während er ausging und Kontakt aufnahm zu Brüdern, die mit dem großen Heliostempel zusammenarbeiteten.

Als ich mich gerade auf das Stroh gesetzt hatte und mich an die Lehmmauer lehnte, geschah etwas, das den in Jerusalem verlebten Stunden erst ihren Wert gab: Die halboffene Tür ließ einen Sonnenstrahl hinein, und in diesen Sonnenstrahl glitt ein Mann, ein Mann, den ich kannte, ein Greis, der früher leicht gebeugt gegangen war, der aber jetzt gerade und stolz wie eine Zypresse vor mir stand. Es war Zerah, der alte Zerah mit dem langen grauen Bart und dem ärmlichen, aber schönen Gewand aus weißem Leinen, das seine Reinheit bezeugte. Das von vielen Falten durchzogene Gesicht und die klaren Augen lächelten mir wie früher zu. Der alte Mann vom Haus am Brunnen machte ein paar Schritte, überwältigt von Erstaunen, Liebe und Dankbarkeit brachte ich kein Wort heraus.

Simon, sagte er sanft und kam noch näher auf mich zu, Simon, bleib, wo du bist ... Du brauchst nicht aufzustehen ... Siehst du nicht, dass unsere Herzen sich schon berühren?

Ich versuchte zu sprechen, aber meine Kehle war wie zugeschnürt; ein angenehm frisches Gefühl durchdrang meinen Körper.

Simon, wiederholte er zum dritten Mal, jetzt sind es fast sieben Jahre, seit ich über dich wache. Morgen wird das Gesetz der Menschen aus dir einen Erwachsenen machen … Und ich weiß, dass du dich fragst, ob das Gesetz des Vaters am Tumult der hochgeschraubten Begierden beteiligt ist … Lass mich dich noch einmal, ein letztes Mal führen. Frag nicht, Bruder! In der Gesellschaft der Menschen gibt es kein Gesetz des Vaters. Die Tempel können dir immer nur das Gesetz des Schattens des Vaters diktieren. Das einzige Gesetz, das wahre Gesetz ist nämlich kein Gesetz, sondern Verständnis, Harmonie, ein Ein- und Ausatmen; es macht den Einzelnen zur Keimzelle des Göttlichen. Wenn du morgen in den Tempel gehst, bedeutet das Passahfest für viele Menschen nur abgeschlachtete Lämmer und eine Flut von Ehrfurchtsbezeigungen, die zu Füßen des Ewigen niedergelegt werden. Die Lebenskraft des vergossenen Blutes kehrt an ihre Wohnstatt, den Äther, zurück. Die physische Beschaffenheit der Erde des Mose wird dadurch erneuert.

Du sollst wissen, dass der Tag des Passahfestes besser als alle anderen Tage dafür geeignet ist, dass der Embryo zum *Menschen* wird. Er erinnert die, die durch die Seele hören, an ihre Aufgabe: nämlich den Wagen Davids zu meistern. Der Namenlose formte den ersten Tag der heutigen Erde unter dem Zeichen des Ochsen[45]. Am Passahfest vereinigt er sieben von ihnen, um den Wagen mit den zukünftigen Menschen zu ziehen und sie an das Weiße Land zu erinnern. Aber siehst du, Simon, die Bedeutung dieser sieben Kräfte, siehst du den Tod, der das Leben herbeiruft? Denke über meine Worte nach und bewahre sie in deinem Herzen. Betrachte den Wagen Davids, sieh die fünf goldenen Nägel, die seine kubische Form schmücken. Sie repräsentieren die

---

[45] *Vgl. hierzu die Auffassung gewisser Hermetiker, die den Zeitpunkt für die Erschaffung der gegenwärtigen Welt im Sternzeichen Ochse bzw. Stier ansetzen. (Im Hebräischen bedeutet »alpu« »der Ochse«; die Buchstaben »aleph« bzw. »alpha« sind die ersten im Alphabet.) Vgl. auch die Symbolik von Septentrion (der Große Bär, eigentlich: »die sieben Dreschochsen«), dem Mutterland des weißen Volkes.*

Quintessenz des *Wesens*, die *Kraft*, die die vier Elementarkräfte absorbiert und umfasst. Dies ist der Ort, dies ist der Augenblick, in dem der Geist die Materie sublimiert. Ich sagte der Ort, denn die Fünf ist ein Punkt deines Körpers, sie ist der Mund, mit dem du den Äther aufnimmst, eine Stufe auf dem Weg zur Sieben. Du wirst das Passahfest morgen wie eine Krone auf dem Scheitel deines Kopfes empfinden, wie eine Morgendämmerung zwischen Tod und Leben, wie einen Phönix. Das namenlose Feuer fordert nie Opfer, es lässt den *Bund* durch Hingabe entstehen.

Bei diesen Worten bewegte Zerah sich etwas; ein Schein irisierenden Lichts umgab seinen Körper. Er schien mir sein ganzes gütiges, warmherziges Wesen übermitteln zu wollen.

Weißt du, was der große Tempel enthält, Simon? Im Allerheiligsten ruht und strahlt auch der Grundstein, der Ausgangspunkt ist für viele vergangene und zukünftige Zivilisationen. Seine zweifache, konkrete und abstrakte Kraft erlaubt gewissen Menschen, am Gebäude der Völkerpyramiden und ihrer selbst zu arbeiten. Er verschließt eine der Öffnungen, durch die man das Herz der Erdenmutter schlagen sehen kann, eine der Pforten zu Daseinsebenen, die unser elementares Leben erhalten; das ist kein Bild. Er ist die quadratische Basis der Pyramide des menschlichen Körpers, er ist der kubische Stein eines Gebäudes, das in fortwährender Entstehung begriffen ist ...

Es sind einhundertneun! Einhundertneun warten wie du auf den Moment, in dem sie ihren Stein beitragen können, ob der Stein aus Lehm, Erz oder Gold ist, hat keine Bedeutung. Wichtig ist nur, dass es ihr Stein ist, eine sich formende Welt, die dem Mutterstein hilft, sich zu öffnen und sich in vier Richtungen zu entfalten ...

Als ob er fürchtete, zu viel gesagt zu haben, unterbrach sich der Alte. Seine kleinen Augen erstrahlten zu einem letzten Lächeln, dann winkte er mir mit der Hand bescheiden zu. Ich sah, wie er zurückging, durch den Lichtstrahl schritt und im Hof verschwand. Im letzten Strahl der orangefarbenen Sonne tanzte eine Unzahl wirbelnder Staubpartikel. Es war sehr still ...

Mit einer Hand stieß mein Vater die beiden quietschenden Tür-
flügel auf, in der anderen trug er ein schweres Paket Leinwand. Mit
einem Seufzer, der scherzhaft klingen sollte, versuchte er, wieder
zu Atem zu kommen.

Vater, sagte ich, Zerah ist weggegangen!

Zerah?

Wieder herrschte Stille. Extrem langsam legte mein Vater das
Paket neben die Esel, sein Blick ging weit in die Ferne, so, als wolle
er die ganze Welt durchdringen – oder sich im Gegenteil von ihr
lösen. Ich wunderte mich darüber, dass mein Vater so wenig gesprächig war, und stand auf. Nach einer Weile unterhielten wir uns
über verschiedene Dinge des Tages, und erst spät am Abend nach
der gemeinsamen Mahlzeit kam er auf meine Bemerkung zurück.

Es ist schon seltsam … Zerah ist sicher weggegangen …

Der folgende Tag war aufreibend. Wie vorgesehen gingen wir
zum Tempel, wo mein Vater mich mit einer Gruppe gleichaltriger
Jugendlicher allein ließ. Nach langen Stunden kam er genau in dem
Moment zurück, in dem ich vor ungefähr ein Dutzend Priester
treten musste. Ihr ehrwürdiges Aussehen hatte die Zuhörerschaft
offenbar beeindruckt, denn in dem normalerweise vom Tumult der
Händler erfüllten Hof war es erstaunlich ruhig. Die meisten Gelehrten saßen auf breiten, mit Schnitzereien versehenen Sesseln, andere standen und schienen ins Studium der Menge vertieft. Sie alle
waren in reiche Brokatstoffe gekleidet, die weiß, blau, violett und
golden schimmerten. Einer von ihnen, der eine hohe, edelsteinbe-
setzte Kopfbedeckung trug, begann schließlich mit meiner Befra-
gung. Die angebliche Prüfung erwies sich für mich als schnell ab-
gehandelte Formalität. Man begnügte sich damit, mich kurz über
die Väter des Volkes von Palästina und die dem Ewigen geschuldeten
täglichen und jährlichen Pflichten zu befragen.

Aber nicht bei allen verlief die Prüfung so glimpflich: Manche sollten bis in alle Einzelheiten über den Sabbat und seine tieferen Gründe
Bescheid wissen. Ich war mit meinem Schicksal ganz zufrieden.

Wir hielten uns nicht länger im Tempel und in Jerusalem auf, wo die von Weihrauch und verschiedenen Essenzen gesättigte Luft stellenweise nicht zu atmen war. Das Passahfest und die Rituale des Brotes sollten noch fünf Tage andauern; in dieser Zeit würden die Gelehrten das Volk auf Gassen und Plätzen unterweisen, beeindruckende Pergamentrollen hervorziehen und die Gesetze sowie die alten Worte kommentieren.

Als der Pfad, der die Stadt in nordwestlicher Richtung verließ, die Anhöhe eines trockenen Hügels erreichte, legte sich leichter Frühnebel über die Felsen, vergleichbar dem Klagen der Hörner, das aus den Mauern der Stadt zu uns aufstieg. Ich hatte das Gefühl, einen für mich zu warmen, zu schweren Mantel abzuwerfen. Dieses Stück Erde brodelte zu sehr, zu viele Gegensätze standen sich hier gegenüber ... Mit einer knappen Geste zogen wir unsere Esel zu den grüneren Straßen Galiläas.

Die stehenden Steine

Mein Herz sang und tanzte im Rhythmus des holprigen Weges; kleine helle, weiße und graue Tupfer, glänzend pastellfarbene Mandel- und Olivenbäume, ein Mosaik verwitterter Steine, das sich in die Hänge eines Berges schmiegte – das Dorf, mein Dorf kam näher ... Ich war abgestiegen, und bei jedem Schritt knirschten die Kieselsteine unter meinen Füßen ... Eine schlanke, nur undeutlich zu erkennende Gestalt zeichnete sich im Schatten der Feigenbäume ab, dort, wo der Fußweg in die Umfriedung einmündete. Mein Schritt wurde schneller. Die Gestalt begann in unsere Richtung zu laufen, eine zweite tat es ihr nach, dann eine dritte, eine vierte – schmale weiße, blaue und rosafarbene Bänder, die über die Steine sprangen. Es dauerte nicht lange, bis ich Miriam erkannte, der zwei ehemalige Spielgefährten folgten. Miriam ... Beim Näherkommen veränderte sich die Gestalt, verwandelte die alten Bilder, die sich mir eingeprägt hatten, die kleine Rothaarige, die ich als Sechsjährige gekannt hatte, war fast eine junge Frau, fast eine Fremde. Zehnmal, hundertmal hatte ich mir dieses Wiedersehen vorgestellt, hatte es mir in allen Einzelheiten ausgemalt ... Ich hatte an den Brunnen des alten Zerah gedacht, aber jetzt war da nur der Weg; ich hatte Miriam anblicken und ihr zulächeln wollen, aber jetzt war ich wie blind, und auch lächeln konnte ich nicht. Ich stand wie gebannt; die anderen waren vergessen. Ich erinnere mich, dass ich die Fragen meiner früheren Spielgefährtin nur ausweichend beantwortete und mich zwingen musste, ihren Blick zu erwidern. Ich wagte kaum, sie anzusehen.

Gleich darauf kam auch meine Mutter, und eine fast vergleichbare Emotion ergriff mich. Sie war es, die wortlos den ersten Schritt tat und mich in die Arme schloss. Ich schwieg und bewegte mich nicht. Das Erwachsenwerden bringt Härten mit sich, die auf Ungeschicklichkeit beruhen und bei denen das Herz zu kurz kommt. Ich suchte einen Vorwand, um zu lachen, es schien mir die beste Möglichkeit, mein linkisches Verhalten zu überspielen. Meine Mutter, die einen Krug mit Wasser bei sich hatte, begann unterdessen, mir zum Zeichen des Willkommens Gesicht, Hände und Füße mit der kostbaren Flüssigkeit zu besprengen. Der Brauch verlangte, dass ich als Antwort ihren Kopf in beide Hände nahm und die Lippen auf ihren Scheitel drückte. Aber sehr schnell änderte sich die Stimmung unserer kleinen Gruppe. Während meine Mutter und meine ehemaligen Spielgefährten mich umsorgten, sah ich, wie Miriam zu meinem Vater ging und ernst auf ihn einredete. Bald wusste auch ich Bescheid: Zerah hatte uns zwei Tage zuvor verlassen und ruhte noch auf dem Boden seiner Behausung. Mein Vater schien über die Nachricht nicht verwundert, und auch ich fühlte seltsamerweise keinen Schmerz. Erst jetzt verstand ich den Wert und den Sinn der plötzlichen Erscheinung meines ersten Lehrers in Jerusalem ganz. Ich hatte bis jetzt noch nicht tiefer über sie nachgedacht, aber ihre Absicht wurde klar: Zerah hatte mir eine weitere, letzte Einweihung zuteilwerden lassen. Der Karmel verbreitete zwar eine konkrete Lehre, aber bestimmte Phänomene konnte er seinen Schülern einfach nicht bieten.

Die anderen Universen des Lebens waren, wenn ich mich ihnen näherte, für mich immer nur schöne Geschichten gewesen, die man glauben musste. Ich wusste wohl, dass ein lebendiges Wesen durch die Übung seiner Gedanken, seines Willens und seiner Liebe seinen Lichtkörper nach außen projizieren konnte: Joseph hatte es mir bewiesen – die Erinnerung hatte sich meiner Seele für immer eingeprägt. Aber was jenseits des Todes kam, war bislang nur Theorie … Von jetzt an war dies anders: Die Grenzen unserer Welt besaßen nun keine Tragik mehr, ich brauchte mich nicht mehr auf Worte zu stützen. Zerah war aus einer Welt zu mir gekommen, die zweifellos wirklich war. Die Worte der Brüder hatten erneut ihre Gültigkeit bewiesen:

»Glücklich der, dem an der Biegung eines Weges das hehre Bild eines anderen Universums zuteilwird. Er wird sagen können, dass er *gesehen* hat, und aus seinen Worten wird die Kraft der Authentizität sprechen. Nun merkt euch folgendes: je nach dem Entwicklungsstand ihres Herzens benutzen die Wesen, die unsere Welt verlassen haben und sich jetzt manifestieren wollen, zwei verschiedene Methoden. Bei dem einen entsteht der Körper – oder besser der Scheinkörper – durch die Vitalenergie der lebenden Wesen, die sich am Ort der Manifestation aufhalten. Wer aber in seinem Inneren die Sonne hat aufgehen lassen, weiß um die Künstlichkeit dieses Phänomens: es beruht auf rein äußeren Kräften, die im Wesentlichen physischer Natur sind. Die Gegenwart eines solchen Lichtkörpers ruft oft unangenehme Gefühle der Kälte hervor, und es ist nicht ratsam, ihn zu berühren. Das Wesen, das sich manifestiert, kann bei der berührenden Person unwillkürlich den Verlust eines Großteils der Lebensenergie auslösen, eine Zerrüttung der Vitalströme, die einem bestimmten Schema entsprechend den Körper durchziehen. Die zweite Methode jedoch, die vor euren Augen den Körper eines Verstorbenen allein durch den sonnenhaften Willen entstehen lässt, solltet ihr preisen, Brüder. Denn wenn ihr sie miterlebt, könnt ihr sagen: ›Dies ist in Wahrheit ein großes Wesen, ein Wesen, das nicht durch seine menschliche, sondern durch seine transzendente Seele[46] besteht. Es weiß das göttliche Feuer zu ordnen, das in ihm brennt und dessen Strahlen wie Steine der Liebe sind, auf denen alles erbaut werden kann. Es weiß die Lebenskeime des Universums[47] gemäß dem Spiel seines Willens und der Notwendigkeiten zu verbinden, und zwar durch reine Hingabe!«

Nachdem wir die Esel von ihren Lasten befreit und das ganze Dorf uns durch tausend Zeichen seine Freundschaft bezeigt hatte, beeilten wir uns, zu unserem kleinen Haus zu kommen, dessen erdfarbene Mauern sich jetzt hinter einer üppigen Vegetation zu verstecken schienen. In unserem Garten bemerkte ich ein paar neue Bäume, die in voller Blüte standen. Die Gärten waren eine Form des Reichtums, auf die wir in dieser Welt vielleicht am meisten Wert legten – sie waren ein Symbol, ein Hafen des Lichts und der Ruhe, umgeben von einer heiligen Umfriedung. An der Türschwelle stand wie immer der den rituellen Reinigungen vorbehaltene Krug, und im kühlen Halbdunkel des einzigen Raumes gewahrte ich auf einer der Mauern wie früher den Stern mit den acht gleich langen Strahlen.

Nichts hatte sich verändert, hier herrschten edle Armut und ein einfaches Leben, ein Leben mit der Erde ... das vielleicht gerade deshalb von der Erde so weit entfernt und dem Jenseits so nahe war. Dem Brauch gemäß legte ich mich mit kreuzförmig ausgebreiteten Armen auf den Boden und küsste ihn siebenmal. Früher hatte ich diese Geste routinemäßig ausgeführt, um meine Eltern nachzuahmen – jetzt war es anders.

Ich wusste, dass wir von der Erde, die uns trägt, Energien erhalten, und dass sie uns nicht nur durch das ernährt, was sie hervorbringt, sondern auch durch unaufhörlich aus ihren Tiefen hervorströmende Kräfte. Durch die Brüder im Karmel war mir bekannt, dass unsere Füße beweglichen Wurzeln am Baum unseres Körpers gleichen und beständig einen verborgenen Saft von der Erdenmutter aufnehmen, der wiederum nur ein umgewandelter Aspekt unserer sonnenhaften Nahrung ist. So ging auch die Lage unserer Dörfer

---

[46] *Dem Geist, der über dem Ego steht; dieses nährt sich auch auf der astralen bzw. ätherischen Ebene noch von fester Materie.*

[47] *Die Essener kannten den Begriff des Atoms. Mit Sicherheit unterschieden sie auch elementare Bestandteile in den Atomen selbst.*

und Wohnungen nicht auf willkürliche Entscheidungen unserer Väter zurück, sie hatten ihre Wohnstatt vielmehr genau dort errichtet, wo ganz bestimmte Methoden[48] ihnen das Fließen der Vitalenergie der Erde anzeigten. Ein ausgesuchter Platz innerhalb jeder Umfriedung war übrigens einer Art Tempel für Versammlungen, Gebete und die gemeinsamen Mahlzeiten vorbehalten, dies war der Punkt, an dem die Kraft aus dem Boden strömte.

Wegen der von uns als notwendig erachteten Verbindung mit den irdischen Energien wurde in der Bruderschaft auf das Tragen von Sandalen fast ganz verzichtet. Die Erde sprach zu uns, und wir verschlossen unsere Ohren nicht; wir wussten, dass alle Zellen unseres Körpers, auch die in den Fußsohlen, all unsere Organe und Sinne und auch unseren Lichtkörper keimhaft in sich trugen.

Nachdem ich das Ritual ausgeführt hatte, verließ ich den niedrigen Raum. Draußen warteten Miriam und meine Eltern, denn wir wollten Zerah einen letzten Besuch abstatten. Über die gewundenen Pfade des Dorfes gingen wir zur Wohnung des alten Weisen. An jeder Ecke der steinernen Behausung stand betend ein weißgewandeter Bruder und intonierte leise einen Gesang, dessen Worte ich nicht erfasste.

Sie helfen Zerah, flüsterte Miriam mir ins Ohr. Du kannst diese Lieder nicht verstehen. Brüder, die aus dem Land der roten Erde zurückgekommen sind, haben sie kurz nach deiner Abreise einigen Bewohnern aus dem Dorf beigebracht. Unsere Brüder vom Ufer des großen Flusses haben sie in ihrer Sprache komponiert. Aber ich weiß, dass die Worte auch bei ihnen keinen bestimmten Sinn haben. Es ist ihr Klang, der Zerah helfen soll, ins Land seiner Seele zurückzukehren. Aber ich glaube, Zerah braucht all das nicht ... Vor zwei Tagen, als er gerade entschlafen war, hat er mich unter dem alten Granatapfelbaum

---

[48] *Einen eigentlichen »Quellensucher« gab es bei den Essenern nicht; der für bestimmte Kräfte mehr als heute empfängliche Mensch brauchte keine Instrumente, um den Verlauf tellurischer Ströme genau zu lokalisieren.*

besucht. Er hat gewartet, bis ich allein war, und dann ist er näher gekommen, strahlender als der Mond. Ich war ganz ergriffen …

Dich hat er auch besucht, Miriam …?

Von da an zweifelte ich nicht daran, dass auch Miriam eine
Botschaft des alten Weisen erhalten hatte. Ich wagte nicht, ihr
meine Gedanken mitzuteilen, denn irgendetwas, wahrscheinlich
ihr Blick, schüchterte mich ein. Sie würde es mir schon erzählen,
wenn sie wollte … War nicht sie es gewesen, die mich damals in die
»kleine Flamme« eingeweiht hatte?

Wir mussten uns bücken, um Zerahs Behausung zu betreten.
Seit zwei Tagen lag der Alte vom Brunnen, der sein langes weißes
Gewand trug, mit über der Brust zusammengelegten Händen auf
dem Boden, es sah aus, als wäre er am Schlafen. Nur die farblosen
Lippen und die geschlossenen Augen ließen mich an den Tod den-
ken. Am Hals hing ein silberfarbener Gegenstand, der mir früher
nicht aufgefallen war: das Kreuz des Überflusses der Roten Könige[49].
Ich verspürte das Bedürfnis, vor meinem alten Lehrer niederzuknien,
um ihn besser sehen zu können, denn die Atmosphäre in dem von
Weihrauchschwaden durchzogenen Raum war sehr dicht. Dabei
bemerkte ich einen feinen braunen Puder, der über den ganzen
Körper verstreut worden war; die Essener verwendeten ihn, um die
Zersetzung des Körpers aufzuhalten. Entsprechend den Regeln
der Brüder durfte ein Körper erst drei volle Tage nach dem Augenblick des Todes bestattet oder auch nur berührt werden. Die im
Allgemeinen sehr anpassungsfähigen essenischen Gesetze mussten
in einem solchen Fall unbedingt befolgt werden. Weniger als in jedem anderen Bereich war hier Spielraum für willkürliche Entscheidungen. Die Brüder im weißen Leinengewand wussten, dass der
Vitalkörper drei Tage braucht, um sich, Organ für Organ, von
seiner fleischlichen Hülle zu lösen … Für ein paar Momente verlor
die Zeit jegliche Bedeutung, dann unterbrachen das Rascheln von

---

[49] *Das ägyptische Henkelkreuz*

157

Miriams langem Gewand und die draußen wieder anschwellenden Litaneien meine Meditation.

Schweigend traten wir hinaus. Von den bläulichen Bergen her hatte sich ein leichter Wind erhoben. Es ging auf den Abend zu, und wir trennten uns. Miriam und ein paar Gefährten, die sich uns inzwischen angeschlossen hatten, kehrten zu ihren Wohnungen zurück, vor denen jetzt ein Feuer knisterte. Die milde abendliche Luft ließ das verbrannte Holz besonders gut riechen. Ich liebte diesen Duft, den ich so oft herbeigewünscht und jetzt wiedergefunden hatte. Er war für mich wie ein Hintergrund, von dem sich die weißgewandeten Silhouetten abhoben, die einen Esel zogen oder Krüge beförderten. Diese hohen, im Dunst daher schreitenden Gestalten waren für mich die Verheißung einer anderen Welt, einer Welt des Trostes, die Verlängerung und Schatten wieder anderer Welten war. Und auf diese gingen die Gestalten entschlossen zu. Es war schön, ganz einfach schön. Ich musste bis zum Abend des folgenden Tages warten, um Miriam wiederzutreffen. Sie hatte ihre Beschäftigungen auf den Feldern und bei den Tieren, ich die meinen. Da ich noch keinen Hinweis auf mein künftiges Leben besaß, war es wohl am zweckmäßigsten, wenn ich wieder an den üblichen Aktivitäten des Dorfes teilnahm. Dabei fiel mir auf, wie sehr das Leben der kleinen Gemeinschaft sich seit meiner Abreise verändert hatte. Jetzt herrschte wirklich Armut, während früher die Lebensumstände zwar bescheiden, aber doch ausreichend gewesen waren. Mehrere schlechte Ernten hatten zu dieser Situation geführt, und für die Zukunft erwartete man noch schwierigere Zeiten. Mein Vater sagte mir, die Priester vom Heliostempel in Jerusalem hätten das Vorbeiziehen mehrerer Feuerkugeln am Himmel prophezeit, die den Rhythmus der Natur und der ganzen menschlichen Rasse durcheinanderbringen würden.

»Für die himmlischen Zeiten muss eine bestimmte Stunde geschlagen haben«, hörte man manchmal geheimnisvoll.

Auch mein Vater arbeitete jetzt auf den Feldern. Die Töpferei reichte für die Tauschgeschäfte im Dorf nicht mehr aus, und Händler aus der Stadt kamen kaum noch vorbei, um seine Erzeugnisse zu erstehen, zahlreiche Fremde waren im Land unterwegs, was den Handel verändert hatte.

Als Miriam kam, ging gerade die Sonne unter, ich saß an dem Mäuerchen, das unser Dorf umgab, und schaute zu den Bergen hinüber. Ich glaube, dass ich sie erst an diesem Abend wirklich sah. Ihr schmales Gesicht, das von rötlich schimmernden, bis zur Taille reichenden Locken eingerahmt wurde, faszinierte mich. Die Nase war gerade und wohlgeformt, und ihre Augen hatten den tiefen Glanz zweier Smaragde. Sie sagten sehr viel, diese Augen; sie sprachen von dem Wunsch, das vergangene Leben, die verflossenen Jahre, zu erzählen ... Miriam bat mich sofort, ihr den Karmel und unser Leben dort zu beschreiben, sie wollte alles wissen von jener reichen und geheimnisvollen Welt, deren Schwingungen ich noch in mir fühlte. Aber ich hatte nicht gelernt, viel zu reden, und meine Berichte waren ungeschickt – vor allem wahrscheinlich deshalb, weil mir gegenüber meine Kindheitsgefährtin saß, oder besser das, was sie geworden war. Ich sprach von Joseph, und sie hielt den Atem an, als kenne sie den Anfang eines Geheimnisses.

Joseph, sagte sie, seine ganze Familie wohnt jetzt hier. Sie haben ein größeres Haus hinter dem unseren gebaut, sie sind sehr zahlreich. Es ist seltsam, ich habe nie eine stillere und ehrbarere Familie gesehen. Reiche Leute, die aus fernen Ländern kommen, gehen oft bis zu ihnen, wenn sie den Ehrwürdigen des Dorfes begrüßt haben. Ich glaube, manche wissen ... aber der Grund für das alles ist bis jetzt noch nicht zum Ohr der kleinen Miriam vorgedrungen, Simon!

Und dabei brach sie in ein Lachen aus, das mir den Duft der Berge Galiläas in Erinnerung rief ...

Nach kurzer Zeit hatte sie sich wieder gefasst und begann mit klarer Stimme einen langen Bericht.

Weißt du, Simon ... Es ist fast sieben Jahre her, du hattest uns gerade verlassen, als andere, ältere Brüder und Schwestern Josephs sich uns anschlossen. Seitdem ist noch ein weiteres Kind geboren

159

worden, das war vor ungefähr vier Jahren. Ihre Ankunft fiel jedes Mal mit schweren Erschütterungen in der ganzen Gegend zusammen, bis hin nach Jerusalem und sogar noch weiter südlich, bis dahin, wo die Berge sehr hoch, trocken und warm sind[50]. Dreimal sind fremde Soldaten den Pfad hinaufgestiegen und bis hierher gekommen. Es waren ungefähr fünfzig. Ihre Kleider, die strotzten vor Purpur und Leder, machten mir Angst. Die Brüder sind auf den Schwellen ihrer Häuser stehengeblieben, während die Soldaten irgendetwas suchten, was, weiß man nicht. Sie haben nichts gesagt. Die, die auf den Feldern arbeiteten, haben sich noch nicht einmal die Mühe gemacht, hochzukommen. Mir hat das nicht gefallen, aber heute weiß ich, dass sie Recht hatten. Die Soldaten waren wie ein Sturm, aber man kämpft nicht gegen den Wind, man wartet, dass er vorübergeht, und dann erhebt man sich, stärker als zuvor, während er sich ausgetobt hat. Aber … auch der Wind hat einen Grund.

Ich habe das alles erst später richtig verstanden, und zwar, nachdem Zerah – immer wieder Zerah – lange und geheimnisvoll mit meinen Eltern geredet hatte. Ich habe nie erfahren, was besprochen worden ist, aber gleich am nächsten Tag führte Zerah mich weit weg von hier in die Berge, an einen Felsen, dem die Zeit das Aussehen eines Stiers gegeben hatte. Nichts in der Natur ist dem Zufall überlassen, und ihre scheinbaren Launen sind bewusste und durch tiefere Gesetze begründete Tatsachen. Das ist mir schnell klargeworden. Was ich dir jetzt sage, darf nicht über deine Lippen kommen, Simon, auch wenn es dich das Leben kosten sollte.

Es wäre mir leichter, dir die Geschichte zu verschweigen, aber ich muss sie dir anvertrauen, weil man es von mir verlangt hat.

Als ich mit Zerah an einer Biegung des stierköpfigen Felsens angekommen war, sah ich vor mir eine Reihe von drei oder vier

---

[50] *Vielleicht handelt es sich um die gegenwärtige Region von Massada oder sogar des Sinai.*

Gräbern. Es waren scheinbar gewöhnliche Gräber, einfache, aus dem Stein gebrochene Höhlungen, die mit einem kreisförmigen Felsblock verschlossen waren ... Der Ort war trotzdem sonderbar, denn irgendetwas in mir veranlasste mich, ihren Ursprung im Dunkel der Zeiten zu suchen. Die Steine waren grob behauen und mit gelben und grauen Flechten übersät. Das Blöken der Schafherden, die wir auf unserem Weg gekreuzt hatten, hatte sich in den Weiten der wüstenähnlichen Täler verloren. Wir waren allein. Keine Ruine, nicht einmal die provisorische Unterkunft eines Hirten. Zerah, der sich bis dahin wenig gesprächig zeigte, wenn ich nach dem Ziel unseres Ausflugs fragte, machte sich plötzlich an eine seltsame Übung. Er befahl mir, mich in einiger Entfernung hinzusetzen. Vor dem anscheinend wichtigsten Grab bezeichnete er dann mit drei dürren Zweigen ein Dreieck auf dem Boden. Nachdem er ins Zentrum der Figur getreten war und mit dem Finger einen weiten Kreis um sich gezogen hatte, setzte er sich und begann lange still zu beten, jedenfalls deutete ich seine Haltung so. Unvermittelt stand er auf und ging zielsicher auf den größten Grabstein zu. Nur durch den Druck seiner Hand rollte dieser zur Seite. Ein riesiges Loch, größer als für ein Grab normalerweise üblich, kam zum Vorschein.

Komm, sagte er, wobei er sich umdrehte, wir wollen hier hineingehen und den Felsen wieder hinter uns schließen.

Ich weiß nicht, wie Zerah es anstellte, den gewaltigen Block wieder zu verschieben, aber nach kurzer Zeit umgab uns vollkommene Dunkelheit. Der Boden schien leicht abschüssig, und ich hatte das Gefühl, den ersten Schritt in einen Schlund zu tun, der uns zu verschlingen drohte. Ein kurzes Krachen, dann leuchtete ein Licht auf. Ich drehte mich um; Zerah hielt nun eine mächtige Fackel, die dichten braunen Rauch von sich gab. Lächelnd wies er mir den Weg. Er versuchte sofort, mich zu beruhigen, indem er meine Hand nahm, aber in seiner Gegenwart spürte ich keine Furcht, ich hielt es für ein Abenteuer und war eher neugierig als ängstlich. So gingen wir eine Weile, achteten auf jeden Schritt und atmeten wegen des beißenden Geruchs der Fackel so flach wie möglich. Ich bedrängte meinen Führer mit Fragen über unser Ziel und die plötzliche Herkunft der Lichtquelle, aber ich konnte nichts herausbekommen, er antwortete entweder ausweichend oder belustigt. Wie ein sanfter Strom brach mit einem Mal ungefähr fünfzig Schritte vor uns eine Weiße Lichtquelle hervor. Wir gingen schneller, und bald entdeckte ich einen Ort, den ich wohl nie vergessen werde: einen großen sechseckigen Raum von so reiner Klarheit, dass es mir schwerfiel, mich an die Helligkeit zu gewöhnen. Dieses Licht war wie das Leben, Simon, so schön, so rein; ich spürte es auf dem Grunde meines Herzens ... Es war ein beruhigendes, nährendes Feuer, ein Strom des Friedens. Noch heute könnte ich Tränen der Freude vergießen, wenn ich an ihn denke. Kannst du das verstehen ... ? Zerah nahm mich bei den Schultern und ließ mich vor sich hergehen. Ich bemerkte zwölf weißgekleidete Männer, die mit untergeschlagenen Beinen auf dem Boden saßen. Ihre teilweise von einem roten Schleier verdeckten Gesichter konnte ich nicht genau erkennen, aber sie erschienen mir nicht alt. Ich weiß nicht warum, irgendwie erinnerten sie mich an Statuen aus Licht, deren Züge für die Ewigkeit erstarrt waren ... Einer von ihnen deutete eine Gebärde an, und Zerah führte mich in die Mitte des Raumes, wo ihrer Gruppe gegenüber ein großes Stück blauen Stoffes lag. Mein Führer streckte sich in der rituellen Position auf dem Boden aus, erhob sich langsam, und dann hörte ich seine sich hinter mir entfernenden Schritte. Harmonisch und gemessen kamen nun vier der zwölf Brüder auf mich zu.

Fürchte dich nicht, kleine Miriam, sagte einer von ihnen, seine Stimme hatte einen seltsamen Klang. Wir haben dich hierherkommen lassen, um dich Dinge zu lehren, deren Existenz nur wenige Menschen vermuten. Zunächst eine Warnung: Das, was du heute sehen wirst, wird Wesen deines Alters im Allgemeinen nicht zuteil, denn der sogenannte Lichtkörper[51] ist bei ihnen noch nicht genügend entwickelt. Die Klarheit deiner Seele erschien uns jedoch ausreichend gefestigt, und deshalb bist du jetzt hier. Aber betrachte diese Worte nicht als ein Kompliment, dem ein Vorrecht folgt. Sicher beinhalten sie ein Vorrecht – vor allem aber eine Verpflichtung: den Weg fortzusetzen, ohne zurückzuschauen, und Tausenden von Wesen, die nichts anderes verlangen, als zu wissen, diesen Weg zu öffnen. Ob diese Verpflichtung zu einer lähmenden Kugel an deinen Füßen wird oder im Gegenteil deinen Absätzen Schwingen verleiht, muss deine eigene Kraft entscheiden. Wir hoffen jedoch, dass du unsere Hoffnungen nicht enttäuschst.

Während die vier anderen sich außen um den Teppich stellten und mich so in ihre Mitte nahmen, näherte sich mir ein fünfter Bruder. Seine langen Haare ließen vermuten, dass er zu unserem Volk gehörte. Er hing etwas vor meine Augen, das wie ein Edelstein aussah, vielleicht aber auch nur ein wunderbar geschliffener Kristall war. Seine Schönheit faszinierte mich so, dass meine Gedanken nach kurzer Zeit davongeflogen waren. Ich glaube, die anderen Brüder begannen dann mit einem sehr ernsten Gesang, aber das ist nur ein vager Eindruck. Irgendjemand flüsterte mir ins Ohr: ›Atme, atme ganz tief ... ‹

Mein Kopf kam mir vor wie ein riesiges Loch, und das Bild des kleinen funkelnden Steins verschwamm. Ich weiß nicht genau, was geschah, aber ich hatte das Gefühl, von milchigem Nebel umgeben zu sein. Kein einziger Anhaltspunkt ... ›Oben‹ und ›unten‹ existierten nicht mehr. Der schöne Saal, die zwölf Brüder und Zerah waren verschwunden. Einen Augenblick lang glaubte ich, ins Nichts zu fallen; mein Körper wurde starr. Dann, ohne dass ich es eigentlich wahrnahm, erstand um mich herum das Dekor eines Waldes mit sehr hohen, dornenbesetzten Bäumen, sie glichen denen, die ich seitdem im Norden unseres Landes gesehen habe. Die Luft war so mit Feuchtigkeit übersättigt, dass ich sie fast anfassen konnte. In

---

[51] *Darunter sind Astral- und Mentalkörper zu verstehen, die erst im Alter von 14 bzw. 21 Jahren entwickelt sind.*

der Ferne erklangen Schreie, die sich wie Befehle anhörten. Sie kamen schnell näher, und bald zeichnete sich zwischen den Stämmen eine Gruppe von Männern und Frauen ab. Die Szene war sehr seltsam. Es sah so aus, als ob ungefähr zwanzig Männer von sieben oder acht Frauen in Sklaverei gehalten würden. Mühsam zogen die Männer riesige Wagen, die unter gewaltigen Holzlasten fast zusammenbrachen. Sie waren wie Tiere, halbnackt, und trugen nur einen Lendenschurz aus schlecht gegerbtem Fell. Füße und Waden waren mit Stoffstreifen umwickelt, die durch schmale Riemen notdürftig zusammengehalten wurden. Die Frauen, kann ich dir versichern, gaben bei den Manövern ziemlich autoritär den Ton an. Sie hatten lange Peitschen, kurze Lanzen und alle möglichen anderen Waffen, die ich nicht kannte, und gingen mit äußerster Härte vor. Niemand war vor ihren Schlägen sicher. Zwei von ihnen fielen mir besonders auf: mit nacktem Oberkörper, halb eingehüllt in weiße und rote Tücher, leiteten sie das ganze Unternehmen. Sie trugen keine Waffen, sondern viel prachtvollen, schwer herabfallenden Schmuck. Der einzige freie Mann hielt sich in einem weiten braunen Gewand hinter ihnen. Die wild schreiende, wütend tobende Gruppe zog an mir vorüber, ohne meine Anwesenheit zu bemerken. Ich dachte schon, alles sei vorbei, aber meine seltsame Erfahrung begann erst, Simon. Ich war die Gefangene eines Körpers, der mir nicht gehorchte ... Ich bemerkte es, als meine Beine mich hinter dem Zug her zum Rand eines Dorfes trugen – einer Ansammlung verschiedenartiger Hütten am Ufer eines kleinen Sees. Die rege Geschäftigkeit, die an dem Ort herrschte, verwunderte mich. Es war das Leben eines großen Dorfes, das sich seine Nahrung hauptsächlich durch Fischen und jagen beschaffte, jedenfalls ließen Kleidung und Ausrüstung der uns entgegenkommenden Personen dies vermuten. Auch hier schienen die Frauen zu herrschen. Fast alle trugen Waffen, gaben Befehle, die Männer dagegen spielten, auch wenn ihre Lage besser war als die der zuvor Beobachteten, offensichtlich eine untergeordnete Rolle. Im Verlauf des von meinen Beinen eigenmächtig eingeschlagenen Wegs stellte ich fest, dass es richtige Wege eigentlich nicht gab; ohne erkennbare Logik hatte jeder da gebaut, wo er wollte, hier in der Nähe eines Wäldchens, da auf Pfählen inmitten eines winzigen schwärzlichen Tümpels. Aus den unterschiedlichen Aufgaben und Gewändern ersah ich sofort, dass die Bevölkerung in drei Kasten eingeteilt war. Mit einem seltsamen Problem wurde ich noch konfrontiert: obwohl ich die aus gutturalen, schroffen Lauten bestehenden Worte dieser Wesen nicht verstand, erfasste ich den Sinn der Unterhaltungen sehr klar. Es war dies keine Intuition, Simon, sondern eher eine unmittelbare Kenntnis, ein vertrautes und unwillkürliches Verständnis ihrer Sprache. Irgendeine Fähigkeit in mir übersetzte jedenfalls. Es war, als ob die Schwingungen ihrer Worte meiner Seele eine klare Bedeutung vermittelten. Aber ich sollte mich noch mehr wundern: sehr tief in mir begann eine Stimme zu sprechen, die ich zwar nicht lokalisieren konnte, die aber so intensiv war, dass ich einen Moment fürchtete, sie nicht ertragen zu können. Es war eine harmonische, freundschaftliche Stimme, die vielleicht von einem der Brüder kam, der dieses merkwürdige Erlebnis herbeigeführt hatte.

›Achttausend Jahre, Miriam, diese Szenen sind achttausend Jahre alt. Verstehe wohl: Du bist nur noch ein kleiner Punkt außerhalb der Zeit. Du bist nur noch ein Licht, das im großen Gedächtnis der Erde liest. Du hast ihr Buch geöffnet und weißt jetzt, dass für den, der die Illusion des dahinfließenden Augenblicks erkennt, die Vergangenheit auch die Gegenwart sein kann. Du wirst den Sinn dieser Worte später besser verstehen. Gib dich im Moment ganz dieser Welt und den Wort-Schwingungen hin, die wir dir einprägen, denn der Wille des Namenlosen drückt sich durch tausendundeinen Mund des Friedens und des Wissens aus ...

So, wie du jetzt siehst, lebten Männer und Frauen vor achttausend Jahren weit im Norden Galiläas und auf einem großen Teil der Erde. Die Frau unterdrückte den Mann, und der Mann erstickte seinen eigenen Aufschrei. Das Gesetz des Universums gleicht einem Stein an einer Schnur, der unablässig von rechts nach links, von links nach rechts schwingt. Es ist dies das Gesetz der Gerechtigkeit und des angestrebten Gleichgewichts. Es ist das Gesetz der Welten, die wie ein Herz schlagen und die unterwegs sind zum Universum des Vaters, dem letzten, festen Punkt, dem ersten Impuls, dem Odem der Inspiration für alles. Solange Männer und Frauen nicht wissen, dass sie die rechte und die linke Hand des Menschen Kadmon sind, der Schatten der Quelle Ieves, wird die Herrschaft immer wieder von einem Geschlecht auf das andere übergehen, Miriam. Seit den Taten des großen weißen Widders, den spätere Generationen unter dem Namen Rem[52] kennen werden, ist die Welt nicht mehr so, wie du sie hier siehst.

Der göttliche Waagebalken kam in Bewegung, und er wird weiter wirken. Das Karma der Geschlechter, der Polaritäten, bleibt eine treibende Kraft. Den Frauen der Söhne des Mose, denen der Mann gegenwärtig sogar den Besitz einer Seele abspricht, ist dies intuitiv bekannt. Die Angehörigen des Volkes von Essania wissen, was es damit auf sich hat, aber solange die Erde sie trägt, unterliegen sie dem Gesetz ihrer Winde und geben vor, sich ihnen zu unterwerfen. Du weißt, dass die geheimen Lehren, die der Vater in seinem maskulinen Aspekt für und durch Männer geschaffen hat, den Frauen Essanias offiziell nicht zugänglich sind. Aber täusche dich nicht: deine Anwesenheit unter uns ist ein Zeichen. Wir vertrauen dir jetzt ein Geheimnis an, über das du viele Jahre meditieren wirst. Aus deinem Universum erhebt sich jetzt der Fisch, der Fisch wird aus dem Meer[53] geboren, und dieser Fisch nimmt zwei Gesichter an: eins, das zur männlichen Seele spricht, zum Metall des Verstandes, und eins, das sich an die Weibliche Seele wendet, an die verborgenen Triebfedern ihres Herzens. Auf dieses letztere richtet sich dein Blick, und deshalb lebst du diese Augenblicke: damit du weißt, warum Mann und Frau existieren, damit du das Gesetz der Polaritäten und des sich bewegenden Pendels, das Gesetz

---

[52] *Ram bzw. Rama*

[53] *Die Worte »Miriam« (d. h. Maria) und »Meer« haben die gleiche Wurzel.*

des ersten, sich verdoppelnden Wortes erkennst. Das Lied einer Flöte, kleine Miriam, ist nur mit zwei Ohren richtig zu hören. Wenn es deinen Körper erreicht, ist es zweigeteilt, in deinem Kopf erhält es seine ursprüngliche Einheit wieder und spricht zu deinem Geist. Der Namenlose ist wie ein Flötenspieler, der Wellen aussendet, die sich in jedem von uns verdoppeln[54] ... Allerdings – es gibt auch Taube und solche, die nur auf einem Ohr hören ... Mache dich nicht mit ihnen gemein, erlerne das Gesetz der Schwingung von Mond-Sonne und das *eine* Gesetz des Ewigen. Wende darum deine Augen wieder den Wesen der Vergangenheit zu, denn ihr Mentalbereich blieb der Flöte näher, als es der eure heute kann ... ‹ Die Stimme löste sich dann in mir auf. Erneut vertiefte ich mich in das vor meinen Augen ablaufende Schauspiel.

Ich glaube, ich war schon eine Weile umhergeirrt, als ich eine hölzerne Palisade bemerkte, an die eine Anzahl von Stäben oder besser schwärzlichen Pfählen gelehnt war, wegen der Art, in der sie zugespitzt waren, hielt ich sie für metallisch. Das, was einer meiner Arme sein musste, was ich aber nicht lenkte, griff nach einem von ihnen, und meine jetzt flinkeren Schritte trugen mich zu einer weiten Rodung abseits der Wohnungen. Viele Männer und Frauen waren schon da. Mit hochgerecktem Kinn und fest auf dem Boden verankerten Beinen hielt jeder einen solchen Pfahl in der Hand, dessen Spitze sich in die Erde gegraben hatte. Mit einer knappen, entschlossenen Geste tat mein Arm es ihnen nach. So stand ich einige Zeit und wartete. Ich hatte das Gefühl, als ob nicht weit von mir, dort, wo die Menge dichter wurde, irgendetwas geschah. Tatsächlich hörte ich plötzlich einen Schrei – den Schrei einer Frau. Wie ein Echo erhob sich darauf aus uns allen ein Ton, rein und schwer. Im gleichen Moment drang aus der Kehle einiger Frauen eine lange, gellende Klage; das Nebeneinander der beiden Geräusche

---

[54] *Die uns von den alten Griechen hinterlassen Gottheit Pan ist ein Abbild der schöpferischen Natur, einer ursprünglichen Kraft; Pan spielt eine doppelte Flöte.*

war fast unerträglich. Es berührte unsere Seelen und ließ unsere Körper erzittern. Und dann geschah etwas Erstaunliches, Simon. Ich sah einen riesigen grauen Stein, der sich inmitten der dichten Menge vor mir in die Luft erhob. Die Masse schien einem unbekannten Willen zu gehorchen, sie war von einem weißen Lichtkreis umgeben, einem zarten, intensiv lebendigen Nebel. Der Gesang – oder der Schrei, die Klage, ich weiß nicht, wie ich es nennen soll – erklang weiter und schien diese wunderbare Kraft zu nähren. Allmählich wurde die Flut der mein Wesen anrührenden Schwingungen schwächer, der felsige, grob behauene Block, dessen Form eindeutig länglich war, senkte sich in Richtung des Bodens. Nach kurzer Zeit überragte er kaum noch die Köpfe der Menge, dann hörte ich einen dumpfen Knall. In völliger Stille warteten wir einige Zeit. Schließlich ging eine Bewegung durch die Menge, und fast gleichzeitig wurden die Pfähle aus der Erde gezogen. Die Menge zerstreute sich, und ich überraschte meinen Körper dabei, wie er sich zu dem hohen grauen Stein bewegte, der nun, von Blütenblättern in vielen Farben umgeben, aufrecht dastand. Ich hatte keine Zeit, die Szene besser zu beobachten oder Schlussfolgerungen zu ziehen, denn eine unbekannte Kraft riss mich heftig nach hinten. Undeutlich glaubte ich eine fliehende Frau mit rotem Schleier zu erkennen, und alles verschwand ... Mir war leicht übel, und ich befand mich wieder im Herzen des Berges bei den zwölf Brüdern. Du kannst dir vorstellen, dass es einige Zeit dauerte, bis ich verstand, was mit mir geschehen war, Simon. Zu Beginn meines Erlebnisses hatte ich gestanden, jetzt lag ich auf dem blauen Stoff, umgeben von den vier Brüdern, sie rieben meine Beine und Arme, als ob sie ihnen eine verlorene Wärme wiedergeben wollten. Als ich aufstehen konnte, bot man mir ein stark aromatisiertes Getränk an, das meine Kraft vollends wiederherstellte. Die Brüder, deren Gesichter ich immer noch nicht genau sah, sagten mir, ich solle mich aufsetzen; dann kündigten sie mir an, dass auch ich lernen solle, mich der Kraft der Töne zu bedienen – nicht so wie die Wesen, die ich gesehen hatte, sondern auf eine andere, den Bedürfnissen unserer Epoche besser entsprechende

Art. Sie erklärten mir, dass der Ton die zugleich feinstoffliche und konkrete Äußerung des Atems ist und dass ich daher als erstes an meiner Atmung arbeiten müsste. Ich erinnere mich noch sehr genau an ihre Worte: ›Der Atem ist das göttlichste Element in unserer Welt, das man sich vorstellen kann. Und zwar nicht nur das Einatmen, sondern auch das Ausatmen. Er bewirkt eine vollständige, in die Tiefe gehende Reinigung des menschlichen Wesens, und diese betrifft nicht nur seinen physischen Körper, sondern auch die verschiedenen Lichtkörper. Viele Brüder von Essania, die die richtige Atmung praktizieren und sich in gelehrte Methoden vertiefen, wundern sich jedoch manchmal, dass ihre materielle Hülle nicht gesünder ist. Wie lässt sich dieses Phänomen erklären, da sie sich doch durch das Atmen reinigen? Damit dich auf dem langen Weg, den wir dir heute eröffnen, nicht der Mut verlässt, möchten wir dir dieses Problem näher erklären. Die Luft, die du atmest, ist eher immateriell als materiell, ihre Essenz enthält die Substanz allen Lebens, den Keim des Feuers, des Wassers, der Erde und tausend anderer Dinge. Sie ist die Stütze, die Wohnstatt des ersten Funkens. Bevor sie in der Welt der Erscheinungen Ergebnisse zeitigt, wirkt sie auf der Ebene der Ursprünge, das heißt des Geistes.

Der Namenlose hat die Dinge so gewollt: die transzendente Seele entkeimt nie einem fleischlichen Körper, im Gegenteil, sie formt ihn und belehnt ihn dann mit ihrer Macht. Dazu muss sie seine niederen Bestandteile geformt und entwickelt haben: die menschliche Seele und die sieben aufeinanderfolgenden kleinen Flammen. Die Reinigung durch den Atem wirkt also zunächst in den unsichtbaren Bereichen; erst dann verbessert sie das materielle Gewand. Sie läutert die verschiedenen Körper des Menschen, indem sie bei den immateriellsten beginnt und bei den grobstofflichsten endet.

Der Odem des Lebens hat mehr Handlungsspielraum dort, wo sein Reich schon besteht! Dies ist der Grund, weshalb vielen Wesen trotz reiner Seele und edlem Leben körperliche Vollkommenheit versagt ist. Sie haben noch nicht all ihre kleinen Flammen gereinigt, und deshalb ist die vollständige Umwandlung ihres fleischlichen

Körpers nicht möglich. Diese Umwandlung wird immer eine der schwierigsten Aufgaben des Menschen sein. Zur Formung des Geistes genügt ein Hauch, aber die Erneuerung eines festen Körpers bedarf eines sonnenglühenden Windes! Arbeite in Zukunft an diesem Sturm der Strahlen des Vaters, Miriam.

Zum Meister im Schoße des Ewigen wird der, der die Lebenskeime des göttlichen Odems und die Atome seines Fleisches zu verbinden weiß. Wem dies gelungen ist, der wird leicht wie der Morgenwind unserer Erde und durchsichtig wie ein Edelstein; sein Körper wirft keinen Schatten mehr auf die Erde, denn er hat die Sonne in sich geweckt. Diese Worte sind nicht bildlich, sondern sehr konkret zu verstehen.

Aber solange die Wesen, die die Melodie der Menschheit bilden, den Meister in sich nicht haben sprechen lassen, sollte man die lautbildende Kraft des Atems benutzen, um Schmerzen zu lindern. Wenn deine Augen ›ja‹ sagen, wirst du, Tochter des Sdech, eine Lehre erhalten, durch die du den Ton beherrschen kannst.

Der Gesang, der wie Milch oder Honig aus einer Kehle hervorströmt, ist ein Verband für die Wunde, ein Balsam, der den blind machenden Schmerz beruhigt. All das wirst du wissen.‹

Die Brüder schwiegen; ich wusste, dass ihre Worte lange in mir widerhallen würden: Es war, als hätten sie viele kleine Wesen geschaffen, die meine Seele umtanzten. Auch heute noch empfinde ich ihre Worte als eine warme, lebendige, fast greifbare Kraft. Einer der Zwölf bedeutete mir schließlich, mich zu erheben, alle kamen dann an mir vorbei und legten eine Hand auf meinen Scheitel.

Ich glaube, ich habe während der ganzen seltsamen Zeremonie kein einziges Wort gesprochen, Simon. Man sagte mir noch, vor jedem Sabbat werde jemand mich abholen, um mich in der Stille der Berge im Geheimnis des heilenden Tons zu unterweisen.

Dies ist tatsächlich geschehen, Simon, und auch heute noch holt mich ein Bruder mit langen hellen Haaren ab und lehrt mich die Kunst, gemäß dem Gesetz der Großen Sonne zu sprechen und zu singen.

Aber hör mir noch weiter zu, Simon. Meine eigene kleine Geschichte ist zwar hier zu Ende, aber ein Satz geht mir doch wie ein Refrain immer noch durch den Kopf. Zerah sprach ihn, als wir aus dem seltsamen Grab herauskamen.

Wisse, Miriam, dass auch ihr Steine zu errichten haben werdet ... Was bedeutet dieses ›ihr‹, Simon? Ganze Nächte lang hat mein Herz die Lösung auf diese Frage gesucht.

Ich wusste nicht, was ich antworten sollte, und Miriam, die ein wenig enttäuscht schien, beendete ihren langen Bericht.

Die Nacht war dunkel, und der von den jungen Akazienbäumen herüberklingende Schrei einer Eule erinnerte uns daran, dass es schon spät war. Glücklich, aber mit tausend Fragen, kehrten wir in unsere Familien zurück. Noch heute sehe ich den sanften Schimmer der hier und da aufgestellten Öllampen vor mir, die uns den Weg zurück wiesen. Sie waren das Zeichen für die wachenden Seelen der Brüder, ihre Anrufung des Himmels ...

Die Bestattung Zerahs fand am übernächsten Tag statt. Miriam und ich mussten feststellen, dass die Meinungen hierüber sogar in unserer kleinen Gemeinschaft auseinandergingen. Einige Brüder weigerten sich, den Körper unseres alten Freundes zu berühren. Sie hielten einen Organismus, aus dem die Flamme für immer entwichen war, für unrein, weil nun die niederen Kräfte der Erde Herrschaft über ihn hatten. Die Mehrheit der Dorfbewohner billigte diese eher hebräischem als essenischem Gedankengut[55] nahestehende Auffassung jedoch nicht, der Körper Zerahs wurde trotz der allgemeinen Armut mit aromatischen Ölen gesalbt und sein Kopf mit der dreifachen Leinenbinde, dem Symbol der endgültigen Reinigung, umwunden. Es war die Mutter Josephs, die den größten Teil dieser

---

[55] *Vgl. zum Problem der bei den Hebräern möglichem vorübergehenden Verpflichtung zum Nasiräat das Alte Testament: »Während der Zeit seines Nasiräats soll er sich nicht das Haupthaar scheren ... Während der Zeit, die er dem Ewigen geweiht hat, soll er sich keinem Toten nähern.«*

Aufgaben übernahm; sie nähte auch das makellose Leinentuch, das den Körper des Greisen einhüllte. Zum ersten Mal bemerkte ich die edlen, reinen Gesichtszüge dieser noch sehr jungen Frau, von der man sagte, sie sei im großen Tempel unseres Volkes »Taube« gewesen. Wir wussten, was dies an Kenntnissen und Weisheit beinhaltete, und bewunderten umso mehr die demütige Arbeit der feinen Hände, die an dem großen Leinentuch nähten.

Zerah wurde nicht in dem gemeinsamen Felsengrab bestattet; zu viel von unserem Wissen verdankten wir ihm. Wir hatten in den Bergen eine Höhlung in den Felsen entdeckt, und dorthin geleiteten wir seinen Körper in einer Prozession; dann wurde das Grab mit langen Lehmziegeln verschlossen. Zerah hatte keine Klageweiber gewünscht, obwohl der Brauch bei uns noch oft gepflegt wurde. Er wollte seine Seele in Frieden ziehen lassen ... Alle seine Wünsche wurden respektiert.

Als wir die große Straße nach Jappa passierten, brachte uns dieses Detail jedoch einen Kieselsteinregen ein. Die Stadtbewohner schätzten es nicht, wenn man sein Anderssein offen zeigte. Unsere scheinbare Gefühllosigkeit schockierte sie. So waren auch dort Steine erhoben worden ...

Bei den Zeloten

Die Monate vergingen, und die starke Hitze des Sommers begann. Zum ersten Mal seit langem genossen meine Augen die Pracht der weißen und scharlachroten Blüten, die in Massen auf die Terrassen unserer Häuser und die Pfade des Dorfes fielen. Ich erlernte die Geheimnisse des Töpferns, und meine Mutter und Miriam weihten mich in die Arbeit des Webens ein. Unter ihren unermüdlichen Händen entstand auf dem groben Webstuhl das Gewand der Brüder, das ich eines Tages zu tragen hoffte, traditionsgemäß musste es aus einem Stück sein, ohne Naht. Es war eins und damit ein Symbol für das Ideal der Bruderschaft. Man sagte auch, dieses Merkmal verleihe ihm bei öffentlichen Ritualen und stillen Meditationen unleugbare ätherische Kraft. Bescheiden, aber heiter, ging so das Leben dahin. Ohne die langen Stunden des Gebets und die zahlreichen täglichen Waschungen, die ich weiterhin ausführte, wären Härte und Disziplin des Karmel sicher langsam meinem Gedächtnis entschwunden. Die vagen Versprechungen hinsichtlich einer zukünftigen Arbeit, die mir – und von jetzt an muss ich sagen »uns« – gemacht worden waren, hätten in den verborgenen Tiefen des Vergessens geruht, wenn in unserer Gemeinschaft nicht überraschend ein Bruder von außerhalb eingetroffen wäre.

Seine unserer Sitte so fremde Betriebsamkeit versammelte das ganze Dorf beim alten Brunnen. Der Bruder, der fast den ganzen Tag unterwegs gewesen zu sein schien, berichtete uns mit zitternder Stimme, zwei Tage zuvor seien weiter im Norden, in der Nähe des Sees Genezareth, des »galiläischen Meeres«, schwere Aufstände ausgebrochen, die schon viele Opfer gefordert hätten. Den Grund für die Unruhen sah er in den übermäßigen Abgaben, die den Bewohnern dieser Gegend auferlegt worden waren. Für Miriam, mich und wahrscheinlich viele Jugendliche des Dorfes begann an diesem Tag eine wirkliche Bewusstwerdung. Uns war bekannt, dass eine fremde Macht unser Land besetzt hielt; wir hatten ihr bedrückendes Bild gesehen, Miriam im Dorf, ich in Jerusalem. Niemals jedoch waren wir Aggression und Revolte so hautnah begegnet. Von der Höhe unserer sonnenbeglänzten Berge herab betrachteten wir die wenigen Soldaten, die wir getroffen hatten, naiv als eigentlich friedfertige Bewohner und nicht als Teil einer gewalttätigen, zerstörerischen Macht. Dies erklärte sich zum Teil durch die Tatsache, dass viele Sadduzäer – sie bildeten in gewisser Weise den Adel unseres Landes – seit langem gemeinsame Sache mit ihnen machten. Auch die pharisäischen Priester, die doch die Reinheit der hebräischen Gesetze sonst starrsinnig zu bewahren suchten, schienen sich an die Situation gewöhnt zu haben. Tatsächlich gründete der Reichtum, den sie öffentlich zur Schau stellten, oft auf ihren engen Beziehungen zum Ausland. Ihr Schweigen, ihre Toleranz gegenüber den purpurstrotzenden Legionen war erkauft; sie waren die Garanten eines unsicheren Friedens. Das Volk Palästinas litt so unter einem doppelten Joch und kam aus den Steuerzahlungen nicht mehr heraus.

Als der Bruder seinen ausführlichen Bericht über die Ursachen des Aufstands beendet hatte, bemerkten wir eine Verletzung an seiner Seite.

Es war diese gar nicht einmal gefährliche Wunde, die heftige Entrüstung bei uns auslöste; mit einem Mal waren die Doppeldeutigkeit der Lage und die schwere Bedeutung eines Namens klar, der bis dahin nur selten gefallen war: Rom.

Es war Bruder Joab, ein rüstiger Greis mit pechschwarzem Haar, der die erregten Geister schließlich beruhigte. Er saß auf der Umrandung des ehemaligen Brunnens, und seine Worte, die von der Weisheit der Schriften unseres Volkes geprägt waren, trafen einen jeden von uns direkt ins Herz.

Glaubt nicht, sagte er ruhig, dass der Vater dies alles nicht erlaubt hat. Es wird vom Göttlichen geduldet, denn die Zeiten sind nahe, in denen wir eine Seite unserer Geschichte umblättern müssen. Es wird geduldet, weil die menschliche Kraft oft bestialisch ist. Leider fängt ein Kind erst an nachzudenken, wenn es oft genug hingefallen ist, aber ihr, meine Brüder, die ihr die Städte mit ihrem Luxus flieht, die ihr das reine Wort sucht, solltet euch nicht im Zyklus der Erscheinungen verlieren. Dankt dem Namenlosen, dass er euch heute die Gelegenheit gibt, einen Impuls zu zügeln, der euch in einen bewaffneten Kampf ziehen wollte. Ich weiß, wir erwarten seit Jahren den Tag, an dem unsere Freiheit sich entfalten kann … Aber verheißen die heiligen Schriften uns nicht göttliche Hilfe? Eure Herzen wissen, dass das Eisen nur für die Menschen ist, deren Seelen Speerspitzen ähneln. Lasst also eure Herzen sprechen!

Nach diesen Worten löste unsere kleine Gemeinschaft sich schnell auf; der eine kehrte zu seinem Weinberg zurück, der andere zu seinem Feld, und jeder bemühte sich, in seinem Herzen eine Blume der Meditation erblühen zu lassen.

»Die dunklen Kräfte, hatte man mich im Karmel gelehrt, lieben es, gehasst zu werden, das macht sie stärker, sie verzehren so die Energien des weißen Lichts …«

Was bedeuteten also die Worte, die der Älteste von uns ausgesprochen hatte? Verwechselten wir nicht Frieden mit Unterwerfung? Der Zweifel schlich sich in mir ein, ein Zweifel, der vielleicht schon lange im Verborgenen gärte. Was waren eigentlich dieser Friede, diese Liebe zum Göttlichen, diese Achtung vor unserer Bruderschaft und die ganzen alten Versprechungen, die uns seit ewigen Zeiten nahegebracht wurden? Ließen sie sich nicht auf die einfache Formel bringen, dass man ein Manna erwartete, das niemals kam? Sollte nur noch Schwäche durch unsere Adern fließen?

Und worin bestand der Traum Essanias? In unseren Herzen, die das fünfzehnte Jahr noch nicht erreicht hatten, brodelten die Fragen.

Am frühen Morgen des zweiten Tages nach diesem Ereignis trat der junge Bruder, der in unserer Gemeinschaft die Aufgaben des Schreibers erfüllte, in jede Wohnung und kündigte an, es fände ein Ältestenrat statt, und zwar ausnahmsweise im Freien, damit alle teilnehmen konnten. Wir führten die üblichen rituellen Vorbereitungen aus – ein kurzes Gebet, eine Reinigung mit Wasser – dann ging das Wort an die Ältesten, deren Schultern mit einem breiten Schal aus blauem Leinen bedeckt waren. Ein paar Schafe, mit denen wir uns noch nicht hatten beschäftigen können, irrten zwischen uns umher und schienen ihre Hirten zu suchen. Die Brüder, die in konzentrischen Kreisen auf dem Boden saßen, fassten sich kurz: Die Lage in der Nähe von Genezareth wurde uns ausführlicher als zuvor, aber ohne Beschönigungen dargelegt. Es war nun sicher, dass eine kleine Gruppe von Männern, die zu allem bereit war, den Aufstand des Volkes schürte und leitete. Seit fast vierzig Jahren gaben sie sich als erklärte Feinde der römischen Legionen aus. Sie wollten das Feuer des Aufruhrs überall hintragen, wo ein Anknüpfungspunkt sich bot, und hofften auf eine massive Erhebung des Volkes von Palästina. Im Innersten verstanden wir sie: ihr Wesen war rein und von der Überzeugung erfüllt, dass die Unterwerfung unter eine fremde Armee Untreue gegenüber dem Ewigen bedeutete. Es wurde beschlossen, dass ein Teil von uns unverzüglich zu den Ufern des »galiläischen Meeres« aufbrechen sollte. Die Ziele, drei an der Zahl, entsprachen der von fern an uns herangetragenen Bitte einer geheimnisvollen Versammlung von Brüdern, die mir manchmal als reiner Mythos erschienen war: wir sollten Wunden verbinden, die Gemüter beruhigen und, falls möglich, die Grundsätze unserer Lebensweise verbreiten. Der geheime Rat der Bruderschaft manifestierte damit erneut seine Existenz und wies uns an, unsere Tätigkeit in ganz Palästina wiederaufzunehmen. Manches Mal schon hatten wir in der Geschichte eine wichtige Rolle gespielt; wir besaßen unsere eigene Lehre, die direkt von Moses abstammte, und wussten, dass in der Bruderschaft Zeiten des »Schlafs« und der konkreten Aktion zyklisch wechselten. Im Verborgenen jedoch waren wir immer präsent. Irgendetwas, das wir schlecht erkennen konnten, bereitete sich im Schmelztiegel der menschlichen Rasse vor, und so mussten wir uns erheben.

Wir hatten es kaum zu hoffen gewagt, aber wir gehörten zu denen, die die Erlaubnis erhielten, nach Genezareth zu ziehen. Es war wichtig, sofort aufzubrechen und öffentliche Straßen zu meiden. Wir würden dort vielleicht bewaffneten Truppen begegnen, die die allgemeine politische Atmosphäre und unser Erscheinen aggressiv machen könnten. Schnell wurden ein paar Esel gesattelt, und nach einem kurzen Abschied begann unser Marsch direkt durch die Berge, vorbei am Mosaik der Obstgärten, Weinberge und abgeernteten Felder. Wir waren zwei Tage unterwegs, und nur ihre Härte ist mir im Gedächtnis geblieben. Die Sonne brannte unerbittlich vom Himmel, Weißdornbüsche und Disteln zerkratzten die Beine, und häufige Pausen schienen nicht angebracht. Zuweilen bemerkten wir das Feuer eines Hirten, ein weißleuchtendes Dorf oder die Weihrauchwolken einer Synagoge. Grüne, gelbe und ockerfarbene Töne leuchteten in vollendeter Harmonie, und auch der warme Wind ließ nichts von der in Genezareth herrschenden Spannung erahnen. Erst am Ufer des Sees bemerkten wir die ersten Zeichen des Aufstands. Wir begruben ein paar zurückgelassene Körper, um die sich schon die Raubvögel stritten. Schließlich erreichten wir Genezareth, es war in einem erbärmlichen Zustand. Die Häuser, die das Ufer säumten, waren zum Großteil halb zerstört: sie waren geplündert worden; die letzten verstörten Bewohner versuchten zu retten, was zu retten war. Hanfnetze und Seile lagen verstreut auf der Erde. Auch der kleine Hafen bot ein Bild der Verwüstung: abgebrochene Masten und versenkte, in Fetzen hängende Segel bezeugten die Welle des Hasses, die über diese kleine Welt hereingebrochen war. Unsere Ankunft erregte sofort die Aufmerksamkeit eines Trupps bewaffneter Männer, die anscheinend die Funktion einer Miliz erfüllten und durch die Gassen streiften. Die ärmliche, schmucklose Kleidung sowie ein Sammelsurium diverser Waffen deuteten darauf hin, dass sie zum hebräischen Volk gehörten. Wir erkannten sofort, dass sie die wilden Partisanen der blutigen Revolte sein mussten, die Zeloten, von denen einige Anführer als fanatisch galten.

Unsere erste Reaktion war von Misstrauen gekennzeichnet, denn der Bruder, der mit der Leitung unserer ungefähr fünfzigköpfigen Gruppe betraut worden war, hatte uns darauf hingewiesen, dass sie, bedingt durch ihr mitunter mörderisches Geschäft, auch Banditen in ihren Reihen zählten. Die Zeloten stellten ihr Ideal über alles und rekrutierten schlagkräftige Männer, wo es nur ging. Neben den mystischen Partisanen des bewaffneten Kampfes standen so einfache Kriminelle. Wir erwarteten einen aggressiven Kontakt, aber wir täuschten uns: die Männer, die sich breitbeinig vor uns aufpflanzten, waren Menschen, die litten.

Unser aufgerütteltes Wesen suchte in den einsamen, hitzeglühenden Bergen nach einer Wolke des Friedens, und wir bemerkten, dass das Verlangen danach auch in ihren Augen stand, die mehr sagten als ihre ungeschickten Worte. In einigen von ihnen errieten wir Brüder, doch ihr Herz hatte eine andere Schwingung erlernt als das unsrige. Dieselbe Kraft beseelte sie, aber ihre Wirkung war zerstörerisch, zerstreuend, trennend, nicht tröstend. Sie kannten den medizinischen Ruf des Volkes von Essania und empfingen uns, des Kampfes müde, mit kaum verhohlener Freude. Unsere Aufgabe war klar: Wir sollten die Wunden versorgen. Wir erfuhren von der Verlegung der Legion nach Westen und dem Massaker unter den reichen Anhängern Roms. Während die Brüder sich noch informierten, durchfuhr unsere Herzen plötzlich freudige Erregung. Ein paar Meter vor uns, mitten in einer Gruppe von Zeloten, stand ein Junge in meinem Alter, dessen lange Haare in lockigen Strähnen unter einem großen Turban hervorkamen.

»Joseph!« riefen wir sofort wie aus einem Munde. Der junge Mann drehte sich um; ein glühender, hasserfüllter Blick traf uns. »Nein, seufzte ich innerlich, das ist nicht Joseph, das kann nicht Joseph sein ... Ein Blick ist wie eine Seele, er täuscht nicht.« Wir hielten den Atem an. Die Ähnlichkeit mit unserem Freund war frappierend, sogar der Name war gleich ... Der junge Mann, der auf unseren Ruf reagiert hatte, starrte uns aus stechenden Augen an. Schließlich kam er auf uns zu und fragte, ob wir ihn kennen würden. Seine Stimme gab uns unsere Sicherheit vollends zurück: Es war die raue Stimme eines kleinen, kriegerischen Herzens. Eines kleinen Herzens! War es so klein? Die wenigen in seiner Gegenwart verbrachten Stunden ließen uns etwas Seltsames, Eigenartiges in ihm erkennen. Hinter der scheinbar ruhigen Art verbarg sich rohe Kraft, kaum verhüllte Triebe – eine Kraft der Zerstörung. Die Zeloten schienen viel von ihm zu halten, denn ungeachtet seines Alters wurde er oft um Rat gefragt.

Erst sehr viel später verstanden wir den seltsamen Charakter dieses Wesens, seine Ähnlichkeit mit unserem Freund, sein kurzes, sonderbares Schicksal ... Es wurde beschlossen, dass unsere Gruppe sich in den Überresten der kleinen Stadt und am Ufer des Sees verteilen sollte. Miriam und ich blieben mit ungefähr zehn anderen Brüdern in Genezareth. Im Schutze eines alten Fischerhauses, nur wenige Schritte vom Wasser entfernt, errichteten wir ein provisorisches Lager. Damals wussten wir noch nicht, dass wir bis zu den ersten kalten Tagen dortbleiben würden. Die an Körper und Seele verletzte Bevölkerung akzeptierte uns bald völlig. Es war eine harte Lehrzeit für uns beiden Dreizehnjährigen. Die Wunden, die Mentalität der Empörung waren uns nicht vertraut. Wir halfen zunächst den Älteren und bereiteten Abkochungen und Salben auf der Grundlage von Kräutern, bei denen die Myrte eine große Rolle spielte. Als wir schließlich die blaue Luft furchtlos und mit vollen Zügen einatmen konnten, griffen die Älteren auf unsere Fähigkeiten zurück. Zum ersten Mal sah ich, wie Miriam die ihr vermittelte Technik anwandte.

»Die geschwächten Seelen sind wie ein Magnet, Simon, sie ziehen Körper mit niedrigen Schwingungen an, die sogenannten ›Krankheitswesen‹ [56]. Jedes Organ sendet eine feine musikalische Note aus, alle Organe zusammen bilden eine Harmonie, aus der sich ein Grundton ergibt. Dieser führt und leitet die anderen. Sobald ein Organ zerstört oder verwundet ist, wird sein Lautkörper verfälscht und die Melodie des entsprechenden Körpers unharmonisch. Der Bruder in den Bergen hat mich gelehrt, die Pforten meines Körpers zu schließen und das Ohr meines Herzens zu öffnen, damit ich den Grundton jedes Organismus wahrnehme. Dazu muss ich meine linke Hand in der Höhe der Magengrube, das heißt an der Stelle des vierten Rades der Sonne, eine Elle über den ausgestreckten Körper halten. Wenn Friede in meiner Seele herrscht, durchbricht ein kaum wahrnehmbarer Ton meine innere Stille; dieser Ton steht an der Basis der Lebenspyramide des betreffenden Wesens. Ich muss dann in einer Entfernung von einer Spanne [57] mit meiner Hand über den ausgestreckten Körper streichen, ohne dass der Lautkontakt unterbrochen wird. Wenn ein Teil des Körpers leidet, verwandelt sich die kleine Note, die zu meinem Herzen spricht, sobald meine Hand sich über dem kranken Organ befindet. Das Ganze ist schwierig und einfach zugleich, Simon. Denn man muss alle vorgefassten Meinungen, alle Urteile loslassen – der Bruder in den Bergen nannte es die ›vernünftelnde Vernunft‹, die nur eine das Selbst täuschende Logik entwickelt.

Erst wenn ich mich von all dem freigemacht habe, kann die Behandlung beginnen: Aus der Tiefe meines Inneren entsende ich genau die Note, die mein Herz empfängt. Mein ganzes Wesen schwingt schließlich mit dem leidenden Körper, mein gleichförmiger Gesang ist wie Balsam für das erkrankte Organ. Die Augen meiner Seele erfassen

---

[56] *Die Essener Bruderschaft betrachtete Krankheiten als ätherische Wesen, die sich von der Lebenskraft eines Organs oder des gesamten Körpers ernähren und deren Schwingungen sich von den unsrigen unterscheiden.*

[57] *Ungefähr 20 cm*

die Lichtstrahlen, die von meiner linken Handfläche ausgehen und an den betroffenen Stellen die Harmonie wiederherstellen. Nachher bin ich immer sehr müde, aber nur wenn meine Liebe und mein Willen alle Hindernisse überwunden haben. Die Heilung setzt oft nach zwei oder drei Behandlungen ein, Simon.«

So begannen Miriam und ich, jeder auf seine Weise, die Kranken und Verletzten zu behandeln; die Brüder unterstützten uns und leiteten unsere noch wenig erfahrenen Hände an. Wir beide hatten geglaubt, große Geheimnisse zu besitzen, aber jetzt sahen wir, dass sie das Licht und den Ton ihrer Seele so kraftvoll und sicher handhabten, wie wir es noch nicht konnten. Das waren nicht mehr die demütigen Brüder eines kleinen vergessenen Dorfes. Wo ein Herz sie rief, verwandelten ihre schwieligen Hände sich in strahlende Kraft. Wie die Ältesten es von ihnen verlangt hatten, sprachen sie zu den Männern und Frauen manchmal offen über ihr Wissen vom Namenlosen. Aber die Bevölkerung Galiläas war misstrauisch, und so blieben ihre Erklärungen vorsichtig. Sie wollten die Menschen besänftigen und ihre Hoffnung mehr auf Gott als auf kriegerische Auseinandersetzungen lenken. Des Abends fanden wir uns bei einem Holzfeuer zusammen, in das wir einige Körnchen Weihrauch geworfen hatten. Angezogen vom Plätschern der Wellen und einem leichten Wind, waren Miriam und ich oft in der Nähe des Ufers zu finden, wo wir von Stein zu Stein hüpften. Und hier, am Ufer des Meers von Galiläa, erblühte für uns beide zum ersten Mal in dieser Existenz eine Blume, die sich weiter und weiter entfalten sollte ...

Drei Jahre lang führten wir dieses Leben, von Zeit zu Zeit kehrten wir ins Dorf zurück, wo wir jedoch nie länger als zwei Monate blieben. Der kärgliche Lebensstandard der Gemeinschaft litt unter dem Mangel an helfenden Händen, aber nach den Worten der Ältesten wehten die Winde des Ewigen nun in eine ganz bestimmte Richtung, und wo immer es möglich war, sollte gesprochen, geheilt und gehandelt werden. Wir sollten die Hefe sein, die überall da wirkte, wo Seelen zuhören wollten, um ihren Durst zu stillen; unser Auftreten durfte jedoch nicht provokativ wirken. Nicht immer führte unser Weg zu dem kleinen Marktflecken von Genezareth, der langsam wieder aufgebaut wurde. Einer uns nicht zugänglichen Logik folgend, durchquerten wir Samaria, wanderten die Westküste entlang und erreichten schließlich das ausgetrocknete Tal von Jericho, wo bedeutende essenische Gemeinschaften ansässig waren. Die bald staubigen, bald grünen Straßen des alten Landes Kanaan zogen so unter unseren Füßen dahin, und die ganze Natur mit ihren einfachen, verborgenen Kräften wurde zu unserer wahren Bleibe.

Die Wolke des Friedens

Unser sechzehnter Geburtstag kam, und mit ihm der Wunsch, die Schleier der Kindheit zu zerreißen. Unsere Blicke, die sich auch bei den kleinsten Beschäftigungen suchten, hatten sich stillschweigende Eide geschworen ... Wir lasen in unseren Seelen und wünschten, eins zu werden. Nach altem Brauch organisierten unsere Eltern, die dies seit langem geahnt hatten, die Zeremonien. Wir besaßen keine großen materiellen Güter, aber wir hatten die Sitten unseres Volkes immer als Werte betrachtet, die es zu befolgen galt. Josche der Töpfer und Ela der Weber tauschten so die rituellen Geschenke aus: ein paar selbst hergestellte Gegenstände und Lebensmittel. Damit war unsere Verlobung besiegelt. Die Hochzeit selbst wurde auf einige Wochen später festgelegt. Sie fand im Monat Tammuz statt, dem vierten Monat unseres Kalenders[58]. Die ersten Trauben waren schon gepflückt, und mit Armen voller Reben wurde ich als Bräutigam zur Wohnung der Braut geleitet. Unsere Familien umarmten sich, dann kam Miriam, die ich drei Tage nicht hatte sehen dürfen. Die Nacht brach gerade an, und wie es der Brauch verlangte, erschien sie im zitternden Licht einiger

---

[58] *Mitte Juni bis Mitte Juli (Anm. d. Üb.)*

Öllämpchen auf der Schwelle ihrer bescheidenen Behausung. Sie war kunstvoll eingehüllt in ein langes rotes Gewand und kam strahlend auf mich zu. Unzählige Perlenketten aus bemaltem Ton stahlen sich unter dem azurblauen Schleier aus ihrem rötlichen Haar. Ich hatte sie immer nur in der zu weiten ockerfarbenen Tunika gesehen und war nun völlig überwältigt, nie hatte ich sie mir so vorgestellt! Vor allem ihr Blick ist mir im Gedächtnis geblieben: der Blick eines kleinen wilden Wesens, dessen Augen funkelten wie Smaragde. Unsere Eltern stellten uns nebeneinander, dann hielten vier Brüder ein quadratisches, mit weißen Fransen besetztes Stück blauen Stoffs über unsere Köpfe. Schließlich erschien auch der älteste Bruders des Dorfes und stellte sich uns gegenüber. Seine dichten schwarzen Haare wurden, ebenso wie der größte Teil seines Gesichts, von einem Schleier aus weißem Leinen verborgen. Er sprach ein kurzes Gebet, einen Segen, dann stimmten unsere Familien ein aus sehr hohen Tönen bestehendes Lied an. Irgendjemand in der Menge, die uns gefolgt war, blies in ein langes Horn, und nun mussten Miriam und ich an einem Spalier fackeltragender Brüder vorbei Hand in Hand durch das ganze Dorf ziehen. Wir sprachen kein Wort, und die Nacht umschloss uns im Haus unserer Eltern. Unsere Hochzeit war einfach und feierlich, sie folgte dem jahrtausendealten Gesetz. Von diesem Tag an gab es keine Miriam mehr, keinen Simon; es gab nur noch ein einziges Wesen, eine einzige Kraft, die »wir« sagte und von einem Willen bewegt war, den sie nicht immer bewusst erkannte.

Unser neues Leben nahm Formen an; die Brüder und unsere Gefährten aus der Kindheit halfen uns, das kleine Haus zu bauen, das unsere Bleibe werden sollte. Wir sehen sie noch vor uns, wie sie mit hochgeschürztem Gewand Lehmziegel formten und von Zeit zu Zeit ein paar hängengebliebene Weintrauben zum Munde führten ... Wie die anderen Wohnungen des Dorfes war unser Haus ein Kubus aus Stein und Lehm mit einem einzigen Zimmer, einer Terrasse auf dem Dach und schmalen Öffnungen, die als Fenster dienten. Fünf Jahre lebten wir dort und teilten unsere Zeit zwischen den Arbeiten des Feldes und der Heilung von Kranken in ganz Palästina. Wir pressten Oliven, säten und ernteten Gerste und Flachs, nach alten Rezepten bereiteten wir Kräuter und sprachen vom Namenlosen, wenn ein Herz sich zu öffnen schien. Wie viele von uns fühlten wir, dass der Zeitpunkt dafür gekommen war. Als ich einundzwanzig Jahre alt war, erhielt ich das ersehnte Leinengewand. Dies geschah nach einer eindrucksvollen Zeremonie, an der auch der Vater Josephs teilnahm. Wie bei diesem Anlass üblich, vertraute man mir einen Auftrag an, der aus drei lapidaren Worten bestand: ich sollte »einen Weg bereiten ...« Joseph selbst sahen wir während dieser Jahre nicht wieder; wir wussten zwar, dass er den Karmel verlassen hatte und ins Dorf zurückgekehrt war, aber das war gerade zu einer Zeit gewesen, in der wir im Lande umherzogen. Seine Mutter, deren Gegenwart immer eine Wohltat für uns war, sagte uns, die Brüder eines fremden Landes hätten ihn zu sich gerufen, um ihm eine Lehre zu vermitteln, über die sie nichts Näheres wusste. Auf uns unbekannten Wegen hatte sie von ihrem Sohn zweimal eine kleine Pergamentrolle erhalten, in der er schrieb, sein Herz sei bei ihr und unserem Land. In diesem unserem einundzwanzigsten Lebensjahr fand ein Ereignis statt, dessen Intensität die Erzählung nicht wiedergeben kann. Wir wollen es so beschreiben, wie wir es damals empfunden haben, das heißt mit einer Naivität, die das zwanzigste Jahrhundert nicht mehr kennt ...

Wir hatten es uns zur Gewohnheit gemacht, ab und zu ein paar Tage lang mit den Herden umherzuziehen, weitab vom Dorf und seinen Bewohnern. Wir genossen die wohltuende Wirkung der Einsamkeit inmitten der pastellfarbenen Hügelketten. An jenem bestimmten Tag nun breitete die untergehende Sonne ihren purpurorangefarbenen Schleier über uns aus. Bereits vor Einbruch der Nacht hatten wir mit trockenen Reisern ein Feuer entzündet und ein Leintuch aufgespannt, um uns zu schützen. Es dauerte noch einige Zeit bis zur völligen Dunkelheit, und so beobachteten wir, eingehüllt in unsere Mäntel, den Himmel. Kleine Wolken türmten sich auf. Eine von ihnen, die nach Gestalt und Helligkeit anders war als die benachbarten Formationen, erregte unsere Aufmerksamkeit: Sie war eiförmig und schien sich nicht zu bewegen, während die übrigen ständig weiterzogen. Nach einigen Augenblicken intensiven Betrachtens wurden wir leicht unruhig; wir sahen, wie aus der Wolke zweimal ein grünes Licht hervorströmte, das sich über das halbe Himmelsgewölbe verteilte. Unsere Erregung stieg, als die weich gezeichnete Masse sich nicht auflöste, sondern größer wurde und sich schnell näherte. Es wäre logisch gewesen zu fliehen, denn das Gedächtnis unseres Volkes berichtete von seltsamen Geschichten dieser Art, die wir nicht genau verstanden hatten. Aber wir kamen gar nicht zum Nachdenken. Der leichte Wind von den Hügeln hatte unvermutet aufgehört; im Bereich von mehreren Klaftern um uns entfaltete sich eine große weiße Helligkeit, die uns wie ein Netz einhüllte. Es war vollkommen still. Vor uns, ungefähr zwei Ellen über dem Boden, erschien ein riesiger Wagen, der gleißte wie tausend Feuer. Wir bewegten uns nicht; wir waren unfähig, zu reagieren oder auch nur zu denken. Dann, ohne dass wir hätten sagen können, woher sie kamen, standen uns plötzlich drei Wesen gegenüber. Sie waren mit einem langen weißen Gewand bekleidet, das in etwa dem unseren glich, aber sehr viel feiner und seidiger schien. Es wäre vergeblich, ihre Gesichter beschreiben zu wollen.

Im Vergleich zu den unsren, die schon die Spuren der Sonne trugen, waren die ihren vollkommen lichtvoll und rein. Eine Art der Liebe strahlte von ihnen aus, die wir bislang nur aus unseren schönsten Träumen kannten. Die langen blonden Haare fielen harmonisch auf die Schultern, und die ambraduftende Haut war unbehaart. Waren sie überhaupt Männer? Wir konnten es nicht sagen, denn die Feinheit ihrer Züge hätte einer Frau wohl zu Gesicht gestanden. Eine Woge der Wärme stieg in uns auf und erfüllte uns ganz. Unversehens änderte sich die Umgebung. Es war, als befänden wir uns in einem Strahl weißen Lichts, ein warmer, betäubender Wind schien uns emporzutragen, irgendeine Energie, die uns sanft dem Schoß der Materie entzog. Ohne zu wissen, was eigentlich geschehen war, befanden wir uns schließlich in einem geschlossenen Raum, von allen Seiten umstrahlte uns das Licht des Friedens. Die drei Wesen waren immer noch uns gegenüber und versicherten uns mit gütigem Lächeln in unserer Sprache, dass wir nichts zu fürchten hätten.

Freunde, sagte einer von ihnen, erlaubt uns, euch so zu nennen, und seid willkommen unter den Kräften des Vaters, die die Welten durcheilen. Die Herrlichkeit des Ewigen erwärmt unsere Herzen und wir sind glücklich, zu euren Seelen sprechen zu können. Ihr befindet euch in einem der Wagen, die von den Winden der Sonne durchs Universum getragen werden. Ihr seid bei denen, die den kleinen Stern bevölkern, der mehr als andere des Nachts am Firmament erstrahlt. Ihr seid bei Mond-Sonne ...

Ihre weiteren Ausführungen gehören nicht in den Rahmen dieser Erzählung; aber die Stimme sprach so klar und deutlich, dass sie auf unsere verwirrten Geister wie Balsam wirkte. Um uns herum erkannten wir die Wände eines großen sechseckigen Raumes, dessen Zentrum ein riesiger Edelstein war; verschiedenfarbige Strahlen gingen von ihm aus. Entlang der Wände waren zwölf eigenartige Sitze angebracht, die Thronen glichen. Ein langer Tisch uns gegenüber trug die verschiedenartigsten Gegenstände und nicht minder seltsame Zeichnungen, von denen manche blinkten und funkelten wie Sterne in der Nacht.

Ihr seid bei Mond-Sonne, fuhr eins der Wesen im gleichen Ton fort ... Eure menschlichen Väter sprechen seit jeher von der Immensität der bewohnten Welten. Haltet ihr dies für eine Legende? Der Ewige delegiert seine Gewalt an alle, die die Fähigkeit besitzen, das Licht um sich herum wachsen zu lassen. Wir sind die Engel des Namenlosen, und unsere Erde befindet sich in jenem pochenden Diamanten, der die Nächte eurer Bruderschaft erhellt. Seit Anbeginn der Zeiten arbeiten wir an dieser Welt und an euren Herzen, damit die Dunkelheit vertrieben wird. In vielen Sprachen und mit verschiedenen Gesichtern haben wir zu den Menschen der Erde gesprochen, wir haben ihnen Götter gegeben, die dem Glanz ihrer Seele entsprachen. Seid über meine Worte nicht verärgert oder erstaunt, Freunde; ein zu starkes Licht blendet oft den, der stets in der Nacht gelebt hat. Die Schleier, die Glanz und Herrlichkeit der Kraft des Vaters verhüllen, können nur Zug um Zug mit unendlicher Vorsicht entfernt werden. Wir wissen, was wir sagen. Es gab eine Zeit, in der die Menschen dieser Welt auf einer anderen Erde lebten, irgendwo in der Spirale ... Das zu starke Licht vernichtete den Atem ihres Herzens; die Macht des Mentalbereichs tötete ihre Liebe, und ihre Welt wurde an die äußersten Grenzen des Universums geschleudert. Wir kümmern uns um die Seelen, und die Vorsehung des Ewigen hat gewollt, dass wir sie hier wieder anpflanzen, zwischen Licht und Finsternis, damit sie lernen, zu unterscheiden. Aber die Weisheit wollte auch, dass der Gärtner bei den Pflanzen blieb, deren Obhut ihm anvertraut war. Daher gibt es einen bestimmten Ort auf dieser Welt – dort, wo Himmel und Erde sich vermählen – den eure Brüder von den Sternen, von Mond-Sonne und vielen anderen, als Wohnstatt gewählt haben. Seit der Dämmerung der Zeiten gehen Strahlen von ihm aus, sie sind wie die Hefe, sie sind der Leitfaden der großen menschlichen Zivilisationen. Nichts auf eurer Erde ist ohne sie geschaffen worden. Es ist jetzt an der Zeit, einen weiteren Schleier zu lüften, und alle, die sehen können, müssen sich erheben. Deshalb klopfen wir an die Pforten eurer Herzen. Unsere Liebe sendet Töne aus, die von der Vernunft nicht wahrgenommen werden und die eure Schritte zu bestimmten Orten lenken. Deshalb seid ihr hier. Ihr sollt auch wissen, dass einer der unseren vor kurzem zu euch gekommen ist. Es ist an euch, ihn zu erkennen und den Weg zu bereiten, den er einschlagen muss. Täuscht euch nicht, ihr sollt Diener sein, nicht Botschafter. Die edelsten und beständigsten Kräfte sind immer verborgen, vergesst das nicht. Bald werdet ihr verstehen, dass diese Epoche einem Schmelztiegel gleicht, in dem die schwärzesten Substanzen neben dem lebendigsten Licht stehen. All diese Kräfte kennen ihren wirklichen Ursprung oft nicht, und dadurch sind sie eher in der Lage, die Schwingungen eurer Welt zu ertragen, von euch und anderen könnte zu gegebener Zeit verlangt werden, sie zu enthüllen. Seid ihr dazu bereit?

Es war nicht das erste Mal, dass uns unvermittelt eine solche Frage gestellt wurde; aber das Wesen erwartete gar nicht, dass wir ihm antworteten. Es forderte uns auf, ein paar Schritte in dem weiten Saal zu tun, der uns beherbergte. Mit seinen Tausenden von Kristallen, die die Wände bedeckten, und den sich in Bündeln wogenden Lichts bewegenden Kräften schien er uns wie ein Palast. Wir bemerkten bald ein den anderen ähnliches viertes Wesen, das eingetreten war, ohne dass wir es bemerkt hatten. Eine Tür oder ein Vorhang waren nicht zu sehen.

Hier wird die Energie des Vaters nach dem Willen unseres Herzens gewandelt, sagte eins der Wesen und bezeichnete mit einer Bewegung seines Arms den ganzen Raum. Alles das kann so hart werden wie Fels und so durchscheinend wie das Licht der Seele. Es genügt, das Leben hier mehr oder weniger schnell zirkulieren zu lassen. Dies ist eine Art der Schöpfung. Auch ihr erschafft durch eure Gedanken; diese Gedanken müssen die Materie verwandeln und erschaffen, damit sie zu einer Stufenleiter des Geistes wird. Lernt, durch die Kraft eurer Liebe auf den Äther zu wirken. Wisst, dass jede Idee ein winziges Teilchen des ätherischen Lebens in Schwingungen versetzt, lernt, was die Materie ist: eine Myriade winziger Teilchen des Lebens, die durch die Kraft einer beharrlichen Idee in eine Richtung gelenkt werden. Der Mensch ist so gebaut, der Wagen war so gebaut, und auch ihr sollt so wirken. Materie, Geist und Kraft sind eins; seid also eins mit dem Göttlichen. Darunter verstehen wir jenen geistigen Zustand, der die allgegenwärtige schöpferische Substanz akzeptiert. Wir meinen nicht einen vage bleibenden Glauben, der nicht zu unterscheiden weiß. Der wirkliche Glaube setzt die Vereinigung der Weisheit mit den großen Gesetzen voraus; erst dann kann er grenzenlos wirken. Ebenso wenig meinen wir eine rein mentale Technik, da ihr die Verbindung zur inneren Sonne fehlt, kann sie nur die konkreten Universen beherrschen … Wir wissen, dass ihr dies alles erst richtig verstehen werdet, wenn ihr aus dem Schlaf erwacht, der euch auf die Erde geführt hat. Es macht nichts, denn diese Worte sind euren Herzen auf immer eingeprägt … Wir möchten, dass ihr lernt, euch außerhalb der Zeit aufzuhalten. Auch die Zeit besitzt nur die relative Kraft einer Materie, die man handhaben kann und die sich verfeinern muss. Zeit an sich existiert nicht, sie ist lediglich der Widerschein eures Mentalbereiches, der mit seiner Quelle nicht mehr in Verbindung steht! Ihr denkt in Perioden und Zyklen, denkt in Lichtbündeln! Dann werdet ihr, wenn eure Seele es will, wie eure Brüder den Weg bereiten für Den, der kommt.

Die Stimme des Wesens schien zu erlöschen, wir hörten nur noch drei Worte, die angefüllt waren mit allem Gold dieser Erde:

Empfanget den Frieden.

Was dann geschah, können wir nicht genau sagen. Übergangslos sahen wir uns einen dichten weißen Lichtstrahl hinabsteigen – aber eigentlich waren wir in seinem Zentrum, irgendwo im Inneren eines Strahlenbündels, einer durchsichtigen, schimmernden Röhre.

Bald stieß unser Fuß auf steinigen Boden, die Berge schienen von einem milchigen Schleier umgeben. Ein seltsam beklemmendes Gefühl, aber auch tiefe Freude stieg in uns auf. Unsere Augen erspähten gerade noch eine feine Kugel, die sich in die Tiefen des Alls entfernte ... Friedlich grasten die Schafe. Es war früher Morgen, und wir begriffen, dass Sätze wie Kristall die Nacht hatten vergehen lassen. Wortlos streckten wir uns zwischen Steinen und dürren Grasbüscheln mit zur Erde gewandtem Gesicht auf dem Boden aus. Dies war unsere Art, einer Kraft zu danken, die wir nicht verstanden, die aber unser tiefstes Wesen erreicht hatte. Wir beruhigten damit auch unseren Geist, in dem so viele scheinbar unzugängliche Dinge brodelten.

Erst nach mehreren Tagen kehrten wir ins Dorf zurück ... Und unser aufgerütteltes Wesen hoffte noch lange, die Wolke des Friedens in den einsamen Bergen wiederzusehen.

Im Land der roten Erde

In jenen Zeiten streifte unsere Erde ein Hauch ... Die Kinder Es-sanias, die Nazarener und Nasiräer, waren sich seiner bewusst. Es war ein Geist der Erneuerung. Wir begrüßten ihn und ahnten seine friedenbringende Kraft. Andere brachten ihn mit dem Griff zum Schwert in Verbindung. So schwankte das Land der alten Verhei-ßungen zwischen Trost und Aufstand.

In jenen Zeiten streifte unsere Erde ein Hauch, und die Kin-der des Sdech erwarteten den Augenblick, in dem sie sich im Lande ihrer Väter, dem Land ihrer roten Vorfahren, versammeln mussten ...

Im alten Land des Pha-Ra-Won lebten viele unserer Brüder, sie sandten Boten aus, denn ein Rat sollte abgehalten werden über das weitere Vorgehen. So erschienen eines Tages im Dorf zwei Männer mit markantem Gesicht, die als Gewürzhändler reisten. Zehn der gebildetsten Mitglieder unserer Gemeinschaft wurden ausgewählt, die unverzüglich mit ihnen aufbrechen sollten. Wir hatten das Glück, zu ihnen zu gehören, und schon am folgenden Tag befanden wir uns auf der Straße nach Jappa. Wir wussten, dass sympathisierende Brüder dort Boote vermieteten. Wir zogen diese Art des Reisens der steinigen Hitze des Sinai und den san-digen Wüsten des mosaischen Weges vor.

Ohne Schwierigkeit fanden wir ein Schiff, das oft Handelswaren zwischen den beiden Ländern beförderte. Es war eigentlich ein größeres Fischerboot mit solidem Mast und schweren, geflickten Segeln. Während das Schiff die hier und da durch helle Feuer erleuchtete Küste entlang fuhr, hatten wir uns, eingerollt in unsere Mäntel, vom gleichmäßigen Auf und Ab der Wellen in den Schlaf wiegen lassen. Wir hatten für die Dauer der Überfahrt darauf verzichtet, unsere weißen Leinengewänder zu tragen, denn die plötzliche Reise von Mitgliedern der Bruderschaft in ein fremdes Land sollte nicht allzu viel Aufmerksamkeit erregen. Ungefähr zehn Händler, Fischer und sonstige Reisende gingen so schließlich in dem kleinen Hafen im Delta des Nil an Land, der sich zwischen Wasserpflanzen und vereinzelten Dattelpalmen verlor.

Ein heißer Wind wehte, und schnell mischten wir uns unter die lärmende Menge am Ufer des Flusses, die aus den verschiedensten Völkern und Rassen zusammengesetzt schien. Die Stimmung war fröhlich; ungeachtet der erstickenden Hitze wurden Pakete abgeladen und Netze entleert. Töpferwaren trockneten in der Sonne, und in den engen Gassen, durch die wir uns einen Weg bahnten, hingen Gebinde von Wolle in allen Farben. Der augenscheinliche Reichtum des Landes kontrastierte mit der Einfachheit, an die wir gewöhnt waren. Wir mussten jedoch feststellen, dass viele Männer und Frauen offenbar in Sklaverei lebten. Mit einfachen Schurzen bekleidet, gingen sie in kleinen Gruppen an uns vorbei und wurden von der Last der Waren, die sie beförderten, fast erdrückt. Wir hatten in den Häfen unseres Landes schon öfters ein ähnliches Schauspiel gesehen, aber nie war es so intensiv gewesen ...

Die meisten der zu diesen harten Arbeiten gezwungenen Wesen waren Farbige, Nubier oder nach der Eroberung ihrer Heimat verschleppte Sklaven. Beim Gang durch die Straßen der kleinen Hafenstadt bemerkten wir, dass die römische Armee hier wie überall alles kontrollierte. Zwischen den niedrigen, an den Boden geduckten Behausungen waren die charakteristischen Zelte eines ihrer Lager zu sehen.

Nachdem wir uns bei einer Gruppe griechischer Händler über die Örtlichkeiten informiert hatten, gingen wir zu einem der vielen Arme des Flusses, der sich zwischen Papyrusstauden und Gerstenfeldern in der Ebene erstreckte. Ein paar Granatapfelbäume sollten uns als Anhaltspunkt dienen, und unter einem von ihnen fanden wir tatsächlich einen untersetzten Mann von sehr matter Hautfarbe, der schlief; wie erwartet, war er der Besitzer eines Ruderbootes und bereit, uns gegen Geld seine Dienste anzubieten. Denn bevor wir unser Ziel erreichten – einen Tempel, dessen Gründung auf die Ursprünge unserer Bruderschaft auf Erden zurückging – mussten wir den Nil bis in die Höhe von Heliopolis hinauffahren. Im Karmel hatte man uns gelehrt, dass der Plan dieser Stadt von Wesen erdacht worden war, die nicht zur menschlichen Rasse gehörten. Sie bewegten sich vielmehr in der ätherischen Sphäre der Sonne und hatten vor undenklichen Zeiten unseren Planeten in die geistige Welt und die Anfangsgründe des Wissens eingeweiht; die große Bruderschaft, aus der die Kinder Essanias hervorgegangen waren, stammte von ihnen ab. Von Mund zu Mund gingen die Berichte, die Heliopolis mit einem wahren Bienenstock der Spiritualität verglichen. Die Reise war kurz. Das kleine Boot glitt auf dem Wasser des Flusses mühelos dahin, während Ibisse über uns kreisten und vom Ufer das schwere Aufplatschen eines Frosches zu hören war, der ins Wasser hüpfte.

Es war eine unbekannte Welt, die uns faszinierte, eine Natur voller Poesie, in der rotglühende Felsen und grüne Palmen auf ewig miteinander zu kämpfen schienen. Die Sonne ging unter, als wir an einer Stelle anlegten, an der breite Holztreppen bis zum Ufer führten. Frauen in blauen und weißen Gewändern, die viele Armreife trugen, wuschen dort geräuschvoll Stapel von Wäsche. Vorsichtig bewegten wir uns an ihnen vorbei und lösten, eigentlich ohne ersichtlichen Grund, sogleich Kaskaden silbernen Gelächters aus. Die Vegetation, die am Ufer recht üppig gewesen war, wurde spärlicher; es wurde nun schwierig, sich gegen den warmen Wind zu schützen. Ein kleines, ganz aus Lehmziegeln erbautes Dorf mit

seinem vielfältigen Leben tat sich vor uns auf. Männer und Frauen
kehrten von den in Ufernähe gelegenen Feldern zurück, und bald
umgab uns eine Schar von Kindern. Der Bruder, der die Leitung
unserer Gruppe übernommen hatte, meinte, wir sollten dem dumpfen Lärm einer in der Ferne erklingenden Trommel folgen. Der
Weg führte durch ein Dattelpalmenwäldchen, und da wir uns nun
doch wieder beträchtlich vom Dorf entfernten, verließen die
Kinder uns allmählich; der sich verengende Pfad verlief getreulich
neben den Windungen eines kleinen Bächleins und endete schließlich auf einem ockerfarbenen Hügel, den die letzten Strahlen der
untergehenden Sonne in rötliches Licht tauchten. Dort erhob sich
schwer und majestätisch ein mittelgroßer Tempel, seine Bauweise
war uns völlig neu. Er schien mit dem Boden verwachsen zu sein
und nach hinten tief in die steil abfallende Felswand zu reichen.
Es war, als hätte der Meißel eines riesigen Bildhauers ihn von
Gestein und Erdreich befreit. Dem eigentlichen Eingang vorgelagert
war ein weiter Hof, der auf zwei Seiten von starken, mit Säulen
flankierten Mauern geschützt wurde. Ein halbes Dutzend Männer
mit glattrasiertem Schädel und einfachem weißen Schurz, wahrscheinlich Priester, gingen in ihm umher. Sie trugen Fackeln in der
Hand, und nachdem sie in jedem der zwischen den Säulen aufgestellten flachen Becken ein helles Feuer entzündet hatten, sprachen
wir sie an. Wir mussten das Griechische verwenden, und uns wurde
klar, dass die Kenntnis dieser Sprache sicher einer der Gründe für
unsere Wahl gewesen war. Die Priester erwiesen sich als sehr
höflich, aber misstrauisch. Bevor wir irgendeine Auskunft erhielten,
mussten wir unsere Zugehörigkeit zur Bruderschaft nachweisen.
Zahlreiche präzise Fragen wurden uns gestellt – unter anderem die
nach der Bedeutung der in die Säulen eingeschnittenen Hieroglyphen. Die meisten waren uns vertraut, denn die Wände eines
Betsaid waren oft mit ihnen geschmückt. Wir erfuhren schließlich,
dass der vorgesehene große Rat erst am übernächsten Tag stattfinden sollte, weil noch sehr viele Brüder erwartet wurden. Für die
Mahlzeiten war gesorgt, sie konnten in den Vorräumen des Tempels

eingenommen werden; schlafen mussten wir jedoch im Freien, auf zwischen den Säulen ausgebreiteten Matten.

Als wir wieder unter uns waren, spürten wir alle eine Woge der Wärme. Lag es am Ort, an der Freude, Brüdern von allen Küsten des Mittelmeeres zu begegnen? Die einbrechende Dunkelheit versammelte uns bei einer einfachen Suppe um ein knisterndes Kohlebecken. Männer und Frauen griechischer Abstammung traten zu uns; ihre wohlklingenden Stimmen und ein gewisses Etwas in ihren Blicken öffneten sofort unser Herz. Bald begann die Unterhaltung, und einer von ihnen, der viel im Land der roten Erde umhergereist war, fing an, von ihm und seiner heiligen Architektur zu sprechen. Als jemand sich über den Namen des Landes wunderte, gab er dafür eine lange Erklärung.

Nein, Bruder, dieser Name hat mit der warmglühenden Farbe des Bodens nichts zu tun. Er rührt von einer sehr alten Geschichte her, die du bereits kennst. Hast du den großen versunkenen Kontinent vergessen, von dem unser Volk in gerader Linie abstammt? Die Menschen dieses Landes besaßen eine kupferfarbene Haut und wurden deshalb von den anderen ›rote Menschen‹ genannt. Als der Augenblick ihres Sturzes näherkam, verpflanzten sie ihre Zivilisation in das Land, in dem wir uns jetzt befinden. Ganze Stämme der edelsten von ihnen suchten hier Zuflucht und steuerten damit das Feuer ihrer Seele und ihres Blutes bei. Zur Erinnerung an sie und ihren Vorfahren Admah hat die Bruderschaft diese Bezeichnung übernommen. Aber ihr wisst, Brüder, dass jede Benennung mehrere Gesichter aufweist. Rot ist auch die Farbe des Rubins, und das Pulver eines gewissen Rubins besitzt seit alters her die Fähigkeit, Seelen und Körper vollständig zu verwandeln, mineralische, pflanzliche und auch menschliche ...

Während der Bruder sprach, kamen mir Sätze ins Gedächtnis, die ich früher bereits im Karmel gehört hatte. Sie stammten von einem unserer Lehrer, einem Mann mit aquamarinblauen Augen: »Dieses Land gleicht einem pulsierenden Rubin, aus seinen Schmelztiegeln ist, ebenso wie aus denen unseres Galiläa, schon immer die edelste Kraft entsprungen. Dort bauen sie die größten Tempel so, wie die Natur die Pflanzen wachsen lässt: ausgewogen, rhythmisch. Nicht durch rohen Willen, sondern durch Inspiration.

So hat eine symbolische Saat die heiligen Böden seit langem vorbereitet. Die Priester haben Holzkohle, Salze, Harze und viele andere Substanzen auf ihnen verstreut. Ein Tempel ist ein sich entwickelndes Geschöpf, eine Pflanze, die der lebendigen Kraft bedarf, um sich rhythmisch und wiederholt zu entfalten. Das Geheimnis der großen Bruderschaft dieses Volkes ist in jenen Bauwerken enthalten; sie gründen sich allein auf das Wissen um die Kraft des Todes, aus der die Kraft allen Lebens erwächst. Vergesst dies nie, das Geheimnis liegt tiefer, als es scheinen mag. Ihr müsst euch wieder und wieder mit ihm beschäftigen und es zu verinnerlichen suchen.«

Schließlich umhüllte uns die Nacht, und die Unterhaltung erlosch ebenso wie die Glut des Feuers. Wieder rollten wir uns in unsere Mäntel ein, denn die Luft wurde plötzlich sehr kühl. Den folgenden Tag verbrachten wir mit weiteren Gesprächen, außerdem studierten wir die Malereien und die Anlage der uns bis jetzt zugänglichen Säle des Tempels. Ein Priester mit imposantem blaugoldenem Brustschmuck bestätigte die am Vorabend gewonnenen Erkenntnisse. Der Tempel lebte vom Leben der scheinbar unbeweglichen Formen.

Sein Boden war sorgfältig vorbereitet, seine Ausrichtung genau überlegt. Dies hatte mystische, aber auch praktische Gründe. Die Architekten hatten mit den von der Sonne ausgehenden Strahlungen gearbeitet und diese zur jeweiligen Orientierung eines Raumes in Beziehung gesetzt. jeder Saal des Tempels erreichte seine volle Wirkung nur bei einem ganz bestimmten Sonnenstand. Manche waren sogar in der Lage, die heute als ultraviolett und infrarot bekannten Strahlungen zu verstärken. Aber nicht nur die präzise Ausrichtung war für die Wirkung entscheidend. Die Form der Säle, Stärke und Dichte der Steine waren ebenso ausschlaggebend.

Während wir so von Raum zu Raum gingen, hatte ich das immer deutlichere Gefühl, von einer Vielzahl von Strahlen durchdrungen zu werden. Jeder Saal mit seinen Fresken, seinen Reliefs schien im Übrigen ein ihm eigenes Licht zu erzeugen: es schimmerte zunächst smaragdgrün, dann rubinrot und schließlich violett wie Amethyst. Es war, als wolle die Flut der intensiven Schwingungen auch die erstarrten Flachreliefs und ihre priesterlichen Figuren in Bewegung versetzen. Befanden wir uns nicht in einem Schiff der Sonne, das Einblick erlaubte in das feinste Räderwerk des Lebens? Der Satz auf dem Giebel des Tempels sprach für sich: »Betrachte dein Abbild ... «

Endlich kam die Stunde des großen Rates. Dem Anlass entsprechend hatten wir unsere weißen Gewänder angelegt und bewegten uns nun in kleinen Gruppen zu einem großen, rechteckigen Saal im Inneren des Felsens. Es handelte sich um einen Raum mit einer Reihe leicht bauchiger Säulen und selten schönen Wänden: Die ockerfarbene Bemalung zeigte Szenen aus dem Leben des Horus und schimmerte von Gold und Lapislazuli. Was für ein Gegensatz zur nüchternen Schmucklosigkeit des Karmel! Es waren zwei unterschiedliche Möglichkeiten, dieselbe große Sonne zu erkennen, zwei verschiedene, aber zweifellos komplementäre Arten, das innere Feuer zu leben. Die Blumen des Geistes und jene des Herzens sind sicher nie schöner zusammengestellt worden als in dieser Kultur. Uns offenbarte sich ein Weg, der zweifach erschien und dennoch eine Einheit bildete.

Als wir uns auf dem Boden niederließen, waren Hunderte von Brüdern schon da, einige trugen das blaue Gewand. Während in einer Ecke des durch hohe Öffnungen erhellten Saales eine Gruppe reichgekleideter, weihrauchumhüllter Priester mit lauter Stimme betete, stellte sich allmählich eine belebende Stille ein. Auf zwölf Sitzen uns gegenüber nahmen zwölf Männer Platz, deren Erscheinung außergewöhnlich war. Ihre strahlenden Auren faszinierten mich. Noch nie hatte ich solche Harmonie in Weiß, Gold und Violett gesehen. Mir kam sofort der Gedanke, dass wir uns vor dem Hohen Rat der Bruderschaft befinden mussten. Sie waren also tatsächlich zwölf, ganz so, wie die bislang nicht nachprüfbaren

Berichte immer behauptet hatten! Miriam und ich warfen uns einen bedeutungsvollen Blick zu. Ein paar Augenblicke lang durchlief die Versammlung ein Schauder; die Kraft eines frischen Atems stieg aus dem Boden und bewegte sich wellenförmig unsere Wirbelsäulen hinauf. Unser Innerstes, aber auch die Atmosphäre des Raumes waren sofort verändert. Der Grund war uns klar: wir wussten, dass die Anwesenheit eines einzigen Wesens des Friedens in einer Versammlung genügte, um in jedem ihrer Mitglieder eine heilige Kraft zu wecken. So erklomm die dreifache Schlange in unserer Wirbelsäule mit prickelnder Langsamkeit die verschiedenen Stufen unseres Bewusstseins, und nach kurzer Stille befanden wir uns alle in einem außergewöhnlichen Zustand der Empfangsbereitschaft.

Eins der zwölf Wesen erhob sich nun von seinem Sitz. Es war ein jung aussehender Mann mit ausgesprochen aufrechter Haltung und einem weißen, sorgfältig plissierten Gewand aus sehr feinem Stoff; die langen blonden Haare fielen in regelmäßigen Locken auf die Schultern. Jeglicher Zierrat, mit dem ein Hohepriester oder ein anderer Verantwortlicher sich hätte schmücken können, fehlte. Er besaß die Einfachheit des wahren Adels, sein einziges offizielles Abzeichen war ein Hirtenstab, auf dem sieben Edelsteine in verschiedenen Formen und Farben funkelten. Lange Spiralen blauen Lichts gingen von ihm aus wie ein Strom der Liebe.

Einen Moment lang war ich überzeugt, dass er mir direkt in die Augen sah, aber später erfuhr ich, dass jeder von uns das gleiche Gefühl gehabt hatte.

Meine Brüder, sagte er schließlich und führte dabei die rechte Hand zum Herzen, vor euch stehen die Nachfahren derer, die seit dem Lande von Atl die Tradition bewahrt und behütet haben. Sie sind hier an meiner Seite. Es waren elf, die vor zehntausend Jahren kamen, und elf sind es immer noch, die mit mir, dem letzten Abgesandten der Priester des Aton, unermüdlich arbeiten. Wir haben uns entschlossen, diesen bislang einzigartigen Rat abzuhalten, weil etwas unendlich Erhabenes sich auf der Erde vorbereitet. Die Stunde ist nahe, in der sie die Flamme der

Großen Sonne empfangen wird, diese wird das Rad der Vergangenheit wandeln und den Verlauf ihrer Zukunft bestimmen. Was ich gesagt habe, ist schon viel; jeder wird verstanden haben, dass sich uns das Wort des Geistes naht. Aber sicher wusstet ihr dies schon, denn die Herzen, die gelernt haben, der Stille zu lauschen, kennen die pulsierenden Rhythmen des Universums und zählen die Epochen des Kosmos ... Wir haben euch aus zwei ganz bestimmten Gründen hier versammelt: zum einen, damit ihr euch besser erkennt, wenn der Augenblick gekommen ist ... Die Augen der Seele bedürfen manchmal der Augen des Körpers ... Zum anderen aber wollen wir euch warnen! Seit langem befindet sich die Menschheit in einer Phase der Involution, das heißt des Abstiegs in die Materie. Sie entwickelt ihre brutalsten und egoistischsten Instinkte; die Suche nach der Gottheit jedoch führt notwendig über die Schwächung und Beherrschung der niederen Kräfte. So haben unsere Brüder von den anderen Welten den infamsten Kräften erlaubt, den Fuß auf unsere Erde zu setzen. Sie haben ihnen Spielraum gelassen, damit der Mensch lernt, seinen freien Willen zu entdecken und zu gebrauchen. Dies geht bis zu einem gewissen Punkt, nicht weiter! Die kommenden Jahre werden entscheidend sein, dies wissen auch unsere Brüder im schwarzen Gewand, und schon jetzt schicken sie sich an, ihr Treiben zu verstärken. Einige von ihnen haben sich bei uns inkarniert, um Unordnung, Hass und Zweifel zu säen. Einige haben sich inkarniert, und ich versichere euch, dass es sogar hier und jetzt, in dieser Versammlung, welche gibt.

Dieser bewusst langsam ausgesprochene letzte Satz wirkte wie ein Schock, und ein dunkles Murren wogte durch die Versammlung.

Beruhigt euch, Brüder! Haben wir so wenig Liebe, dass für niemanden ein Platz an unserem Tische ist? Beruhigt euch, denn ich habe gesagt ›schwarze Brüder‹; ebenso wie wir sind sie Söhne des Aton und wirken, ohne es zu wissen, an unserer Seite für ihn. Ohne es zu wissen, schmieden sie für uns die Waffe, mit der wir unsere eigenen Schwächen entdecken; sie zeigen uns die Dunkelheit, damit das Licht umso leuchtender aufflammt.

Brüder der schwarzen Kraft, die ihr mich hört, das Folgende sage ich ohne Ironie, Bosheit oder Berechnung: Ihr arbeitet nicht für das, was man das Böse nennt. Das kleinste Atom ist durchdrungen von absoluter Liebe, während der absolute Hass sich selbst verneint und keinen Bestand hat. Was ist der Hass? Doch nur Liebe, die sich gegen den Vater aufgelehnt hat. In Wahrheit trägt er das Antlitz der Liebe, das lediglich durch eine Maske verdeckt wird. Er entsteht durch die Liebe, ohne die es keinen Zusammenhalt gäbe, aber es ist die Liebe zu sich selbst. Nun, Brüder der dunklen Kraft, die ihr mich hört, die Teilchen eurer Körper haben sich zusammengeschlossen durch die Kraft der Liebe des Großen Aton. Sie ist in euch und außerhalb von euch, und ohne sie würdet ihr zerspringen und an den äußersten Grenzen des Universums endlos kreisen. Die Liebe ist die einzige Kraft des Zusammenhalts, der einzige Grund für alles ... Ihre Schöpfung ist ewig!

Plötzlich ertönte der dumpfe Lärm eines fallenden Gegenstandes. Eine Bewegung ging durch die Versammlung. Ganz dort hinten, am anderen Ende des großen Saales, waren, halb verhüllt vom Weihrauchdunst, ungefähr zehn Männer überstürzt aufgestanden. Ein paar Schritte von ihnen entfernt floh ein weißgekleideter Mann, der in seiner Ungeschicklichkeit die anderen Brüder anstieß. Durch seinen hastigen Aufbruch hatte er eines der Becken umgeworfen, in denen das heilige Harz auf glühenden Kohlen schmolz.

Glücklicherweise schien niemand verletzt, und es wurde wieder ruhig. Niemand sprach, aber in der Stille seines Herzens hatte jeder verstanden. Mit der Wahrheit verhält es sich so wie mit jeder Kraft: manchmal ist sie so mächtig, dass nicht alle Ohren sie ertragen können.

Ein Wesen hatte sich demaskiert, besiegt nicht durch ein anderes Wesen, sondern durch sich selbst, durch seine Unfähigkeit, eine gewisse Luft zu atmen.

Der Bruder mit den blonden Haaren hatte sich unterdessen gesetzt. In einer uns unbekannten Sprache stimmten die Priester einen sehr tiefen Gesang mit rhythmisch skandierten Silben an, der zur Sammlung zwang, dazu wurde ein riesiger Gong geschlagen. Die Gruppe der Priester schritt dann durch die Menge und sprengte Tropfen geweihten Wassers nach links und rechts. In der Bruderschaft war es Brauch, in einem solchen Fall den Kopf zu senken und die Hände vor der Brust zu kreuzen. Schließlich erhob sich ein anderer der zwölf Brüder, der mir durch sein sonnenverbranntes Gesicht auffiel, und bat jede der anwesenden Gruppen, still in der eigenen Sprache zu beten. Es ist schwer zu beschreiben, was in den nun folgenden langen Augenblicken geschah, aber Miriam und ich hatten das klare Gefühl, dass sich in der uns umgebenden Atmosphäre eine Kraft aufbaute. Wir schufen ein harmonisch sich verbindendes Gedankennetz, das einem logischen Schema folgte. Wir webten ein riesiges ätherisches Zelt, eine Leinwand, auf der unsere reinsten Gedankenformen sich nacheinander einprägten.

Man hatte uns diese alte Technik bereits im Karmel gelehrt, aber sie war in den Mysterienschulen Griechenlands ebenso bekannt wie in der stillen Höhle eines Einsiedlers ... Wir alle kannten die Macht eines solchen ätherischen Schleiers, jede seiner Gedankenformen besaß die Reinheit eines goldenen Fadens und ließ schnell ein Egregore des Friedens entstehen. Eine solche Kraft, die von Herz und Geist zugleich kam, konnte letztlich sogar die Struktur der Materie verändern und die sendenden und empfangenden Körper umwandeln. Sie konnte zum Eckstein einer neuen Welt werden, zum erneuernden Rubin der gesamten Menschheit. Hatte der alte Zerah uns nicht früher, als wir noch über die Mauer der Dorfumfriedung sprangen, gesagt, sie sei die verwandelnde Technik schlechthin? Seine kurzen, klaren Worte besitzen noch heute die gleiche Wahrheit.

»Wenn ein Drittel der Menschen gleichzeitig und willentlich gleichartige Ideen des Friedens und der bedingungslosen Liebe aussendet, wird die Struktur der Materie dauerhaft verändert.«

Denn der Zustand des Bewusstseins bestimmt den Zustand der Materie ... Diese einfache, aber so schwer verständliche Wahrheit ist ein kleiner Schlüssel, der sanft viele für verrostet gehaltene Schlösser öffnet!

So verbreitete sich in der lebendigen, von Weihrauchwolken umhüllten Stille eine Welle von Licht wie eine Woge und brandete aus einem unzugänglichen Universum an die geschlossenen Herzen. Aus der Welle entstand eine Form, ein Wesen, ein in Licht gekleideter Mann, dessen unbeflecktes Gewand war wie die Strahlen des Mondes. Er war hochgewachsen und von ebenmäßiger Gestalt, wie die meisten von uns trug er einen Bart und lange Haare. Ein azurblauer Schein blieb hinter ihm, als er mit einigen Schritten vor die zwölf Brüder trat, deren Augen sich geschlossen hatten. Obwohl er nicht lange bei uns blieb und seine Lippen sich nicht bewegten, säte er in unsere Seelen Worte, die wir deutlich vernahmen.

Brüder, empfanget unseren Frieden, den Frieden der Seelen unserer Welt und den Frieden des EINEN.

Jeder Kern enthält seinen Kern ... bis ins Unendliche. Schränkt eure Begierden ein, damit ihr wirken könnt, wie es von euch verlangt wird. Denn dann werdet ihr die Peripherie im Kreis der scheinbaren Dinge verlassen und den zentralen Punkt erreichen, an dem die Ursachen geschaffen werden.

Bewahrt diese Worte in euren Herzen und wisst, dass die Brüder von den Sternen, die seit dem Aufblühen des Lebens ihre Wohnstatt im Schoße eurer Erde gewählt haben, euch für die im Sinne des EINEN unternommene Aufgabe danken. Ich bin Bruder M., und mein Geist wird eure Schritte begleiten bis zu ihrer völligen Erfüllung ...

Nach einem kurzen Lächeln war der Meister des Lichts verschwunden; das knisternde Leben der Atmosphäre zeigte jedoch, dass er unsichtbar weiter anwesend war.

Es dauerte lange, bis wir es wagten, unsere Gliedmaßen zu bewegen oder auch nur zu blinzeln. Es gibt Augenblicke, in denen die kleinste Bewegung vollkommenes Glück zerstören kann! An jenem Tag hatten wir keine Wünsche mehr ... Unsere Augen und Herzen hatten zu viel erhalten.

Die Zukunft zeichnete sich nun mit größerer Deutlichkeit ab; es war, als ob in unseren Adern eine neue Energie zirkulierte ... Wir trennten uns, während ein Priester die Trommel schlug.

Dies war die erste Versammlung des Großen Rates der Brüder in jener Zeit. Die folgenden Tage, von denen uns nur ein paar Erinnerungsfetzen geblieben sind, vergingen mit Gebeten, Meditationen und Beratungen.

Uns wurden nur wenige Lehren erteilt, aber wir spürten, dass irgendetwas oder irgendjemand uns unerschütterliche Kraft eingab. Ich erinnere mich noch, dass wir alle ein strahlendes Wasser tranken, das den Priestern den Reinheitsgrad unserer Auren zeigen sollte, diese Priester lehrten uns dementsprechend die Erkennungszeichen, die wir in den entscheidenden Tagen benutzen sollten. Jeder war sich der Bedeutsamkeit dieses Vorgangs bewusst und öffnete gern seine Seele. Als wir zehn Tage später wieder zum Ufer des Nil gelangten, hatten wir alle verstanden, dass die Gefahr mitten unter uns war. Naiverweise hatten wir immer geglaubt, ein weißes Gewand könne kein schwarzes Herz verbergen!

Zu Füßen des stillen Wächters

Als wir den Nil erreichten, brach gerade die Morgendämmerung an, und die Luft war angenehm kühl. Das blaue Licht des aufziehenden Tages spielte voller Anmut mit den Lotosblüten, die aus dem Wasser auftauchten. Um zu unserem kleinen Boot zu gelangen, das von Papyrusstauden und Wasserpflanzen fast ganz verdeckt wurde, mussten wir bis zu den Knien ins Wasser steigen und vertrieben dabei ganze Familien von Enten von ihren Schlafplätzen. Nur ein paar Kraniche, die den Schlamm durchwühlten, ließen sich von unserer Ankunft nicht stören. Stundenlang fuhren wir in unserem schmalen, zerbrechlich wirkenden Boot den Fluss entlang. Miriam und ich genossen jeden Augenblick dieses Schauspiels umso mehr, als die Hitze noch erträglich war. Wir entdeckten das geheime Leben des Flusses und überraschten sogar ein paar im Schilf versteckte Fellachen, die mit dem Netz in der Hand auf Vogelfang waren. Wir waren begeistert, aber es war auch Vorsicht angebracht. Angesichts der still das Wasser durchpflügenden Krokodile wollten wir ein Kentern unseres schwerbeladenen Bootes lieber nicht riskieren.

Als an einer bestimmten Stelle die Vegetation spärlicher wurde, gingen wir wieder an Land. Den Anweisungen des die Expedition leitenden Bruders folgend, entfernten wir uns vom Ufer. Über schmale, deichartige Wege aus festgetretener Erde, die die halb mit Wasser bedeckten Pflanzungen unterteilten, erreichten wir schließlich ein Dorf, dann ein zweites und drittes – armselige Ansammlungen von quaderförmigen Behausungen aus gebranntem Lehm, in denen bereits ein reges Treiben herrschte. Die Hitze wurde nun wieder erdrückend. Neugierig wurden wir betrachtet, und unser einziger Kontakt mit den Einheimischen beschränkte sich auf ein Lächeln, als wir an einem zweifelhaften Brunnen um Wasser baten. Bald gab es nur noch Sand, eine scheinbar endlose Wüste, die unter dem hitzeflirrenden Himmel glühte.

Auf einer kleinen, felsigen Anhöhe entdeckten unsere Augen schließlich das, was sie suchten: ein paar undeutlich zu erkennende, weiß schimmernde Silhouetten; links von uns zog scheinbar unwandelbar der Fluss dahin, und wir wunderten uns nur, wie gering die zurückgelegte Strecke eigentlich war ... Die vor uns liegenden Gebäude waren uns durch die sagenumwobenen Erzählungen der Brüder seit unserer frühesten Kindheit bekannt: es waren die Pyramiden unserer roten Vorfahren.

Wir wussten, dass jetzt, da viele Seelen sich darauf vorbereiteten zu handeln, dort regelmäßig Zeremonien stattfanden, und da wir außerdem wichtige Kontakte aufnehmen sollten, baten wir in ein paar nahe gelegenen Hütten um Obdach und warteten auf den Einbruch der Nacht. Entgegen unserer Vermutung waren die Bewohner der sich in eine Bodenwelle schmiegenden Lehmziegelbauten keine Einheimischen, die hellere Hautfarbe deutete es bereits an. Nach einem kurzen Blick wurden auf beiden Seiten die Arme vor der Brust gekreuzt. Die Brüder gaben sich als griechische Ärzte zu erkennen, als Mitglieder der Bruderschaft und Angehörige des ehemals bekannten Äskulap-Tempels[59]. Zur Erinnerung an die früher dort vollzogenen Rituale und zum Zeichen für das sich ankündigende

---

[59] *Diese in den Techniken der Geistheilung eingeweihten Ärzte gehörten zum berühmten Stand der »Therapeuten«.*

große kosmische Werk unterhielten sie zusammen mit einem alten Aton-Priester ein nie erlöschendes Feuer. Dieser Priester war ein kleiner, durchgeistigt wirkender Greis, dessen gütige Augen schalkhaft blitzten. Seine erste Sorge war, uns zum Fuße der Pyramiden zu führen. Angesichts der wie von Titanenhand hingeworfenen massigen Bauwerke fühlten wir uns klein, so klein ... Ihre Oberfläche war stellenweise mit großen Kalkplatten bedeckt, und die zurückgeworfenen Sonnenstrahlen verbrannten uns die Augen. Seltsame Erregung ergriff uns. Es war, als würden unsere Herzen diesen Anblick kennen, als hätten sie vor Zeiten hier schon geschlagen ... Wir umarmten den Boden, bevor wir die gewaltigen Steinstufen gleichenden jahrtausendealten Bauwerke näher betrachteten.

Zu Füßen des größten Gebäudes hatten ein Nomade und seine Familie ihr Zeltlager errichtet. Der Priester versicherte uns, dass es sich um einen gebildeten Mann handelte, der zwar nicht zur Bruderschaft gehörte, aber doch ein altes Wissen besaß. Er hatte geschworen, allein an diesem Ort zu leben, an dem, wie er sagte, eines Tages ein großer Abgesandter des Vaters erscheinen würde. Wenn er ihn gesehen hätte, wäre sein Leben nicht umsonst gewesen.

Unsere Füße zogen uns zur Sphinx; obwohl die Winde der Wüste sie schon teilweise zerstört hatten, war ihre Majestät immer noch imponierend. Ich war glücklich. Wie oft waren nicht früher, als ich noch das Gewand eines kleinen Mönchs trug, meine Gedanken zu diesem Sinnbild des kommenden Menschen geflogen, des einzigen Menschen, der jemals war? Man hatte uns gelehrt, dass die Sphinx das Symbol des Menschen war, den die Überwindung der vier Grundelemente erleuchtet hatte, der unempfindlich geworden war für die Illusionen, in denen der Verstand sich wiegt. Sie war das Abbild des *Menschen*, der, um zu einem solchen zu werden, über das Menschliche hinausgegangen war.

»Wir müssen wissen, sagten die Brüder im Karmel, dass es zwei Arten gibt, unmenschlich zu sein: die eine ist die der rohen Bestie, die den Begierden ihres schuppenbewehrten Ego folgt; die zweite ist die eines Meisters des Lichts, der durch zahlreiche Existenzen des Handelns und Überlegens den wahren Sinn von Gut und Böse verstanden hat. Wer den Zweck dieser beiden Konzepte begriffen hat und sich nicht von der vorübergehenden Moral einer Epoche oder eines Körpers missbrauchen lässt, ist wirklich weise. Der Kosmos besitzt keine Moral, er kennt nur Liebe ... Das genügt, denn das ist alles. Wer erkannt hat, dass es nur Licht und fehlendes Licht gibt, der kann im erhabensten Sinn des Wortes *handeln*.«

Diese Sätze wirbelten durch meinen Geist, während wir uns im brennend heißen Sand mühsam vorwärts kämpften ...

Bald standen wir zu Füßen des gewaltigen Menschen mit dem katzenartigen Blick. Wir begaben uns sofort zu den vorderen Gliedmaßen, zwischen denen ein von zwei hohen Mauern umschlossener Hof lag. An seinem Ende, fast an der Brust des symbolischen Wesens, stand ein kleiner, roh gearbeiteter Altar, der von zwei Säulen flankiert wurde: sie repräsentierten das Licht und den Mangel an Licht[60].

Weiter gingen wir vorerst nicht. Wir wollten die Nacht abwarten, und da wir das Bedürfnis verspürten, uns zu sammeln, zogen wir uns in die Lehmhütten zurück. Mit Einbruch der kalten, pechschwarzen Dunkelheit entfaltete sich in dem kleinen Weiler ein geheimes Leben. Weiße Schatten glitten die Mauern entlang; das Licht einer Fackel zerriss die Finsternis der Wüste, eine zweite, dritte und vierte folgten. Bald hatte sich eine ganze Schar von Menschen mit wachem Blick eingefunden, die von derselben Glut, demselben Wunsch beseelt waren. Ein paar Kamele schnaubten in der Dunkelheit, leises Glockenklingeln klang durch die Nacht, und ab und zu hörte man das Stapfen nackter Füße im Wüstensand. Spontan umarmte jeder seinen Nächsten – so, als wäre diese Spontaneität das reinste Zeichen des gegenseitigen Erkennens. Denn zwischen den riesigen Wächtern aus Stein hatte sich eine Familie zusammengefunden, eine wahre Familie, die über Konventionen und Bindungen des

---

[60] *Eine andere Version von Jachin und Boas (den beiden Säulen, die sich vor dem Tempel Salomons in Jerusalem befanden), von Ida und Pingala*

Fleisches hinausging. Bald befanden wir uns alle zwischen den Armen der großen Sphinx innerhalb der Mauern der Umfriedung. Alle anwesenden Brüder trugen die lange weiße Tunika. Einer, dessen rechte Hand mit einem großen Lapislazuli-Ring geschmückt war, hob sich jedoch von ihnen ab. Er führte uns in den Hintergrund des Hofes, hinter den Altar. Dort fassten wir uns bei den Händen, bildeten einen Kreis und stimmten einen kurzen Gesang in griechischer Sprache an. Und dann begann der Bruder mit dem blauen Ring, eine unbeschreibliche Kraft zu erzeugen. Sie verschloss uns die Kehle und erreichte ihren Höhepunkt, als er aus den Falten seines Gewandes einen langen Metallstab hervorzog, mit dem er etwas auf den Boden zeichnete, das weder Miriam noch ich erkennen konnten.

Wir standen direkt vor der Brust der großen Sphinx und waren so aufgewühlt, dass wir einen Augenblick das Gefühl hatten, den Boden unter den Füßen zu verlieren. Unsere Körper vibrierten wie nie zuvor ... Nur eine seltsame, von innen aufsteigende Kälte erinnerte mich an die höchste Einweihung, die ich im Karmel empfangen hatte. Eine quadratische Steinplatte schien sich unter dem Sand abzuzeichnen. Die vier Ecken und schließlich die Kanten tauchten mit der Langsamkeit eines Körpers auf, der nach einem langen Schlaf vom Leben angezogen wird. Die Platte verschwand, dann tat sich eine Steintreppe vor uns auf, die geradewegs in den Sand führte – ob in Richtung des Altars oder unter die Sphinx, können wir heute nicht mehr sagen.

Ungefähr dreißig Seelen stiegen über enge, steile Stufen in den Boden hinab. Die Atome unseres Körpers schienen außerhalb der Zeit zu schwingen. Wir erreichten eine kleine Galerie, die aus dem gelben Fels herausgehauen war. Hier herrschte die Stille der Steine, die dem, der zu hören weiß, soviel zu sagen hat ... Nichts erstaunte uns in diesen kostbaren Momenten, wir gingen weiter, ohne uns überhaupt zu fragen, woher das sanfte weiße Licht kam, das den Gang einhüllte. Wir hatten das Gefühl, uns lange Zeit auf einer leicht abschüssigen Strecke zu bewegen. An ihrem Ende verschlug es uns den Atem: Wir standen am Eingang eines großen dreieckigen Saales, der in jungfräulicher Helligkeit erstrahlte.

Wir befinden uns unter der größten Pyramide, sagte leise der Bruder mit dem blauen Ring. Dieser Saal ist eine Art Schleuse, die zu anderen Sälen oben in der Pyramide oder tiefer im Erdinneren führt. Ich sagte Schleuse, denn um sie passieren zu können, müssen die Atome unseres Körpers neu ausgerichtet worden sein. Meine Brüder, wir schwingen hier alle auf einer dem Ätherbereich nahen Ebene, obwohl dieser Ort völlig real ist. Je nach dem Grad eurer Reinheit könnt ihr mit Hilfe dieses Dreiecks die anderen, unterschiedlich geformten Säle betreten, die von einer anderen Strahlung leben und andere Bewusstseinsebenen erfordern. Einer dieser Räume enthält einen Großteil der Kraft, die die Macht der ersten sich auf der Erde entwickelnden Menschheiten ausmachte. Es wäre unnütz, jetzt dorthin zu gehen. Ihr würdet dort Gegenstände und Energien betrachten können, die euer Verstand vielleicht nur unvollkommen erfasst. Mehr als zwei Jahrtausende werden vergehen müssen, bevor ein paar Menschen hoffen dürfen, ein wenig davon zu verstehen. Selbst ich, der ich das Glück hatte, dass ihm ein Zipfel des Schleiers gelüftet wurde, finde nicht die richtigen Worte, um meine Vision adäquat wiederzugeben. Im Namen der Kräfte, die mir auftrugen, die Mitglieder der Bruderschaft hierherzuführen, ist es mir nur erlaubt zu sagen, dass alles, was der Boden unter unseren Füßen verbirgt, von den Sternen zu uns gekommen ist, und zwar durch die Vermittlung der früheren Völker. Es ist ein heiliges Erbe, das die Quintessenz des Wissens unserer Milchstraße enthält. Dieses Erbe ist heilig nicht aufgrund des Dekrets irgendeiner Religion, sondern weil es eine Gabe der Liebe darstellt und zusammenfasst. Denn es bietet das Wissen des Einen, das heißt der Nicht-Dualität von Geist und Materie. Die Erzeugnisse dieses Wissens können nur Geist und Körper, feinstofflich und grobstofflich zugleich sein, anpassungsfähig wirken sie in allen Bereichen. Sie sind die Schöpfungen der Kinder von Mond-Sonne, von Hermes und vielen anderen, die ihre innere Sonne der großen zentralen Sonne übereignet haben. Erinnert das nicht einige von euch an irgendetwas?

Ich spüre, dass manche sich sagen: ›Warum sind wir eigentlich hier, wir lernen nichts, der Bruder drückt sich nicht deutlich aus ... ‹

Täuscht euch nicht, jeder der von mir verwendeten Begriffe besitzt ein doppeltes Gesicht, er wird mir ganz genau vorgegeben. Unsere Anwesenheit hier reinigt uns mehr, als unser kleiner, alles analysierender Verstand vermutet. Die Schwingungen an diesem Ort verwandeln unsere Zellen und prägen ihrem Gedächtnis Bilder des Friedens ein. Möge jeder von uns seine Hüllen ablegen, damit ihm die Augen geöffnet werden!

Während er uns durch den großen Saal führte, fügte der Bruder hinzu, der Ort für die Erbauung der Pyramiden sei in Abhängigkeit von tellurischen Kraftlinien ausgewählt worden, die die Erde in allen Richtungen durchlaufen. Bruchteile einer Sekunde hatte ich den Eindruck, der Saal sei mit unendlich vielen Edelsteinen in den verschiedensten Formen angefüllt. Waren es die Urformen, die Arkanen der Schöpfung? Waren es tatsächlich vorhandene Gegenstände, die unsere unreinen Herzen nicht dauerhaft wahrnehmen konnten? Die Sehnsucht nach einem verlorenen Paradies schnürte mir die Kehle zu, in den Augen Miriams und der anderen Brüder glaubte ich ein ähnliches Gefühl zu erkennen.

Nach einer kurzen Meditation stiegen wir auf die gleiche Weise, in der wir gekommen waren, wieder in den Hof der großen Sphinx hinauf.

Als wir oben angekommen waren, zog der Bruder mit dem Lapislazuli-Ring sich in die Stille einer kleinen Lehmhütte zurück, während ein großer Teil von uns das Bedürfnis verspürte, Gedanken und Eindrücke auszutauschen. Im Wellental einer Düne, nicht weit von der ersterbenden Glut eines Nomadenfeuers, versammelten sich ungefähr fünfzehn von uns, um miteinander zu reden.

Hört zu, Brüder, sagte unvermittelt einer, der sich anscheinend nicht setzen wollte. Ich muss euch etwas sagen, was mich schon lange quält.

Es war ein Mann in unserem Alter mit sehr klaren Augen und dem Blick eines wilden Tieres, dem das Mondlicht einen seltsamen

Glanz verlieh. Von den anderen Brüdern unserer Gruppe unterschied er sich durch einen Mantel aus schlecht versponnener Wolle und unwahrscheinlich lange Haaren.

Hört mir alle zu, denn wir alle hier sind wie Kinder, die den Stock oder den Honig erwarten. Von meiner frühesten Kindheit an haben meine Väter aus dem Geschlecht Essanias die Welt zweigeteilt. Sie sprechen von ihrer Rasse des Lichts und einer anderen, die schwärzer sein soll als Pech. Alles erwarten sie von den Sternen, und leben können sie nur in ihren heiligen Umfriedungen. Sie wollen im Namen des Allerhöchsten lehren und verweigern sich sogar das Recht, seinen Namen außerhalb ihrer Dörfer zu nennen! Aber die ganze Erde ruft nach Vervollkommnung! Gut und Böse unterscheiden sich nicht durch einige zufällige Prinzipien oder das weiße Gewand. Reichen euch ein paar hier und da verteilte Behandlungen aus, um eure Herzen in Ruhe zu wiegen? Man sagt uns, die Stunde naht. Aber was für eine Stunde? Ich weine über die Versprechungen, die man mir macht, über die Moral, zu der man mich verpflichtet … Ich will, dass ihr es wisst!

Johannes …

Durch die Dünen tönte eine sanfte, klare Stimme. Wir wandten den Kopf um und erkannten die hohe weiße Gestalt des Bruders mit dem nachtblauen Ring.

Johannes, fuhr er im selben Tonfall fort, man braucht Menschen wie dich, man braucht Vulkane in allen Ländern der Welt. Die Sonne ruft dich, damit du die Steine der Wüste umdrehst. Sie braucht dein Feuer, aber nimm dich in Acht, dass das Feuer dich nicht verbrennt, wie damals … Du lehnst den Weg der Dualität ab, und du hast Recht, aber pass auf, dass die Bitterkeit, die dich erfüllt, nicht das Gift ebendieser Dualität aus dir sprechen lässt.

Urteile nicht, Johannes, folge deinem Weg, erhebe dich nicht gegen die Väter, die vielleicht selbst nicht klar oder weit genug geschaut haben.

Der Geist des Menschen, der den göttlichen Geist verewigen will, ist oft ungeschickt und verirrt sich in einem primitiven Moralismus …

Die ›Moral‹ von euch allen, die ihr mir zuhört, ist nicht von dieser Welt, sie vergeht nicht mit den Winden, die die Zivilisationen hinwegfegen …

Und du, Johannes … du solltest diese Worte nicht als die eines Priesters verstehen, der dir seine Haltung aufzwingen will. Nimm sie an als die eines alten Freundes, der die Wirrnisse kennt, in denen du dich heute befindest. Ich weiß, nicht weil man es mich im Namen eines Gottes, dessen Schatten unaufhörlich entflieht, gelehrt hat, sondern weil ich selbst so oft gefallen bin und weil mein Herz aus eigener Kraft lernen musste, wie es das Göttliche erreichen kann.

Empöre dich also, wenn deine Seele es wünscht, aber sei dabei nicht stolz, lass deinen Widerstand vielmehr zu deinem Aufstieg beitragen … und dem der anderen, für den du verantwortlich bist, das versichere ich dir!

Johannes, der Bruder mit den überlangen Haaren, begann zu schluchzen. Bevor wir irgendetwas tun konnten, war er schon mit großen Schritten in der Dunkelheit der Dünen verschwunden.

Lasst ihn, meine Brüder, murmelte der Bruder mit dem Ring, sein Wesen ist stark und wird so geformt. Er hat das Herz aller Wüstentiere, die bereit sind, sich zu zerreißen, sobald eine Struktur sie einzwängen will. Sein Blick geht ins Zentrum der Dinge, das sage ich euch!

In dieser Nacht gingen meine Gedanken ebenso wie die von Miriam und vielen anderen zu Johannes. Johannes, der den Blick eines wilden Tieres hatte, das wir uns in der Höhlung eines Felsens, in den Wellentälern einer Düne vorstellten.

Wir dachten an unsere eigenen Zweifel, die wir nicht an die Öffentlichkeit hatten dringen lassen, an die Fragen, die wir nicht zu stellen wagten, an dieses endlose Warten, dessen Absicht wir nur allzu selten erahnten.

Wo war der Friede, den die Brüder, die nicht zu altern schienen, uns versprochen hatten? Wo war der Logos aller Herzen, wo war der, der unsere Verkrustungen entfernen würde?

Sicher würden wir noch lange durch Palästina und Judäa wandern und wieder und wieder die drängenden Aufforderungen der Zeloten ablehnen müssen.

Was würden wir wählen, den Frieden der Menschen oder den Frieden des Namenlosen?

Der kalte Wüstenwind ließ uns bis zum Morgengrauen mit unseren Fragen allein, und als am Himmelszelt Mond-Sonne aufstrahlte, empfing jeder ihr Licht voll ins Herz. Ihr Funkeln war wie das Augenzwinkern derer, die wussten, dass das Große Werk sich erfüllen würde.

Buch II

Die Taufe

Ein heißer Wind hatte uns aus Jericho vertrieben. Nun wanderten wir gen Norden und versuchten, den kaum mehr erkennbaren Spuren der Karawanen zu folgen, die sich zwischen Sand und Fels verloren. Ein wohlhabender Mann namens Alphäus gewährte uns in der alten Stadt gewöhnlich Unterkunft und Verpflegung, und in diesen unruhigen Jahren, in denen der schwere Schritt der römischen Kohorten das Land durchpflügte, war seine Hilfe wertvoll.

Alphäus war mit unserem Volk nicht durch Bande des Blutes, aber sicher durch das Herz verbunden. Er gehörte zu jenen Wesen, die im Laufe eines Lebens immer wieder auftauchen und die, ohne dass man weiß warum, ihre hilfreiche Hand immer in die richtige Richtung ausstrecken.

Es wäre nicht gut, wenn ihr noch einen Tag länger hierbleiben würdet, hatte er uns versichert. Zwei Knechte von mir sind gerade aus Jerusalem zurückgekehrt. Sie haben mir gesagt, in kurzem Abstand folge eine ganze römische Legion, die sich zum Ziel gesetzt habe, die Zeloten hier in der Gegend aufzustöbern. Ihr wisst, wie geschickt einige von ihnen immer versucht haben, euch in den Augen der Römer mit ihren Aktionen in Verbindung zu bringen … Der Ewige allein weiß, warum! Vielleicht wird morgen Blut fließen, es wäre besser, wenn ihr aufbrechen würdet.

Simon hatte die Führung unserer kleinen fünfzehnköpfigen Gruppe von Männern und Frauen übernommen, der auch ich, Miriam, angehörte. Still wiederholte ich noch einmal die letzten Worte unseres Gastgebers, der uns geraten hatte, nach Norden zu gehen, zum Ufer des Jordan.

Sucht dort, hatte er gesagt. Ich kenne dort einen Mann, dessen Rede voller Kraft, Feuer und Begeisterung ist. Ich weiß nicht genau, was er vorhat und wer er zu sein behauptet, aber seine Augen glühen wie Kohlen, er wird euch interessieren. Das Volk sagt, er sei der Beistand des Vaters, der Messias der Schriften, es strömt aus allen Richtungen herbei, um ihn zu sehen.

Diese Worte hatten den Ausschlag gegeben. Wir fürchteten uns nicht vor den Legionen, die trotz der von einigen bereitwillig verbreiteten Gerüchte der Bruderschaft nichts Bestimmtes vorwerfen konnten ... Wir wollten vor allem diesen Mann finden, der wie der Wind seit Monaten seinen Aufenthaltsort änderte. Wer immer aus der Wüste zurückkehrte, schwor, er sei der von den Prophezeiungen verheißene Gesalbte.

Schon lange waren wir nicht mehr in unserem Dorf gewesen; wir waren es müde, auf den Straßen umherzuziehen und nach jedem Aufstand, nach jeder Epidemie die helfenden Retter zu spielen. Sollte unser Auftrag allein darin bestehen? Unsere Begegnung mit den Brüdern von den Sternen war fast unwirklich geworden, und wir kämpften darum, dass die Woge der Hoffnung, die in unsere Herzen gegossen worden war, nicht unter der heißen Sonne Judäas verdunstete.

Unterbrochen nur vom gleichmäßigen Rhythmus der täglichen Waschungen und Gebete, deren inneres Gefüge wir manchmal bereits vergaßen, waren die Jahre dahingegangen. Der Vater Josephs weilte nicht mehr auf dieser Erde, auch die Mutter Simons und meine Eltern schliefen nicht weit vom alten Zerah in irgendeinem Felsen.

Die Sonne stand fast im Zenit, als wir eine Anhöhe über dem Jordan erreichten. Überrascht stellten wir fest, dass an den Ufern des Flusses eine vielköpfige Menge auf dem Boden lagerte. Dumpfes Murmeln stieg von ihr auf, es klang verhalten und ehrfürchtig, wie der rituelle Gesang der Seele eines ganzen Volkes. Ein paar Männer und Frauen waren bis zum Gürtel ins Wasser gestiegen und bahnten sich durch das zarte Grün der Wasserpflanzen einen Weg. Ein nur halb bekleidetes Wesen schien voller Kraft mit ihnen zu sprechen, aber wir konnten seine Worte nicht verstehen.

Wenige Schritte von uns entfernt stand ein Mann in einem langen weißen Gewand. Auch er betrachtete die Szene – wie es schien, mit besonderer Aufmerksamkeit. Als er sich in unsere Richtung wandte, machte mein Herz einen Satz. Ich kannte diesen Blick, dieses längliche Gesicht ... woher nur ... Ich wusste es nicht mehr.

Der Mann grüßte uns mit einem herzlichen Lächeln, tat ein paar Schritte und führte die rechte Hand zum Herzen ... die rechte Hand, die mit einem prachtvollen Lapislazuli-Ring geschmückt war. In diesem Moment war mir alles klar, für den Bruchteil einer Sekunde schloss ich die Augen, und am Fuß einer Pyramide, unterhalb der großen Sphinx, sah ich einen Bruder ... Keine einzige Falte war in diesem Gesicht dazugekommen, es war wie früher, undurchdringlich.

Erkennt ihr mich? sagte er einfach. Ich bin aus dem Geschlecht Manethos, der wichtigste Abschnitt meines Weges endet hier. Kommt näher, folgt mir, dann werdet ihr besser verstehen ... Ich sage euch, bewahrt die folgenden Stunden wie ein Juwel in eurem Herzen. Merkt euch meine Worte, denn es wird eine Zeit kommen, in der das, was ich euch zu sagen habe, und das, was ihr sehen werdet, der Welt offenbart werden muss. Wisst, dass ich einer der sieben Brüder bin, denen die Obhut über die kosmischen Schätze des Roten Landes anvertraut wurde. Am Tag, an dem wir uns in diesem Leben zum ersten Mal trafen, nahm meine endgültige Mission Formen an. Nichts ist dem sogenannten Zufall überlassen! Habt ihr das etwa vergessen?

Die letzten Worte hatte der Bruder halblaut gesprochen und dabei ermutigend gelächelt. Ohne Zögern folgten wir ihm auf dem Pfad, der uns weiter nach unten, zum Ufer hin brachte. Die wimmelnde

Menge, die zahlreicher war, als ich zunächst gedacht hatte, schwankte jetzt zwischen schwungvoller Begeisterung und stiller Sammlung. Von Zeit zu Zeit ertönte ein Schrei, dem beifällige Rufe und freudiges Juchzen folgten, dann wieder wurde es so still, als sei ein Schleier über die Szene gebreitet worden.

Er ist es, er ist es, der Messias ist da! Was wartet ihr?

Und in kleinen Gruppen stürzten Männer und Frauen zum Ufer; andere, demütigere, folgten ihnen mit gesenktem Kopf. Der Urheber des ganzen Tumults stand an einer Stelle, an der der Fluss etwas breiter wurde und das Schilf den Menschen einen Durchgang gewährte, bis zu den Hüften im Wasser. Wir sahen nur seine langen Haare, die in dichten Strähnen auf einen buschigen Bart fielen.

Zu Dutzenden zogen Männer, Frauen und Kinder an ihm vorbei, nachdem er beide Hände auf den Scheitel ihres Kopfes gelegt hatte, tauchte er sie einen Augenblick lang vollständig unter. Leise sprach er auf einzelne ein, unterbrach sich aber regelmäßig, um mit rauer Stimme zu rufen:

Schweigt! Schweigt! Ihr wisst nicht, was ihr sagt! Lasst Stille einkehren in eure Herzen …

Johannes! Johannes! Ein Schrei, Worte drängten aus meiner Brust. Wir waren weiter auf ihn zugegangen, über sitzende oder liegende Körper hinweg … Jetzt sah ich sein Gesicht, ich erkannte es, das Gesicht dieses Bruders, dessen Empörung vor Zeiten den Grund unserer Seelen im Wellental einer Düne berührt hatte. Es war Johannes, der rebellische Bruder, der seinen Weg suchte. Sollte er der Erwartete, der Tröster der Völker, sein?

Ich sah zu Simon hinüber; er war leichenblass und schien völlig verwirrt – sicher stürmten Dutzende von Fragen auf ihn ein. Seit der Nacht, in der Johannes einsam und gequält in der Dunkelheit verschwunden war, waren fast zehn Jahre vergangen. Und jetzt erschien er wieder, umgeben von all dem Feuer, das er so schwer zu lenken wusste und das ihn verzehrte …

Er wollte der Verkünder einer inneren Revolution sein, jetzt ist er es, murmelte Manetho und führte uns zu ihm. Von nun an wird der Mensch sich durch das Wasser läutern, das Wasser wird die Schlacken von ihm nehmen. Wie die Erde, so besitzt auch das Wasser lebengebende Kraft. Es ist die Kraft des Noah, die zweite Einweihung. Sie ist die zweite Geburt derer, die sehen, aber auch ihr erster Tod.

Seit Jahren bereite ich euren Bruder Johannes auf diese höchsten Stunden vor. Ich habe die Fackel des Meisters M. weitergereicht; auch er reinigte einst die Seelen an den Ufern eines großen Sees. Aber das Symbol ist wenig im Vergleich zu den Tatsachen. Ihr wisst dies, meine Brüder von Essania ...

Der Bruder mit dem blauen Ring machte eine lange Pause. Mit angehaltenem Atem folgten wir ihm, wir lebten in der absoluten Gegenwart und zählten die Schritte, die uns von Johannes trennten. Nach einer Weile setzte er seine Erklärungen fort, sie waren wie ein langer Faden, der uns dorthin führte, wo ein Zipfel des Schleiers sich hob.

Erinnert euch, denn ihr wisst, ihr wisst ...

Und der Meister, dem wir in einer Krypta in der Nähe der Sphinx begegnet waren, weckte in uns die alten Kenntnisse. Er erinnerte uns daran, wie wichtig das vollständige Untertauchen bei der Taufe war: Die Ätherflamme konnte so für einen Augenblick, der in einer anderen Welt zur Ewigkeit wurde, den Körper verlassen und einem Lichtwesen erlauben, ihn auf immer zu prägen. Es war das erste Einfließen einer Kraft, die den Neueingeweihten mit dem sich bildenden Egregore des Friedens verband.

Auf diese Weise erbaute Johannes ein riesiges Gedankenzelt, dem Hunderte von Wesen ihre erneuerte Energie hinzufügten. Er legte den ersten sichtbaren Stein.

Schweigt! Schweigt! wiederholte er wieder und wieder, während seine Stimme immer schwächer wurde.

Und der Blick des rebellischen Bruders wurde flehentlich wie der eines Lamms in den Bergen Galiläas ... War es möglich, dass er es war, dass unser Weg den seinen gekreuzt hätte, und wir hätten es gar nicht bemerkt?

Er bereitet den Weg ... sagte unser Führer, der in unseren Herzen las. Betrachtet seine Augen und sucht tausendmal durchdringendere, nur sie gehören Dem, den ihr erwartet.

Der Bruder verschwand hinter einer Gruppe von Menschen, von einem Willen getrieben, der uns zur Stille zwang, bewegten wir uns im Wasser vorwärts.

Als ich Johannes gegenüberstand, traf mein Blick ganz kurz den seinen. Er lächelte, er erinnerte sich. Er sprach kein Wort. Ich schloss die Lider und spürte seine kräftigen Handflächen auf meinem Scheitel ... Mein Körper versank im Wasser, ich ahnte das Plätschern der Wellen auf meinem Rücken, dann nichts mehr ... eine Ewigkeit der Stille. Plötzlicher Schwindel ergriff mich und schleuderte mich in einen weißen Wirbel. Ein paar Ellen unter dem Jordan bestand ich nur noch aus einem Augenpaar, das zwischen zwei Welten schwebte. Ich betrachtete die Menge, Simon, meinen untergetauchten Körper und Johannes, der die Augen geschlossen hatte und an dessen Körper das Wasser herabbrann. Meine Seele hatte ihre Hülle verlassen und erwartete das Aufblitzen des Lichts.

Obwohl das Ganze sicher nur einen Augenblick dauerte, war es doch Teil der Ewigkeit und besaß eine Dimension, die mein Herz emportrug.

»Hier zeigt sich«, hatte Zerah früher gesagt, »das die Zeit eine notwendige Illusion ist, ein Mittel, das gehandhabt werden will ... «

Es war, als spürte ich den Pulsschlag der Menge, mein Blick verlor sich in den Seelen und nahm alle Gedanken auf.

Dann ein Riss, ein flüchtiges Unwohlsein, ein Sturzbach des Glücks. Meine Seele war wieder vom Körper umschlossen. Zwei kräftige Fäuste ergriffen mich und schufen Platz für die nach mir folgenden. Ich wandte mich um, und schon tauchte Simon aus den Fluten auf.

Dann war der kleine Josche an der Reihe, der in unserer Gruppe geboren worden war, dann Esther, Zachäus ... und viele andere, die die Bedeutung der Stunde erkannten.

Während wir weitergingen, um Bruder Manetho wiederzutreffen, fiel uns auf, dass Johannes das weiße Gewand gegen einen Schurz aus grobgeflochtenem Kamelhaar eingetauscht hatte. Wir standen noch unter dem Schock des vergangenen Erlebnisses, und so vermischte sich dieses Detail mit tausend anderen. Erst sehr viel später, als wir, erfüllt von dem Johannes eigenen glühenden Frieden, wieder auf unserer Anhöhe waren und den drängenden Wunsch verspürten, jetzt endlich zu handeln, erinnerten wir uns daran.

Wieso kümmert euch das? sagte der Bruder mit dem Lapislazuli-Ring, der unsere Bemerkung aufgefangen hatte. Was kümmert es euch, wenn einer der euren gekleidet ist wie ein Zauberer der Wüste? Johannes ist allen Strukturen entflohen, weil es für das Herz im Grunde keine gibt. Er verleugnet nicht die Seele einer Rasse, er weigert sich nur, dass die Zeit sie zu einer Form erstarren lässt. Johannes ist der Magier, der die Seelen der wartenden Menge formt. Wie alle, die die verborgenen Kräfte der Natur handhaben, wirkt er auf die Basis des Menschengeschlechts ein: er wandelt seine Ätherkraft. Das Kamelhaar, das die Vitalenergien sammelt, hilft ihm dabei. Er verkündet den Tod des Tieres im Menschen. Wisst, Brüder, dass er das animalische Wesen der anderen auf sich nimmt und versucht, es weit weg von uns in der Stille seiner zurückgezogenen Nächte zu verwandeln. Dies ist das Zeichen eines Meisters, eines Wesens, das die wahre Einweihung verleiht. Ihr werdet bemerkt haben, dass viele von denen, die sich läutern lassen, vor dem Eintauchen laut ihre Verfehlungen bekennen. Johannes hat ihre Fehler in sich aufgenommen und sie mit Hilfe seiner Liebe, die er mit einer bestimmten Technik geschärft hat, zu den seinen gemacht, so befreit er viele Wesen von ihrer schweren Vergangenheit. Er zieht ihr Tierfell an.

Dies ist eine weitere Dimension der wahren Taufe; sie ist kein nichtiger Ritus, sondern eine konkrete, direkte Handlung, die auf Vergangenheit und Zukunft wirkt und die ewige Gegenwart des Wesens unauslöschlich prägt.

Ich habe euch bereits gesagt, dass diese Gabe den wahren Meister auszeichnet ... Es gibt so wenige, die über die Worte hinaus lieben können, so wenige, die Bedingungen und Zweifel aus ihrem Herzen vertrieben haben. Euer Bruder nährt sich nicht von ›Wenn und Aber‹, sondern von ›Ja‹, er nimmt auf, was wir alle einatmen, aber nur allzu selten erkennen ...

An jenem Abend, als wir uns in unsere Mäntel rollten und um ein Feuer dicht aneinandergedrängt endlich einschliefen, waren unsere Herzen voller Freude ...

Manetho wollte, dass wir noch ein paar Tage länger blieben. Die Gründe, die er anführte, wirkten auf uns nicht besonders überzeugend. Er schien etwas zu erwarten, was uns entging, er ahnte das Vorrücken des Schicksals. Wir waren froh über diese fernab von der Betriebsamkeit der Dörfer erlebten Stunden des Friedens und gehorchten ihm gern. Wir hatten so die Möglichkeit, mit anderen Brüdern im weißen Gewand zu sprechen, die wir hier und da in der Menge bemerkt hatten.

Am zweiten Abend entfernte Simon sich plötzlich von unserer Gruppe. Er lief auf eine weiße Gestalt zu, einen Mann, der bereits älter schien. Lange umarmten sie sich. Der mir unbekannte Bruder kam schließlich zu uns und teilte unsere Mahlzeit, wobei er uns nacheinander aus kleinen funkelnden Augen ansah. So machte ich die Bekanntschaft Moschabs, von dem Simon so viel gelernt hatte.

Der alte Mann aus dem Karmel schien glücklich über die Überraschung, die sein Erscheinen uns bereitete. Ausgiebig scherzte er über die Zufälle des Lebens, aber mir war klar, dass seine Anwesenheit etwas Wesentliches verbarg.

Miriam, sagte er einmal, es gibt Zeiten, in denen das Leben der Menschen auf seltsame Weise verknüpft wird, findest du nicht?

Vier Tage blieben wir an den Ufern jenes kleinen Flusses, dessen Name über alle Grenzen hinweg bekannt werden sollte. In diesen vier Tagen sahen wir Gruppen begeisterter Menschen, Mystiker, die sich aus ihren Einsiedeleien in den Bergen herabgewagt hatten, einfache Familien, die den Ruf vernommen hatten, Jugendliche, die vor den Aufständen in den Städten flohen. Hier, in der wüstenähnlichen Landschaft des alten Landes Kanaan, zwischen hitzeglühenden Steinen und Schilf, geschah etwas ... Johannes taufte, sprach voll Feuer von einem kommenden Messias, taufte wieder, verfiel in völlige Stummheit, zog sich zurück, begann wieder zu taufen. Wir wagten nicht, ihn anzusprechen; es war unwichtig. Ich weiß jetzt, dass es unnötige Worte gibt, die alles verderben, weil der Geist sie nicht mit seinem Gold füllen kann. Johannes war zu einem Schrei des Herzens geworden, zu einem lebendigen Gebet, dessen konzentrische Wellen jeden erreichten.

Die Hitze war unerträglich, und die hoch am Himmel leuchtende Sonne schien nichts neben sich bestehen lassen zu wollen, als sich in der Menge eine hohe weiße Gestalt erhob. Es war ein kräftiger Mann, wahrscheinlich einer der unseren. Wir sahen, wie er langsam näher kam und sich einen Weg zum Ufer bahnte. Sein Auftreten war entschlossen und sanft zugleich. Während er vorüberging, schienen die anderen sehr klein zu werden, so, als seien sie gar nicht vorhanden.

Johannes, der gerade wieder zu taufen begann, hielt in seinen Gesten abrupt inne und erstarrte.

Ich aber lief und lief ... Erst als meine Füße kaltes Wasser spürten, blieb ich stehen. Der Bruder mit dem langen Gewand aus weißem Leinen stand bis zu den Schenkeln im Wasser und schien sich mit dem Täufer zu unterhalten. Langsam kreuzte er die Hände vor der Brust; dem alten Ritual entsprechend lag die Rechte über der Linken.

Johannes antwortete auf die gleiche Weise. Die Schreie der Menge verstummten. Einige, die seit mehreren Wochen dort lagerten, waren aufgestanden, um zur Uferböschung zu gehen. Und dann zerriss die Stimme des Täufers einen Schleier, mit leidenschaftlicher Kraft durchdrang sie die Herzen.

Wahrlich, ich sage euch, ich versichere euch vor dem Allerhöchsten, hier ist der Erwartete, der Messias ist da! Zerbrecht eure Ketten und folgt ihm. Für mich ist nun die Stunde gekommen, abzunehmen, hier endet meine Zeit!

Diese Worte dröhnten wie der Donner und wurden von den Felsen tausendfach zurückgeworfen. Der warme Wind trug sie über das Meer der Einsamkeit[61], verbreitete sie über die alten vulkanischen Landstriche und verwandelte die den Kindern Essanias so teuren Gebiete. Wenn die Bilder dieses Augenblicks heute an unseren Herzen vorüberziehen, haben wir nicht das Gefühl, dass zweitausend Jahre vergangen sind ... Es war erst gestern, und noch immer lebt in diesen Worten dieselbe Kraft ...

Dann war es, als ob ein stiller Schrei unsere Herzen durchbohrte. Das Licht wurde vollkommen weiß. Die Sonne zermalmte alles, ihr Wind fegte alles hinweg.

Johannes führte die rituelle Geste aus. Das große weiße Wesen versank im Wasser; als es nach einem kleinen Moment wieder auftauchte, war sein Körper von schimmerndem Licht, von sprühendem Feuer umgeben. In diesen Strahlen schienen einen Augenblick lang leichte weiße Schatten zu flattern. War dies die Projektion der Wünsche unserer Seele, war es Wirklichkeit? Jeder möge den Schüssel finden, der für ihn passt. Unsere Hände können nur das damals Empfundene beschreiben, das die Jahrhunderte über die Zeiten bewahrt haben.

Der große, weißgekleidete Mann ging langsam zum Ufer zurück. Violettes Feuer schien aus seinen Gliedern zu strömen. Die

---

[61] *Das Tote Meer (Anm. d. Üb.)*

Menge wollte auf ihn zustürzen, er aber blieb abrupt stehen und gebot so der Begeisterung Einhalt ... Wieder sahen wir, wie er die Hände vor der Brust kreuzte. Schließlich verließ er schweigend das Wasser. Ein Weg tat sich vor ihm auf, geboren aus Scheu, aber auch Achtung. Seine Gestalt sprach für sich selbst, jedes weitere Wort wäre überflüssig.

Als er die Anhöhe hinaufgestiegen und schon fast den Blicken entschwunden war, streckten Männer, Frauen und Kinder sich hinter ihm auf dem Sand aus, den sein Fuß berührt hatte. Bald waren nur noch seine langen kastanienfarbenen Haare zu sehen, die sich von den gelben Felsen abhoben. Lediglich zwei oder drei weiße Gestalten folgten ihm.

Durch unsere innere Stille drang eine Stimme:

Worauf wartet ihr? Habt ihr etwa Angst?

Es war Bruder Manetho. Sein halb vorwurfsvoll scheinender Blick war der des glücklichsten aller Wesen. Mehr brauchte es nicht; wir rannten, wir sprangen von Fels zu Fels und versuchten gar nicht erst, die Dornen zu vermeiden.

Bald war das große Wesen mit dem weißen Gewand wieder vor uns. Einige Meter vor uns schritt es gleichmäßig aus und führte von Zeit zu Zeit die Hände zum Gesicht.

Wir waren außer Atem, und der von uns verursachte Lärm brachte es dazu, sich umzudrehen. Diese Sekunde war die schönste, die intensivste von allen ... Sie fasste uns bei den Wurzeln unseres Wesens. Er gab nur noch zwei Augen, zwei unergründlich tiefe Augen, die uns alle entflammten, die jeden einzeln und alle gleichzeitig anblickten. Es dauerte einige Zeit, bis ich die langen Locken seiner Haare bemerkte, in denen noch die Wassertropfen glänzten, und seinen kurzen Bart, aus dem sich ein Lächeln stahl. In diesem Gesicht gab es nichts Unvollkommenes, nur Liebe. Die kleinen Fältchen in den Augenwinkeln schienen zu sagen: »Es ist so einfach.« Aber da war noch mehr, irgendetwas in diesem Gesicht zwang mich, in mich selbst zu schauen. Es weckte unklare Gefühle, es brachte das festgefügte Selbstbild ins Wanken, ich fühlte mich mit einem Mal klein, sehr klein ...

Das Wesen führte beide Hände zum Herzen und sandte uns ein letztes Lächeln, das »Bald, bald« zu sagen schien. Dann setzte es langsam seinen Weg fort.

Rollende Kieselsteine, ein keuchender Atem, Bruder Manetho hatte uns eingeholt und führte uns fort. Seinen Mantel trug er zum Bündel zusammengerollt unter dem Arm, wir begriffen, dass wir an diesem Ort nichts mehr zu suchen hatten.

Ich sah Simon an; er war so bleich wie nie zuvor. Niemand sprach, wie im Traum gingen wir weiter und wagten kaum zu hoffen, dass die Stunde tatsächlich gekommen war ...

Wir waren auf dem Weg nach Betanien. Plötzlich blieb Simon abrupt stehen, er stürzte auf Manetho zu und klammerte sich an seinen Arm. Seine Stimme klang erstickt.

Er ist es, Bruder, nicht wahr, er ist es? Es ist Joseph! Er muss es sein, sonst ...

Er ist es, Simon, er ist es ... Aber einen Joseph gibt es nun nicht mehr. Den Namen Joseph hat er im Karmel endgültig abgelegt. Du weißt es, es ist dir gesagt worden ... Er hat sich dort von seinem Namen, seinen Begrenzungen befreit. Er wurde Jesus ... Jetzt ist er Christus, die Sonne!

Diese Worte tönten wie der zweite Donnerschlag dieses Tages. Wir begannen zu lachen, ein erlösendes, fast irres Lachen, nicht enden wollende Freude brach aus unseren Herzen. Oh, diese Augen, diese Augen! Es waren die Augen des Joseph von damals, die im ganzen Dorf geleuchtet hatten und über die Zerah und viele andere sich mehr als einmal verwundert hatten. Es waren diese Augen, die ich, ohne es zu wissen, gesucht hatte. Seit unserer letzten Begegnung waren Jahre vergangen, aber ich bin sicher, dass er uns sofort erkannt hatte ...

Jetzt kann die Arbeit der Bruderschaft Formen annehmen, erklärte Manetho und stoppte damit unseren Gefühlsüberschwang.

Der Meister muss sich einige Zeit in die Einsamkeit zurückziehen; wenn euer Herz will, könnt ihr euch ihm dann anschließen. Jetzt lasst uns weitergehen; ich möchte euch seine Geschichte erzählen, denn die Brüder von den Sternen haben mich damit beauftragt, sie weiterzugeben.

Und während wir so nach Betanien wanderten, hörten wir einen Bericht, der viele erstaunen wird ...

Die siebzehn Jahre

Wir gingen noch eine Zeit lang die steilen Ufer des Jordan entlang. Unser Blick schweifte über die kahlen Berge Judäas: überall nur Sand und Dornengewächse. Es war einsam und still, wir waren froh darüber und mieden sogar die Gesellschaft einiger Hirten, die mit uns ins Gespräch kommen wollten. Einzig Manetho und sein wunderbarer Bericht interessierten uns, wir nahmen ihn auf wie eine heilige, uns anvertraute Gabe.

Vor kurzer Zeit, begann unser Führer, der kräftig ausschritt, weilte ich noch im Land unseres großen Bruders Thutmosis, der, wie ihr wisst, unsere Bruderschaft fest etablierte. Zusammen mit sechs Gefährten hielt ich mich in der Stadt auf, die Alexandria genannt wird. Die sechs Gefährten hatten eine sehr lange Reise hinter sich. Einer von ihnen kam sogar aus dem Land Asia, was ›Morgenröte‹ bedeutet. Es ist das Land, in dem die Augen der Menschen so klein sind, dass man meint, sie würden nach innen schauen. Der Name dieses Bruders klang so ähnlich wie Mingts. Ein anderer war aus dem großen Land von Ischwar[62] gekommen, ein anderer, Kaspar[63], aus Babylonien, wieder ein anderer

---

[62] *Indien*

[63] *Einer der drei Weisen aus dem Morgenland?*

aus Griechenland; sie alle stammten aus jenen bedeutenden Zentren der Welt, in denen das wahre Denken in den letzten Jahrhunderten eine Zuflucht gefunden hatte. Gemäß den uns von den Sternen gegebenen Anweisungen berieten wir uns sieben Tage lang dreimal täglich. Wir wussten voneinander durch Wege, die der gewöhnliche Mensch nicht kennt. Oft schon hatten unsere Seelen außerhalb der Hüllen des Fleisches miteinander gesprochen, im Land, in dem die Seele mit der Seele kommuniziert und so das zyklische Fortschreiten der Zeitalter erkennt. Wir wussten, dass wir ein Wesen unter uns aufnehmen sollten, dass die Siebenzahl einer sterbenden Zivilisation zur Acht voranbringen würde. Wir wussten auch, dass dieser Mann von einer langen Reise zurückkam, denn wir selbst hatten seinen Weg von Anfang an vorbereitet. Dem Willen der Brüder von Mond-Sonne entsprechend, war es eine Reise von siebzehn Jahren, während der er Gelegenheit hatte, Körper und Seele so weit zu verfeinern, wie es im materiellen Bereich nur möglich ist. Behaltet die Zahl Siebzehn, sie weist ebenfalls auf die Zahl Acht und dem kleinen achtarmigen Stern, den ihr seit jeher in den bescheidensten Behausungen unseres Volkes aufstrahlen seht [64]. Das Wesen, von dem ich spreche, folgte also Stufe für Stufe seinem vom Tierkreis vorgezeichneten Weg. Nicht damit es etwas lernt, was es noch nicht wusste; eine solche Annahme würde alles verfälschen. Sein Herz, seine transzendente Seele wussten bereits seit unendlichen Existenzen ... Wie Isis, die die verstreuten Körperteile ihres toten Gemahls aufliest, sollte es alle Überbleibsel der alten Weisheit sammeln, die der Mensch auf Erden bewahrt hat. Als Auserwählte eines neuen Osiris sollte es den spirituellen ›Leichnam‹ des Lichts aufnehmen, das die alten Weisen von Atl und Ma erleuchtet hatte. Ich meine das auf der Erde hinterlegte Wissen, das die unwissende Menge unter verschiedenen Schattierungen des Aberglaubens begraben hat. Fünfmal hat sich die Farbe dieser Verirrungen bislang geändert; dies entspricht den fünf

---

[64] *In der Zahlenmystik lässt sich die Zahl 17 auf 1 + 7 = 8 zurückführen. (Anm. d. Üb.)*

Zeitaltern unserer Menschheit, die nun bald abgeschlossen sind, und den fünf Rassen, die bis jetzt aufeinander folgten. Ihr wisst, Brüder, dass der große Abgesandte von Mond-Sonne vor Kurzem unter uns weilte. In einem kleinen Dorf, das einige von euch kennen, war er Joseph, unter dem Namen Jesus wurde er im Karmel eingetragen. Nachdem seine Zeit dort abgeschlossen war, brach er zu fernen Ländern auf. Zu siebt empfingen wir ihn im Land der Pharaonen. Mit einem Akazienzweig in der Hand und aller Abtrennung abhold, legte er vor siebzehn Jahren den Mantel des Reisenden an. Zwei Magier der Bruderschaft begleiteten ihn. Sein wichtiges Ziel war das Königreich von Ischwar, das schon immer ein Knotenpunkt der Gedanken gewesen war, ein Tummelplatz der menschlichen Rassen und der auserwählte Schmelztiegel der Menschheit schlechthin. Er war kaum vierzehn Jahre alt, als seine Schritte ihn zu der großen weißen Stadt führten, die Ie-Nagar[65] getauft war, was ›vom Schöpfer herabsteigendes Feuer‹ bedeutet. In jener Stadt lehrte der Hohepriester Lamaas, der gerade nach einer lebensspendenden Synthese der schönsten Blüten des Wissens suchte. Als er den Bruder Jesus auf sich zukommen sah, erkannte er an seinem Blick einen großen Avatar vergangener Zeiten. Er erinnerte sich an den wunderbaren Gesetzgeber des Volkes von Atl und an die Weisheit Zarathustras, die seine Seele in anderen Epochen erfüllt hatte. Es gab ein freudiges Wiedersehen, und Jesus, der ehemalige Meister, akzeptierte es, wieder zum Schüler zu werden, um sein früheres Werk zu transzendieren. Nur die wahren Meister wissen, dass sie immer Schüler bleiben, Brüder; das solltet ihr nie vergessen. Wahre Demut erzeugt keine Erniedrigung ... Jesus hörte die von Gautama hinterlassenen Texte und studierte sie mit Lamaas. So wurde der Schüler wieder zum Meister und legte erneut die feurige Mähne an, die ihm half, in die entlegensten Bereiche vorzudringen. Die Priester dieses Landes, Kinder des Indra, nahmen ihn bei sich auf und lehrten ihn die Worte Krischnas, seine Techniken der Heilung, die Neuordnung der Lebensatome vermittels

---

[65] *Heute die Stadt Puri in Indien*

fluidischer Kräfte und schließlich die Transmutation der Elemente. Merkt euch jetzt folgendes: Indra bedeutete das Himmelsgewölbe, aber auch die Nacht. An seinem Firmament funkelten Edelsteine, Bilder von Kenntnissen, mit denen die Welt und das Wesen gelenkt werden konnten. Aber es gab auch Dunkelheit, die Dunkelheit des alles verschlingenden Dogmas, der starren Einteilung in Kasten. Jesus trennte sich daher von den Priestern und ging zum Volk, um vor ihm vom Namenlosen zu sprechen. Damals war er einundzwanzig Jahre alt. Der Ganges und Varanasi[66] hörten seine ersten aufrüttelnden Worte. Sie fegten die Grenzen hinweg, sie sprühten vor Liebe und Wissen. »Lernt, den Ewigen zu erkennen, verkündeten sie. Tut das Gute nicht nur, weil ihr das Böse fürchtet.«

Teile des Volks wollten sich erheben und die brahmanischen Fesseln abschütteln. Nur Lamaas und ein paar andere hatten verstanden ... Sie wussten auch, dass der Meister noch lerne und dass das Land von Ischwar ihm noch nicht zufallen konnte.

Jesus zog sich daraufhin zurück und vervollkommnete sich in der Kunst, Lautbilder zu schaffen und den Gedanken eine physische Hülle zu geben. Aber er war zu bekannt in diesem Volk, und als ein Priester versuchte, ihm das Leben zu nehmen, begriff er, dass sein Weg woandershin führte. Ja, Brüder, die Erkenntnis durchdringt auch den reinsten Menschen nicht in einem Zug. Das Wesen, das, wenn ihr wollt, von nun an euer Leben lenken wird, war nicht immer so, wie ihr es jetzt kennt. Es ist geworden, was es ist, weil es wusste, dass nichts Wahres, Authentisches einem beim ersten Versuch zufällt. Es wusste, dass es zum Alchimisten seines eigenen Körpers werden musste, wenn es für die anderen das Pulver des Rubin sein wollte. Der Weise versteht den Sinn der Behauptung: ›Es gibt keine Auserwählten.‹ Der Namenlose bietet dem einen nicht mehr als dem anderen an. Nur die früheren Taten und die heutigen Pläne prädestinieren die Wesen. Es gibt keinen glücklichen

---

[66] Benares

Zufall, meine Brüder. Sagt nie: ›Dieser da hat Glück, denn der Vater hat ihn für seine Werke auserwählt.‹ Dieses Glück ist keine göttliche Gnade; jeder hat es sich selbst geschaffen und schafft es noch immer.

Von diesem Gesetz ist keine Hierarchie in dieser oder einer der vielen anderen Welten ausgeschlossen. Jedes Geschöpf war und ist der Architekt seiner vergangenen, gegenwärtigen und zukünftigen Tempel ... Euer Bruder Jesus hat nicht immer gewusst, welche Aufgabe ihm nun genau zufallen würde, oder wo er sie zu erfüllen hätte. Er musste seine Herkunft und seine schlafende Macht erst erkennen, er musste sein Herz für das Ohr der anderen öffnen, bis er versichern konnte: ›Die anderen sind nirgendwo anders zu suchen als in mir selbst. Wenn ich nicht im Geiste eins bin mit ihnen, verfälsche ich das Wort des Vaters.‹ Diese Worte hat der, dem jetzt in Wahrheit der Titel Meister gebührt, in Anwesenheit der Sieben im Königlichen Saal der Großen Pyramide erst vor wenigen Monden ausgesprochen.

Manetho unterbrach seinen Bericht eine Zeitlang; wir waren in der Nähe eines kleinen Marktfleckens angekommen, der sich an den Fuß eines alleinstehenden felsigen Hügels schmiegte, und bereiteten in einem Olivenhain unser Nachtlager vor. Als schließlich das Feuer knisterte, sprach der Bruder mit dem blauen Ring weiter. Einer von uns ließ ein paar Harzkörner schmelzen, und die Luft erfüllte sich mit Wohlgeruch.

Nachdem er Lamaas verlassen hatte, ging Jesus nach Norden, dorthin, wo Himmel und Erde sich zu vermählen scheinen. Er wusste, wen er in dieser gebirgigen, kaum besiedelten Gegend, in der die Luft bereits sehr dünn ist, finden würde. Seine Seele hatte diese Orte bereits mehrere Male besucht und war jedes Mal mit klareren Vorstellungen hinsichtlich seines Auftrags zurückgekehrt. Er wollte dort nicht seine Kenntnisse vervollkommnen, sondern Schwingungen aufnehmen, nach deren Kraft sein Körper verlangte. Ihr müsst wissen, dass es mit den Ländern wie mit den Menschen ist. Sie tragen Botschaften und Energien. Man sollte sich nicht von den Orten abschneiden, von denen man gerufen wird. Sie können unser Wesen enthüllen und sogar unsere feinstoffliche Natur ändern. Das sind nicht nur Worte, glaubt mir ... Jesus lebte mehrere Jahre in jenen hochgelegenen Landstrichen. Da er durch die Ausübung bestimmter Techniken, die auf der Beherrschung des Atems beruhen, immer vollkommener mit dem Ganzen in Einklang schwang, vibrierte auch sein Körper anders, und die hohen Gipfel empfingen ihn fast ebenso oft in ätherischer wie in physischer Gestalt. Ihr wisst, dass diese Gegend eins der Vitalzentren der Erde ist – gewisserweise ihr Herz. In ihrem Äther entfaltet sich ein Bereich, in dem hochstehende Wesen die Ereignisse unserer Gesellschaften lenken. Er wird verschieden benannt, aber für uns ist er aufgrund seiner umfassenden Strahlung und seiner Reinheit der Weiße Stern. Er behütet die von den Sternen kommenden Überlieferungen, er steht am Beginn unserer Bruderschaft, er motiviert unsere Schritte. Seit Anbeginn der Zeiten leben, wirken und lieben dort die Strahlenwesen und lassen den Königen die Illusion des Herrschens. Jedes dieser Wesen steht mit einer Flamme unterschiedlicher Farbe in Verbindung. Diese Zuordnung ist nicht willkürlich, sie entspricht dem von jedem Wesen ausgehenden Licht, seinem melodischen Ton. Sie sind die Verkörperung von Eigenschaften, die diese Wesen zur höchsten auf dieser Erde möglichen Vollkommenheit gebracht haben. Glaubt mir, dies ist nicht eine von den Geschichten, die die Nomaden der Wüste sich gerne erzählen, wenn der Wind den Sand ins Gesicht treibt und die Menschen sich in einem Zelt zusammenfinden. Der Ort, von dem ich gesprochen habe, ist wirklicher als die Berge, die euer Fuß gestreift hat. Es sind unsere Augen, die nicht in der Lage sind, ihn zu erfassen; wir können ihn uns genauso wenig vorstellen wie der Blindgeborene das Blau des Himmels. Es gibt eben Materie und Materie! Wer sie auf das beschränkt, was die Hände greifen können, ist wirklich unwissend zu nennen! Die Wahrheiten dieses Reiches dürfen nur ganz allmählich enthüllt werden, Brüder, denn noch lange wird der Mensch die Gewohnheit beibehalten, das, was sein Denken weder erfassen noch akzeptieren kann, in den Schmutz zu ziehen.

Nun merkt euch vor allem, dass der Meister Jesus an den genannten Orten den ihm anvertrauten Auftrag voll verstand. Er verließ den Kontinent von Ischwar und begann mit einigen seiner alten Lehrer wieder zu wandern. Das Volk, das ihn gerne bei sich behalten hätte, war darüber sehr betrübt, aber er hätte es zu etwas veranlasst, was er ganz und gar nicht wollte: den bewaffneten Aufstand. Er selbst bestätigte mir, dass seine Worte vom Land Jesse nicht richtig verstanden wurden. Wir ihr wisst, kann dieses Land nur von denen wahrgenommen werden, die jenseits der Worte reisen.

Jesus lernte dann Chaldäa und Babylon kennen; er fand die Spuren seiner früheren Existenz, blätterte im Gesang des *Sonnenanbeters*[67] und griff /dessen durch die jahrhundertelange Priesterherrschaft bereits verdunkelten Grundsätze wieder auf. Es bedurfte eines einzigen Wortes, um die allmähliche, von fern gelenkte Offenbarung einen Schritt voranzubringen.

Aber noch erwartete eine weitere Kultur den Meister Jesus. Die Priester des Orpheus und mit ihnen der weise Philon empfingen ihn in Griechenland. Dort wurden die Vor- und Nachteile jenes Polytheismus analysiert, den die Wesen des Weißen Sterns vor Zeiten begründet hatten. Die Ergebnisse ergänzten die früher gewonnenen Erkenntnisse. Aber glaubt nicht, Brüder, dass die Meister der hohen Berge von Jesus lediglich eine Synthese der großen, bereits bestehenden Denksysteme verlangt hätten. Jede Synthese ist im Grunde eine Art des Zusammentragens; sie erlaubt dem Suchenden, klarer zu sehen, aber letztendlich ist sie nur eine Wiederholung. Sie schafft nicht jenes zusätzliche Element, das den Aufschwung auf eine höhere Bewusstseinsebene erlaubt. Sie befriedigt den Intellekt und das Ego, jedoch selten mehr.

Nein, nicht die Synthese war die Aufgabe dessen, den wir alle erwarteten. Unsere Bruderschaft hat euch gelehrt, dass die verschiedenen Körper des Menschen übereinanderliegenden, ineinandergreifenden

---

[67] *Das heutige Awesta, dessen Studium in allen essenischen Schulen obligatorisch war*

Gebäuden gleichen. Ihr wisst, dass ihre Entwicklung vom Alter, hauptsächlich aber von der geleisteten inneren Arbeit abhängt. Diese Körper ähneln einer Folge von sieben Flammen, die wachsen müssen, bis sie sich schließlich berühren. Sie sind dann wie eine goldene Kette, die ohne Unterbrechung vom höchsten Bewusstsein zu euch führt, wie der reinste Kanal einer schrankenlosen Liebe, die den sogenannten niederen und höheren Energien erlaubt, miteinander zu verschmelzen.

Der Mensch, der mit den sieben Flammen seines Wesens ständig verbunden ist, hat die Welt der Materie überwunden. Er beherrscht ihre Gesetze und trägt den Namen eines Adepten. Aber ihr wisst auch, dass der Aufstieg eines Wesens nicht an dieser Stelle aufhört. Weitere Flammen des Bewusstseins müssen erobert werden, wenn man die Schwelle zur Wohnstatt des Vaters erreichen will. Von Geburt an hatte Jesus den Auftrag, jenen Körper und jene Seele zu vervollkommnen, die mancher schon als vollkommen ansehen und in Ehren stagnieren lassen würde.

Wie ich euch bereits sagte, vollzog sich das letzte, wesentliche Stadium der Sublimation im Herzen der Großen Pyramide; es war an der Stelle, an der alle Energien in einem Punkt fokussiert werden können, der die noch keimhaften Atome eines Wesens mit dem Geist dieser Schöpfung verbindet. Dort wurde Jesus vom Geist des Christus erfüllt. Nur hier konnte es geschehen, und auf keine andere Weise; es war so vorgesehen, seit Melchisedek auf dieser Erde weilte. Aber es war notwendig, dass einer die übernommene Verpflichtung bis zum Ende erfüllte, ohne sich aufhalten zu lassen.

Denn täuscht euch nicht, wer immer in diese Welt hinabsteigt, verbündet sich mit Satan und unterliegt in einem gewissen Ausmaß seinem Gesetz. Satan ist der große Widersacher, dessen Name auch ›Dichte‹ ist; ich meine damit, dass jedes auf dieser Erde geborene Wesen eine schwarze Tunika anlegt, die sein Vorwärtskommen mühselig macht. Ein sich verkörpernder Avatar würde unsäglich leiden, wenn seine Haupttriebfeder nicht unermessliche Liebe wäre.

Stellt euch einen Augenblick vor, euer Bewusstsein, euer Verstand, euer Wille, kurz, eure Seele sei plötzlich in den Körper eines Tieres eingeschlossen.

Stellt euch die Handlungen vor, die ihr ausführen würdet, die Gedanken, die ihr nur in abgeschwächter Form weitergeben könntet ...

Analog werden die Demütigen anerkennen, dass der Unterschied zwischen dem Meister und ihnen ebenso groß ist wie der zwischen ihnen und einem Tier. Ihr wisst, dass die Seele des Meisters Jesus nicht in dieser Welt geboren wurde. Vor langer Zeit, als die Geschöpfe der Erde einen Wendepunkt in ihrer Evolution verpassten, ist sie mit anderen Ischtar entflohen.

Sie gehört jedoch zur selben Welle des Lebens, die der Vater dieses Universums verströmte und die auch uns erschuf. Aber es gibt eben mehr oder weniger langsame Schüler ... Manche ziehen die Kindheit dem Erwachsensein vor und weigern sich sogar, die Pforten der selbstgeschaffenen Illusion zu durchschreiten.

Darin liegt das Abenteuer und das Drama der Kinder dieser Erde, Brüder ... und die Schwierigkeit rührt daher, dass einige Kinder sich die Macht von Erwachsenen anmaßen.

Wir schürten erneut das Feuer an, das zu erlöschen drohte; Manetho schwieg, und daher glaubten wir, sein Bericht sei zu Ende.

Da sprang einem von uns eine Frage von den Lippen, die vielleicht naiv war, die wir alle uns aber sicher in unserem Innersten stellten.

Bruder, sollen wir jetzt dem Meister Jesus folgen, da er doch, wie ihr sagt, der einzige Mensch auf Erden ist, der sogar über die sieben Ebenen hinaus alle Flammen des Bewusstseins in sich entzündet hat?

Ja, aber es ist nicht der Meister Jesus, dem du folgen wirst. Dieser Meister schlummert ebenso wie Joseph, der eines Tages entschwunden ist. Auch werdet ihr nicht nur Christus sprechen hören, sondern den, der heute Morgen vor euren Augen den Körper Jesu Christi mit seiner Macht belehnt hat: den sonnenhaften Geist des Logos unseres Universums.

Habt ihr das verstanden? Habt ihr den Wert jener Augenblicke begriffen, in denen wir alle an demselben Kelch der Freude tranken?

Wieder unterbrach sich Manetho; in unserer kleinen Gruppe wurde es still. jeder schien in sich selbst zu forschen. Ich sah glänzende Pupillen, die in die Glut des Feuers starrten, Lider, die sich schlossen, Schultern, die sich tiefer in einen Mantel zurückzogen ... Was bedeuteten die gehörten Worte?

Die Schriften hatten wohl von einem Christus gesprochen, dem Gesalbten der Völker ... Wir hatten geglaubt, nun endlich zu verstehen, ihn schlicht und einfach in der Person Josephs zu finden, es fiel uns schon schwer, ihn Jesus zu nennen, und jetzt sollten wir gar den Logos begreifen ...

Christus ist ein anderes Wesen als der Meister Jesus ... begann Manetho langsam wieder und betonte dabei jede Silbe, als wolle er diese Schlüsselworte auf ewig uns einprägen.

Christus ist der fortgeschrittenste Meister einer ganzen Woge des Lebens, die der Ewige vor der unseren ausgesandt hat. Er ist der Herrscher unseres Universums, der vollkommene Mensch, der so lichtvoll und erhaben ist, dass sein direktes Wirken in der dichten Materie Umwälzungen auf der ganzen Erde zur Folge hätte. Und die Atome des Logos könnten durch die Schnelligkeit ihres Tanzes die unseren in Staub verwandeln.

›Michael‹, so lautet die irdische Transkription seines kosmischen Namens. Bewahrt dies auf dem Grunde eurer Herzen, denn man sollte sich davor hüten, Edelsteine dort zu verstreuen, wo ihr Wert nicht erkannt wird. Vergesst nicht, dass dies eine der Grundregeln unserer Bruderschaft ist. Nun kennt ihr den Namen dessen, der Christus eingesetzt hat: Michael. Wisst, dass die Schwingung der Silbe ›Mi‹ für die sanfte Stimme des Volkes von Essania die Grundlage bildet. ›Mi‹ ist die zweite Schwingung der Dreiheit des Namenlosen, die Spiegelung des schöpferischen Atems[68]. Es ist eine der Kräfte, die uns mit ihm verbinden und die wir mit anderen teilen müssen.

239

Ihr werdet jetzt verstanden haben, dass der Meister Jesus nur durch die Vervollkommnung seiner verschiedenen Hüllen mit der Macht der ständigen Gegenwart Christi und des Logos belehnt werden konnte.

Seit heute Morgen, Brüder, leben drei große Wesen in einem einzigen Körper, der dritte, der die beiden anderen durchstrahlt, verleiht ihnen grenzenlose Macht und eine Liebesfähigkeit, die sich wie ein kristall-klarer Gebirgsbach in uns ergießen wird.

Jetzt liegt es an euch, zu entscheiden, was ihr tun wollt. Viele Seelen sind bereit, eine Schwelle zu überschreiten ... Werdet ihr ihnen dabei helfen?

Denn heute beginnt zwar eine Epoche der Antworten, aber auch der Fragen ... Die Freiheit wird nur jenen angeboten, die bereit sind, zu wählen und ihren Willen zu gebrauchen ...

Als der erste goldene Schimmer der Morgendämmerung den Himmel überzog, hatten nur wenige von uns Schlaf finden können. Simon, der, wie es seine Gewohnheit war, wenig sprach, bot sich an, zum Dorfbrunnen zu gehen, um Wasser zu holen. Betanien war noch weit, und nachdem wir die rituellen Waschungen beendet hatten, brachen wir mit einem Korb Datteln als Wegzehrung auf. Von nun an hatte jeder unserer Schritte nur noch ein einziges Ziel: Den, der gekommen war, wiederzusehen.

---

[68] *Vgl. z. B. den im »AUM« des Ostens und im Gregorianischen Gesang häufig verwendeten Akkord Do-Mi-Sol*

Wo sind unsere wahren Waffen?

Betanien war ein kleiner Marktflecken mit weißen Terrassen, der halb versteckt in einem Palmenhain lag. Für uns war er eine Oase der Frische, aber auch der Ort einer mehrtägigen Meditation. Wir wussten nicht genau, was wir tun sollten oder wie wir den erwarteten Meister, der sich endlich offenbart hatte, wiederfinden konnten. Die frohe Botschaft erfüllte uns, und manchmal waren wir so begeistert, dass es uns schwerfiel, die von der Bruderschaft vorgeschriebenen täglichen Rituale auszuführen.

Wie viele andere fragte ich mich in meiner inneren Stille: »Wozu ist das alles noch gut, jetzt, da wir ihm folgen sollen und er uns den Weg zeigen wird ... ?«

Und mein Geist gab sich selbst die Antwort: »Wieso? Kann ein einzelnes Wesen die Wahrheit ändern? Muss die Bruderschaft von Essania ihm gegenüber vollkommen zurücktreten?«

Ein paar Wochen blieben wir in Betanien. Wir unterhielten dort am Ausgang des Dorfes, in der Nähe der Straße nach Jerusalem, einen Betsaid. Im Laufe der Zeit bemerkten wir, dass wachsende Unruhe das Volk ergriff. Wir fanden schnell heraus, dass ihr Ursprung am Ufer des Jordan zu suchen war, und am Warentisch eines Krämers hörten wir zum ersten Mal, wie offen von einem Messias die Rede war, der angeblich das Land Palästina befreien wollte. Wir konnten den Erzählungen nur unsere eigenen Erlebnisse hinzufügen, hüteten uns jedoch, allzu deutlich zu werden. Aufgrund unserer weißen Gewänder betrachtete man uns mit einer gewissen Zurückhaltung, und auf gar keinen Fall sollte der Meister in den Augen der Masse mit einem der vielen nazarenischen oder nasiräischen Wortführer gleichgesetzt werden.

Manetho verließ uns. Er wollte wieder nach Heliopolis zurückkehren, wo die Stammgruppe der Bruderschaft wahrscheinlich einen ausführlichen Bericht über die Ereignisse von ihm erwartete. Der Bruder hatte uns geraten, Betanien zu verlassen und weiter nach Norden ins Herz Galiläas zu ziehen, ans Ufer des großen Sees von Genezareth. Je weiter wir kamen, desto klarer zeichnete sich unser Weg ab. Die Ankunft des Meisters schien sich blitzartig im Lande herumgesprochen zu haben. Wir durchquerten Genezareth, wo, ausgelöst durch die Ankündigung des kommenden Befreiers, wieder ein Aufstand stattgefunden hatte, und wanderten dann in Richtung Kapernaum.

Er ist dort, hatte man uns fast heimlich zugesteckt. Er kommt aus den Wüsten im Land der roten Erde … ganz so, wie die Prophezeiungen verheißen haben!

Die ältesten in den Archiven der Bruderschaft aufbewahrten Prophezeiungen verkündeten dies tatsächlich …

Was ging hier eigentlich vor? Wir erwarteten den vom Allerhöchsten gesandten Erwecker der Seelen, und man hatte den Eindruck, als wolle ganz Palästina sich erheben. Brachte man uns die Waffe oder das Wort?

Vor uns lag Kapernaum mit seinen Marmorbauten, seiner majestätischen Synagoge und seinem Markt, dem alle Wohlgerüche Galiläas entströmten. Was für ein Gegensatz zur Herbheit der Wüste, die wir gerade hinter uns gelassen hatten! Liebliche Düfte durchzogen die Gassen, und mit Vergnügen bemerkten wir die scharlachroten Blüten des Granatapfelbaumes, die sich vom blauen Himmel abhoben. Die Stadt war ruhig, und von dem still

daliegenden See ging wohltuende Frische aus. Lediglich die Legionäre in ihren ledernen Brustharnischen, die in kleinen Gruppen
vorbeimarschierten, hinderten uns daran, eine bestimmte Wirklichkeit zu vergessen. Wie vermutet, befand sich der Meister Jesus
dort. Vielleicht war es der Joseph unserer Kindheit, der von diesem
unserem kleinen Dorf so nahen Ort angezogen worden war ...

Hinter den kleinen Gässchen, die in Richtung Chorazin in die
Berge führten, lag im Schatten der Mandelbäume eine Art Platz,
auf dem wir eine Ansammlung von ungefähr hundert Menschen
vorfanden. Der Meister war mitten unter ihnen, er war ihr Zentrum,
ihr Herz. Zunächst sahen wir ihn gar nicht, denn die Reihen der
dichtgedrängten Männer und Frauen umringten ihn wie einen
Wall. Da waren nur Gewänder in den verschiedensten Farben,
braungebrannte Schultern, auf dem Kopf getragene Körbe, aber
wir hörten seine Stimme, eine Stimme, die klar und unfasslich war
wie das Wasser einer Quelle, eine sanfte, freundliche Stimme, aus
der doch Autorität sprach; sie allein bewies uns, dass wir nicht umsonst gelebt hatten ...

Als die Menge sich schließlich setzte, sahen wir den Meister
zum zweiten Mal.

Ihr müsst eure Waffen niederlegen, sagte er, der Vater schickt
mich, damit ihr eure Waffen niederlegt ... Wo aber sind eigentlich unsere wahren Waffen? Sind es die Schwerter und Messer, die ich an
euren Gürteln sehe? Oder sind es die Gedanken, die jeden Tag euer
Herz zerstören? Sagt es mir, Kinder von Kapernaum ... Verbirgt das
Böse sich in der Waffe oder in der Idee von der Waffe? Während ihr
eure Feinde tötet, tötet ihr euch selbst durch das Gift eurer Gedanken.
Ich sage euch, die Freiheit wird nur aus der Reinheit hervorgehen; nur
aus der Reinheit wird das wahre Land Kanaan aller Menschen, das
verheißene Land meines Vaters, geboren werden.

Wer bist du, Meister, der du so im Namen des Allerhöchsten
sprichst? Sind nicht die Vorstellungen Roms das Übel dieser Erde?

243

Eine alte Frau hatte sich in der Menge erhoben. Ihr Blick, jetzt lebhaft und fragend, konnte auch so hart sein wie die Kiesel des sturmgepeitschten Sees und der Aufstand seiner Fischer.

Vom Boden stieg unzufriedenes Murmeln. Wer war diese Frau, die es wagte, sich an öffentlichen, vor allem aber religiösen Diskussionen zu beteiligen?

Ich bin das Wort des Vaters, Tisbe. Dein Herz hat dich zum Sprechen veranlasst. Ich frage dich, was ist das Böse anderes als die Abwesenheit des Guten? Was ist die Nacht anderes als nicht vorhandene Sonne! Erkennst du die Augenfarbe der Menschen, denen du im Halbdunkel begegnest? Nun, genauso wenig kann die von ihrem Hass verdunkelte Seele die Absichten des Vaters erkennen. Was weißt du von deinem Feind, wenn du den göttlichen Menschen in ihm nicht gesehen hast? Was weißt du von den Kräften, die ihn zu dir geführt haben? Ich sage dir, wer im anderen den Feind sieht, betrachtet nur sein eigenes entstelltes Bild im Spiegel, er nährt sich von seinem Groll und verdammt sich dazu, im Schatten zu leben.

Nur eine einzige Waffe auf der Welt verdient, geehrt zu werden, die einzige, die euer Vater für euch geschmiedet hat: die Liebe.

Liebt, wie ich euch liebe! Breitet etwa die Sonne ihre Strahlen über die einen mehr als über die anderen aus?

Der Meister schwieg, und lange Zeit geschah nichts. Nichts? Wie könnten wir dies behaupten! Es gibt Augenblicke, die der Worte nicht bedürfen, Sekunden, in denen die Seelen sich betrachten und sich besser erkennen als in tausend Jahren. Ohne Zweifel erlebten wir diese kostbaren Augenblicke, und wir sahen das Wesentliche. Aber für wie lange? Warum lässt sich dieses Gefühl nicht ergreifen, festhalten?

Ein paar Menschen in der Menge standen schließlich auf und näherten sich dem Meister, der sich ebenfalls erhoben hatte. Ihre Worte hörte ich nicht, aber über die Köpfe von zwei vor mir stehenden Frauen hinweg sah ich, wie die große weiße Gestalt beide

Hände auf die Stirn eines kleinen, braungebrannten Mannes legte, der eine einfache graue Tunika trug.

Simon, die anderen und ich wollten uns ihm nähern, ihm sagen, dass wir da wären, bereit ihm zuzuhören, ihm zu folgen und zu sprechen. Indes hatten sich zwei oder drei anscheinend enttäuschte Männer von der Menge entfernt, unberührt von der Gegenwart dessen, der unser Herz erhob.

Miriam, hatte Zerah mir einmal in den Bergen unweit des Dorfes gesagt, wenn du einem Maulesel Gold gibst, was, glaubst du, wird er mit ihm machen? Auch wenn ein König es ihm in einem silbernen Trog präsentiert, würde er immer noch die Futterreste vom letzten Winter vorziehen ... Mit den Menschen ist es genauso, jedem das Seine. Der Weg der Evolution ist lang und die Erkenntnis des Wahren schwierig zu erlangen. Wenn jemand die Gottheit nur in den Bäumen sehen will, dann sprich eben von einem Gott, der sich zu einem Baum gemacht hat. Lerne, die Unterschiede zu akzeptieren, denn das spirituelle Gold drängt sich nicht auf ...

Schließlich waren wir in der Nähe des Meisters. Mit der gleichen Einfachheit wie früher, und doch so anders, stand er vor uns. Die Haltung des Kopfes war dieselbe, auch die Güte, die aus den Augen sprach, aber da war noch etwas mehr, etwas Strahlendes, das uns weit weg versetzte. Am Hals hing noch immer die Gebetsschnur der Brüder mit ihren einhundertacht Perlen, nur der kleine schwarze Beutel, der ihm früher auf die Brust gefallen war, fehlte.

Unsere Blicke kreuzten sich.

Es ist gut, sagte er und wandte sich an uns; offen zeigte er, dass er uns erkannte, dass er sich erinnerte ...

Es ist nicht möglich, diese Augenblicke zu beschreiben, jeder mag sie sich selbst vorstellen.

Der Meister trat zwei Schritte zurück und fügte mit warmer Stimme hinzu:

Ich bitte euch, noch etwas zu warten ... Nur noch kurze Zeit ... Eure Stunde kommt.

Das war mehr als erwartet. Einer von uns wollte ein Knie auf den Boden setzen, aber die Menge war zu zahlreich und trug uns in ihrem Strom davon.

Ich sah, wie Simon auf einen alten Mühlstein stieg und die Hand nach mir ausstreckte, um auch mir hinaufzuhelfen. Unser Gleichgewicht war nicht besonders stabil, aber wir sahen, und das allein zählte. Die Menge war erheblich angewachsen, und wenn ich heute diese Szene wiedererlebe, scheint mir, dass ganz Kapernaum sich plötzlich dort versammelt hatte. Einige dieser Menschen wussten vielleicht nicht einmal genau, warum, andere begannen zu begreifen. Sie hatten sich bereits vor Zeiten entschieden, ihr Wesen so zu formen, dass es eines Tages vor einem erhabenen Wesen sprechen konnte. Von der Höhe unseres Mühlsteins herab sahen wir Männer und Frauen, die verstehen wollten, andere, die zu verstehen glaubten, ein bunt zusammengewürfeltes Volk. Durch eine kleine schattige Gasse entfernte der Meister sich schließlich; zwei uns unbekannte Brüder und der kleine braungebrannte Mann, den er gesegnet hatte, folgten ihm.

Die erregte Menge zerstreute sich langsam. Wir gingen zum Seeufer, wo ein paar Fischer, die von den Ereignissen nichts wussten, ihre Netze entleerten und kleine Körbe mit zappelnden Fischen füllten.

Wir hatten also auf die sogenannten »Zeichen des Schicksals« zu warten, sie würden uns zeigen, in welcher Weise wir uns nützlich machen konnten.

Nach einer unter freiem Himmel verbrachten Nacht erfuhren wir am nächsten Morgen, dass der Meister die Stadt verlassen hatte und an den Ufern des Sees entlangwanderte, wo er vereinzelt liegende Häuser und kleine Fischerdörfer besuchte, deren Spur die Zeit nicht bewahrt hat. Wir brauchten Ruhe und unser Warten war süß.

Erst nach mehreren Tagen erregte ein Schrei, der von der Straße nach Betsaida kam, unsere Aufmerksamkeit. Unter den mächtigen Feigenbäumen liefen drei Männer die Straße entlang. Wir standen auf und bemerkten vor ihnen eine Gruppe von Menschen, die mit eiligem Wandererschritt von den Bergen her kam. Es dauerte nicht lange, bis wir den Meister erkannten, in seiner hohen Gestalt lag jenes unwägbare Etwas, das uns zu verstehen gab: er ist's. Sollten wir wie die drei Männer auf ihn zulaufen? Wir wussten es nicht. Sicher würde er uns sagen, dass wir noch weiter warten sollten; und was könnten wir ihm vorschlagen, was er nicht schon im Voraus festgelegt hatte? Schüchtern gingen wir trotzdem auf ihn zu.

Seine Stimme half uns über die letzten Schritte ...

Jakob, Simon, Miriam, Saul und Esther, kommt näher und erkennt diese hier als die euren an. Von nun an werden sie an meiner Seite sein, der Vater braucht sie.

Er stellte uns vier Männer unterschiedlicher Größe vor. Ihr Blick war gerade und fest, die schwieligen Hände, die geflickten Tuniken hatten nichts vom Gehabe jener Schriftgelehrten, mit denen Priester und Doktoren sich oft umgaben. Wir erfuhren nicht sofort ihre Namen, aber da er sie anerkannt hatte, war dies ohne Bedeutung.

Immerhin konstatierten wir, dass sie nicht das weiße Gewand trugen, und aus unseren Blicken sprach zweifellos Überraschung, denn der Meister fuhr fort:

Wundert euch nicht, den guten Arbeiter erkennt man nicht an der Qualität seines Schurzes, sondern an seinen breiten Schultern ... Hört meine Worte, denn die Kinder der Sonne kommen aus allen Bereichen der Welt. Nicht zwei von ihnen tragen denselben Mantel, aber alle sprechen dieselbe Sprache. Was ich euch zu sagen habe, sollte nicht den Ohren der Brüder von Essania vorbehalten bleiben. Jetzt beginnt die Epoche, in der alles geteilt wird, und viele werden daran Anstoß nehmen. Der Vater braucht Menschen, die beten und heilen, aber er braucht auch solche, die der Hefe ähneln, die aus dem Herzen des Volkes stammen ...

Der Meister schwieg, sein Blick verlor sich hinter den grau um-
schatteten Bergen am jenseitigen Ufer des Sees.

Wir müssen weiter, sagte er schließlich sanft, wir haben viel Arbeit
vor uns.

Bei diesen Worten sah er uns an und gab uns damit zu verstehen,
dass unsere Anwesenheit gestattet war. Wir hatten die drei Männer,
die ihm zuvor entgegengelaufen waren, fast vergessen – sie waren,
möglicherweise beeindruckt von dieser Ansammlung weißer Gewänder, etwas in den Hintergrund getreten. Bevor sie ein Wort
sagen konnte, legte der Meister nun einem von ihnen die Hand
auf die Schulter und fragte:

Wohin führst du mich?

Zu meinem Sohn, Rabbi. Schon seit zwei Tagen suche ich dich.
Die Fischer und Händler sagen, du seist der von den alten Prophezeiungen verkündete Messias. Sie sagen, du könntest alles ... alles.

Der Mann, der ungefähr vierzig Jahre alt war, begann zu zittern,
das Weiterreden fiel ihm schwer.

Seit zwei Jahren kann mein Sohn nicht mehr gehen ... Ich dachte,
vielleicht könntest du den Ewigen bitten ...

Der Meister sah ihn genau an, lächelte ihm zu und sagte nur:

Nun, Hauptsache ist, dass du selbst schon den Ewigen gebeten hast ...

Der Mann war sichtlich verstört und konnte uns nur noch mit
verworrenen Gesten den Weg zu seiner Wohnung zeigen. So schlug
unsere kleine Gruppe wieder den Weg nach Kapernaum ein, von
dem wir nicht allzu weit entfernt waren. Der Meister ging an der
Spitze, manchmal liefen die drei Männer vor ihm her, die ihn um
Hilfe gebeten hatten und die nicht wussten, wie sie sich verhalten
sollten. Wir wollten den Meister mit den vier Brüdern, die er uns
vorgestellt hatte, allein lassen und blieben lieber etwas zurück. Zuweilen jedoch wandte er sich um und warf uns einen aufmunternden

Blick zu, der voll unendlicher Zärtlichkeit war. Was wollten wir mehr? Wir hätten ganze Zeitalter, eine Ewigkeit hinter ihm herwandern können, alles andere konnte warten, denn er war da. Sicher erscheinen diese Worte heute naiv. Aber hat ein Wort je ein Gefühl beschreiben können? Ist es nicht immer nur ein entfernter Abglanz der erlebten Wirklichkeit?

Der Morgen neigte sich seinem Ende zu, als sich zunächst die ärmlichen Lehmbauten, dann die reicheren Gebäude Kapernaums vor uns abzeichneten. Eine Schar in Lumpen gehüllter Kinder, die anscheinend unser Ziel kannte, lief uns entgegen und führte uns durch das Gewirr der Gassen, vorbei an den Häusern der Sadduzäer mit ihren beeindruckenden Reihen von Marmorsäulen. Es gefiel uns, so durch die Stadt zu wandern, über der sich strahlendblau der Himmel wölbte. Schließlich erreichten wir einen engen Durchgang hinter der Synagoge. Die drei Männer blieben vor einem ziemlich großen Haus stehen und zeigten auf eine breite Leiter, die zur Terrasse führte. Der Meister stieg sofort hinauf; wir folgten ihm. Die Terrasse war geräumig; breite Tonschalen, die überbordeten von weißen und violetten Blütentrauben, dienten als Einfassung. Ein herrlicher Blick öffnete sich auf das Galiläische Meer, dessen Wellen stellenweise silbrig glänzten. Mehrere Leitern führten zu anderen Terrassen und ins Innere des Hauses. Aber weiter brauchten wir nicht zu gehen: die drei Männer begleiteten den Meister zu einer Ecke, wo im Schutz von zwei hohen Lehmmauern ein aus Kordeln gefertigtes Bett stand. Dort lag ein junger, ungefähr zwanzigjähriger Mann und stützte sich auf die Unterarme.

Seit zwei Jahren ist es schon so, sagte einer der Männer und trat vor. Er hatte sehr starke Fieberanfälle, und danach konnte er nie wieder aufstehen oder gehen.

Der junge Mann begnügte sich damit, uns lächelnd zu grüßen; offensichtlich wusste er nicht, wer die große weiße Gestalt war, die bereits seine Hand ergriffen hatte. Als der Meister jedoch neben ihm niederkniete, wurde sein Blick fragend, ja bewegt. Wer waren diese Nazarener, die seine Schwelle überschritten hatten?

Wir sahen, wie der Meister seine linke Hand zum Herzen führte, während er mit der rechten die Hand des jungen Mannes noch fester drückte. Er schloss die Augen. Der Gelähmte streckte sich plötzlich aus; es war, als habe irgendein Stoß, eine Erschütterung ihn dazu gezwungen. Ein Schauder durchlief seinen Körper. Wie es in der Bruderschaft in solchen Fällen üblich war, hielten wir uns bereit, einen Gesang anzustimmen, um dem Meister zu helfen, aber schon hatte dieser das Handgelenk losgelassen und die Augen geöffnet. Der junge Mann stützte sich wieder auf die Ellenbogen; aus seinen Augenwinkeln perlten Tränen. Er tat, als wundere er sich darüber, indem er leise lächelte und die Augenbrauen hochzog, aber sein aschfahles Gesicht zeigte, wie aufgewühlt er innerlich war.

Da erhob sich der Meister und rief gebieterisch:

Komm!

Seine Stimme hallte über den benachbarten Terrassen, auf denen sich kleine Gruppen von Männern und Frauen gebildet hatten. Von konvulsivischen Schaudern geschüttelt, setzte der junge Mann beide Füße auf den Boden und richtete sich mit einer letzten Anstrengung auf.

Die Stille, die nun herrschte, schien sich über die ganze Stadt zu legen. Sogar das gellende Schreien der über dem See dahinfliegenden Vogelschwärme war verstummt.

Ruckweise tat er einen Schritt, dann zwei, und schließlich begann er, kreuz und quer auf der ganzen Terrasse umherzugehen, sein Blick war der eines Kindes, das gerade laufen lernt.

Auf den benachbarten Dächern brach offene Freude aus, wir hörten, wie die Nachricht von Gasse zu Gasse weitergegeben wurde. Der Hausherr, sein Sohn und wir selbst blieben stumm. Wir hatten das Ereignis zu hautnah miterlebt und erfassten seine Bedeutung noch gar nicht.

Einer der Männer, die uns hergeleitet hatten, stammelte schließlich:
Rabbi, Rabbi! ...

Behalte dies wohl, wenn ein einziger Mann meinen Vater um etwas
bittet, so wird er erhört werden, wenn drei Männer in ihrem Herzen eins
sind und in meinem Namen um etwas bitten, so wird ihr Wunsch sich
verwirklichen ... Das versichere ich dir!

Der Meister lächelte, umarmte die drei Männer, die ihn gesucht
hatten und ging, ohne sich weiter aufzuhalten, zur Leiter. Ich hatte
das Gefühl, als sei mein Geist ganz leer. Es gelang mir nicht, auch
nur den geringsten zusammenhängenden Gedankengang zu formulieren. Wir folgten alle dem Meister, und nach kurzer Zeit
waren wir wieder in der Gasse, wo uns eine ausgelassene, lärmende
Menge umringte.

Was war da eigentlich vor sich gegangen? Sicher hatten Simon
und ich schon Wunder gesehen, sicher hatten wir in den langen
Jahren der Krankenpflege schon Heilungen dieser Art erlebt, bei
denen ein meist betagter Bruder die Hand auf die Stirn des Kranken
legte und lange betete. Sicher wussten wir, dass der Geist allmächtig
ist, es war uns hinter jeder Biegung eines Weges, hinter jedem
Hügel von Galiläa und Judäa vielfach bewiesen worden. Aber dass
jemand die reinste Liebesstrahlung so leicht, so schnell und scheinbar ohne jede Technik aussandte ... das machte mich sprachlos,
und dann dieser Blick, der geradewegs ins Innerste ging!

Es war nicht einfach, der wachsenden Menge zu entkommen.
Wie hatte die Nachricht sich so schnell verbreiten können? Ich
dachte an einen von den Männern und Frauen vernommenen inneren Ruf, an eine intuitive Eingebung, die ihnen vielleicht zugeraunt
hatte: »Seid dort! Dort müsst ihr sein!« Ohne dass wir dies wollten,
wurden wir aufgrund unserer langen weißen Gewänder mit dem
Wunder, das soeben geschehen war, in Verbindung gebracht.

Simon und mir war das unangenehm, es war nicht unser Verdienst.
Und wir brauchten die ganze in langen Jahren erlernte Selbstdisziplin
der Brüder, um des Abends mit Hilfe einiger magischer Silben die

ersehnte innere Ruhe wiederherzustellen. Diese Technik galt innerhalb der Bruderschaft als geheim, sie durfte weder häufig angewandt noch verbreitet werden. Denn ein Laut kann Lärm oder Stille, Krieg oder Frieden bringen, und manche berühren die Seelen der Massen schnell wie der Wind. Alles kommt auf den Atem an, den Rhythmus, den in einem Punkt gesammelten Willen.

Wir wussten, dass dieses Wissen ein zweischneidiges Schwert war; es konnte dazu beitragen, die Massen zu manipulieren, und da es dem freien Willen wenig Raum ließ, fühlten wir uns angehalten, es nur äußerst selten zu benutzen. Als endlich Stille eingekehrt war, begannen wir leise flüsternd, das Geschehene zu kommentieren.

Erst da bemerkten wir, dass der Meister nicht mehr bei uns war. Nur die vier Männer, die er uns vorgestellt hatte, hielten sich noch bei uns auf, er selbst war verschwunden. Alles andere war nebensächlich, und so brachen wir auf, ihn zu suchen.

Erst gegen Ende des Nachmittags fanden wir ihn ein wenig außerhalb der Stadt am Ufer des Sees neben einem umgekippten Boot. Ein Tier strich um ihn herum, eine Ziege, mit der er kaum hörbar ein paar Worte zu sprechen schien.

Die Worte des Wiedersehens waren schnell gewechselt, und Simon wagte als erster, das anzuschneiden, was unsere Herzen nicht fassen konnten.

Meister, dieses Wunder …

Welches Wunder, Simon?

Die ruhige Antwort verschlug uns die Sprache.

Hast du die Lehren des Karmel so schnell vergessen? Über dem, was der Vater mich heute tun lässt, darfst du nicht vergessen, dass die Naturgesetze für jeden von uns gleich sind. Das wahre, das einzige Wunder ist das Leben, das wir atmen; das einzig Traurige ist, dass nicht alle Wesen der Erde es wissen. Sie gehen durch es hindurch, ohne die vielen kleinen Keime aufzunehmen, die nur darauf warten, ihre Heilwirkung zu entfalten. Nur der, dessen Herz blind ist, glaubt an ein Wunder. Überschäumend brodelt alle Kraft der Welt in eurer Reichweite.

Manchmal, wenn ihr betet oder meditiert, seht ihr, wie sie tief in eurer Brust aufstrahlt. Gebt eurem Herzen einen Willen, gebt ihm Hände, dann lenkt ihr es dorthin, wo es gebraucht wird und handelt angemessen. Ihr könnt es nicht mit dem Verstand lenken, es widersetzt sich jedem Befehl. Ich sage euch, wenn ihr die Strahlungen des Lebens handhaben wollt, müsst ihr zu seinem ewigen Geliebten werden, ihr müsst es selbst sein, ohne zurück oder zur Seite zu schauen. Nehmt so viel ihr wollt, meine Brüder, denn der Vater hat euch die lebensspendende Kraft in dem riesigen kosmischen Reservoir zur Verfügung gestellt, das euch umgibt. Nur euer Bewusstsein, ein kleines, von anderen getrenntes Wesen zu sein, und euer zu stark analysierender Verstand hindern euch daran, sie blitzartig zu erfassen und der wartenden Materie einzuhauchen.

Vergesst meine Worte nicht! Eine Technik übt den Körper und den Verstand, sie kann den Gang der Ereignisse und die Wesen ändern, aber wie lange braucht sie? Ihr könnt sie bis zu einer gewissen Stufe verfolgen ... und dann vielleicht die Technik des Herzens anziehen. Nur das Herz ist allmächtig, immer. Der Mensch kann es ersticken oder auf es hören. Oft genug allerdings glaubt er nur, ihm zuzuhören, während er es in Wirklichkeit unter den tausend Gründen und Entschuldigungen der Vernunft kaum atmen lässt. Ihr wisst, dass ich nicht von dem Herzen spreche, das in uns im Rhythmus der Altersstufen schlägt. Ich spreche von der inneren Sonne, die uns mit der Kette der jenseitigen Welten verbindet. Ihr seid im Universum des Seins, Brüder, seid ab jetzt in dem des Werdens. Reißt eure Schranken ein, denn sie unterwerfen euch eine Zeitlang den ausgeübten Techniken und der Zeit.

Wenn ihr bittet, dann kümmert euch nicht um die Antwort, denn die Antwort ist immer gleich: Ja. Euch und jedem anderen Menschen wird die Kraft meines Vaters bedingungslos gewährt. Hört ihr nicht das Echo seines ewigen Willens, seiner Gegenwart in euch ...

Wir schwiegen und wagten kaum zu atmen, um die lichtvollen Worte des Meisters besser aufnehmen zu können. Jedes seiner Worte war eine zu erforschende Welt, ein Stern des Friedens.

Wir hatten uns alle auf den großen Steinen niedergelassen, die die Uferböschung durchsetzten. Ein heftiger Wind zerzauste uns das Haar. Als schließlich die Sonne unterging, hielten wir es für richtig, den Meister allein zu lassen. In den folgenden Tagen sahen wir seine hohe Gestalt nicht mehr in den Gassen Kapernaums. Allerdings begegneten wir mehrmals einem der vier Männer, die ihn begleiteten. Er hatte das kernige Aussehen eines echten Fischers und das offenherzige Lächeln jener redlichen Menschen, die mit einem einzigen Blick ihr Innerstes offenbaren. Er hieß Andreas und bestätigte uns, dass der Meister die um den See herumliegenden Gebiete besuchte. Nach einigem Überlegen entschlossen wir uns, in Kapernaum zu bleiben. Mit der Zustimmung des Rats der Brüder in Jerusalem, von dem wir eine Nachricht erhalten hatten, erbauten wir in der Nähe des Torbaus am Ausgang der Stadt, fast am Rande der Straße nach Magdala, einen kleinen Betsaid. Wir hatten so ein unmittelbares Ziel und die Möglichkeit, auf ein Zeichen des Meisters zu warten. Wir hörten oft, wie im Verlauf eines Gesprächs im Hafen oder auf den Stufen der Synagoge sein Name ausgesprochen wurde. Viele nannten ihn den »großen Weißen Rabbi« oder auch den »Nazarener«, was uns ein wenig bedrückte. Wir bemerkten, dass viele mehr oder weniger wahre Geschichten bereits über ihn im Umlauf waren; es wurde auch von anderen Heilungen in den Dörfern der Umgebung gesprochen. Bei einer Unterhaltung griff aufgeregt ein Rabbiner ein, der zum Misstrauen riet. Am meisten beunruhigten uns jedoch die aufsehenerregenden Aktionen der Zeloten, die durch Gerüchte in der Öffentlichkeit weitere Nahrung erhielten, sie riefen um jeden Preis nach einem Messias, der das Schwert erhob. Eines Morgens schließlich sahen wir, dass der Meister unter einem Portal in der Nähe des kleinen Platzes saß. Die bereits zahlreiche Menge hatte sich hier und dort gelagert und hörte ihm zu, wie er von dem einzigen Land sprach, auf das sie hoffen durften.

Ungefähr zehn Männer, von denen zwei zu unserem Volk gehören mussten, standen etwas im Hintergrund direkt neben dem

Meister. Und während er den Herzen der Menschen den Frieden eingab, marschierte ein Trupp römischer Soldaten auf, unter viel Geschrei wurde die Versammlung aufgelöst ...

Der Meister sprach kein Wort; wir sahen, wie er ein paar Schritte vortrat und die Hand auf die Schulter des Zenturio legte.

Wir wussten nicht weshalb, aber wir waren plötzlich glücklich.

Worte, die zu stören beginnen, sind zumindest Worte, die gehört werden ...

Nahrung und Tabernakel

Der Meister wohnte manchmal bei uns im Betsaid, aber er wollte der Bevölkerung Kapernaums auch verständlich machen, dass sein Herz den Brüdern in Weiß nicht mehr gehörte als dem Rest Palästinas. Wann immer die Gelegenheit sich bot, nahm er daher eine Einladung an – ganz gleich, wer sie ausgesprochen hatte. Anfangs errieten wir in den Angeboten, die an den »großen weißen Rabbi« herangetragen wurden, mindestens ebenso viel Neugierde wie Respekt. Lediglich Sadduzäer und Pharisäer verhielten sich ausgesprochen zurückhaltend. Im Verlauf der großen, lebhaften Diskussionen, die oft in den Säulengängen der Synagoge aufbrachen, stellte sich heraus, dass sie sich über die plötzliche Gegenwart des Meisters in dieser Gegend und seine Absichten Gedanken machten. Was wollte er, der zwar ein Nasiräer war, aber ihre Regeln nicht befolgte, der heilte und wagte, sich »Sohn des Ewigen« zu nennen?

Der Meister störte, seine Sicherheit bereitete Unbehagen ...

Im Laufe der Wochen gewöhnte man sich in den Märkten und Häfen der kleinen Dörfer am See an seine Anwesenheit. Man wusste sogar, dass er zu bestimmten Zeiten an diesem oder jenem Ort anzutreffen war ... und er war da. Die Priester begannen, sich in die Diskussionen einzumischen, in die er die Menge verwickelte. Sein

Grundsatz war, von einer kleinen Einzelheit des täglichen Lebens auszugehen, von einer Tatsache, die er »zufällig« auf seinen Wanderungen oder bei der Begegnung mit anderen Menschen bemerkt hatte. Heute bin ich überzeugt, dass er diese »Zufälle« in gewisser Weise selbst herbeigeführt hat. Er wusste im Voraus, was er unterwegs antreffen würde und wie er es im Sinne des zu verbreitenden Wortes verwenden konnte.

Wir konnten ihm nicht überallhin folgen, denn der Betsaid, dessen Bedeutung wuchs, erforderte einen Großteil unserer Zeit. Aber wann immer es uns möglich war, folgten wir ihm diskret durch die Gassen Kapernaums, wo sein täglicher Spaziergang zu einem Ritual wurde.

An einen von ihnen erinnere ich mich besonders. Der kleine Markt unter den Arkaden erwachte gerade, die Händler in ihren weiten, erdfarbenen Gewändern packten noch ihre Waren aus, und die Fischer in ihren kurzen Tuniken breiteten auf den mächtigen Steinplatten ihren silbrig glitzernden Fang aus. Kamele und Esel zogen vorbei und verweilten überall dort, wo sie es nicht sollten. Der Meister blieb vor einer Fleischbank stehen, an der sich in der noch frischen Morgensonne ein paar Männer um die besten Stücke eines Schafes stritten.

Meinem Vater würde es gefallen, wenn ihr euch so für die Anwendung seines Wortes streiten würdet, sagte er amüsiert.

Diese Bemerkung erheiterte die Käufer sehr. Sie begannen zu lachen, und schnell bildete sich um den Rabbi, der gerne scherzte, ein kleiner Kreis. Ich bemerkte das schimmernde Gewand, die schweren Ringe eines Sadduzäers, der Mann schien nicht unzufrieden, so einer Unterhaltung beiwohnen zu können, die unter anderen Umständen seinem Ruf vielleicht geschadet hätte. Scherzworte flogen hin und her, aber der Meister mit seiner kraftvollen, geschmeidigen Stimme beendete die lockeren Reden.

Mein Scherz ist so spöttisch nicht gemeint, Brüder; mir gefällt der Eifer, mit dem ihr eure Nahrung sucht. Mein Vater sieht es gern, wenn ihr den Körper, den er euch als Träger der Seele gegeben hat, in gutem Zustand erhaltet.

Diese Worte überraschten; sofort trat völlige Stille ein. Die Priester, die Schriftgelehrten und all die anderen pflegten das Fasten zu predigen.

Seht ihr dies schöne, große Haus, das ihr dem Ewigen errichtet habt? sagte er und wies dabei auf die Synagoge. Betrachtet seine Säulengänge, unter denen ihr den Auslegungen des Gesetzes lauscht. Ihr seht sie von hier aus. Sind sie nicht stabil gebaut? Bedenkt, mit wie viel Liebe und Kraft die Grundsteine durch euch oder eure Väter behauen worden sind. Nun, ich sage euch, euer Körper ist diesem Haus, das sich zum Himmel erhebt, vergleichbar. Er besitzt den Wert und die Möglichkeiten eines Grundsteins; der Mensch muss daher an seiner Basis arbeiten, denn sie erlaubt ihm, sich zum Reich des Vaters zu erheben.

Aber was würdet ihr von einem Baumeister halten, der seine Kunst darauf beschränkt, ohne Unterscheidung alle möglichen Steine aufeinanderzuhäufen? Was würdet ihr von einem Baumeister halten, dem ihre Abmessungen gleichgültig wären und der den Gebrauch von Winkelmaß und Meißel, die dem Werk erst die nötige und verdiente Feinheit geben, nicht kennen würde?

Ihr würdet denken, er sei nicht bei Verstand. Ich sage euch daher, handelt so, dass der Vater, der in euch wohnt, sich über seine Wohnstatt nicht zu beklagen braucht. Mir sind weder die Größe noch die Menge der Steine wichtig, die ihr zu den euren macht, ich spreche nur für das Herz, das euch erlaubt, ihren Sinn und Zweck abzuschätzen und euch hilft, ihre Herkunft zu verstehen. Daher solltet ihr für das, was euer Körper verlangt, nichts zerstören, ohne euch zuvor über die konstruktive Absicht dieser Geste klargeworden zu sein. Ihr liebt das Fleisch des Tieres, aber passt auf, dass das Tier euer Fleisch nicht zu sehr prägt und seine blutige Vitalkraft in euch einfließen lässt[69].

Eure Seelen sind noch zu sehr der Erde verhaftet, und deshalb verlangt ihr eine solche Nahrung. Wer kann, möge sich an die Worte der alten Schrift erinnern: ›Sehet da, ich habe euch gegeben alle Pflanzen, die Samen bringen, auf der ganzen Erde, und alle Bäume mit Früchten, die Samen bringen, zu eurer Speise[70].‹

Wollt ihr damit sagen, Rabbi, dass wir jegliches Fleisch verbannen sollen?

Ich will sagen, dass ein Herz, das bereit ist, von selbst den Weg findet und auf ihm bleiben kann, ohne dass es ihm schwerfällt. Wenn dein Körper das Fleisch des Tieres verlangt, so gib ihm das Fleisch des Tieres, aber wisse auch, dass es – wie alles, was du aufnimmst – ein Teil des Vaters ist, ein Atom seines Lebens, das mit Liebe gekeimt ist und dir mit Liebe gegeben wird.

Diese Worte, die die Ansicht der Bruderschaft spiegelten, schufen eine gewisse Unruhe in der Versammlung. Ein paar Zuhörer machten sogar eine scherzhafte oder ironische Bemerkung und gingen. Von überall her stürmten nun die Fragen auf den Meister ein, aber der, der ein Sadduzäer sein musste, setzte sich schließlich durch.

Wie kannst du sagen, Rabbi, dass der Ewige jedem Ding innewohnt? Wenn es so wäre, wie könnte ich noch irgendetwas essen?

Die Menschen lächelten, der Meister jedoch teilte die Menge und trat zu dem kleinen Tisch, auf dem die Fleischstücke sich stapelten. Er ergriff eins von ihnen und hielt es jedem hin, der es sehen wollte. Alle schwiegen, denn niemand wusste, was dies zu bedeuten hatte. Da erschienen plötzlich in der Handfläche des Meisters winzige weiße und blaue Flämmchen, die schließlich knisternd das Fleischstück umgaben. Sie wirkten wie ein entzündetes Gas, wie eine geheimnisvolle Energie, die davonstob und sich pulsierend in kleinen Zungen verteilte.

Die Menge trat einen Schritt zurück.

---

[69] *Anspielung auf den tierischen Ätherkörper, der im Fleisch vorhanden ist, aber im Gewebe ausgebluteter Tiere abnimmt*

[70] *Vgl. Genesis 1, 29*

Er ist ein Zauberer, hörte ich irgendjemanden schreien, wir müssen den Sanhedrin verständigen!

Wo seht ihr Zauberei, meine Brüder? Ihr wolltet eine Antwort, und der Vater selbst hat zu euch gesprochen. Dachtet ihr, er wäre so weit weg, dass er euch nicht hören kann? Wahrlich, ich sage euch, und mögen diese Worte für immer in eurem Gedächtnis bleiben: an jedem Tag eures Lebens nährt ihr euch von meinem Vater, der auch der eure sein will, ihr nehmt Sein Leben auf. Seid also seine reinsten Tabernakel. Lernt, die Liebe zum Ewigen zu verwandeln, denn er schlummert in dem, wonach ihr verlangt. So werdet ihr das Göttliche erkennen, das in jedem Ding strahlt, und dies ist der Beginn des wahren Weges.

Es gab ein Gedränge, dann hörten wir die Namen von Johannes, Andreas, Jakobus und anderen, die sich gegenseitig riefen. Eine kleine Gruppe schien einen Wall um den Meister zu bilden, der sich schnell daraus befreite.

Zwei Frauen und drei Männer schoben sich durch die Menschenmenge, aber sie kamen nicht durch ... Ich sah, wie die große weiße Gestalt sich langsam auf sie zu bewegte, ihnen die Hand auf die Stirn legte und dann zwischen den Holzstößen in einer Gasse verschwand. Wir folgten ihr nicht, denn wir kannten aus Erfahrung den regelmäßigen Wunsch des Meisters nach Einsamkeit. Dann begannen wir schüchtern, ein paar unentwegten Zuhörern zu erklären, was der Rabbi unserer Ansicht nach hatte sagen wollen.

Andreas, Johannes und die acht anderen, die sie begleiteten, taten das Gleiche, und vielleicht erleichterten ihre ärmlichen, geflickten Gewänder ihnen die Aufgabe; sie machten sie in gewisser Weise glaubwürdiger. Denn für viele repräsentierten wir eine Philosophie, und das schadete uns ... Wir wagten nicht, uns Andreas und seinen Gefährten allzu sehr zu nähern. Der Meister schien sie ausgewählt zu haben, hatte sie vielleicht einzeln geprüft. Und wir? Würde unsere Bestimmung je genau festgelegt werden?

Geduld bildet die Seele, wiederholten wir uns, möge sie sie nicht gefühllos werden lassen!

Es war dies das Spiel unseres Egos, und wir waren uns seiner bewusst; aber für einige von uns hätte es fast das Glück verdunkelt, das die Gassen Kapernaums erfüllte ... Am folgenden Tag gingen wir in die Berge. Wir brauchten ein paar Kräuter, die für die Abkochungen unentbehrlich waren. Bevor die heißen, trockenen Monate begannen, musste in der Morgendämmerung gesammelt werden – dann, wenn aufgrund der aus dem Boden steigenden Kraft in den Tiefen der Blütenkelche Diamanten perlten. In der Bruderschaft gab es den Brauch, sich nackt im morgendlichen Tau hin und her zu rollen. Wie man uns versichert hatte, besaß diese Praxis die Eigenschaft, den Vitalkörper wieder aufzuladen, ihm eine Jugendlichkeit zu verleihen, die man durch alle möglichen Tränklein vergeblich zu gewinnen versuchte.

Die Überlieferung lehrte uns seit jeher, dass im Tau etwas vom himmlischen Vater und der Erdenmutter enthalten sei. Er war in gewisser Weise die Hochzeit der letztendlich einen, aber differenzierten Kraft, die Verbindung der beiden scheinbar gegensätzlichen Prinzipien. Aus dieser Hochzeit konnte flüssiges Gold entstehen, wenn man den flüchtigen Augenblick des ersten Sonnenstrahls nicht verpasste.

Wir waren zu viert, zwei Frauen der Bruderschaft, Simon und ich, und wanderten gerade über die sanften Abhänge eines Hügels, als wir einen hoch aufgeschossenen Mann mit dunkelbraunen Haaren sahen. Er grüßte uns von weitem, und wir erkannten sofort einen der Gefährten des Andreas. Erstaunlich behände ging er in dieselbe Richtung wie wir, die halblange rote Tunika flatterte im frischen Wind. Suchte er uns etwa? Wieso wusste er, wo wir waren? Er suchte uns tatsächlich – oder besser: er war sicher, uns zu finden.

Wenn ihr ihn sehen wollt, der Meister ist dort oben, sagte er ohne weitere Einleitung und wies mit dem Finger auf den abgerundeten Gipfel eines Hügels, der mit dicken grauen Steinen übersät war. Es bedurfte keines weiteren Wortes, und schon stiegen wir über niedriges Dornengesträuch, Disteln und Myrtengewächse in die angegebene Richtung. Bei unserem Näherkommen flohen ein paar verstreute Schafe.

Der Meister war tatsächlich da. Er hatte sich an den Stamm eines großen Baumes gelehnt und unterhielt sich mit zweien von denen, die wir jetzt als seine nahen Schüler empfanden. Wir begrüßten ihn, wie es in der Bruderschaft üblich war, und er antwortete ebenso. Wir wussten nicht, wie wir uns an der Diskussion beteiligen sollten, aber wir sahen bald, dass sie die Fortsetzung des gestrigen Gesprächs in der Stadt bildete.

Lehrt die Menschen, an der Basis ihres Wesens zu arbeiten, sagte der Meister und betonte die Silben so, dass ich an einen Gesang erinnert wurde. Ihr wolltet, die Menschen hätten Flügel, und dabei haben sie noch nicht einmal Füße. Wenn sie die Erde nicht als ihre nährende Mutter anerkennen, könnt ihr davon ausgehen, dass sie ihr ganzes Leben lang meinen Vater verzweifelt suchen werden.

Ihr strebt danach, anderen die Herzen zu öffnen. So wisst, dass eine eurer Aufgaben darin besteht, das Volk der Erde zu lehren, sich von der Basis her zu läutern. Ich meine damit, dass es sich von der Göttlichkeit der kleinsten Dinge überzeugt und sich entsprechend verhält. Vielleicht glaubt ihr, schnell zu positiven Ergebnissen zu kommen, aber täuscht euch nicht. Das Überzeugen ist einfach, aber nur wer aus dem Herzen spricht, gibt den Worten ihr ganzes Gewicht. Eure Aufgabe besteht nicht so sehr im Überzeugen, als vielmehr darin, Verständnis zu wecken. Zwischen diesen beiden Begriffen liegen Welten! Wer von sich sagt, er sei überzeugt, bleibt das Spielzeug seines Intellekts, und jede neue Philosophie wird ihn ins Straucheln bringen. Verständnis dagegen bedeutet, etwas zu wissen, das man in seinem Innersten erfahren hat. Im Namen meines Vaters werdet ihr also sagen: Betrachtet euer innerstes Wesen, wenn ihr sucht, denn ohne es zu wissen, habt ihr bereits alles gefunden, ihr seid Menschen und besitzt alle Schätze in euch selbst! Aber hütet euch, meine Brüder, denn ihr solltet nur das lehren, was eure Herzen leben können. Wenn der Kelch eurer Liebe halbvoll ist, können nur wenige aus ihm trinken. Daher bitte ich euch im Namen all dessen, was uns diese Augenblicke erleben lässt: Erneuert eure Körper, damit ihr die der Menge auf andere Ebenen erheben könnt. Lernt, das innerste Mark aller Nahrungsmittel dieser Erde aufzunehmen. Eure Mahlzeiten sollen Zeremonien sein! Die grundlegendste Kunst des wahren Menschen besteht darin, die Nahrung zu beherrschen, sie im Rhythmus seines Körpers schwingen zu lassen.

Dies sind keine leeren Worte, sondern die Beschreibung eines konkreten Phänomens. Denn die Beherrschung der Nahrung bedeutet die Beherrschung der Gedanken. Eure Gedanken sind die einzige Kraft, die die Nahrung vergiftet oder läutert. Wenn ihr die Orte und Umstände, an denen ihr im Himmel erschaffen wurdet, sehen könntet, würdet ihr eurem Körper nur noch ein Viertel von dem geben, was ihn gewöhnlich ernährt … Ihr müsst die Nahrung beleben, wenn ihr sie esst. Begreift, dass ihr während des Essens dem großen Schöpfungsplan dient, denn ihr habt die Fähigkeit, das, was ihr aufnehmt, zu verfeinern. Damit meine ich nicht die Arbeit eures Körpers, sondern die eures Geistes, denn der Geist prägt eurer Ätherflamme seine Befehle ein. Ich sage euch, Brüder, eure Liebe kann eurem Ätherwesen befehlen, die vitalstofflichen Bestandteile jeder Nahrung zu verändern. Ihr versteht nun, wie groß die Verantwortung des Menschen auf dieser Erde ist. Er steht im Mittelpunkt aller Austauschbeziehungen, er ist das Feld für die Verwandlung der Kräfte.

Meister, unterbrach unser Führer von zuvor, was ist mit dem Wein? Viele Kaufleute griechischer Herkunft behaupten, dieses Getränk sei heilig; aber wir alle haben schon gesehen, dass den Leuten dabei der Verstand abhandenkommt …

Hast du das Problem nicht bereits selbst gelöst, Judas? Ein Mann ohne Vernunft gleicht einem Schiff ohne Steuerruder. Aber auch die Meinung des griechischen Volkes ist nicht völlig unbegründet. Ebenso wie das Land der roten Erde, so hat auch Griechenland sehr viel vom Wissen des alten Landes Atl ererbt, mit dem es übrigens nicht immer freundschaftlich verbunden war.

Die Zubereitung gegorener Getränke wurde eingeführt, als die Herrschaft des Kontinents von Atl zu Ende ging. Die Elohim meines Vaters sahen, dass die überwiegende Mehrheit der Menschen sich ganz dem Spiel der Materie ergeben hatte. Die großartigen Taten, die sie mit Hilfe der Riten ausführen konnten, wurden gar nicht mehr mit der Allgegenwart der Großen Kraft in Verbindung gebracht. Man herrschte durch den Willen, ohne sich der Reiche bewusst zu sein, in denen er agiert. Die Wesen vergaßen allmählich, dass es höhere Zustände des Bewusstseins gibt. Auf Veranlassung der Sterne lehrte daher ein Hohepriester des *Einen* namens Mayan, wie man auf der Grundlage von Getreidekörnern eine gegorene Flüssigkeit herstellen konnte. Wenn sie im Verlauf gewisser Riten in einem bestimmten Mischungsverhältnis aufgenommen wurde, erlaubte sie die Erfahrung der verschiedenen Körper, die der Mensch bewohnen kann. Es war dies nicht der Wein, den wir heute kennen und den die Menschen später durch die Übertragung ihrer Kenntnisse von sich aus entdeckten. Die Flüssigkeit, die ich meine, konnte durch die zu einer bestimmten Zeit geöffneten Türen die Erlösung bewirken[71]. Ihre Zubereitung und Aufnahme folgte genau festgelegten Ritualen und war von einer Geisteshaltung bestimmt, die der von mir eben geschilderten gleicht. Nun sagt mir, Brüder, ob es euch heute, da das Volk sich einer höheren Dimension seines Daseins wieder bewusst geworden ist, noch geraten erscheint, Wein zu trinken ... auch wenn seine Kenntnisse noch sehr verworren sind ...

Wir müssen also den Wein verbannen, Meister!

Das habe ich nicht gesagt, Judas. Du musst dich in gewissem Maß deiner Epoche anpassen. Wenn du willst, dass man dir zuhört, dann solltest du von den anderen nicht allzu verschieden sein. Eine bewusst aufrechterhaltene Unterschiedlichkeit ist oft die Wurzel eines unausrottbaren Hochmuts! Wenn du willst, dass man auf die dir innewohnende

---

[71] *Vgl. die Verwendung von Met, Ambrosia, Soma in der Antike*

Gottheit hört, solltest du das Menschliche, das ihr als Stütze dient, nicht völlig vertreiben. Ich versichere dir, dass die Nichtbeachtung dieser Regel bei den anderen eher Furcht als Liebe auslöst. Was immer du sagen oder tun wirst, der Wind wird es in alle Richtungen davontragen.

Ja, Judas, der Vater hat mir alle Kraft gegeben, die dem *Menschen* verheißen wurde, aber auch die Eigenschaften der gewöhnlichen Sterblichen ... Ich werde den Wein trinken, den man mir anbietet, aber mein Wille wird seine Menge beschränken.

Ich bin der Versöhner, meine Brüder, nicht der Prophet der Asketen in den Bergen!

Bei diesen Worten erhob sich der Meister und begann, am Kamm des Hügels entlangzuwandern.

Für euch ist es nicht wichtig, dass man die richtige Zubereitungsart des Weines nicht mehr kennt. Erinnert euch nur an meine Worte, wenn ihr ihn trinkt! Was für ein Zeitalter gut und richtig war, kann für ein anderes von Übel sein. Erst wenn ihr das Göttliche in euch verwirklicht habt, könnt ihr die beiden Begriffe in eurem Wesen verschmelzen und sie durch eure Liebe transzendieren.

Was wartet ihr noch, um beide Tendenzen in einem Punkt eures Wesens zusammenzuführen? Aus der Begrenzung der Erde mit dem Kosmos, der Waagerechten mit der Senkrechten, entstand seit jeher das kreuzförmige Bild der Wahl. Lernt, euch in sein Zentrum zu stellen, denn dort wohnt das sonnenhafte Feuer meines Vaters, dort wird die Essenz eures Wesens erblühen ...

Auf einem schmalen Pfad wanderten wir zu einer Zederngruppe. Die Sonne konnte sich nicht richtig entschließen, den morgendlichen Nebel zu durchdringen, und beim Weitergehen beobachteten wir den See, über dem ein milchig blaues Licht lag. Sicher war es auf den Höhen noch kühl. Ich erinnere mich nicht mehr daran, was hat es heute noch für eine Bedeutung?

In jenen Augenblicken des stillen Wanderns begriffen Simon und ich ganz klar, dass der Mund des Meisters zwei Lehren verbreitete.

Die eine richtete sich an das Volk von Palästina in seiner Gesamtheit, die andere an eine kleinere Gruppe von Männern und Frauen, zu der – und dafür dankten wir dem Himmel – bis jetzt auch wir gehören durften. Eine Zeitlang glaubten wir, er wolle so eine Schule schaffen, die einer Elite vorbehalten war, aber dem war nicht so: bei seinen Ansprachen richtete er sich vielmehr nach dem Verständnis der Menschen, die er vor sich hatte, und wer weiß, ob nicht einigen der zehn, die ihm folgten, noch eine dritte Form der Lehre zuteilwurde ...

Diese scheinbaren Unterschiede bedeuteten uns wenig. Wir hatten gelernt, in ihnen eine weitere Illusion zu sehen, einen Streich, den der alles vereinnahmende und zerteilende Verstand uns spielte. Die Worte, die wir hörten, waren wie eine sehr weit nach oben reichende Treppe. Auf welcher Stufe würde sie uns platzieren? Wir kümmerten uns nicht mehr darum, denn war die Treppe nicht schließlich eins? Wir gingen neben einer Sonne, das genügte.

Der Baum mit den sieben Wurzeln

Wir begegneten ihnen von Stadt zu Stadt, in Magdala und Tiberias ... Immer wieder fielen uns in der Menge bestimmte Gesichter auf. Sie gehörten einem reichen Landbesitzer, einem Fischer und seiner Familie, manchmal auch einem Bettler oder einem geschäftig tuenden Händler. Drei Monate waren seit unserer Ankunft am Ufer des »Galiläischen Meeres« vergangen, und schon bemerkten wir, dass sich um die Gestalt des Meisters ein noch informeller Kern zu bilden begann. Niemand kannte den anderen – jedenfalls schien es so. Aber alles deutete darauf hin, dass sich hier, hinter den täuschenden Masken der irdischen Rollen und des Karmas, alte Seelen wiederfanden. Sie begegneten sich, diese Seelen, sie tauschten einen Blick, noch kannten sie nur die Sprache der Stille. Der, dem wir jeden Atemzug weihten, durchwanderte unterdessen mit überraschender Geschwindigkeit die ganze Gegend, in jedem Marktflecken am Ufer des Sees hielt er sich auf. Es war, als wolle er ihre jeweils unterschiedliche Atmosphäre aufnehmen und eine unauslöschliche Spur seines Wirkens hinterlassen. Die Heilungen und öffentlichen Reden waren nicht mehr zu zahlen. Gruppen von Männern und Frauen kamen aus Samaria und Judäa und errichteten Zeltlager. Die militärischen und religiösen Autoritäten stellten sich taub, denn die Worte des »Nazareners« trugen zur allgemeinen

Befriedung bei und schienen nicht vom Willen zur Macht beseelt. Für viele war er sicher nur ein Prophet mehr ...

Nur wenige Essener zeigten sich an unserer Seite. Wir wussten, dass es so sein musste, denn die meisten waren angewiesen worden, den Meister nicht zu offen aufzusuchen. Diese Entscheidungen stammten vom Hohen Rat der Bruderschaft in Jerusalem, der sie seinerseits aus Heliopolis erhalten hatte. Es wurde immer klarer, dass der Gesandte des Höchsten frei von jeder bereits bestehenden Lehre seinen Weg gegen musste, auch wenn der Körper Jesu ihn auf immer mit der Bruderschaft verband. Auch wir näherten uns ihm nur, wenn es nicht weiter auffiel und Ort und Stunde günstig waren; ebenso zögerten wir nicht, seinem Rat zu folgen und unsere weiße Robe gegen die Tunika eines Fischers oder irgendein anderes volkstümliches Gewand einzutauschen. In dieser Kleidung trafen wir ihn mehrmals am Ufer des Sees in Richtung Magdala, abseits von allen menschlichen Siedlungen. Wieder einmal war Judas unser Führer. Er schien seltsam erregt. Wie manche Menschen, denen wir begegnet waren, wartete er auf eine spektakuläre Aktion. Ganz Palästina müsse in Bewegung kommen, rief er, und die überwältigende Zahl der Heilungen würde schließlich alle überzeugen. Er fügte hinzu, wir müssten uns den Zeloten anschließen, damit »die Kraft mit dem Glauben zusammenginge«. Wir schwiegen, die Ansichten eines Mannes, den wir von solchen Vorstellungen weit entfernt geglaubt hatten, verwirrten uns. Warum war er gewählt worden, er, dessen Herz mehr zum Aufstand als zum Frieden neigte? Als wir den Meister erreichten, war es, als habe er unsere geheimen Fragen erraten. Ungefähr fünfzehn Männer und Frauen saßen in seiner Nähe auf Kieselblöcken am Ufer und warteten; vielleicht fünf andere, unter denen wir die bereits hier und da erblickten Gesichtszüge bemerkten, kamen noch dazu.

Wer, glaubt ihr, waren zu allen Zeiten die Abgesandten des Allerhöchsten? sagte plötzlich die hohe weiße Gestalt, die mit dem Rücken zum Meer stand. Sie waren weniger Philosophen als vielmehr Männer des Kampfes. Eure Gesichter zeigen mir, dass ihr überrascht seid,

Brüder ... Aber wisst ihr überhaupt, was ein Mann des Kampfes ist? Es ist ein Mann, der keine Ruhe kennt ... Es ist einer jener Arbeiter, einer jener Goldschmiede der Seele, den auch die unwirtlichsten Gebiete nicht abschrecken. Was bleibt von den Worten, wenn sie nicht Taten verheißen? Was bleibt von den Worten, wenn die Taten ihnen zuwiderlaufen? Lasst also eure Worte auch Taten sein! Begreift, dass ein Wort eine Verpflichtung zur Liebe sein kann, die der Menschheit entgegenläuft; ich spreche von einer spürbaren Welt, die in eine andere übergeht. Wenn das Wort zur Tat wird, ist das Ziel erreicht, denn dann hat die Verwandlung begonnen.

Dies ist die einzige Energie, die ihr verwenden solltet, die einzige, die Macht besitzt, denn nur sie ist schöpferisch. Das himmlische Schwert kann keine andere Gestalt haben als die der Spitze eures Herzens. Wenn ihr dieses Gesetz kennt, habt ihr die Schlacht gewonnen, bevor sie begonnen hat, sie wird zu einem Geschenk. Die Liebe, das versichere ich euch, kennt die zergliedernden Kräfte nicht, die ihr gegenüberstehen, denn in der Welt, zu der nur sie Zutritt hat, ist ihr Sieg seit jeher vorgezeichnet ...

Der Meister schwieg ein paar Sekunden, stetig schlugen die Wellen an die bläulichen Kiesel und erfüllten unsere Herzen mit ihrem rhythmischen Gleichklang.

Die hohe Gestalt hob sich so hell von den dunklen Wassermassen ab, dass wir den Blick senken mussten ... Dies war keine Unterwerfung ... Man unterwirft sich der Liebe nicht, man nimmt sie in sich auf und macht sie zu seiner eigenen. Wir wurden uns des Wegs bewusst, der noch vor uns lag, wir fühlten uns klein und groß zugleich. In uns brodelte ein seltsames Gemisch aus Stolz und Demut. Ein königlicher Weg wurde uns eröffnet, aber man musste ihn mit einer Einfachheit betreten, als sei er ein Maultierpfad.

Wieder ließ sich die unergründliche Stimme des Meisters vernehmen, und wir blickten hoch.

Seit Tagen und Wochen spreche ich nun schon von meinem Vater, der Liebe, dem Herzen der ganzen Menschheit. Ich weiß, manche halten dies für Bilder, für möglicherweise langweilige Spiegelungen unsichtbarer Welten. Daher frage ich: Was ist zu tun, damit die mit Hilfe von Worten geschaffenen geistigen Bilder genährt werden, damit sie nicht leere Hülsen bleiben, die man mit philosophischen Konzepten zu füllen versucht? Ich sage euch, beginnt damit, den Strom wiederherzustellen, der euch mit der Natur verbindet. Über und unter euch zerspringen unzählige Formen des Lebens vor Freude, und ihr habt sie vergessen!

Merkt euch: Der Mensch gleicht einem Baum, der sich auf dieser Erde entwickelt. Sieben Wurzeln hat der Kosmos ihm gegeben und sieben Äste. Zuweilen erahnt das Bewusstsein einige von ihnen und treibt ein paar Knospen … aber so ungeordnet!

Die sieben Wurzeln sind die Kräfte der Erde, die ihn nähren. Anders als im Pflanzenreich sind sie sichtbar und tragen die Namen Mutter Erde, Erdboden, Leben, Freude, Sonne, Wasser und Luft. Durch ihr Wirken erhalten wir unsere Nahrung. Sie bilden ein ganzes Volk von Wesen, die uns das Beste einflößen, was die Große Mutter für uns bereitet hat.

Die sieben Äste dagegen entwickeln sich im transzendenten Äther. Sie heißen Himmlischer Vater, Ewiges Leben, Schöpferische Arbeit, Friede, Kraft, Liebe, Weisheit.

Ihr seid wie der Baum, der noch sucht, wie er sich harmonisch entwickeln kann; er hat sich in zwei Tendenzen gespalten, die sein Stamm mit der zu rauen Rinde anscheinend noch nicht zusammenführen kann.

Damit die Kräfte der Erde und des Himmels in euch einfließen, hier nun die Regeln des Lebens.

Wir sahen uns fragend an, und der Meister unterbrach sich. Bis jetzt hatte er immer von einer umfassenden, unmittelbaren Liebe gesprochen, die unser Wesen in dem Moment erfüllen konnte, in dem wir ihrer vollkommen bewusst wurden. Es genügte zu lieben, nicht neue Regeln anzunehmen.

Was wollt ihr lieben? fuhr der Meister fort. Unsere Gedanken waren ihm nicht verborgen geblieben. Die von euch erstrebte vollkommene

Liebe wird nie eine vage, unkontrollierte Liebe sein. Sie folgt bestimmten Kraftlinien, deren Verzweigungen sich ins ganze Universum erstrecken.

Lernt also eine Zeit lang diese Kanäle kennen, lernt, sie zu beherrschen, damit sie zu einer Verlängerung eures Körpers werden. Ich will euch keine neuen Regeln aufzwingen, Brüder, ich schlage euch lediglich den Schlüssel zu einer Reinigung vor, durch die ihr zu Verbündeten meines Vaters werdet.

Drei Monde lang sollt ihr täglich zwei Meditationen ausführen und nichts essen, was durch Feuer, Wasser oder Frost zugrunde gegangen ist, nichts, was mit einer Temperatur zubereitet wurde, die über der des menschlichen Körpers liegt.

Wisst, dass kein Detail willkürlich ist. Jede oberhalb der Temperatur des menschlichen Blutes liegende Hitze zerstört die wichtigsten nicht sichtbaren Qualitäten des zeugenden Lebens[72].

Diese Angaben des Meisters bezeichneten die zweite Stufe unserer Bewusstwerdung. Um die konkrete Erfahrung des inneren Lichts zu machen, mussten wir unsere Lebensweise erneuern. Der Meister wollte zwar keine Asketen heranziehen, aber er wollte doch die Gewohnheiten ändern.

Damit kamen auch alte Regeln wieder zu Ehren, die im Allgemeinen ein Schattendasein führten und deren tiefgreifende Wirkung er kannte.

Zweimal täglich führten wir nun im Hof des Betsaid eine gelenkte Meditation aus. Ein paar Dattelpalmen schützten uns vor den Sonnenstrahlen, und oft erahnten wir die Gegenwart eines großen weißen Wesens an unserer Seite. Wir wussten dann, dass Er bei uns war – aber gleichzeitig war er auch fern von uns, in einem kleinen Boot vielleicht oder in einem einsamen Zelt in den Bergen, wo er mit seinem Vater sprach – und wir waren glücklich, seine Ratschläge anzuwenden.

---

[72] *Wir würden heute sagen, dass es sich um eine Rohkost-Ernährung handelt, die den verschiedenen Epochen und Ländern angepasst ist.*

Der heilige Tag der Bruderschaft war seit jeher der Freitag; es war der Tag, der Mond-Sonne geweiht war[73]. An diesem Tag sollten wir die verschiedenen Flammen unseres Wesens reinigen und uns vom Aufgang der Sonne an mit den zahlreichen Kräften der Natur versöhnen, indem wir die von der Bruderschaft gelehrten Rituale intensivierten.

Dem Meister lag vor allem daran, dass wir die ätherische Natur unseres Körpers durch die gelenkte Arbeit des Willens reinigten. Er sagte, dass die Wellen des menschlichen Willens meist die Wesen störten, die sich im Inneren des Elements Erde entwickelten. Der Mensch hatte sich von seinen Wurzeln abgeschnitten – sei es auch nur durch die sogenannten »Parasiten«, deren Natur er annahm.

Nachstehend nun die uns von Christus-Jesus gegebenen Themen, über die wir fast drei Monate lang Tag für Tag meditierten.

Der Freitagmorgen war Atemübungen vorbehalten, bei denen unser Geist sich auf die Aufnahme feinstofflicher Energien konzentrieren sollte. Abends meditierten wir über den Himmlischen Vater und die Verbindung mit seinen schöpferischen Kräften.

Der Samstagmorgen war der Mutter Erde gewidmet, wir versuchten, die Einheit unseres physischen Körpers mit den nährenden Kräften der sichtbaren Natur zu verstehen. Wir beschäftigten uns hauptsächlich mit dem Wesen der Nahrung und ihrer Aufnahme. Abends versenkten wir uns in den Begriff »Ewigkeit des Lebens«; im Zustand der Rezeptivität versuchten wir, das Wissen um zukünftige Ereignisse zu entwickeln.

Der Sonntag war dem Geist des Bodens und der Kraft der Erneuerung in Natur und Mensch geweiht. Wir nahmen die Energie wahr, die heute Kundalini-Kraft genannt wird, wir versuchten, sie in Anspruch zu nehmen und zu lenken. Wir leiteten ihr Feuer in jede endokrine Drüse, um eine persönliche Regeneration zu bewirken.

---

[73] *Im Lateinischen: Dies Veneris = Tag der Venus; der deutsche »Freitag« bezieht sich auf den Fria, der Gemahlin Wotans und Schutzpatronin der Ehe, geweihten Tag. (Anm. d. Üb.)*

So war es ganz natürlich, dass wir am Abend desselben Tages unsere Meditation auf die Idee der schöpferischen Arbeit und die Bedeutung der Künste für die volle Entfaltung des Bewusstseins ausrichteten. Wir versuchten, die reinste Liebesströmung auszusenden, derer wir fähig waren.

Beim Aufgang der Sonne am Montag dankten wir dem Leben und versuchten, Harmonie und Parallelität von Mikrokosmos und Makrokosmos zu durchdringen. Diese Meditation, die gleichzeitig ein Gebet war, endete damit, dass wir längere Zeit den Stamm eines ausgewachsenen Baumes mit den Händen umfassten. Heute wird darin nur eine symbolische Geste gesehen, für den Wissenden bedeutet sie jedoch weit mehr. Am Abend riefen wir den Geist des Friedens an – auch er keine Idee oder ein Symbol, sondern ein Egregore, auf dessen Hilfe wir hoffen dürfen.

Der Dienstagmorgen war dem Begriff der Freude geweiht; wir betrachteten die Schönheiten der Natur und erfuhren so die heitere Ruhe, die uns des Abends erlaubte, die planetarischen Einflüsse aufzunehmen. In unserer Vorstellung sandten wir die Strahlung der Planeten zu den Organen, die ihnen im Körper entsprachen. Ebenso nahmen wir am folgenden Morgen die Strahlen der Sonne auf und beschäftigten uns mit ihrer Einwirkung auf die Haut und die sogenannten Chakras. Diese Übung war vorzüglich geeignet, die Fähigkeiten des Heilens zu fördern, und so meditierten wir am Abend über das Mitgefühl, das nichts anderes ist als eine Form der Liebe.

Am Donnerstagmorgen sannen wir über den Kreislauf des Wassers im Universum nach , wir ließen uns von seinen ewigen Zyklen und seiner erneuernden Kraft leiten und nahmen analog die Blutströme des Körpers wahr, deren grundlegende Gesetze wir zu verstehen suchten. Letztlich war es die Seele, die die Qualität unseres Blutes kontrollierte. Diese Erkenntnis fand ihre natürliche Fortführung in der Donnerstagabend-Meditation: sie galt der Erfahrung der Weisheit. Der Meister erwartete von uns, dass unser Geist mit dem kosmischen Ozean verschmolz.

Auf diese Weise vergingen fast drei Monde. Wir durften unsere Meditationen auf gar keinen Fall forcieren, denn dann wäre das Ergebnis gleich Null gewesen. Diese den Idealen Zerahs so nahe Lebensweise verwandelte uns alle ganz erstaunlich. Dabei durften wir uns jedoch nicht zurückziehen. Gleich nach Beendigung der Übungen nahmen wir unsere täglichen Beschäftigungen wieder auf: wir versorgten die Kranken, die aus der ganzen Umgebung zu uns kamen, und mischten uns unter die Menge, die immer öfter dem Rabbi gegenüber der Synagoge oder an den Toren der Stadt lauschte. Gegen Ende dieser »Einstimmung« auf den Geist der Erde fand ein Ereignis statt, das sehr viel bedeutete.

Am Schluss unserer Meditationsübungen geschah es oft, dass wir die Wahrnehmung unseres physischen Körpers verloren. Wir wussten dann ganz konkret, dass wir nur eine Hülle bewohnten und dass nur wenig daran fehlte, dass wir diese hinter uns ließen und zu neuen Ufern nie geahnter Schönheit davonschwebten. Simon und ich hatten diese Erfahrung mehr als einmal gemacht, er im Karmel, ich in der Gesellschaft Zerahs. Entsprechend der offiziellen Lehre der Bruderschaft existierte ein »Ich« noch in vielen Bereichen der transzendenten Seele, wir fanden das nur natürlich und waren glücklich, das, was die Philosophien durch Worte zu beweisen suchten, selbst zu erleben. Denn in Wahrheit ist nichts zu beweisen, alles muss gelebt werden. Nicht die Tatsache, dass ich meinen an eine kleine Ziegelmauer gelehnten Körper verließ, prägte mir also jenen Morgen des Monats Tischri[74] ein.

Mein Lichtkörper schwebte eine Zeitlang über den Ufern des Sees zwischen den Zweigen der Olivenbäume. Die pastelligen Farben Galiläas wurden zu einem Regenbogen kristallheller, glitzernder Pailletten.

Ich wünschte nichts anderes, als mich von dieser geheimnisvollen Astralwelt wiegen zu lassen, die scheinbar ziellos die noch

---

[74] *Gegen Mitte September*

der Erde verhafteten Seelen lenkt ... Und plötzlich konnte »ich«
nur noch staunen. Wasser, Feldarbeiten, Olivenbäume verschwanden ... Über mir war nichts als ein riesiger Lichtkegel, der mich
zu rufen schien und der mich schließlich aufsog. In Wahrheit
dauerte dies alles nur kurze Zeit – gerade die Zeit, die notwendig
ist, damit ein Herz sich der Liebe öffnet. Ich befand mich in
einem riesigen Saal mit unzähligen Säulen, die durchsichtiger waren als Kristall. Ich fühlte, wie alles vibrierte und dachte an einen
lebendigen Palast, an einen von unserem Körper nie erahnten
Ort, an dem die Seele den Hauch der Gottheit erfährt. In dieser
lichtvollen Umgebung stand der Meister, die Hände rituell vor
der Brust gekreuzt.

Sieh, Miriam, sagte er, und kaum bewegten sich seine Lippen,
dieser Ort ist die Konkretisierung aller Wünsche des Friedens. Es ist ein
Ort der Kraft, ein Ort, an dem das Denken sich verzehnfacht und die
Liebe sich ins Unendliche vervielfältigt. Du und alle, die den Ruf des
Vaters vernehmen, sollen sich von nun an während des Schlafs hier
versammeln; ich werde bei euch sein, und wir werden am Weg arbeiten.
Jeder Mensch hat die Aufgabe, sich ein solches Heiligtum zu erbauen,
in dem er Nacht für Nacht für die Menschheit wirken kann. Man muss
es wollen, Miriam, nur Liebe und Willen können Welten, können Paläste
des Friedens erschaffen.

Ebenso wie auf der Erde, so wird von nun an auch hier der Plan meines Friedens entworfen. Es wird dir nicht immer bewusst sein, aber
mein Ziel wird euch hier gelehrt werden ... Ich will den Wesen nicht
helfen, ich will ihnen helfen, sich selbst zu helfen ... denn nur sie selbst
können sich aus ihrem Kokon befreien!

Der Meister lächelte darauf fein und erhaben; sein Blick sprühte
vor Zärtlichkeit ...

Ich erinnere mich nur, dass ich den unwiderstehlichen Wunsch
verspürte, auf ihn zuzugehen und vor Glück zu weinen oder irgendetwas anderes zu tun, das es in unseren Herzen noch nicht
gibt ... Mit einem weißen Blitz war alles vorbei.

275

Mein physischer Körper hatte mich gerufen. Er war da, oder besser ich war da, unter mir, ich wartete starr wie ein Leichnam im Schutz einer Mauer des Betsaid, auf der das Licht stand. Simon und zwei andere Brüder meditierten noch ...

Bald spürte ich die Berührung der warmen Ziegel, die Sonne streichelte meinen Fuß ...

Wo seid ihr, kleine Partikel von Erde, Wasser und Feuer, die ihr in jenen Stunden mein Gewicht gehalten habt? Wohin haben die Füße der Menschen euch getragen? Sicher kennt euer Gedächtnis noch den Augenblick, in dem meine Seele davonflog ...

Unterwegs nach Jericho

Johannes hat uns diesen Weg gezeigt und uns hier versammelt. Fast alle von uns haben ihm in den Wochen zugehört, in denen er, fast bis zu den Hüften im Wasser stehend, an der Furt predigte.

Der Mann, der diese Worte sprach, besaß eine scharfgeschnittene Adlernase; an seinem Blick war der lange Weg abzulesen, den er bereits hinter sich hatte. Er hieß Jakobus und gehörte zu der kleinen Gruppe, die der Meister auserwählt hatte. Wie die meisten seiner Kameraden trug er über einer halblangen Tunika aus grobem Leinen ein primitives Schwert. Der Nachmittag begann gerade, und wir stiegen die Abhänge eines Berges hinauf, auf dessen Gipfel wir manchmal den Meister trafen. Die ersten Winterwochen hatten ihre Kühle über Palästina verbreitet, und schüchterne Sonnenstrahlen begleiteten unseren Weg durchs Gestrüpp.

Es war so, sagte Jakobus. Andreas, die anderen und ich dachten schon lange, dass irgendetwas sich ändern müsste. Wir erstickten an diesen Ufern, wir waren völlig abhängig von der Gnade der Zeloten, der römischen Legionen und selbst den Wechselfällen des Fischfangs! Deshalb sind wir zu Johannes gegangen. Es ist hier sehr viel von ihm gesprochen worden, und was man uns von ihm berichtete, war ganz anders als alles, was wir bisher gehört hatten. Nein, Miriam, das Gerede in der Stadt stimmt nicht, auch wenn man dort mit Fingern auf mich zeigt. Ich war dem Ewigen nicht nahe, bevor ich am Jordan war. Ich hatte einfach genug von diesem Leben, von dieser unkontrollierbaren Angst, die mir das Herz zerfraß und für die ich eigentlich keinen Grund angeben konnte. Ich kann dir versichern, dass es bei den anderen, außer bei Simon und Levi, fast genauso war. Als wir Johannes begegneten, war das wie eine totale Offenbarung, und ich glaube wohl, dass ich bei ihm geblieben wäre, wenn er uns nicht in der Menge einen Mann gezeigt hätte, einen weißgekleideten Mann im Schatten eines Felsens, der die Hände ans Gesicht presste und zu beten schien. Das Weitere kannst du dir denken! Wir wagten jedoch nicht, zu ihm zu gehen, und brachen wieder nach Kapernaum auf; wir waren sicher, dass er dorthin kommen würde. Aber du kannst mir glauben: Meiner Meinung nach haben wir bei dem, was geschehen ist, überhaupt nichts entschieden. Es war, als hätte uns jemand erst hierhin, dann dorthin geführt und unseren Herzen Verhaltensweisen vorgegeben, die mir heute als widersinnig erscheinen. Ich weiß nicht, ob ich frei bin, Miriam; ich weiß immer noch nicht, ob der Meister und Johannes Zauberer sind, die meine Seele entführt haben … Ich weiß nicht, wo ich hingehe, aber ganz sicher weiß ich, dass ich nicht mehr zurückkehren kann! Der Meister selbst hat die ersten Schritte auf mich zu getan, ich war gerade dabei, mein Boot zu entladen. Ich wusste nicht, dass er in der Stadt angekommen war, er aber schien über meine Familie und mich alles zu wissen …

Wundert dich das wirklich? unterbrach Simon, der sich jetzt in die Unterhaltung einmischte.

Jakobus lächelte verlegen und begnügte sich damit, ein »Nein« zu murmeln; dann erklärte er, der Meister habe ihm versichert, ihn früher bei Elias gekannt zu haben.

Ich spürte, dass ihm das ein wenig Angst machte, aber ich verstand auch, dass er glücklich war …

Als wir den Gipfel des Berges erreichten, blies uns ein eisiger Wind ins Gesicht. Wir entdeckten den Meister in der Höhlung eines Felsens. Wir hatten ihn seit mehr als drei Wochen nicht gesehen und bemerkten, dass er erheblich an Gewicht verloren hatte, sein Blick und sein Körper waren jedoch noch lichtvoller als zuvor. In den Jahren, in denen wir das Glück hatten, ihn begleiten zu dürfen, erlebten wir solche Phasen der Abmagerung mehrere Male. Sie folgten immer auf Zeiten, in denen er sich völlig zurückzog; selbst für seine nächsten Schüler war er dann verschwunden. Erst nach vielen Jahren erfuhren wir den Grund: Zwei große Eingeweihte der Bruderschaft waren vom Hohen Rat in Heliopolis damit beauftragt worden, besonders auf ihn zu achten. Man muss wissen, dass der ständig von zwei unvorstellbar intensiven spirituellen Kräften durchdrungene Körper Jesu sehr starken Strahlungen ausgesetzt war, die jeden anderen menschlichen Organismus zugrunde gerichtet hätten. Er brauchte lange Zeiten der Einsamkeit, der Ruhe und des Fastens, in denen die Gesandten aus Heliopolis seinen physischen Körper betreuten und der Logos sich ein wenig entfernte ...

Wir müssen diese Gegend verlassen, sagte der Meister und erhob sich, während wir uns ihm näherten. Aus seinen Augen strahlte unendliche Güte. Für uns bestand kein Zweifel, dass diese Kraft aus einem Land kam, zu dem der Mensch noch keinen Zugang hatte. Sofort blieben wir stehen und blickten zu der hohen Gestalt mit den im Winde flatternden Haaren.

Das Wort meines Vaters verlangt, an anderen Ufern als diesem gehört zu werden ... Will jemand von euch mir nach Jericho folgen?

Der Meister schien keine Antwort zu erwarten und setzte sich wieder vor den schützenden Felsen. Da stürzten wir alle auf ihn zu und versicherten ihn jeder Hilfe, die wir zu leisten vermochten, und sei sie auch noch so bescheiden.

Die Abreise fand in der Morgendämmerung des folgenden Tages statt, das Leben in den Gassen Kapernaums war noch kaum erwacht. Mehr als zwanzig von uns fanden sich beim verabredeten Treffpunkt am Ausgang der Stadt in Richtung Tiberias ein. Auf den verstreuten Terrassen brannten noch ein paar Öllämpchen, als wir uns, eingehüllt in unsere Mäntel, auf den Weg machten. Während die Sonne vorrückte und wir kleine Ortschaften durchquerten, vergrößerte sich unsere Gruppe um einige Bettler, zwei Brüder, von denen einer ein Gefährte Simons aus dem Karmel war, und drei ehemalige Zeloten.

Der Meister lehrte wenig durch das Wort, aber viel durch seine Lebensweise. Es genügte, dass er jemanden ansah, ihm die Hand auf die Schulter legte oder auch nur seinen Namen sprach, und das Wunder geschah, schon öffneten sich die Seelen, als ob sie ihn seit Ewigkeiten kennen würden. In zwei Nachbarorten wurden gleich am ersten Tag unserer Reise zwei Blinde geheilt. Raue Stimmen hatten »Rabbi! Rabbi!« geschrien, und der Rabbi hatte nur ein wenig Speichel auf die erstarrten Lider gestrichen ... Und das war alles!

Euer Speichel seid ihr selbst, der Schweiß auf eurer Stirn und der Staub auf eurer Haut seid ihr selbst. Macht jetzt, dass die Liebe ihr selbst seid, während mein Vater in euch, durch euch wirkt ...

Dann wanderte er weiter, mit einer knappen Handbewegung warf er den Mantel über die Schultern zurück. Er wusste, dass die Fragen, die er unbeantwortet ließ, die Seelen je nach dem Grad ihrer Aufnahmebereitschaft reifen ließ.

Wir blieben zwei Tage in Bet-Schean. Der Ruf des Meisters war ihm vorausgeeilt, und nun stritt man sich darum, in wessen Haus er die Nacht verbringen sollte. Von Fragen und Angeboten überhäuft, sahen wir, wie er am zweiten Abend nach unserer Ankunft eine Versammlung verließ, ohne ein Wort gesprochen zu haben. In seinem Blick errieten wir Trauer.

Was für ein Schauspiel erwarten sie von mir? sagte er, als wir ihn im Halbdunkel einer Gasse trafen. Nicht einer der Bewohner dieser Stadt sucht mich wegen meines Vaters auf. Diese Menschen erwarten nichts als Wunder und kümmern sich nicht um die Kraft, die sie hervorbringt. Ich versichere euch, meine Brüder, bei allem ist ein Maß erforderlich. Wer Wunder nur wirkt, um die Augen zu verblüffen, verfehlt sein Ziel; er gibt vor, den Vater zu zeigen, in Wahrheit jedoch steht er selbst im Mittelpunkt. Er will die Herzen öffnen, stellt aber nur seinen Egoismus zur Schau. Weshalb, glaubt ihr, schlagen sie sich, um zu wissen, wer mich beherbergt? Sie wollen nichts als eine Heilung oder eine Prophezeiung unter ihrem Dach. Sollen sie in die Wüste gehen, dort finden sie die Zauberer, nach denen ihre Augen verlangen! Es ist ihr Herz, das hungert, verstehen sie das nicht? Wo sind die Bitten, die das Herz formuliert, ohne dass die Lippen sich zu öffnen brauchen? Diese werden erhört werden, das sage ich euch. Die Hilfe meines Vaters wird nicht dem Meistbietenden verkauft, sie gehört seit aller Ewigkeit dem, der sie da zu finden weiß, wo sie ihn erwartet. Wer keine Quelle sein will, wird ewig dürsten müssen …

Ein paar in Lumpen gehüllte Bettler hatten ein Holzfeuer entzündet, das knisternd die kleine ansteigende Gasse mit seinem Duft erfüllte. Im Licht der Flammen kreuzten sich unsere Blicke; wir begriffen, dass die Wunder, die der Meister auf seinem Weg gewirkt hatte, von nun an seltener werden würden. Die Mittel sollten nicht das Ziel ersetzen. Am folgenden Tag erwartete ihn eine Schar von kleinen Handwerkern, Bauern und Hirten an der Schwelle der Wohnung, die ihn beherbergte. Feindselige Stimmen wurden laut.

Wie kannst du behaupten, der Sohn des Ewigen zu sein, wenn du unsere Bitten nicht erhören willst? Sind wir zu weit weg von Kapernaum und seiner schönen Synagoge? Der Bericht über deine Taten könnte sich vielleicht in der Einsamkeit unserer Täler verlieren?! Wir wissen, was du kannst, Rabbi, wartest du jetzt aus Stolz? Wenn das, was man von dir erzählt, wahr ist, gäbe es in diesem Land keinen, der dir nicht Gehorsam schwören würde!

Dicht gedrängt in der zusammengeschweißten Menge stehend, sahen wir kaum, wie die hohe weiße Gestalt sich einen Weg zu ihrem Herausforderer bahnte. Klar wie ein Kristall tönte ihre Stimme, und sofort trat Stille ein.

Ich möchte nicht, dass man mir gehorcht, Bruder, weder mein Vater noch ich wollen es. Gehorsam entsteht aus Furcht, der Ewige aber spricht von Liebe. Er will nur eins: dass du ihn in dir erkennst. Alles Übrige ist lediglich eine Folge. Du willst Wunder? Verwirkliche sie zuerst in deinem Herzen! Lerne, die Liebe um der Liebe willen zu lieben, lerne, dich nicht mehr von anderen verschieden zu fühlen. Diese Unterschiedlichkeit kompliziert alles ... Ich sage euch, nur das Gefühl der vollkommenen Einheit mit dem Vater und seiner Schöpfung ist befreiend. Zählt im Geiste bis zwei, und schon seid ihr in der Dualität, eingefangen in dem endlosen Kreislauf von Wunsch und Erfüllung. Wer von euch diese Worte verwirft, sucht sicher einen Meister ... ich aber bin kein Meister. ... Ich bin Der, der gekommen ist, um die Ketten zu brechen!

Drückende Stille lastete auf uns allen. Wir sahen, wie der Meister die Wohnung betrat und sie wenig später mit dem über die Schulter geworfenen Mantel wieder verließ: Dies war für uns das Zeichen zur Abreise. Ein feiner Winterregen begann zu fallen.

Ein letztes Mal wandte sich der Meister an die Menge:

Wenn es euch wirklich kalt ist, werdet ihr wissen, dass ich nahe bin ...

Wie viele von denen, die dort wie erstarrt mit aufgerissenen Augen standen, begriffen diese Worte? Sie wunderten sich mehr über sein Aussehen als über das, was er gesagt hatte ...

Als wir die Stadt verließen, sprach uns ein struppiger Hirte an, der sich mit einem groben Leinensack vor dem Regen schützte.

Meidet den Weg, der zur Straße am Jordan führt, sagte er. Die Römer waren vor ein paar Tagen hier, sie haben in einem Dorf ungefähr zehn unserer zelotischen Brüder festgenommen und sie auf einer Anhöhe eine Meile von hier in der angegebenen Richtung gekreuzigt; es ist verboten, sich ihnen zu nähern.

Wir machten den angeratenen Umweg, aber in der Ferne zeichnete sich doch das bläuliche Grau eines Hügels ab, wir sahen sogar die traurige Ansammlung von Gerüsten und grob behauenen Bäumen mit ihrer grauenerregenden Last, um die sich die Vögel stritten. Niemand sprach, zu sehr erschütterte uns diese Barbarei. Was war geschehen? Uns war stets gesagt worden, dass die Römer den Familien erlaubten, die Hingerichteten abzunehmen. Wollten sie vielleicht ein Exempel statuieren und hatten deshalb unbarmherziger gewütet als üblich? Wir erfuhren es nie. Bald wand sich der Weg die Hügel hinan. Das Gras wurde seltener, die Berge kahler und röter, hier und dort tauchten ein paar Höhlenwohnungen auf. Ein dünner Sonnenstrahl durchdrang schließlich die Wolken und erwärmte unsere seit den Schwierigkeiten in Bet-Schean betrübten Herzen.

Bet-Schean! Das Wort bedeutete »die Wohnung des Schlangengottes«. Um welche Schlange handelte es sich? War der große Widersacher gemeint, von dem die Verse der Genesis sprachen? Die Antwort, die der Meister uns auf dieses kleine Rätsel gab, führte weiter, als wir geahnt hatten.

Es gibt zwei große Schlangenkräfte im Universum. Sie haben nichts miteinander zu tun, und ihre Gegensätzlichkeit führt oft zu schlimmen Verwechslungen. Die erste ist meinen essenischen Brüdern bereits bekannt: Ich meine die dreifache Feuerzunge, die zusammengerollt an der Basis der menschlichen Wirbelsäule schlummert. Sie ist die mütterliche Kraft, die das kosmische Prinzip erwartet, und sich durch die Entfaltung der verschiedenen Bewusstseinsebenen zu ihm aufschwingt. Sie ist so etwas wie die transzendente, in uns aufsteigende Seele der Erde.

Die zweite Schlangenkraft ist völlig anders. Sie ist eine Kraft der Auflösung, eine am Boden kriechende Energie, und das, obwohl sie von den Sternen zu uns gekommen ist ... von gewissen Sternen ...

Denn nicht alles, was vom Firmament kommt, ist deshalb auch rein, meine Brüder. Es gibt in unserem Universum funkelnde Welten, in denen die Wesen für meinen Vater arbeiten, und andere, die zu leuchten scheinen, in denen aber jeder nur für sich arbeitet – weil er hochmütig ist, weil es ihm an Liebe mangelt und weil er nicht verstanden hat ... Dies sind die Reiche des Schlangengeschlechts, die Alten dieser Erde haben sie so genannt, weil ihr Wort doppelzüngig ist. Sie wissen nur zu herrschen, nicht zu zähmen, sie kennen die Macht des Verstandes, aber nicht die unbesiegbaren Fähigkeiten des Herzens.

Ich sage euch, sie sind von Ischtar weit entfernt, den Menschen durch ihre Falschheit aber leider so nah! Ihr müsst wissen, dass sie seit der Dämmerung der Zeiten unsere Erde auf Wolken trügerischen Lichts besuchen, und dies wird noch eine Weile so weitergehen. Sie sind die Mittelsmänner der dunklen Kraft ...

Sind sie der Satan unserer Schriften, Meister?

Der Satan ist kein Wesen, er ist noch nicht einmal ein Geist. Er ist die verborgene Energie des Kosmos, die Kraft der Unterscheidung, der schwarze Odem, den der Namenlose befreit hat, damit ihr lernt zu wählen. ›Satan‹ sind auch die Gedanken[75] der Menschen, die zerstören, bevor sie erbauen. Er repräsentiert eine Kraft, die es nicht so sehr zu bekämpfen, als vielmehr zu überwinden gilt. Und ich sage euch, meine Brüder: Die ›Schlange‹ von Bet-Schean ist sehr wohl ein Gott, der aus dem irdischen Strom der Liebe hervorgegangen ist. Ihr werdet es bald sehen.

Es dauerte mehrere Tage, bis wir die Furt am Jordan erreichten, an der, wie der Meister wusste, Johannes sich immer noch an die lebendigen Kräfte Israels wandte. Von Zeit zu Zeit gingen wir am Fluss entlang, stiegen in kleine wilde Schluchten hinab, verbrachten die Nacht in irgendeinem Palmenhain. Simon und ich liebten diese herbe Landschaft, die kupferfarbenen Felsen und Kiesel, die sicher voller Geschichten steckten ... Sie schienen uns die Erzählungen der Patriarchen von früher zuzuraunen, und nie war mir die Nähe der Wüste belebender erschienen als in jenen Tagen. Wir fühlten, dass irgendetwas uns mit diesem kargen, aber auch grandiosen Boden verband. Die Nächte wurden nun kühler, die Tage wärmer; sie waren angefüllt mit weißer Sonne ...

Eines Morgens standen wir auf einer Anhöhe Johannes gegenüber, während zu unseren Füßen der Jordan floss. Ungefähr hundert Personen drängten sich an den Ufern und erwarteten den Augenblick, der ihr Erwachen besiegelte.

---

[75] *Das Egregore*

Aus Johannes strahlte noch immer dasselbe Feuer, aber es schien auch etwas Zartes, Zärtliches von ihm auszugehen, das vorher nicht sichtbar gewesen war. Auch er ging seinen Weg, daran war nicht zu zweifeln; obwohl er mit diesen paar Morgen felsiger Wüste wie verwachsen schien, folgte er dem schönsten Weg, den es gibt.

Den ganzen Morgen ließen wir ihn mit dem Meister allein. Irgendjemand jedoch entdeckte sie schließlich in einer Mulde des Geländes, und sofort strömte die Menge herbei. Beide segneten sie und sprachen lange zu ihr. Waren wir uns damals des Reichtums dieser Augenblicke bewusst? Ich erinnere mich nicht, aber wir lebten in der Gegenwart, damals wussten wir noch nicht, dass eine solche Stunde sich nicht wiederholen würde.

Nachmittags, während der Meister weiter zur Menge sprach und wir abreisebereit auf ihn warteten, trat Johannes zu uns, in der Hand trug er ein nicht genau zu erkennendes Paket aus brauner Wolle.

Hier, sagte er und hielt es einem Gefährten des Meisters hin, der sich ebenfalls Johannes nannte. Er gehörte Elias, jetzt ist er deine Bürde – so lange, bis Christus dir die Stelle angibt, an der du ihn niederlegen musst.

Der Jünger sah ihn verdutzt an; er hatte nicht sofort erkannt, dass es sich um einen großen Kamelhaarmantel handelte.

Ich werde auf ihn achtgeben, sagte er einfach und presste ihn an sich.

Und die Augen der beiden begannen zu leuchten, als wollten sie einander übertreffen ... kleine Saphire, die in diesen Momenten wortlos miteinander kommunizierten. Von da an war Johannes, der Schüler aus Kapernaum, nicht mehr derselbe, er wurde ernster und strahlender zugleich. Wir erfuhren nie, was aus dem Mantel des Elias und des Vorläufers geworden war, sicher wurde er einem Versteck anvertraut, aus dem er vielleicht an einem Hoffnung verheißenden Tag wieder hervorkommen wird, aus dem er vielleicht schon hervorgekommen ist ...

Jericho bereitete dem Meister einen triumphalen Empfang. Seine Anwesenheit rief beim Volk solche Begeisterung hervor, dass eine Abordnung von diesmal nicht nur römischen Soldaten es für richtig hielt, auf die gleiche Weise wie damals in Kapernaum einzugreifen. Wir zogen es daher vor, uns außerhalb der Stadt ein Obdach für die Nacht zu suchen. Entgegen der Gewohnheit wurde es in unserer kleinen Gruppe gesprächig. Dem Meister war von so vielen Männern und Frauen zugejubelt worden, dass wir an der Macht seines Wortes nicht zweifeln konnten. Noch stärker als zuvor verströmte er seine Liebe überall, wo er vorüberging. Beim Schreiben dieser Zeilen bin ich mir bewusst, wie wenig Worte letztendlich vermitteln können, aber wie soll man von einem Wesen des Friedens sprechen, das oft allein durch seine Gegenwart das Unglaubliche geschehen ließ? Sicher gab es hier und da noch spöttische oder ungläubige Blicke, aber die Menschen kamen, lauschten und fragten. Tief in ihren Herzen regte sich etwas, ein kleiner Keim, der die in diesen Augenblicken empfangenen Eindrücke von Existenz zu Existenz bewahrte.

Von Jericho aus wanderten wir über Samaria wieder in den Norden des Landes. Der Meister wollte seinen Weg nicht nach Jerusalem fortsetzen; er war vielmehr darauf bedacht, es auf jeden Fall zu meiden. Einigen nebenbei geäußerten Bemerkungen entnahmen wir, dass er die politischen Konsequenzen seiner Anwesenheit in der Hauptstadt Judäas fürchtete. Er wollte weder einer bestimmten Epoche noch einem bestimmten Volk gehören, aber er wusste, dass die, die zu ihm kamen, nicht genauso dachten. Das unterdrückte und auf einen neuen Antrieb wartende Palästina wollte ihn auf seine Seite ziehen. Die Zeloten waren ständig präsent, sie tauchten selbst an unseren kleinsten Rastplätzen auf. Heute glauben wir, dass ein durchorganisiertes Netz die Schritte des »großen weißen Rabbi« und seiner ständig wachsenden Gruppe beobachtete. War die Gestalt des Meisters für einen Aufstand gegen die Besatzer nicht ideal geeignet? Angesichts der unbestreitbaren Autorität, die er an allen Orten und in allen Bereichen zeigte, stellten sich selbst seine nächsten Gefährten diese Frage. Hatten nicht drei von ihnen bis vor kurzem in den Reihen der Zeloten gekämpft? Simon und ich dachten an die Erzählungen Manethos und die Schwierigkeiten dessen, der damals nichts als Jesus gewesen war; seine Worte hatten, ohne es zu wollen, Unruhen in der Nähe von Varanasi ausgelöst ... War es denn unvermeidlich, dass das Vergängliche den Fortschritt des Geistigen hemmte?

Es sah so aus, als sei die Sorge des Meisters, jede politische Konfrontation zu vermeiden, eine eigentliche Bürde.

Ich bin der Fürst eines Reichs, das nicht von dieser Welt ist, wiederholte er immer wieder. Wollt ihr den Vogel anketten, der davonfliegen will, wenn er den Frühling verkündet hat? Lauscht seiner Stimme, denn sie vermittelt, was eure Herzen brauchen; sie schwingt im Einklang mit dem Gang der Welten und lehrt euch das geheime Gesetz der verschiedenen Epochen ...

Nur langsam zogen wir weiter und verbrachten Wochen inmitten des milden palästinensischen Winters. Er ging bereits zu Ende, als wir uns in der Nähe Samarias befanden und einen weißgekleideten Bruder ankommen sahen, der rittlings auf einem widerspenstigen kleinen Esel saß.

Es geht um Johannes, sagte er bewegt, die Soldaten haben ihn vor drei Tagen verhaftet!

Diese Nachricht bestürzte uns, und Angst ging durch unsere kleine Gruppe. Also war Johannes, der die herrschende Macht, ihre Methoden und ihre freizügigen Sitten angeprangert hatte, in die Falle gegangen, die der Meister fürchtete ...

Während der Bruder uns die Einzelheiten berichtete, zog der Meister sich zurück. Niemandem war die tiefe Trauer seines Blickes entgangen, und ich glaube wohl, dass wir ihm für seine Empfindsamkeit dankbar waren. Einem jener teilnahmslosen Weisen, die bei der Suche nach dem Absoluten ihr Herz den Freuden und Leiden verschließen, wären unsere Wesen wohl kaum gefolgt. Der, den wir liebten, war ein Mensch und entsprach allem, was unsere Seelen von diesem Wort erwarteten. Der Logos und Christus lebten unter uns, aber nie erstickten sie die Zärtlichkeit Jesu.

Eine der Etappen unserer Reise war das kleine Dorf, in dem wir unsere Kindheit verbracht hatten[76]. Wir erreichten es eines Abends nach einem langen, erschöpfenden Marsch über die Hügel. Schon von weitem meinte ich, die Atmosphäre wiederzuerkennen, die meinem Herzen so teuer war. Es gibt Emanationen, die unser Geruch nicht wahrnimmt, die aber unser tiefinneres, liebebeflügeltes Wesen irgendwo im Unsichtbaren aufzufangen versteht ... Im Schutz der Umfriedung erriet ich das Licht einiger Feuer und die Vorbereitungen für die gemeinsame Mahlzeit, die bei Anbruch der Nacht eingenommen wurde. Bald bemerkten wir eine alte Frau, die auf uns zukam. Es war Sarah, und es bekümmerte mich, sie mit kleinen Schritten vornübergebeugt heranschlurfen zu sehen, sie, deren Erzählungen über die Taten unseres Volkes mich früher bezaubert hatten. Sie hatte sich nie verheiratet, aber, dem Brauch derer von Essania folgend, einen Sohn adoptiert, der jetzt mit dem Vater Simons an der Töpferscheibe arbeitete. Der Meister hatte diesen Halt in unserem Dorf vor allem deshalb gewünscht, weil er seine Mutter und zwei seiner Brüder nach Genezareth und Kapernaum mitnehmen wollte.

Als die Freude des Wiedersehens mit den Orten und Plätzen, den Umrissen und Wegen nachgelassen hatte, fühlten wir, dass sich etwas verändert hatte. Dieser zunächst vage Eindruck wurde im Laufe des Abends immer deutlicher. Ein paar aus dem Halbdunkel der Behausungen dringende Gespräche gaben uns zu verstehen, dass der längere Aufenthalt von Männern und Frauen, die nicht zur Bruderschaft gehörten, als störend empfunden wurde. Einige schienen nicht zu verstehen, was vorging. Für sie hieß der

---

[76] *Wir müssen hier klarstellen, dass es sich nicht um Nazareth handelte, dessen Name erst einige Jahrhunderte später aufgrund der Verwechslung von Nazarenern und Essenern existierte.*

Meister immer noch Joseph. Sie sahen in ihm höchstens einen großen Eingeweihten der Bruderschaft, der vielleicht einem der Priester
vom Heliostempel in Jerusalem vergleichbar war. Ebenso wie ein
Körper oft seine innere Sonne nicht kennt, weigerte unser Dorf
sich, den anzuerkennen, den es beherbergt hatte.

Der Meister schien sich nicht darum zu kümmern, er plauderte
mit jedem, als sei er sein Freund; und wenn er die einen durch sein
warmherziges Wesen erstaunte, so gab es doch andere, die über
seine als allzu freizügig betrachteten Reden schockiert waren. Es
ging das Gerücht, er habe die Menge in Samaria Wahrheiten
gelehrt, die bis jetzt nur vom Eingeweihten an den Schüler weitergegeben wurden. Es handelte sich in der Tat um ein paar Einzelheiten, die die Reinkarnation betrafen, sowie um die enge Verflech-
tung von Gut und Böse. Die Alten des Dorfes, die sich bis dahin
auf ein unzufriedenes Murmeln beschränkt hatten, änderten ihre
Haltung, als der Meister vorschlug, das gemeinsame Mahl der Bruderschaft mit Andreas, Judas und den anderen zu teilen. Dies
wurde kategorisch abgelehnt. Wir bedauerten, dass Zerah nicht
mehr da war, denn zumindest er hätte doch verstanden … Vielleicht
hätte er im Blick dieser manchmal rauen Männer das Licht der
Eingeweihten einer vergangenen Zeit gesehen? Denn zwölf hatten
an der Quelle des Letheflusses getrunken, zwölf hatten ihr früheres
Wissen gegen die schlichte Tunika eines Fischers eingetauscht …
wie oft wird es vergessen!

Der Buchstabe schien den Geist ersetzt zu haben, und zum ersten Mal trugen die, die früher für mich Toleranz und Klarsicht
symbolisiert hatten, dieselben Ketten der Intoleranz wie das gewöhnliche Volk.

Als wir das Dorf verließen, muss meine Stirn Trauer oder
Bitterkeit gespiegelt haben, denn ein alter Mann, der mit meinem
Vater lange am Webstuhl gearbeitet hatte, nahm mich beim Arm …

Warum dieser Blick, Miriam? Das wichtigste Ziel der Bruderschaft
unseres Landes war die Ankunft eines Messias. Und nun ist es soweit

… sie kann jetzt zurücktreten. Die Menschen, die du suchst, die gesehen haben und die immer noch sehen, weilen nicht mehr in diesen Mauern. Sie haben den Ruf der Straße vernommen, genauso wie du, Simon und die anderen. Die Menschen der eigentlichen Bruderschaft sind nun im ganzen Land verstreut; manche haben auch das weiße Gewand abgelegt, um unauffälliger wirken zu können.

Sei nicht traurig … Was hier geschieht, musste so sein. Das Leben des Meisters ist ein Symbol, verstehst du das nicht? Er ist wie eine Hieroglyphe! Glaubst du, er wusste nicht, wie misstrauisch er empfangen würde, als er hier ankam? Der Meister ist kein einfacher Mensch, Miriam, er hat den Blick des wahren Menschen, mit dem er weiter sieht. Er weiß, dass er durch gewisse Handlungen die Verwesung der alten Welt beschleunigen muss. Betrachte allein seine Augen … Was siehst du darin?

Ich sah Liebe darin, alter Jakob, Liebe und dank dir auch Freude …

Der Meister stieg den steilen Fußweg hinab. Wir folgten ihm; an der Hand hielten wir ein paar Esel, die man uns zur Verfügung gestellt hatte. Der Bruder hatte Recht, in seinem Blick war weder Trauer noch Groll. Und als einige ihn mit Fragen über die Haltung mancher Brüder bestürmten, begnügte er sich mit einem Lächeln. Wie vorgesehen, begleitete uns seine Mutter. Sie schien sich seit Jahren nicht verändert zu haben – so, als verweigere sie sich jedem Alterungsprozess.

Quer durch die Olivenhaine zogen wir in Richtung Kapernaum. Kurz hinter Tiberias umringte uns plötzlich ein Trupp bewaffneter Männer.

Bist du der Nazarener? fragte einer und ging auf den Meister zu. Wir müssen mit dir reden!

Die Unterhaltung dauerte sehr lange. Niemand von uns nahm daran teil, wir sahen lediglich aus einiger Entfernung die abgehackten Gesten der Fremden und wurden allmählich unruhig. Nichts geschah allerdings; der kleine Trupp zerstreute sich so, wie er gekommen war, mit überraschender Geschwindigkeit in den Hügeln. Es waren Zeloten, das war uns sofort klargewesen. Sie hatten diese Begegnung sicher mit Ungeduld erwartet, denn Tiberias, eins der Symbole der römischen Macht in Palästina, beherbergte zahlreiche Kohorten, die ständig durch die Stadt patrouillierten. Eine Gefangennahme durch sie bedeutete für die Freischärler in der Regel den Tod – sie wurden hingerichtet wie einfache Straßenräuber.

Es war dunkle Nacht, als der Schein einiger Feuer sowie unzähliger Öllämpchen uns die Nähe Kapernaums anzeigten. Wir gingen am Seeufer Vorbei, um in die Stadt zu gelangen, denn das Plätschern der Wellen war uns lieber als die manchmal laute Gesellschaft einiger verspäteter Reisender. Die Luft war seltsam mild, angefüllt mit den Gerüchen des Fischfangs und dem Rauch offener Feuer, über denen Fleischstücke gebraten wurden. An diesem Ort waren wir jetzt zu Hause, das spürten wir nach der monatelangen Wanderung durch das Land ganz deutlich. Irgendetwas Undefinierbares, das wir nirgendwo sonst finden konnten, vibrierte auf diesen paar Morgen Erde; die länger andauernde Gegenwart des Meisters hatte ihnen das Leben eingehaucht ...

Als wir uns still zum Stall des Betsaid begaben, tauchte aus dem Schatten eine untersetzte Gestalt auf und stürzte über den Hof.

Rabbi, Rabbi, hörten wir, ich bin da ... ich wusste, dass ich dich hier finden würde ...

Und im Schein einer Tonlampe erkannten wir das Gesicht des Mannes aus Bet-Schean, dessen Worte uns so hart erschienen waren. In seinen großen grauen Augen stand nur noch ein Wunsch: lernen.

Die Hundertzwanzig

Der flackernde Schein einiger Öllämpchen, von denen feine schwärzliche Rauchbänder aufstiegen, erhellte das dichte Halbdunkel. Wir waren sehr zahlreich, eng aneinandergedrängt saßen wir auf dem felsigen Boden des unterirdischen Raumes, den ein Schüler des Meisters uns zur Verfügung gestellt hatte. Andreas hatte uns an diesem Ort zusammengerufen, und nun, gegen Ende des Nachmittags, warteten wir. Große Umsicht war erforderlich gewesen, um hierher zu gelangen, offenbar sollte die Versammlung geheim bleiben. Ich glaube, den Grund dafür kannten wir alle nicht; wir wussten nur, dass der Meister kommen würde, das war uns genug.

In der fast vollständigen Dunkelheit begegneten sich die Blicke, versuchten die Seelen, einander zu durchdringen, wurde, kaum sichtbar, ein Lächeln, ein kleines Zeichen ausgetauscht. Wir kannten uns alle, aber nie hatten wir gewagt, bei den zufälligen Begegnungen in den Gassen Kapernaums oder auf den Straßen Palästinas eine Unterhaltung anzuknüpfen, trotzdem gab es so etwas wie eine geheime Komplizität, und wir fühlten uns wohl ...

Simon und ich saßen an die ein wenig feuchte Wand gelehnt und unterhielten uns leise mit einem ungefähr fünfzigjährigen Mann, der vor uns Platz genommen hatte.

Ich heiße Nikodemus, flüsterte er. Ich höre das Wort des Meisters erst seit ein paar Monaten, und deshalb habe ich mich gewundert, als ich gestern Abend von einem der Schüler zu dieser Zusammenkunft eingeladen wurde. Ich weiß nicht, was los ist ... es ist alles nicht mehr wie früher. Noch vor zwei Monden habe ich mich vor meinen Angehörigen versteckt, wenn ich zum Meister gehen wollte, und heute, wo ich nichts mehr fürchte, verlangt man von mir absolute Diskretion ...

Der Mann schien bewegt, er suchte nach Worten, studierte forschend unsere Blicke. Ich ahnte in ihm ein Wesen, das viel gesucht, aber sicher noch mehr geliebt hat. Die Hitze war erstickend, und so nahm er das Tuch ab, das seinen Kopf bedeckte. Wir sahen nun sein dichtes silberfarbenes Haar, das fein gelockt war, und konnten auch das von vielen Fältchen durchzogene Gesicht mit den großen strahlenden Augen besser erkennen. Das Feuer, das an jenem Abend in seinem Blick lag, sprach von einem überwältigenden Erlebnis.

Ich war gestern mit dem Meister zusammen, fuhr er fort und kniff dabei leicht die Augen zusammen – so, als wolle er sich ganz in sich selbst zurückziehen. Ich hatte gehört, dass er aus der Gegend von Gadara am anderen Ufer des Sees zurückkommen würde. Also habe ich wie viele andere am kleinen Strand auf die Ankunft seines Bootes gewartet. Als er den Fuß auf den Boden setzte, gab es ein unbeschreibliches Durcheinander, und ich wurde abgedrängt. Überall wurde dermaßen geschrien, dass ich fürchtete, die Soldaten würden eingreifen. Am Kreischen der Menge erriet ich, dass irgendein Wunder geschehen sein musste[77]. Der Meister selbst schien tausend Meilen von uns entfernt. Er blickte geradewegs durch uns hindurch und bahnte sich seinen Weg mit solcher Leichtigkeit, dass ich dachte, es müsse eine ungeheure Energie von ihm ausgehen. Sehr schnell wurde er von Jairus, dem von der Synagoge, in Beschlag genommen. Er führte ihn weg. Ich kannte Jairus, und so hatte ich das Glück, in ihrem Gefolge sein Haus

---

[77] *Ohne Zweifel handelt es sich um die in den Evangelien (Markus 5, 25–34) berichtete Heilung einer Frau.*

betreten zu können. Den ganzen Weg über hatte der arme Mann schon verzweifelt geschluchzt, denn seine Tochter war gerade gestorben. Als wir ankamen, stand schon eine ganze Schar von Klageweibern um den kleinen Körper herum, sie veranstalteten ein Heidenspektakel und hämmerten mit ihren Absätzen auf den Boden. Als der Meister das sah, befahl er ihnen zu schweigen und den Raum zu verlassen.

Verlasst dieses Haus, sagte er streng, nur die Verzweiflung schafft den Tod ... Eure traurigen Gedanken vergiften die Luft, von der ihr nichts ahnt, von der sich aber die Seelen ernähren ... Öffnet die Fenster, freut euch ... Deine Tochter, Jairus, schläft nur, wie jede Nacht. Siehst du nicht, wie sie mir zulächelt?

Das, was ihr Tod nennt, ist nur ein Davonfliegen! Kennt ihr einen Vogel, dem mein Vater verbieten würde, sich auf einen Zweig zu setzen? Nur dem Zweig fehlt bisweilen die Kraft, das Gewicht des Vogels zu tragen.

Wir sahen dann, wie er sich dem kleinen Körper näherte, neben ihm niederkniete und, ohne ihn zu berühren, zwischen seine Lider hauchte, dabei sprach er leise ein paar Worte ... Ich glaube, ich habe noch nie ein Wesen so leuchten sehen wie ihn in diesen Augenblicken. Meine Augen haben bis jetzt nur das gesehen, was meine Hände greifen können, aber der Meister erschien mir wie eine weiße Flamme. Ich dachte zuerst, er habe eine Kraft gerufen, aber jetzt weiß ich, dass er eine verströmte, dass er etwas von sich gab, sich vielleicht ganz gab.

Ein Wesen wie er teilt nicht, oder? Was meint ihr?

Nikodemus blickte mich an; seine graublauen Augen glichen den tiefen Wassern des Sees. Ich glaube nicht, dass ich etwas erwiderte, zu klar erschien mir die Antwort ...

Nein, der Meister teilte nicht; in jedem von uns war er ganz, wie die Verheißung einer Zukunft, die wir zur Gegenwart machen konnten – jener ewigen Gegenwart, die er uns lehrte und die wir nicht zu fassen vermochten!

Nikodemus hatte Tränen in den Augen, er trocknete sich die Stirn und fuhr fort:

Der Meister trat dann ein paar Schritte zurück, und die Lider der Tochter des Jairus begannen sehr schnell zu flattern. Hinter mir hörte ich ein Geschrei, das man zu ersticken suchte, die Menge schob und drängte, und ich wurde hin und her gestoßen. Unterdessen ergriff der Meister, der wieder ein paar Schritte gemacht hatte, die Kleine bei der Hand, es war, als wolle er sie aus einem langen Traum ziehen. Und sie stand auf, versteht ihr, sie stand auf!

In ebendiesem Augenblick wurde ich in die Mitte des Zimmers gedrängt. Dort waren die Angehörigen des Jairus, die ihre Ergriffenheit nun nicht mehr länger zurückhalten konnten. Sie umarmten die Füße des Meisters und der Kleinen, die sich die Wangen rieb.

An dieses Bild werde ich mich immer erinnern! An die große, wie aus weißem Feuer bestehende Gestalt, die in dem dünnen Lichtstrahl, der durchs Fenster fiel, die Hand dieses Kindes hielt! Aber ich sage euch, der Meister wollte nicht, dass man seine Füße umarmte. Er ist schnell mit der Kleinen hinausgegangen und wiederholte dabei, dass es den Tod nur für die im Herzen Blinden gäbe.

Tot sein bedeutet, das Wort meines Vaters vergessen, sagte er dann, bevor er um ein wenig Brot bat.

Gebt ihr zu essen, dann wird ihr Ätherkörper vollständig erwachen.

Als ich ihn später zurückbegleitete, fragte ich ihn, warum er so etwas nicht öfter tat. Ich wusste nämlich, dass er verschiedentlich gebeten worden war, in ähnlichen Fällen einzugreifen.

Wenn die Seele aus dem Körper flieht, ist dies für den Betreffenden keine Strafe, gab er mir zur Antwort. Meist hat der Verstorbene selbst in anderen Zeiten, anderen Welten die Stunde seines Todes bestimmt. Der Zeitpunkt ebenso wie die Ursache des Übergangs ist nur die Folge seiner vergangenen Taten. Wenn man eine Seele ins irdische Leben zurückruft, greift man weit über die irdische Existenz hinaus in das Schicksal eines Wesens ein. Eine Seele, die in das ihr eigene Reich davonfliegt, folgt damit nur dem Weg, der sie zu ihrem eigentlichen Ziel führt. Es ist wichtig, dass du das verstehst, Nikodemus.

Der Tod ist keine Ungerechtigkeit, im Gegenteil, er bringt feinstoffliche Gesetze zur Anwendung.

Das Herz dieses kleinen Mädchens und vieler anderer, die ihr folgen werden, schwingt seit langem mit dem meines Vaters in Harmonie. Durch ihre ›Erweckung‹ habe ich nicht in ihre Evolution eingegriffen, sondern die Allgegenwart des Namenlosen sichtbar gemacht.

Ich versichere dir, die Tochter des Jairus hat selbst bestimmt, dass sie an einem bestimmten Punkt meinen Weg kreuzen würde, damit das, was geschehen musste, erfüllt werden konnte.

Wer also dem Fleisch das Leben zurückgibt, sollte sicher sein, dass sein Tun rechtens ist; ich meine damit, dass er die Gesetze, die die Evolution eines Wesens beherrschen, nicht überschreitet. Das Leben einzuhauchen ist einfach, die Schwierigkeit liegt darin, zu wissen, warum man es einhaucht und ob dieses Verhalten überhaupt richtig ist.

Wenn die Menschen nur ein wenig Liebe zu geben wüssten, würden die Antworten auf all diese Fragen von selbst über ihre Lippen kommen … Aber oft ist ihre Liebe nur Schein und voller Hintergedanken …

Ihr werdet in meinem Namen heilen, das sage ich euch. Ihr werdet aus dem Herzen heraus handeln, nicht um Ruhm zu erlangen oder eure Macht zu betrachten, sondern um einen Irrtum richtigzustellen: ein Körper oder eine Seele, die leiden, sind für die tiefinnere Natur der Welten immer eine vom Menschen geschaffene Beleidigung.

Schaut in euch, der Vollkommene täuscht sich nie. Er wird euch den Weg zeigen, den eure trügerische Persönlichkeit euch gerne verbergen würde. Seid nicht mehr, was ihr zu sein glaubt, meine Brüder, denn so schön euer Traum auch sein mag, die Wirklichkeit übertrifft ihn bei weitem. Werdet zu dem, was ihr im Innersten seid, damit das Wissen und die Kraft der Welten in eurem Geist, in euren Händen erstrahlen …

Als Nikodemus seinen Bericht beendet hatte, senkte er den Blick zu Boden, es war, als drücke ihn das Gewicht der Worte …

Ich spürte, wie er nach Worten suchte, wie er versuchte, das Gesagte durch eine weitere Einzelheit, eine weitere, möglicherweise vergessene Erklärung des Meisters zu vervollständigen ... Aber kein Wort kam mehr von seinen Lippen. Simon und ich kannten dieses Gefühl, es war die Angst, das Wesentliche vergessen zu haben, die Angst, einer reinen Botschaft den Glanz genommen zu haben ... Die Angst zu beschmutzen ... Die Angst zu verändern ...

Nikodemus sah schließlich auf und versuchte lächelnd, unsere Hände in die seinen zu nehmen. So wollte er das nicht zu Vermittelnde mitteilen, die Ohren des Herzens öffnen ...

Währenddessen ging ein Murmeln durch die Versammlung. Wieder suchten sich im Halbdunkel die Blicke ... Simon wies schließlich auf eine hohe weiße Gestalt, die oben an einer kleinen Steintreppe stand und nun zu uns herabstieg. Es war der Meister. Sofort trat Stille ein; nur ab und zu, veranlasst vom beißenden Geruch der Öllampen, hustete jemand. Es war so dunkel, dass ich die Gesichtszüge des Meisters nicht erkennen konnte, aber es war auch unwichtig, denn schon hatte die Atmosphäre des Raumes sich verändert, war reiner, erhabener geworden. Die melodische Stimme, die nun in diesen Mauern aus Lehm und Fels erklang, war wie ein Band, das uns alle Vereinte und zu einem einzigen unerschütterlichen Bauwerk zusammenschweißte.

Es ist das erste Mal, dass ich euch gebeten habe, zusammenzukommen, aber ihr kennt euch alle seit undenklichen Zeiten.

Die ersten Worte, die der Meister an diesem Abend an uns richtete, beschworen den gemeinsamen Willen, der uns im geheimen seit jeher beseelte. Ganz gleich, ob wir Weber, Händler, Schneider, Hirten, Mitglieder irgendeiner Organisation oder sonst wie »maskiert« waren, nichts von all dem war heute von Bedeutung ...

Vielleicht habt ihr gezählt ... Ihr seid einhundertzwanzig. Ich lehre euch nun schon so lange, dass ihr wisst, dass diese Zahl kein Zufall ist. Sie entspricht einem Ort der kosmischen Geographie des Namenlosen, einem Drittel seiner Schöpfungskraft, die unaufhörlich im ewigen Kreis sich verströmt[78]. Jetzt ist es eure Aufgabe, einen Kern zu bilden, die Mitte einer Frucht, und dann mit Bedacht zu wachsen.

Ihr wolltet Seelen erwecken. So wisst, dass nun der Augenblick gekommen ist, euch zu organisieren, das heißt euch zu treffen, euch kennenzulernen, euch gemäß den von den Sternen vorgegebenen Harmonien zu entfalten. Ich verlange nicht, dass ihr euch dabei streng an die Zahlen haltet, die das Universum regieren, auch nicht an seine Architektur, aber ihr sollt sie lieben, sie achten und euch mit ihnen beschäftigen, denn mit ihnen zusammen werdet ihr besser wirken können.

Mein Vater will keine Sklaven seiner himmlischen Mathematik, er will Liebhaber seiner Gesetze ... die im Übrigen keine Gesetze im gewöhnlichen Sinne des Wortes sind. Sie wurden nicht willkürlich geschaffen, sie sind wesentlich Harmonie, von aller Ewigkeit an.

In zwei Jahren solltet ihr dreihundertsechzig sein: das Fruchtfleisch der Frucht. Ihr wachst so, das Verhältnis wahrend, bis die Frucht ganz ist, bereit, gepflanzt zu werden und die keimhaft angelegten Energien zur Entfaltung zu bringen. So entsteht der Baum. Es wird ein Baum von Menschen sein, ein Baum, der in seinen Zweigen alle vorüberziehenden Vögel aufnimmt. Hier sind die zwölf Flammen, die seinen Keim nähren werden ... und hier meine Mutter, die seit jeher an meiner Seite wirkt ...

Bei diesen Worten tat der Meister ein paar Schritte in die sitzende Menge. Sein Arm bezeichnete die kleine Gruppe der engsten Schüler und schließlich eine Frau, die in ein langes weißes Gewand gehüllt war und sich sehr aufrecht hielt. Im Allgemeinen gab sie sich so taktvoll und bescheiden, dass wir sie oft sogar vergessen hatten. Sie war die Mutter Josephs, nicht die des Christus oder des Logos, und sicher hatte uns diese Tatsache die Bedeutung ihrer im Hintergrund geleisteten Arbeit ein wenig verborgen. Allzu oft vergaßen wir, dass sie ehedem die »Taube« von Essania gewesen war, eine große Vestalin der Eingeweihten unseres Volkes, selbst eingeweiht in die ältesten

---

[78] *Anspielung auf die bei den Essenern gebräuchliche heilige Geometrie. Die Zahl 120 entspricht dem dritten Teil eines vollständigen Kreises und wesensmäßig einer Kraft der kosmischen Dreiheit.*

Riten des Roten Landes, ein lebendes Symbol der Urmutter und Verkörperung der »Lieben Frau« aller Völker ...

Weshalb bin ich bei euch, Brüder, fuhr der Meister, weiterhin mitten in der Versammlung stehend, fort. Wahrscheinlich habt ihr euch diese Frage schon öfter gestellt. Ich kann euch keine eindeutige Antwort geben, denn bei tausend Wesen, die das Wort des Vaters hören, gibt es tausend Antworten auf diese Frage. Die wahre Antwort auf die Suche der Seelen wird immer individuell sein, das sage ich euch. Ich bin für jeden von euch da – für das, was ihr wart und was eure Materie nicht mehr akzeptieren kann, für das, was ihr heute seid, und für das, was ihr werdet. Die Zyklen des Universums haben Ort und Stunde gewählt. Der Vitalkörper eurer Welt ist schwer vom Gewicht des Unverständnisses, das die Menschen in der Vergangenheit angehäuft haben. Dieses Gewicht verlangsamt seine Entwicklung, es hält ihn in den karmischen Bindungen früherer Epochen. Der Mantel der Selbstgefälligkeit und Lieblosigkeit muss jetzt zerrissen werden, damit der Odem des Vaters euch erreichen kann. Dies ist die Rolle, die der Vater mir anvertraut hat: die Ketten zu zerbrechen.

So werdet ihr in mir ein Schwert sehen ... und dies bedeutet die Kreuzung von Wegen; das Eisen der Lanze des Namenlosen verbindet sich mit der Schwäche eines menschlichen Körpers. Aus diesem Grunde liebt ihr mich, aber aus ebendiesem Grund wird es euch schwerfallen, mich zu verstehen.

Lernt also, die Augen zu öffnen. Seit jeher trage ich die Schnur mit den einhundertacht Perlen am Hals[79]; mögen die, die mich erkennen, sich mit ihnen identifizieren und mein Herz durchdringen, mögen sie hinter den Worten suchen.

---

[79] *Anspielung auf die Schnur mit den 108 Perlen, die die essenischen Eingeweihten im Allgemeinen trugen 108 = 120 - 12 (die zwölf Apostel); vgl. die 108 Jahre dauernden Zyklen der Rosenkreuzer und die 108 Perlen der hinduistischen bzw. tibetanischen Gebetsschnur.*

Ich bitte euch: Erfasst den doppelten Sinn meiner Worte, wenn ihr meinem Vater dienen wollt. Ich biete euch keine Reden, sondern Bilder, damit jeder lesen kann, auch wenn er es nicht gelernt hat. Meine Erzählungen sollen nicht den Verstand, sondern die Liebe zum Blühen bringen. Sie sind wie der Ton, den jeder nach den Neigungen seiner Seele formt, wie ein Brunnen, der jedweden Durst löscht. Erwartet also von mir keine absoluten Wahrheiten oder Dogmen, sondern einen Gesang, der Wasser und Feuer miteinander vermählt …

Bei jedem Vollmond werden wir uns hier versammeln, und ich werde euch über die Welten belehren, die euch erwarten. Ebenso wie heute Abend sollen auch die folgenden Zusammenkünfte geheim bleiben; denn nur unter der Erde, geschützt vor den Winden und dem grellhellen Tag, kann die Frucht keimen. Ich werde euch jetzt ein Zeichen geben; in unruhigeren Zeiten als diesen werdet ihr wissen, dass es das eure ist.

Der Meister ging langsam zur ebensten Wand des Saales und ritzte mit Hilfe eines dünnen Zweiges, den er auf dem Boden aufgelesen hatte, in knappen Zügen ein Gitter aus vier senkrechten und vier waagerechten Linien ein.

Dies ist eines der Muster meines Vaters, fügte er hinzu, die Materie ist *eins*, aber sie schafft ihr eigenes Netz feinstofflicher Energien, damit sie arbeiten kann …

Die erstickende Hitze in dem großen, im Herzen Kapernaums, nicht weit von der Synagoge gelegenen unterirdischen Raum war vergessen. Ich sah zu Simon hinüber; er hatte sich den dicken Mantel umgelegt, den wir aus Vorsicht mitgenommen hatten … Diese bei den Essenern übliche Geste deutete an, dass er ein heiliges Vermächtnis in sich aufnahm und mit seinem intuitiven Denken nährte. Auch für ihn hatte die feuchtwarme Luft jede Bedeutung verloren.

Der Meister hörte einen Augenblick auf zu sprechen. Als wolle er Brücken von Licht zwischen sich und uns bauen, sah er uns alle kurz an, einen nach dem anderen. In seiner Haltung lag – ebenso wenig wie in all seinen sonstigen Gesten – nichts Theatralisches. Er handelte spontan, so wie er uns geraten hatte; in jedem seiner Blicke war er vollständig präsent. Er wusste von innen heraus, was im gegebenen Moment die Seelen mit Frieden erfüllen und die Zeitalter überdauern konnte. Jede Geste wurde so zu einer Lehre, zu einer zu entschlüsselnden Hieroglyphe. Die langen kastanienfarbenen Locken, der feine Bart, die schlanken Finger, sogar die Falten seines Gewandes sprachen von seinem Wesen, seiner Kraft und der langen Kette der Liebe, die ihn jenseits aller vorgefassten Begriffe mit der Großen Quelle verband. Zweitausend Jahre sind nichts ... Die Gestalt dessen, der gekommen war, um zu trösten, wird in den Herzen seiner Zuhörer auf immer weiterleben.

Mehr als zuvor zeigte der Meister sich an jenem Tag als ein Erneuerer der menschlichen Seele, als lebendige Kraft, die die Geister besänftigen, aber auch die allzu lethargischen aufstören wollte. Sein Ziel schien uns klar: durch unsere aufeinander abgestimmten Handlungen wollte er ein zunächst unsichtbares Netz schaffen, das die Grundlagen der neuen Seinsweise vermitteln konnte – oder besser gesagt, das in der Lage war, die jedem innewohnenden, aber verschütteten und nicht anerkannten Grundlagen dieser Seinsweise ans Licht zu bringen.

Der Hochmut verblendet den Menschen, sagte er; sicher kann er stolz auf sich sein, denn er steht an einem Kreuzungspunkt, der ihm erlaubt, grenzenlos zu handeln. Aber nicht der Stolz wird ihn vorwärts bringen. Er hat seine Träume auf die begrenzte Materie gerichtet und schmeichelt sich, diese zu beherrschen.

Bis dahin hatte er noch nie von einer neuen Religion gesprochen, auch nicht von einer neuen Philosophie, die es einzuführen gälte. Seine Überlegungen schienen nicht in diese Richtung zu zielen ... und vielleicht wäre sie ihnen sogar zuwidergelaufen. Denn er betonte immer wieder, dass die Wahrheit kein Gesicht habe, dass der Mensch durch eigene Arbeit zum *Menschen* würde und dass wir alle die Atome *eines* Körpers seien; dies sei der Körper seines Himmlischen Vaters, was uns jedoch nicht bewusst sei.

Wenn wir nun gelegentlich mit dem Volk sprachen, nachdem er eine Stadt oder ein Dorf durchquert hatte, konnten wir der ständig wachsenden Menge keine festen Regeln anbieten. Wir brauchten nur Liebe zu verströmen, und das versuchten wir im Gefolge des Meisters so oft und so intensiv wie möglich.

Unsere Aufgabe bestand darin, jedem zu helfen, eine vergessene Sensibilität wiederzufinden und den Aufnahmebereiteren die harmonischen Prinzipien des Universums nahezubringen.

In jener Zeit begannen wir, die zusammengewürfelte Schar der Hundertacht wirklich kennenzulernen. Einige Namen, wie die von Martha, Simon von Kyrene, Joseph von Arimathäa ... sind durch die Zeiten bewahrt worden. Nicht alle dieser Männer und Frauen wohnten in der Umgebung von Tiberias, Kapernaum oder Magdala. In jeder Vollmondnacht sahen wir, wie sie, ohne Aufsehen zu erregen, aus Samaria, Jerusalem oder Betanien eintrafen; sie schlossen sich einer vorbeiziehenden Karawane an, gaben irgendein Geschäft vor. Sie gehörten den verschiedensten Schichten der palästinensischen Gesellschaft an; die wenigsten waren Essener. Ihr Wissenstand war manchmal sehr ungleich, aber alle fanden die richtigen Worte.

Als wir den Meister am Ende der ersten geheimen Versammlung verließen, war es finstere Nacht. Auf den Wink eines Bruders, der an der Ecke der Gasse Wache stand, verließen wir nacheinander den Raum; wir wollten keinen Verdacht erregen. Das Gewahrwerden der Zusammenkunft hätte die herrschende Macht zum Einschreiten veranlassen können und möglicherweise zu unserer Verhaftung geführt. Der Schatten der Zeloten verfolgte uns ...

Simon und mich erwarteten wie gewöhnlich die warmen Mauern des Betsaid. Sie erinnerten uns an den »üblichen« Tagesablauf, den es wiederaufzunehmen galt: Da waren die Krankenpflege, die Nahrungszubereitung für vorüberziehende Bettler, die Gespräche am Tor der Synagoge und schließlich die langen Wanderungen mit dem lehrenden Meister am Seeufer oder quer durch die Berge ...

Aber es war nicht wie früher. Eine neue Seite im Buch unseres Lebens war aufgeschlagen worden, und als wir ausgestreckt auf unseren Matten lagen und die letzte Öllampe erlosch, wussten wir, dass unser eigentlicher Auftrag allmählich Gestalt annahm ...

Unter der Sonne von Magdala

Im Jahr, das auf die erste Versammlung der Hundertzwanzig folgte, fand der überwiegende Teil der in den Evangelien beschriebenen Wunder statt. Simon und ich hatten das Glück, einige von ihnen miterleben zu dürfen. Diese sogenannten »Wunder« waren jedoch weit zahlreicher, als die uns verbliebenen Texte berichten. Sie wurden nicht von einer Energie hervorgebracht, die sich ins Maßlose verausgabte, sondern von einer Kraft, die wusste, wann und wo sie zu wirken hatte.

»Nur in einer Welt von Erwachsenen kann man die Materie unterschiedslos verteilen«, sagte der Meister oft. Er gab so eine essenische Regel wieder, die recht anschaulich riet, »die Perlen nicht vor die Säue zu werfen«. Damit war gemeint, dass die Menschheit sich noch auf der Stufe der Kindheit befand und dass zu leicht erfüllte Wünsche ihr auf Dauer nicht halfen, erwachsen zu werden.

Der Meister gab sich nicht damit zufrieden, Körper und Seelen zu heilen, die berühmte »Brotvermehrung« zeigt es. Er brachte die Materie so mühelos hervor wie ein Hirte eine Melodie auf seiner Flöte. Eines dieser Wunder war gerade inmitten einer begeisterten Menge geschehen, als wir ihn eines Tages in der kleinen Uferstadt Magdala unter einem Torbogen antrafen. Wir setzten uns auf den kleinen Platz, den die warme Mittagssonne in gleißendes Licht tauchte. Die Stadt, die unter der Sommerhitze wie erdrückt lag, war um diese Zeit ruhig. Durch die ausgestorbenen Gassen zog der Duft der Gewürze und der Gerstenfladen, die in der schattigen Kühle der Häuser zubereitet wurden. Nur am Platz der Fischer neben den Feigen- und Granatapfelbäumen umgaben etwa hundert Männer und Frauen den lehrenden »Rabbi«. Jeder hatte sich hingesetzt, wo er gerade Platz fand, und kniff die Augen zusammen, um den Meister, der sich an eine riesige irdene Amphore gelehnt und den Kopf mit einem langen weißen Leinenschleier bedeckt hatte, besser sehen zu können. Die bunte Schar der Fischer und Bauern schien konzentriert, ehrfürchtig und mit gesammelter Aufmerksamkeit lauschte sie seinen Worten. Nur wenige Fragen wurden laut – vielleicht aus Angst, einen Zauber zu brechen. Das Mosaik ockerfarbener, weißer und roter Tupfer, ärmlich drapierter Gewänder, struppiger Bärte und schweißnasser Rücken bot einen Querschnitt durch das einfache Volk Israels, das zu verstehen suchte, was sogar heute noch viele Herzen für unmöglich halten. Die Menge stand noch unter dem Eindruck eines Ereignisses, das sich am Morgen abgespielt hatte: während der Meister lehrend am Seeufer entlangwanderte, war plötzlich ein Dutzend schwerer Weintrauben in seinen Händen gewesen.

Diese Trauben waren um mich herum, erklärte er jetzt, ich brauchte sie nur zu sehen und zu nehmen, nachdem ich meinen Vater darum gebeten hatte …

Ihr werdet dies ebenfalls können, ich versichere es euch. Um uns herum, in der Luft, die wir atmen, warten noch viele andere … Das ist nicht bildlich gemeint, Brüder. Ich spreche von etwas, das schon da ist, das euer Verstand aber noch ablehnt. Im Universum, das eure Herzen erahnen, bestehen alle Dinge seit jeher. Man braucht sie nur die gewünschte Form annehmen zu lassen, indem man ihnen durch Liebe und Willenskraft hilft, die Tür zu dieser Erde zu durchschreiten. Bittet mit der ruhigen Sicherheit dessen, der weiß, dass er bereits erhalten hat. Die Seele meines Vaters und dieser Welt kennen nur die Sprache der Einfachheit. Warum erschwert ihr alles durch Bedingungen, die ihr euch selbst auferlegt? Durch eure menschlichen Überlegungen erschafft ihr eure Begrenzungen selbst …

Das sagst du, Rabbi, du sagst, du handelst nur durch die Kraft deines Vaters … Was ich heute Morgen gesehen habe, verblüfft mich, aber die herumreisenden Händler erzählen oft von solchen Zaubereien. So soll es in der Gegend von Samaria zwei Männer geben, die angeblich Gegenstände genauso erschaffen wie du[80]. Wem soll ich da glauben?

Die Frage kam von einem noch sehr jungen Mann. Er trug die kurze Tunika der Bauern, die er bis zur Taille hochgeschürzt und am Gürtel befestigt hatte. Er hatte sich halb in der Versammlung erhoben und mit leiser, stark bewegter Stimme sein Anliegen vorgebracht.

Das, wovon hier die Rede ist, kann auf zwei verschiedene Arten vollbracht werden, erwiderte der Meister. Zum einen mit Hilfe des weißen Willens, von dem ich vorher gesprochen habe, zum anderen durch das schwarze Wünschen. Die meisten Wesen bemerken den Unterschied nicht, denn die Augen des Fleisches sehen nur das Ergebnis. Mit ›schwarzem Wünschen‹ meine ich die Technik der Wesen, die nicht erschaffen, sondern eine bereits verwirklichte Form stehlen. Ich verstehe darunter eine geheime Methode, durch die Materie sich uneingeschränkt im Raum bewegen und dessen Grenzen aufheben kann. Die Zauberer senden die Strahlen ihrer Seele bis zum Gegenstand ihrer Begierde, verwandeln ihn und bringen ihn so an ihren Aufenthaltsort[81]. Nun frage ich euch: Ist Diebstahl ein Wunder? Darf man eine widerrechtliche Inbesitznahme eine Gabe des Ewigen nennen?

Ich sage euch, wer erschafft, tut dies aus Liebe, wer sich etwas bereits Erschaffenes aneignet, handelt aus Begehrlichkeit.

---

[80] *Einer von ihnen ist möglicherweise Simon der Zauberer, von dem in der Apostelgeschichte die Rede ist.*

[81] *Es handelt sich um die Ortsveränderung von Gegenständen durch Dematerialisation und anschließende Rematerialisation (Teleportation).*

Ein Wunsch zerstört euch, wenn ihr nicht achtgebt. Er zwingt euch zu nehmen, ohne etwas zu geben. Die Gesetze des Namenlosen sind anders als die, die ihr auf der Erde errichtet habt, meine Brüder. Wer anhäuft, ohne zu verteilen, wird in Wirklichkeit immer armer. Anstatt aus einer nie versiegenden Quelle zu schöpfen, wurzelt sein Lichtkörper von Leben zu Leben stärker in der Erde.

Wenn eure Augen wirklich sähen, anstatt nur zu betrachten, würden sie weinen beim Anblick der Menschen, die um ihre Gräber streichen und ihre Güter unter den toten Larven suchen. Wieviel Zeit brauchen sie, bis sie den Lichtstrahl bemerken, der sie aus ihrem Schacht zieht? Ich biete euch nicht Macht, sondern Verständnis. Und verstehen heißt lieben. Auf diese Weise erfüllt sich alles. Eure Erde, meine Brüder, ist nach dem Bild aller Erden des Universums gebaut. Ihr müsst sie euch wie ein Wesen mit zahllosen Kleidungsstücken vorstellen, sie sind umso feiner, je weiter sie von der Haut entfernt sind. Sie sind wie Wasserkrüge, die umso unerschöpflicher sind, je weniger unsere physischen Augen sie sehen. Die sichtbare Natur, die euch ernährt und die man zu Unrecht für unerschöpflich hält, verkörpert die untersten Kleider. Die unsichtbare Natur dagegen folgt auf sie und führt zur Sonne hin. Und dort, nur dort müsst ihr schöpfen. Nehmt die Dinge, die euer wahres Herz verlangt, dort, wo sie wirklich sind, das heißt in der Seele und dem Geist eurer Erde[82].

In diesem Augenblick erhob sich eine Frau in der Menge und griff ebenfalls in das Gespräch ein. Ihr langes Gewand aus blauem Tuch beeindruckte mich. Man spürte ihren festen, klar denkenden Charakter, und ich konnte sie mir gut bei den heftigen Diskussionen mit den Karawanenführern vorstellen.

---

[82] *Wenig später erhielten die 120 eine weitergehende Unterweisung zu dieser Frage. Der Meister unterschied ganz klar zwischen »natura naturans« und »natura naturata« und unterstrich die Analogie zwischen Geist, Seele und Körper der Erde einerseits und der Welt der Ideen (ursächlich), der Wirkkräfte (aktive astrale Kräfte) und der Phänomene (zu überwindende materielle Wirkungen) andererseits.*

Rabbi, ich glaube, was du sagst, aber deine Erklärungen sind ziemlich mysteriös. Sie sagen nicht wirklich, was du tust, um das zu erhalten, was dein Herz begehrt.

Der Meister begann zu lächeln und senkte ein wenig die Stimme, wie um der Fragenden näher zu sein.

Mein Herz begehrt nichts ... Es ist. Verstehst du nicht, dass man das, was man hat, nicht begehren kann ... Was ich habe, Frau, besitze ich nicht ... denn es ist seit jeher Teil meines Wesens.

Bei dir ist es ebenso ... und auch bei euch, meine Brüder. Hört auf, euch verkrüppelt und blind zu fühlen, denn ihr seid eins mit dem was ist. Die Steine, Pflanzen und Tiere, die ihr zu beherrschen trachtet, sind nichts als die Verlängerungen eures eigenen Lebens, sie sind ein anderes ihr selbst, das es zu entdecken und liebevoll zu behandeln gilt ...

Ich weiß, dass diese Worte euch dunkel erscheinen, aber ich kenne keine einfacheren, um euch die Antwort zu geben, die ihr in Wirklichkeit selbst finden müsst. Dir, Frau, kann ich antworten, dass es für die Erschaffung dessen, was du gesehen hast, keine Methode gibt. Man darf nur im tiefsten Inneren die Möglichkeit nicht ausschließen.

Meine Brüder, ihr versteht nicht zu lieben! Wenn ihr die wahre Antwort auf diese Frage gefunden habt, ohne sie irgendwie zu umgehen, werdet ihr mehr als die Hälfte des Wegs hinter euch haben.

In einer benachbarten Gasse erklang plötzlich der Lärm vieler schneller Schritte. Wir wandten uns um, um zu sehen, woher sie kamen. Unversehens erschien an einer der Ecken des hitzeglühenden Platzes eine Schar bewaffneter Männer. Sie trugen nicht die Uniform der Legion, sondern einfache, kurze Tuniken. Ich fühlte, wie Simon zusammenzuckte. Er hatte, ebenso wie ich, die Zeloten erkannt. Im Handumdrehen waren die ungefähr zehn Männer nur noch wenige Schritte vom Meister entfernt. Zwei seiner nächsten Schüler hatten sich gleichzeitig erhoben und waren schon dabei, das Schwert zu ziehen, das sie ständig am Gürtel trugen.

Lasst, sagte er ruhig, diese Männer wollen uns nichts Böses.

In der Menge gab es ein Durcheinander, ein paar Männer und Frauen flohen, sicher fürchteten sie das Schlimmste. Ich war unruhig, blieb aber neben Simon und den anderen sitzen, um meine Erregung zu verbergen. Es war nicht das erste Mal, dass ich zwei nahe Schüler des Meisters so handeln sah. Es missfiel mir umso mehr, als ich wusste, dass der Meister mit ihrem Verhalten nicht einverstanden war. Die beiden Männer, von denen einer ebenfalls Simon hieß, besaßen einen aufbrausenden Charakter, den sie nicht zu zügeln vermochten. Während der Jahre, die wir dem Meister folgten, änderte sich das nicht. Als ehemalige Zeloten verzichteten sie weder darauf, das Schwert zu tragen, noch legten sie ihre unbeherrschten Reaktionen ab.

Der Meister erklärte ihnen wieder und wieder, dass das Schwert das Schwert anzog, aber er verbot ihnen nicht, es zu tragen. Er achtete die Individualität und die Verschiedenheit der Menschen. Die Schar seiner Schüler war daher sehr heterogen, viele entstammten dem einfachen Volk.

Der Anführer der Zeloten trat noch näher an den Meister heran. Seine ehemals orangefarbene Tunika wies zahlreiche Risse auf, die zum Teil durch einen Lederbesatz verdeckt wurden. Zwei Dolche und ein altes Schwert hingen an seiner Seite. Er hatte halblange, schwarze Haare, die aufgeblähten Nasenflügel verrieten den schnell entschlossenen Menschen, der bereit ist, ein einmal gesetztes Ziel um jeden Preis zu verwirklichen.

Ich sah sein Profil, und irgendetwas in seiner Art, den Meister anzublicken, ließ mich an einen Adler denken.

Rabbi, sagte er schließlich und versuchte, wieder zu Atem zu kommen, meine Männer haben dich mehrmals aufgesucht, und wenn ich heute selbst zu dir komme, riskiere ich sehr viel. Ich heiße Barabbas. Das muss dir genügen, du weißt, dass ich in einem Großteil des Landes der Anführer des Aufstands gegen Rom bin.

Aus der Menge hörte man unterdrücktes Gemurmel. Ich wandte mich um: mit großen Schritten verließen Männer und Frauen den Platz. Offensichtlich fürchteten sie irgendwelche Unannehmlichkeiten.

Rabbi, fuhr der Anführer der Zeloten fort, diese Einwohner von Magdala sind meine Zeugen, und in ihrer Gegenwart möchte ich dir sagen, dass das Volk von Palästina nach dir verlangt! Es will aus dir sein Symbol gegen die Legionen machen, es will dich als König ... Überall im Land habe ich Männer, die dem einfachen Volk, den Arbeitenden und Betenden nahe sind, und diese erwarten den Messias des Ewigen! In jedem Talgrund, in jedem Weinberg ist von dir die Rede, und sie sehen nur noch eine Möglichkeit: Ganz Israel ruft dich!

Geh mit bloßen Händen unseren Kämpfern voraus, und das ganze Land wird befreit werden. Alle werden das Wort deines Vaters hören, sie werden deinen Ruf vernehmen, du wirst ihnen deinen Glauben erklären!

Diese Worte, die mit lauter, rauer Stimme ausgesprochen worden waren, riefen eine lebhafte Reaktion hervor. Die Menge, die jetzt nur noch aus ungefähr fünfzig Personen bestand, sprang auf; johlend und schreiend stimmte sie den Erklärungen des Zeloten zu.

Im Durcheinander sah ich, wie sogar einige von uns lächelten und sich, getragen von der allgemeinen Begeisterung, dem Meister näherten.

Simon, ein paar andere von der Bruderschaft und ich selbst wussten nicht, wie wir uns verhalten sollten. Die Menschen schienen von einem Freudentaumel ergriffen. Barabbas, stolz auf die Wirkung seiner Worte, stieg auf einen kleinen Grenzstein und erhob beide Hände zum Himmel, um Stille zu fordern. Er wollte weitersprechen, aber niemand hörte ihm zu. Ich hatte den Eindruck, als ob jetzt wieder mehr Menschen auf den Platz gekommen wären. Die Mauern aus Stein und getrockneten Ziegeln schienen Ohren zu haben, sie hatten den Aufruf zum Widerstand gehört ... Und wenn Barabbas recht hatte ... wenn er geschickt worden wäre, damit der Meister sein Wort an der Spitze des Volkes verkünden konnte?

Blitzartig gingen mir diese Fragen durch den Kopf.

Hatte Johannes ihn uns nicht als den Messias vorgestellt, und war der Platz des Messias nicht an der Spitze eines Landes?

Es fehlte nicht viel, und die Begeisterung hätte auch mich ergriffen ... Aber irgendetwas in mir widersetzte sich dem, irgendwo blitzten die alten Lehren der Essener auf, die »nein, nein« sagten ... Nein, der wahre Messias, der, den wir erwarteten, konnte dieses Angebot nicht annehmen. Er musste die Menschen verwandeln, er durfte sich nicht in ihr Räderwerk hineinziehen lassen! Allerhöchstens war es ihm bestimmt, das Sandkorn zu sein, das den Kreislauf seines trügerischen Ablaufs unterbrach.

»Das Licht lässt sich nicht in eine Institution einschließen oder auf einen Thron setzen, denn es ist ein Hauch, ein Hauch des Lebens, der sich unaufhörlich verströmt und erneuert ... «

Dies waren die Worte Zerahs, aus den Tiefen meines Gedächtnisses drangen sie jetzt ins Bewusstsein.

Wie viele Jahre waren seit unserer letzten Begegnung vergangen, Zerah? Bestimmt zwanzig, und noch immer warst du da und wusstest die Antwort!

Simon hatte sich nicht gerührt, in seinen Augen, die den meinen begegneten, las ich ebenfalls Ablehnung. Mit einem Mal wurde es wieder still. Eine Hand weit geöffnet vor sich haltend, ging der Meister durch die Menge. Seine hohe weiße Gestalt beeindruckte uns. Die Augen waren halb geschlossen, und aus seinen Zügen sprach Trauer.

Ihr Volk von Sträuchern mit den riesigen Wurzeln, sagte er sanft, sind eure Bindungen an diese Erde so stark, dass ihr nicht einen Schritt vorwärts gehen könnt? Ich sage euch, meine Brüder, wer mich bei den Menschen zum König macht, wendet sich von meinem Vater ab und weigert sich, in sich selbst zu schauen. Ich bin bereits König von Ewigkeit an, aber mein Reich ist nicht von dieser Welt.

Spiele nicht mit den Worten, Rabbi, der Ewige hat nichts zu tun mit einem Volk, das das Joch der Sklaverei nicht abschüttelt.

Barabbas, von dem diese Worte stammten, hatte nicht die Zeit fortzufahren: Ein schweres, metallisches, extrem abgehacktes hämmerndes Geräusch war zu hören, und wir sprangen auf. An der Ecke einer Gasse blitzten Helme auf, sie warfen ihr Feuer auf die ockerfarbenen Mauern und das dunkle Grün der Granatapfelbäume. Eine Abteilung römischer Soldaten brach über uns herein. Heilloser Tumult entstand.

Die Menge schrie und kreischte. Jeder versuchte, sich zu schützen, suchte nach einem Ausweg, auch wenn er dabei seinen Nachbarn behinderte oder trat. Metall klirrte, raue Stimmen brüllten Befehle, und wir errieten, wie die Zeloten sich mit der Waffe in der Hand in das Halbdunkel einer Gasse flüchteten, dicht gefolgt von drei römischen Offizieren zu Pferd.

Im Zentrum von Magdala brach Panik aus. Die Schreie schienen nun aus den Häusern selbst zu kommen; es war, als hätte die Armee ihre Soldaten dorthin geschickt, um alles zu durchsuchen.

Diejenigen von den Hundertzwanzig, die anwesend waren, hatten sich in einer fast unwillkürlichen Reflexbewegung schnell um den Meister herum geschart, sie bildeten so einen Kern, der sogleich von einer Reihe bedrohlicher Lanzen umringt wurde.

Meine Kehle war wie zugeschnürt; ich griff nach der Hand Simons, der mich an sich drückte.

Sollte das etwa das Ende sein? Das wäre zu absurd ...

Der Meister sprach kein Wort; unsere Augen suchten die seinen. Da geschah etwas, das sich mir mit unerhörter Gewalt einprägte: Ich hatte das Gefühl, als sei unsere Gruppe von einem blauen Lichtschein umgeben, einem Schleier aus Stille und Frische. Ich war voll bei Bewusstsein, aber der Lärm schien immer weiter in nebelhafte Fernen zu versinken. An seine Stelle trat ein machtvolles Gefühl der Ruhe. Es war, als habe der Meister seine Arme über uns geschlossen, und sicher war es ein wenig so. Ein reiner Geist schafft

Schleier des Friedens, wahre Schilde, spürbare Gedanken einer Liebe, die nicht nur aus Worten besteht ...

Ohne größere Emotionen sahen wir dann, wie ein Offizier in seiner lederverbrämten Uniform auf uns zukam. Sein Blick war kalt, mit einer Handbewegung ordnete er unsere Verhaftung an. Der Meister lächelte jedem einzelnen von uns zu; nun waren wir vollends beruhigt. Schließlich wurden wir von den Römern durch die Gassen Magdalas abgeführt. Im Vorübergehen entdeckten wir die Folgen ihres Einschreitens: unter einer Arkade lagen zwei tödlich verletzte Männer im Staub, aus einer Verwundung an der Seite floss noch das Blut. Ich biss die Zähne zusammen. So kamen wir zum Ausgang des Ortes, wo mehrere stark befestigte Häuser als Befehlszentrale der Garnison dienten. Hinter ihnen bemerkten wir das Lager, das von einer niedrigen, noch nicht vollendeten Lehmmauer umgeben war. Ich warf einen Blick in die Ferne, zum See, der im Schatten einer Reihe von Dattelpalmen silbern aufglänzte. Wir wurden bald vom Meister getrennt, ohne Zweifel wusste man, wer er war.

Ein Offizier im langen Purpurmantel ließ uns in einen kleinen Hof eintreten; wir setzten uns in den Schatten eines Akazienbaumes. Ungefähr zehn bewaffnete Männer bewachten uns. Einer von ihnen war mir trotz seiner schweren Ausrüstung sympathisch. Nach einer Weile schickte er ein kleines Lächeln in unsere Richtung. Wir lächelten zurück, und so entstand ein stiller, aber bedeutsamer Dialog.

Vielleicht hatte der Meister zu dieser Zeit schon Schüler bei den Römern, die manchmal stehenblieben, um ihm zuzuhören. War es Bewunderung, Neugierde, Überwachung? Wir wussten es nicht ... Vielleicht waren alle drei Begriffe zutreffend. Der Nachmittag verging friedlich. Wir machten uns keine Sorgen, weder um den Meister noch um uns selbst. Sicher würde man ihn über den Grund seiner und des Barabbas' Anwesenheit in Magdala verhören.

Nur dieser Kontakt zum Anführer der Zeloten konnte uns zum Verhängnis werden und würde uns sicher eine lange Gefängnisstrafe

einbringen. Aber auch das war unwichtig geworden; wir hatten das
Gefühl, jetzt alles ertragen zu können, ohne im Innersten davon
berührt zu werden. Auf unerklärliche Weise waren wir unverwund-
bar geworden. Wie durch ein Wunder wurden die Angriffe jedoch zu kindischen
Beschuldigungen ohne tatsächliches Gewicht.

»Erweckt den Teil von mir, der in euch schläft.«

Vielleicht war es das? Vielleicht hatten diese so oft von den
Lippen Christi vernommenen Worte als das erhoffte Balsam zu
wirken begonnen. Vielleicht hatten sie uns aus unserem langen
Schlaf gerissen ...

Gegen Ende des Nachmittags kam der Meister zurück; der weiße
Schleier war unberührt. Zwei Legionäre eskortierten ihn, obwohl
sie den Wurfspieß in der Hand hielten, wirkten sie neben ihm wie
zwei zerbrechliche Marionetten.

Kommt, sagte er weich, wir müssen eine Stelle zum Übernachten
finden.

Wir bezwangen unsere Freude und versuchten bis zum Schluss,
unsere Würde vor den Römern zu bewahren.

Bald knirschten die schweren Holztore der römischen Garnison von Magdala hinter uns in den Angeln. Noch ungefähr
hundert Meter wurden wir von den Soldaten begleitet, dann waren wir endgültig frei. Die Sonne färbte sich bereits rot, dem
leichten Wind, der vom See herüberwehte, gelang es kaum, die
Atmosphäre abzukühlen. Wir entschieden uns, zum Ufer zu gehen. Ein paar Palmen und die dort angenehme Vegetation konnten uns ein Obdach für die Nacht bieten. Johannes und Andreas
entzündeten ein Feuer, und bald waren wir um den Meister versammelt, um über unser weiteres Verhalten zu beraten. Die Zeloten versuchten offensichtlich, sich seine Autorität zunutze zu
machen, um ihre Glaubwürdigkeit und ihren Handlungsspielraum zu vergrößern.

Einer von uns ergriff schließlich das Wort.

Wir müssen vorsichtig sein, sagte er so leise, dass wir gezwungen waren, genau hinzuhören. In der Menge heute Morgen habe ich gehört, wie ein Mann und eine Frau von einem Rabbi sprachen, der sich Jesus nennt und in der Gegend von Betanien mit den Zeloten marschiert. Mehr habe ich von ihrer Unterhaltung nicht aufschnappen können, aber es zeigt, dass das Volk beginnt, falsche Nachrichten zu verbreiten.

Die Mitteilung bestürzte uns, über das knisternde Feuer hinweg sahen wir uns an.

Es ist nicht weiter erstaunlich, sagte der Meister, nachdem er uns lange unseren eigenen Gedanken überlassen hatte. Ich habe früher einmal einen jungen Mann beobachtet, der Joseph hieß …

Wir warteten auf weitere Erklärungen, aber er hielt inne, als wolle er in sich selber schauen.

Instinktiv sah ich Simon an; wir schienen irgendetwas zu erraten … Es führte uns weit, weit in die Vergangenheit, in eine Zeit, als wir noch Jugendliche waren und durch die zerstörten Gassen Genezareths streiften. Aber die Erinnerung blieb verworren, wir verstanden nicht …

Als vom Feuer nur noch die Glut geblieben war, stimmten wir zum Gedenken an die beiden Opfer des Morgens einen Gesang an. Wir wussten, dass die Schwingungen der Stimme zusammen mit denen der Seele im Reich der Lichtkörper zu Magneten wurden. Es waren Lieder der Freude, nicht der Bitterkeit. Am Ende der kleinen Zeremonie sonderten zwei Mitglieder der Bruderschaft sich von unserer Gruppe ab. Sie sollten die Verstorbenen an den Fällen des ätherischen Ozeans vorbei zu ihrer Lichtheimat geleiten.

Der Weg der Verwandlung

In den folgenden Monaten versuchten Barabbas und seine Leute noch mehrere Male, den Meister und die ihm nahestehenden Personen für ihre Sache zu gewinnen. Ihre Vorschläge wurden jedes Mal kategorisch abgelehnt.

Der Eifer der Zeloten beunruhigte uns umso mehr, als ihr Anführer immer größere Risiken auf sich nahm, um den »großen Weißen Rabbi« zu treffen. Das Volk begann übrigens, diese Bezeichnung aufzugeben.

Durch die wachsende Popularität war der Name des Meisters nun eher bekannt, und an vielen Orten erwartete man »Jesus den Nasiräer«[83].

Die Römer schienen nicht mehr eingreifen zu wollen. Ihre Abwesenheit war geradezu befremdend. Wir erfuhren sehr viel später, dass eine bestimmte Zahl israelischer Männer und Frauen in ihren Diensten stand. Die geringsten Worte, die kleinsten Schritte des Nasiräers wurden so an höchster Stelle berichtet, ohne dass wir dies wussten.

---

[83] *Eine Verwechslung mit der bereits zu Beginn des Buches zitierten religiösen Schule, die unbestreitbar bekannter war als die der Essener.*

Zwei Jahre waren verstrichen, seit wir uns in Kapernaum eingerichtet hatten, als der Meister uns eines Tages eröffnete, dass er sich länger als gewöhnlich zurückziehen würde.

Ich brauche ein wenig Zeit, um den bereits zurückgelegten Weg mit dem zu vergleichen, der noch vor mir liegt, sagte er. Ein Vater wünscht es nicht, dass sein Sohn wie eine Maschine handelt, nur damit er seine Absichten erfüllt. Mein himmlischer Vater hat mir den Körper und damit auch die Freiheit des Menschen gegeben. Dies ist ein Zeichen seiner Liebe, das ihr verstehen müsst. Die zwei Hände des Menschen, die Wahlmöglichkeiten, über die er zur Gestaltung seines Lebens auf Erden verfügt, sind der Beginn seiner kommenden Größe. Abstrahiert von den Worten, erfasst die Idee dahinter. Ich zeige euch den Weg des Menschen … Wenn ich die zukünftigen Zeiten sehe, überkommt mich eine Befürchtung: Was nicht verstanden wurde, beschwört Angst, Fanatismus oder verknöcherte Frömmelei herauf. Deshalb sage ich euch: Macht aus mir keinen Gott …

Wir wussten nicht recht, was wir mit diesen Erklärungen anfangen sollten, was bedeuteten sie, wozu waren sie gemacht worden?

Ein paar Tage später bot Johannes uns eine Lösung für dieses Problem. Simon und ich begleiteten ihn in einem kleinen Boot weitab vom Ufer. Eine angenehm frische Brise streichelte unser Gesicht. Wir waren zu dritt und ließen das kleine Boot dahintreiben, während wir das Ufer mit seinen blühenden Bäumen und den zartgrünen Hügeln betrachteten. In dieser vertraulichen Atmosphäre fiel es leicht, die Dinge anzusprechen, die uns beschäftigten.

Wir vergessen oft, dass der Meister ein Mensch ist, sagte Johannes. Er selbst hat mir das einmal gesagt. Sicher, zwei unermesslich große Kräfte sprechen und handeln durch ihn, aber er hat doch nur die Widerstandskraft eines menschlichen Organismus. Wir sollen ihn nicht zu einem Abgott machen, wie dies in den alten Zeiten geschehen ist. Das will er nicht. Er wird nie ein in Priesterpose erstarrtes Wesen sein, das Fragen, Hunger oder Müdigkeit nicht mehr kennt. Er hat die ganze Kraft des Kosmos in sich, aber auch die menschliche Schwäche. Gerade das macht seine Größe aus, Miriam. Er ist nicht durch und durch der Sohn des Ewigen, er ist ein Zeichen, das den wahren Weg des Menschen enthüllt.

Ich weiß, dass die Vorschläge der Zeloten ihm manchmal arge Mühe machen, denn sie bieten ihm eine Wahl, die nur ein starr auf sein zukünftiges Geschick bedachtes Wesen ohne Überlegung und Versuchung entscheiden könnte.

Er hat es selbst gesagt: Wir müssen wissen, ob wir einen Abgott vorziehen oder ein Wesen, das unsere Leiden kennt, weil es ihr ganzes Ausmaß durch die Konsequenzen seiner Geburt akzeptiert hat.

Ich habe eben von den Zeloten gesprochen, aber habt ihr nicht diese Frauen bemerkt, die so oft versuchen, seine Aufmerksamkeit zu erregen? Sicher lieben sie ihn ... Wie könnte es anders sein? Man kann sie deswegen nicht tadeln. Aber wissen sie auch, von welchen Kräften sie benutzt werden, um seine Blicke anzuziehen? Ich meine gar nicht den Dämon, ihr wisst sehr gut, dass der einzig existierende Dämon der in den Herzen der Menschen festsitzende Hass ist. Ich spreche von der sich nach außen zerstreuenden Energie, die ein Kennzeichen der Materie unseres Universums ist.

Der Meister versucht zu sammeln, zu konzentrieren, während die entgegengesetzte Kraft sich mit allen Mitteln bemüht, seine Handlungen zu zersetzen.

Die Materie ist ihm nicht eigentlich wichtig, aber sie erlaubt ihm, seine eigene Freiheit zu schärfen. Wenn wir das wissen, können wir auch seine Worte über die Rom geschuldeten Abgaben besser verstehen. Man dient damit nicht zwei gegensätzlichen Kräften. Man versucht zu verstehen, warum man sie für gegensätzlich hält. Man akzeptiert sie und bringt sie zusammen, um zu wachsen.

Meinst du, der Meister könnte Barabbas irgendwie nachgeben? fragte Simon.

Nein, das wird er nicht ... auch wenn er weiß, dass sein Wort sich auf die Materie dieser Welt stützen muss.

Johannes lächelte; das Lächeln war zum wesentlichsten Bestandteil seines Gesichts geworden. Dann bat er Simon um die Ruder. Wir fuhren zu einem kleinen hölzernen Landesteg, auf dem die Fischer mit den Füßen im Wasser ihre Netze reparierten ... In der folgenden Woche starb einer der Hundertacht. Gleich nach seiner Rückkehr aus den Bergen ersetzte der Meister ihn durch eine Frau aus Magdala, die ihm seit langem folgte. Sie war ein wenig älter als wir, groß und schlank und nannte sich Maria. Aus ihren Augen sprach unergründliche Trauer. Früher musste sie einen recht hitzigen Charakter besessen haben, sie erinnerte uns an einen schlafenden Vulkan, an eine Kraft, die sich zurückhält und dann umso heftiger explodiert. In den Gassen Kapernaums sagte man von ihr, sie habe ein ausschweifendes Leben geführt. Ihre Persönlichkeit, ihre manchmal unerwarteten, oft unbequemen Reaktionen brachten die Umgebung des Meisters ein paar Wochen lang in Verruf. Unseres Wissens nach spielte jedoch von den Hundertacht nie jemand darauf an.

Dann kam der Tag, an dem der Meister uns zu einer mehrwöchigen Reise durch die Berglandschaft Galiläas aufforderte. Es war zu Beginn des Frühlings. Ich sehe uns noch zum Betsaid laufen, wo wir uns mit drei anderen Brüdern ablösten, um schnell unsere Wollmäntel und die großen Leinenbeutel zu holen. Wir waren ungefähr zwanzig und wollten ein paar kleine, in den Bergen isolierte Siedlungen aufsuchen.

Nachdem wir uns bei einem Tor am Ortsausgang von Kapernaum versammelt hatten, stiegen wir über schmale Hirtenpfade recht bald in die Höhe. Simon und ich liebten diese Wege, auf denen man sich zwischen Weißdorn und Raute vorsichtig vorwärtstasten musste. Sie erinnerten uns an die Ausflüge, die wir als Kinder hinter dem Dorf der Brüder unternommen hatten.

Unter uns verschwand der blaue Spiegel des Sees; zwischen grauen Felsblöcken und blühenden Mandelbäumen wanderten wir an abgerundeten Bergkämmen entlang. Weiter im Norden wurde die Landschaft grüner, hinter den Zedernwäldern zeichneten sich verschneite Gipfel ab. Die Luft war noch kühl, und wir schritten kräftig aus. Ab und zu stellten wir dem Meister eine Frage. Die Einsamkeit der vergangenen Wochen schien ihn in seiner Haltung bestärkt zu haben. Er hielt es für schier unmöglich, sein wahres Reich unter den Menschen dieser Erde zu errichten – zumindest in dem Zustand, in dem sie sich zurzeit darbot. Er erklärte uns dies genauer, und seine Darlegungen waren uns später sehr hilfreich.

Die Berge, die Pflanzen, eure Körper, alles Lebendige oder scheinbar Schlafende in dieser und den vielen anderen Welten ist der Sehne eines Bogens vergleichbar, die von Zeit zu Zeit gespannt wird. Ihr kennt dieses Phänomen: Wird eine Sehne gespannt und dann losgelassen, beginnt sie zu schwingen und wird für unsere Augen einen Augenblick unsichtbar. Ebenso verhält es sich mit unserem Körper. Durch die Berührung mit den für unsere Sinne nicht fasslichen Kräften ist er ständig am Schwingen – allerdings sehr langsam. Aus diesem Grund ist er auch dicht und mit den normalen Sinnen wahrnehmbar. Stellt euch jetzt vor, dass ihr ihn mit Hilfe der machtvollsten Energie, die es gibt, der Liebe nämlich, so behandelt wie den Bogen. Seine Schwingungen würden ihn für den gewöhnlichen Menschen unsichtbar machen.

Genau das geschieht mit meinem Reich und seinen Bewohnern. Die Atome, aus denen sie bestehen, kreisen so schnell, dass unsere Augen sie nicht erkennen und unsere Hände sie nicht ergreifen können.

Wisst, dass die sogenannte ›Wirklichkeit‹ verschiedene Gesichter annehmen kann, die die Vernunft und Logik vieler Menschen herausfordern.

Ich kann es euch jetzt versichern, Brüder: meine Aufgabe besteht nicht darin, mein Reich in dieser Welt zu errichten, sondern diese Welt an mein Reich heranzuführen.

Ich werde das Leben eurer Welt voranbringen, indem ich in euren Herzen feinstoffliche Schwingungen erzeuge. Ich habe mich vielleicht noch nie so konkret ausgedrückt. Denn mein Mund soll keine poetische Theorie verbreiten, sondern eine Geometrie des Herzens und der Seele.

Das Universum und das Firmament, das ihr jeden Abend betrachtet, entwickeln sich nach den gleichen Regeln.

Sie schweben in einem Ozean des Lebens, in dem der unsichtbare Finger des Namenlosen sie dazu bringt, periodisch in einem immer schneller werdenden Rhythmus zu schwingen. Die meisten Himmelskörper entwickeln sich so; in zyklischen Abständen verwandeln sie sich, werden von einer Wirklichkeit zur nächsten getrieben, entfliehen unerbittlich den Begrenzungen der dichten Materie. Der Ewige ist wie ein Musiker, der Noten spielt, die auf der Tonleiter immer weiter oben stehen. Der aus seinem Atem hervorgehende Ton steigt alle zweitausend Jahre um eine Stufe an, und am Ende der sechsten Stufe überschreiten die Welten eine Schwingungsetappe. Ich sage euch, meine Brüder, ich bin der Musiker des sechsten Tons, der die Herzen am Ende der kommenden zwei Jahrtausende anders schwingen lässt.

Der Fels muss zum Edelstein werden, das Gras zum Baum, das Tier zum Menschen – und der Mensch zum Eingeweihten, damit er den Brüdern von den Sternen ähnlich wird ...

Der Engel muss zum Erzengel werden, der Planet zur Sonne, und das Ziel der Sonne ist die Vereinigung mit dem kosmischen Feuer.

Dies alles geschieht zunächst dadurch, dass nach einer inneren und äußeren Läuterung aller Daseinsformen die Materie und das Bewusstsein unseres Universums auf die Ätherebene gerückt werden.

Alles hängt von der Ebene des Bewusstseins ab, das Übrige ist nur eine Anwendung des genannten Prinzips.

Diese Erklärungen machten uns schwindeln. Wir waren eine derart »technische« Sprache des Meisters nicht gewöhnt. Allerdings spürten wir, dass diese exakten Kenntnisse notwendig waren; sie ergänzten unser Verständnis der universellen Harmonie.

Den zu unserer Gruppe gehörenden Kindern Essanias, denen der Begriff der Schwingung geläufig war, bereitete es keine Schwierigkeit, diesen Erklärungen zu folgen; den übrigen jedoch sagten die zwar zweideutigen, aber vertrauten Bilder mehr zu als diese Form mathematischer Logik.

Am Abhang eines Hügels machten wir halt. Das aus dem Tal heraufklingende Blöken der Schafe erinnerte uns daran, dass wir nicht allein auf der Welt waren und irgendwann einmal die vernommenen Wahrheiten den Menschen darlegen müssten.

Diese Dinge solltet ihr nicht dem Volk erklären, sagte der Meister, als habe er unsere Unruhe bemerkt. Schlagt nie mehr als eine neue Seite der Offenbarung auf. Alles hat seine Zeit, und jeder liest in seinem eigenen Buch. Erzählt denen, die in den Feldern und Weinbergen arbeiten, von der Ernte, denen, für die das Boot und die Wellen der einzige Lebensinhalt sind, vom Fischfang. Wichtiger noch als das Wissen ist das Schweigen. Nicht, um etwas zu verbergen, sondern um zum Wesentlichen zu kommen, indem bestimmte noch erschreckende Gesichtspunkte vermieden werden.

Die ganze Kunst, die ich von euch verlange, ist in den folgenden drei Worten enthalten: Liebe, Fortschritt, Unterscheidungsvermögen.

Nach diesen Worten machte der Meister eine lange Pause. Wir saßen auf dem Gras, und er entfernte sich ein wenig von uns.

Streckt euch auf dem Boden aus, sagte er schließlich, als er ruhigen Schrittes zurückkam.

Überrascht von dieser unerwarteten Bitte, gehorchten wir, ohne weiter zu überlegen.

Es ist gut, dass ihr den Tanz der Welten betrachten könnt, murmelte er, während er sich in unserer Mitte niederlegte. Ihr werdet den himmlischen Finger kennenlernen, der die Saiten des Universums zum Schwingen bringt ...

Ihr habt von diesen Erfahrungen nichts zu fürchten. Sie werden euch eher vor Freude als vor Angst weinen lassen. Ich werde mit euch die Trennung des Bewusstseins vom Körper ausführen. Scheinbar ohne Verbindung werdet ihr dahinschweben und mir folgen.

Der Meister bat uns dann, uns völlig still zu verhalten, die Augen zu schließen und uns nicht zu bewegen. Eine Weile lagen wir einfach ausgestreckt auf dem Boden, die Vögel zwitscherten, und unser Geist kam zur Ruhe. Ich hatte das Gefühl, als entfliehe meine ganze Energie in den Boden, als werde sie Organ für Organ von ihm angezogen. Bald war ich eins mit der Erde. Ich wusste nicht, was aus meinen Gliedern geworden war. Die Zirkulation meines Blutes musste sich so verlangsamt haben, dass jeder Versuch, sie zu bewegen, vergeblich gewesen wäre. Aber ich empfand auch gar kein Bedürfnis danach. In dieser Haltung der Seele und des Körpers lag heitere Gelassenheit; die Maske der Persönlichkeit, des körperlichen Gerüstes, war vergessen. Ich kannte diesen Zustand, die Brüder hatten mich in seiner Beherrschung unterwiesen. Er bedeutete weder eine Flucht noch eine Betäubung des Bewusstseins. Im Gegenteil, durch ihn erwachte man zu einer neuen Dimension der Wirklichkeit, er war der Schlüssel, der die Tür öffnete ...

»Öffnet eure Aura ... « Fast unmerklich glitten diese drei Worte in uns hinein – so, als wären sie jeder Zelle von uns zugeflüstert worden.

Ich hatte dann das Gefühl, als ob jemand meine Magengrube berührte und spürte, wie ich langsam aus meinem Körper entwich. Ich schien in einen transparenten Kegel hineinzugleiten, der mich schließlich am Scheitel meines Kopfes anzog. All dies geschah mit erstaunlicher Klarheit. Unter mir sah ich meinen Körper, er wirkte wie schlafend, ein Lächeln lag auf den Lippen. Bald war mir klar, dass es meinen Gefährten ebenso erging: ihre Hüllen befanden sich auf dem Gras. Wir waren nur noch ungefähr zwanzig Lichtkörper, die versuchten, sich in der Luft um eine wunderbare Helligkeit zu stabilisieren: die des Meisters.

Wir hatten unsere Körper verlassen. Die Natur schillerte in tausend funkelnden Farben, gefiel sich in der Erfindung immer neuer Töne, neuer Schattierungen. Gräser, Blumen, Täler waren nur noch ein riesiger Regenbogen, der vor Leben sprühte. Ja, dies war das wahre Leben unseres Planeten, das die Menschen nicht sehen wollten! Unsere Gedanken durchdrangen sich, wir tauschten uns aus über feinste Eindrücke, übermittelten uns Bilder jenseits der Worte. Sicher war das eine Annäherung an die allumfassende Liebe, ein Verschmelzen mit den nährenden Kräften des Kosmos und des Lebens. Simon kam zu mir, und wie zwei Schleier, durch die ein Windhauch weht, schwebten wir dahin. Wir tauchten ein ins Innere der Grasbüschel, machten uns noch kleiner, um den Mäandern der sich aufrollenden jungen Triebe zu folgen ... Dann wieder vergrößerten wir unseren Lichtkörper entsprechend unserem Willen und unserer Liebe und betrachteten die Kraft und den Geist der Welt, die in einem Felssplitter oder einem Blütenkelch pochten. Wir begriffen, dass die Seele Grenzen nicht kennt und dass das Leben eine einzige Kraft ist, die der Verstand zergliedert und von der das Ego nichts weiß.

Wir waren Flammen mit menschlichen Formen, und als solche sammelten wir uns nun um unseren in Licht gekleideten Meister. Kommt, sagte er zu jedem von uns, kommt mit mir über die Berge, über die Wolken ...

Sein Lächeln war wie ein Sonnenstrahl, der uns höher und höher hinaufleitete. Die hingestreckten Körper, die Inseln blühender Bäume verschwanden. Unsere Astralkörper schienen von Gespinsten aus weißem Licht umwoben. Mit unglaublicher Geschwindigkeit erhoben wir uns in die Lüfte. Aber gab es überhaupt »Lüfte«, gab es »Geschwindigkeit«? Die Seele kennt solche Kategorien nicht, sie unterscheidet die Orte nicht nach der Entfernung. Sie lacht über die Gesetze unserer Logik. Ich hatte dann den Eindruck, als wären wir nur noch eine milchige, nebelhafte Sphäre, die sich um den Meister gruppierte. Dunkel und doch von geheimem Licht durchglüht, umschloss uns das Firmament. Ich sah das Pulsieren einer Myriade von Sternen, die verschiedenfarbigen Feuer der Planeten, die wie in einem Wirbel vorbeizogen. Obwohl ich an die Abstraktionen der Bruderschaft gewöhnt war, überstieg dies mein Verständnis. Ich dachte einen Augenblick lang an die Brüder von den Sternen, an ihre Wolken, die die Welten durchmaßen ... Unverständliche Bilder blitzten in meinem Kopf auf. Wieder schien mir, als steigerten wir unsere Geschwindigkeit; die Struktur unserer Körper war nicht mehr dieselbe.

Seitwärts sah ich eine scheinbar gasartige Masse, die mit winzigen blauen, gelben und orangefarbenen Tupfern durchsetzt war. Sie glich einer riesigen, sich auseinanderziehenden und an mehreren Stellen eingerissenen Wolke; hier und da blitzten kleine Lichter auf ... unsere Milchstraße mit ihren Sonnen.

Dies ist die Summe eurer Welten, sagte in uns sanft die Stimme des Meisters. Hier ist ein Körper, in dem Sonnen, Monde und Erden geboren werden, die den euren ähnlich sind, hier entstehen Planetensysteme, die sich gegenseitig beeinflussen und die um eine große Kraft feinstofflicher Natur kreisen, das Feuer aller transzendenten Sonnen, das Feuer meines Vaters! In der Unermesslichkeit des Kosmos gibt es unzählige solcher Körper ... Der Namenlose hat jeden von ihnen Zyklen unterworfen, die wiederum andere mit sich bringen, und dies setzt sich in Ewigkeit so fort. Die Körper, die Kreisläufe durchdringen sich. Dies ist die Wahrheit, die ich euch hier lehre. Lernt und überlegt. Wer die Zyklen seines Organismus kennt, kennt die aller Körper im kosmischen Ozean. Mit Abweichungen, die für den menschlichen Verstand undurchdringlich sind, die aber dennoch weder zufällig noch willkürlich sind, haben sich dieselben Prinzipien unbegrenzt vervielfacht.

Betrachtet die Gesamtheit der physischen Welten, in ihnen werdet ihr gemäß den Notwendigkeiten des Karmas und den Bedürfnissen eurer Evolution geboren ... Langsam nähert sich ihnen der Finger des Namenlosen. Als phantastische Energiewolke wird er sie durchdringen. Ihr könnt es noch nicht unterscheiden, aber eure Planeten und Sterne werden in zweitausend Jahren von ihm berührt werden. Ihre Schwingung wird sich durch ihn um einen Ton erhöhen, er wird sie in den Ätherbereich überführen.

Begreift also, wie wichtig es ist, die Geschöpfe auf die kommende Veränderung vorzubereiten; sie ist notwendig, um zur Glückseligkeit fortschreiten zu können.

Vergesst nie, das große Ganze zu sehen, meine Brüder, denn alles ist groß. Das Kleine ist nur im Gefängnis eines verstümmelten Bewusstseins von Bedeutung. Auch eure Liebe sei groß, denn sie ist die einzige unvergängliche Kraft, die alles umhüllt. Begreift endlich, dass die Welten, die vor euch aufstrahlen und von denen ihr nur das grobe Äußere seht, die Organe meines Vaters sind ...

Der vollkommene *Mensch* ist nichts anderes als mein Vater. Ihr seid seine Kinder, weil ihr Teile seines Körpers seid. Er ruft euch zu sich, damit euer Bewusstsein unermesslich wachsen kann, damit ihr vollkommene Menschen werdet, die ihrerseits Welten erschaffen ...

Ich bin sein Sohn, weil ich sein Herz bin, die Sonne, der Ort seines Körpers, der euch den Weg zeigt!

Werdet euch jeder Zelle eures Körpers bewusst, identifiziert euch mit ihnen, damit sie sich mit euch identifizieren. Zwischen ihnen und euch sollte es keinen Unterschied geben. Lasst vermittels dieser Kenntnis, vor allem aber durch die Liebe, die sieben Sonnen eures Körpers leuchten, damit sie die sieben Siegel werden und die sieben Kirchen eures Bündnisses mit Ihm.

Dies ist der königliche Weg der Verwandlung!

Mit diesen Worten endete unsere Erkundung des kosmischen Ozeans. Wir hatten das Gefühl, mit schwindelerregender Geschwindigkeit in einen tiefen Brunnen zu fallen. Bänder vielfarbigen Lichts umgaben uns, manchmal durchdrangen sie uns mit leisem Geklingel. Dies dauerte nur kurze Zeit, aber wie ein Musiker, der sich plötzlich einer neuen Harmonie bewusst wird, erfasste unser Geist das Wahrgenommene in allen Einzelheiten.

Es bereitete uns einige Schwierigkeiten, wieder in unsere wie schlafend wartenden Körper zurückzukehren. Wir hatten das Gefühl, als sei unser Blut in den Adern erstarrt; die verhärteten Muskeln verlangten eine kräftige Massage. Zum Zeichen des Willkommens in einer anderen Wirklichkeit gab der Meister uns den Bruderkuss, dann stiegen wir ins Tal hinab. Die Nachricht von seinem Kommen war ihm auf unbekannten Wegen vorausgeeilt. Wir hatten aufgehört, uns darüber zu wundern ...

Und sie bauten ihm
einen Thron aus Stein ...

Die Monate, die Jahreszeiten vergingen. Der Meister lehrte weiterhin im ganzen Land und machte nur kurze Abstecher nach Jerusalem, wo die Priester des großen Tempels ihn stets ungeduldig erwarteten, um ihn inmitten des Volkes im Hof der Händler zu provozieren. Während die Zwölf ihn meist auf seinen Reisen begleiteten, wurden die Hundertacht vorübergehend in zwei Gruppen eingeteilt. Sie sollten die Botschaft in ganz Palästina verbreiten und die durch die Umtriebe der Zeloten erhitzten Gemüter beruhigen.

Nur sehr selten schlief der Meister auch in Jerusalem. Seine Wahl fiel meist auf ein kleines Haus in Betanien, das Martha gehörte und so zu einem Versammlungsort wurde.

Allmählich wurden seine Besuche in Jerusalem häufiger. Im Allgemeinen erwartete die Menge ihn bereits im Vorhof des Tempels, wo er nun gewöhnlich freitags sprach. Sooft wir konnten, mischten wir uns unter die bunte Menge der Händler und Handwerker, der Hirten und Pilger. Es war vereinbart, dass wir auf die verschiedenen Reaktionen der Zuhörerschaft des Meisters achten sollten. Jeder Aufruhr, der zu ähnlichen Folgen führen konnte wie der in Magdala, musste verhindert werden. Wir fürchteten den überschäumenden

Enthusiasmus der Menge als auch eine von den Priestern ausgehende Gegenbewegung. Aus den zufällig in den Gassen oder im Vorhof des Tempels aufgeschnappten Diskussionen ersahen wir, dass Pharisäer und Sadduzäer in zwei Lager gespalten waren. Die einen lehnten den »Nasiräer« kategorisch ab, während andere milder urteilten oder sogar Anteilnahme zeigten. Simon berichtete mir von der folgenden Bemerkung eines Priesters, der mit dem Eigentümer eines kleinen Ladens diskutierte: »Was fürchten wir eigentlich? Dass er unsere Ruhe stört? Haben das die Propheten nicht immer getan? Sehr wenige sind zu Lebzeiten geliebt worden, und man verweigerte ihnen sogar den Titel, auf den sie Anspruch hatten.

Viele halten einen Menschen erst für heilig, wenn er tot ist ... Die Propheten gehören stets der Vergangenheit an ... In der Gegenwart sind sie immer nur Unruhestifter!«

Der Priester hatte den vollen Sinn der Worte des Meisters sicher nicht verstanden, aber einen gewissen gesunden Menschenverstand konnten wir ihm nicht absprechen.

Zu jener Zeit befürchteten wir das Schlimmste. Der triumphale Empfang des Meisters in Jerusalem war der kritischste Moment der Situation. Viele sahen, ohne zu erkennen, hörten, ohne zu verstehen. Diese Worte sind so oft verwendet worden, dass sie abgegriffen wirken, aber die damaligen Vorgänge lassen sich nicht anders ausdrücken. Bei unseren häufigen Diskussionen außerhalb der Mauern versuchten wir, die Situation zu rekapitulieren. Wir wussten nicht, was wir von den begeisterten Reaktionen des Volkes von Jerusalem halten sollten ... oder besser: wir ahnten, was davon zu halten war, aber wir scheuten uns, weiterzudenken. Die römische Armee verhielt sich ruhig, aber wir spürten ihre beständige Gegenwart. Barabbas, der, wie wir erfahren hatten, verhaftet worden war, zeigte sich nicht mehr, aber seine Männer waren in der Menge verstreut und warteten vielleicht auf einen günstigen Augenblick zur Provokation, zum Aufstand. Wir fürchteten, die Absichten der Männer nur allzu gut zu kennen, die jetzt ihren Mantel vor dem Meister ausbreiteten, damit er seinen Fuß darauf setzte. Sie errichteten dem »nasiräischen

Rabbi« jenen Thron aus Stein, den er nicht wollte ... Sie huldigten, wie der Meister selbst sagte, »dem einzigen König, den ihr Herz begreifen konnte«.

Die Verwirrung und die Erregung des Volkes waren am größten, als neue Berichte über »eine kleine zelotische Armee und ihren Anführer Jesus« uns immer regelmäßiger zu Ohren kam. Jakobus, Simon Petrus und einige der anwesenden Hundertzwanzig wurden vom Meister selbst an die Orte gesandt, von denen die Gerüchte auszugehen schienen. Die Nachricht, die sie mitbrachten, erfüllte uns mit Entrüstung: Die Zeloten hatten beschlossen, die Ähnlichkeit zwischen einem der Ihren und dem Meister für ihre Zwecke auszunutzen. So behaupteten viele Menschen guten Glaubens, den großen weißen Rabbi als Anführer von gegen die Römer gerichteten Aktionen gesehen zu haben. Offensichtlich wollten die Zeloten den Meister in eine bestimmte Richtung zwingen, denn sie gaben von ihm das Bild, das den Wünschen der meisten entsprach.

Die Augenscheinlichkeit der Falle und ihre nicht zu leugnende Kraft trafen uns im Innersten. Mauern von Unverständnis erhoben sich vor uns in dem Augenblick, in dem immer mehr Männer und Frauen in sich selbst zu suchen begannen. Simon und mich erfasste ein Gefühl der Entmutigung und des Protests. Ein glühender Blick hatte sich uns eingeprägt, der jetzt klar wurde – der des Zeloten Joseph in den Gassen von Genezareth. Sicher war er das Instrument jener dunklen Kräfte, von deren Tätigkeit die Meister der Bruderschaft bei unserem Aufenthalt im Land der roten Erde gesprochen hatten. Wir konnten nicht mehr daran zweifeln ... Es fiel uns schwer, die in uns aufsteigende Woge des Hasses zurückzuhalten. Es war ein neues, erschreckendes Gefühl. Vielleicht spürte der Meister es bei vielen Mitgliedern unserer Gruppe, denn er beendete eine beklemmende Stille mit ein paar sehr einfachen Worten, die tadelnd und liebevoll zugleich waren:

> Hass nährt sich von Hass ... Ich sage euch, meine Brüder, haltet nicht an den Ideen derer fest, die noch nicht sehen können.

Wir sammelten uns um ihn, denn wir wollten zu unserem Frieden zurückfinden und geistig das wiederherstellen, was bis dahin unsere Kraft ausgemacht hatte: jene Hülle aus weißem Licht, die unser Schild war, unsere Brücke von Herz zu Herz.

Damit rate ich euch weder zur Schwäche noch zur Passivität, fügte er hinzu. Der Mensch muss sich gegen Lüge und Irrtum in all ihren Formen empören. Aber seine Reaktionen sollten von einem gesunden Zorn bestimmt sein. Ich sage euch, durch den Zorn kann sich Liebe ebenso äußern wie Hass.

Ein konstruktiver Zorn ist beherrscht, er hat nichts gemein mit überschäumenden tierischen Energien. Als durchdachte Handlung wird er zu einem Instrument der Gerechtigkeit, er dient weder der Erleichterung der Instinkte noch einer primitiven Befriedigung.

In ebendiesen Tagen schritt der Meister auch gegen die Händler im Tempel ein. Durch diese Tat, die wie ein Lauffeuer durch Jerusalem ging, beendete er all jene Kommentare, die aus seinen Worten eine Lehre für Schwächlinge machten. Wir waren bei dieser Szene nicht zugegen, sahen in ihr aber eine Äußerung der doppelten Kraft von Mond-Sonne: aufflackernd und erneuernd am Morgen, friedlich am Abend ...

Um Martha nicht zu sehr zu gefährden, beauftragte der Meister Philippus, einen der Zwölf, damit, innerhalb der Mauern Jerusalems einen Raum für die geheimen Zusammenkünfte der Hundertzwanzig zu finden. Wir trafen uns dort oft; ein unbestimmtes Gefühl riet uns zur Eile.

Entgegen unserer Erwartung war die Wahl des Versammlungsortes auf einen Raum in einer der belebten Gassen Jerusalems gefallen. Dies war zweifellos geschickt, denn ein paar Männer und Frauen mehr oder weniger, die sich unter die bunte, lärmende Menge mischten, fielen dort nicht weiter auf. Es handelte sich um ein sogenanntes Obergemach, das heißt um einen Raum im ersten Stock des Hauses. Schmale, längliche Fenster ließen nur spärliches Licht hinein und gaben den Blick auf ein paar unten gelegene

Läden frei. Die Atmosphäre des Raumes, der in ein ständiges Halbdunkel getaucht war, erschien sanft und gedämpft. Orange-farbene Sonnenstrahlen trieben ihr Spiel mit der Dunkelheit und schufen eine Intimität, die unsere Herzen erhob. Eine kleine Welt war zwischen diesen vier Wänden aus an der Sonne getrockneten Ziegeln entstanden, ein wahrer Schmelztiegel für die sich öffnenden Seelen ... Wir fühlten uns dort geborgen und beschützt vor der Wirrnis und dem Unverständnis der Welt.

Aber unsere Ruhe war trügerisch und nur von kurzer Dauer. Denn unter diesem Dach hörten wir die Worte, die all unsere Hoff-nungen zunichtemachten. Es ging auf das Ende des Nachmittags zu, und wie gewöhnlich war der Meister in seinem langen weißen Gewand und mit einem weißen Tuch als Kopfbedeckung die schmale Holztreppe hinaufgestiegen und hatte uns gegenüber Platz genommen. Draußen herrschte noch rege Geschäftigkeit. Wir hör-ten die Schreie der Maultiertreiber, die vor den Warentischen der Händler ihre Körbe entluden. Die wenigen Wandbehänge aus gro-bem Leinen, die wir hier und da angebracht hatten, dämpften die Töne kaum. Wir fürchteten, die Rede des Meisters nicht zu verste-hen, aber obwohl er aus Vorsicht leise sprach, erreichte seine Stimme uns ohne Schwierigkeiten – sie schien Wege zu nehmen, die unseren physischen Gesetzen fremd waren.

Bald werde ich gehen müssen ...

Bei diesem Satz erstarrte uns das Blut in den Adern. Es waren die ersten Worte, die er an diesem Tag an uns richtete. Er sprach ruhig, aber auch sehr ernst.

Alles, was geschehen kann, wird gut sein, fuhr er fort, denn mein Vater und ich werden es gewollt haben. Zu gegebener Zeit werde ich euch meine Ratschläge mitteilen, damit das Bächlein der Liebe zu einem Strom wird. Versteht, was der Ewige von euch erwartet. Was ich euch heute zu sagen habe, bedarf keiner Interpretation, denn alles ist klar.

Bald werdet ihr über Berge und Meere gerufen werden. Ihr werdet selbst den Sinn eures Vorgehens begreifen, aber es ist vor allem wichtig, dass ihr die Ausrichtung und das Ziel eurer Schritte auch innerlich akzeptiert.

Ich verlange nicht von euch, von Jesus zu sprechen. Meine physische Person besitzt nur geringe Bedeutung. Eure Welt mag meinen Namen vergessen, dies hat keinen Einfluss. Wichtig ist nur, die Grundlagen einer gewaltigen Bruderschaft zu schaffen, die auf gegenseitiger Hingabe und der Verbindung mit den schöpferischen Kräften beruht. Wichtig ist ferner, den Menschen durch eure Taten und die Wiederholung der Worte, die der Vater mir in den Mund legt, zu trösten. Behaltet dies wohl. Seit drei Jahren spricht zu euch nicht die Persönlichkeit Jesu; eine Wahrheit ohne Alter drückt sich durch ihn aus. Sagt den Menschen, dass ihr den Punkt gekannt habt, an dem die Kräfte der Erneuerung sich treffen, und dass auch sie diese Kräfte besitzen. Ich habe euch nicht berufen, damit ihr in meinem Namen und dem meines Vaters Dogmen errichtet. Dogmen sind menschlich, und wir sind nicht menschlich. Lehrt unsere Werke und unsere Harmonie, nicht ein Gesetz ...

Das ist mein wichtigster Wunsch: Schafft nicht eine neue Religion im Glauben, dem Ewigen zu dienen. Er möchte, dass die Menschen eurer Erde über den Begriff der Religion hinausgehen, um die ursprüngliche Einheit wiederzufinden. Lehrt die Herzen und Geister, wie sie ihre Grenzen einreißen können, aber erbaut nicht eine weitere Mauer, indem ihr meine Worte kommentiert und verfestigt! Könnt ihr das annehmen? Ich fürchte, dass die Spiegel der Zeit den Dingen ihre rechte Gestalt nehmen werden, Brüder, ich fürchte, dass das Menschengeschlecht sich nur auf einem Bein fortbewegen kann.

Verbindet die Herzen mit ihrer wahren Quelle, aber erfindet ihnen nicht ein zusätzliches Modell. Prägt ihnen vor allem nicht die Umrisse eines neuen Gottes ein, sondern weckt ihre Erinnerungen, ohne eine bestimmte Sittenlehre vorzuschreiben.

Die Götter werden immer die Masken von Heerführern zeigen, die den Menschen nachgebildet sind. Sie verfliegen mit den kosmischen Zyklen.

Lehrt die Menschen, mit meinem Herzen zu verschmelzen, denn so verschmelzen sie mit meinem Vater. Sie werden dann das Vorrecht des Menschen besitzen: Sie werden mit allen Wesen der Schöpfung fühlen, sie werden eins sein mit allen, Teil und Gestalter ihrer unzähligen Leben und Tode.

Zur Verwirklichung der höchsten Einheit haben Propheten und Weise Methoden und Techniken erarbeitet. Betrachtet sie als Stufen einer Leiter, aber haltet sie nicht für die Leiter selbst. Vor allem geht durch die Maschen des trügerischen Netzes aus intellektueller Befriedigung hindurch. Sie sind mehr zu fürchten als der Mangel an Liebe, denn sie bedeuten den Mangel an Liebe, der sich als Weisheit verkleidet.

Ich sage euch, meine Brüder, seid Menschen, die man am Licht erkennt, das von ihren Herzen ausstrahlt. Die Sonne des Verstandes kann nur zu ihresgleichen sprechen und bringt kein Leben. Sie zerstört sich selbst.

Macht verständlich, dass mein Leben das der Menschen mit nackten Füßen ist, das heißt der Wesen ohne Falsch, die ihre Wurzeln wiedergefunden haben. Der Weg von der Fußsohle zum Herzen ist kürzer, als die irdische Logik wahrhaben will.

Dunkelheit erfüllte nun das Zimmer, und ein paar Brüder begannen, die großen irdenen Öllampen zu entzünden. Ihre Schatten tanzten die Wände entlang und vermischten sich mit den aufsteigenden Weihrauchspiralen. Über die kleine Treppe verließen zwei Männer den Saal, wenig später kamen sie mit einem Korb voller Gerstenfladen zurück. Dies war die letzte Mahlzeit, die die Hundertzwanzig gemeinsam mit dem Meister einnahmen. Wir reichten die kleinen flachen Brote herum und aßen sie. Ein paar Oliven und ein wenig saurer Wein vervollständigten die Mahlzeit. Ich erinnere mich daran, dass wir alle versuchten, fröhlich zu sein, trotz des Schmerzes, den die ersten Worte des Meisters in uns hervorgerufen hatten. Wir wussten nicht genau, was sie zu bedeuten hatten, aber an den Füßen trugen wir das Gewicht derer, die zu Waisen werden.

Während der ganzen Mahlzeit und nach dem kurzen rituellen Gebet, das sie begleitete, bewegte der Meister sich durch unsere Reihen; er scherzte mit jedem, die Verzagten munterte er auf …

Es waren ergreifende Augenblicke, obwohl niemand genau verstand, was vorging.

Während der ganzen Zeit lösten sich draußen vor der Wohnung und in der Gasse ungefähr zehn von uns ab, um mögliche Gefahren sofort zu melden. Sie benutzten einen unauffälligen Code, der wöchentlich geändert wurde. Der Meister fühlte sich streng überwacht und schien zum ersten Mal einen direkten Angriff des Hohen Rates oder der römischen Befehlshaber zu erwarten. Bevor er uns verließ, erzählte er uns lange von seinen Reisen in die östlichen Länder und den vielen heiligen Schriften, die er studiert hatte. Während dieses Berichts, der manchmal von Fragen unterbrochen wurde, sprach er oft von sich in der dritten Person – so, als handle es sich um ein ihm fremdes Wesen, dessen Reaktionen er analysierte. Es war Christus, der sprach, und dies erlaubte uns, die übermenschliche Kraft zu ermessen, die im Körper des kleinen Joseph aus unserer Kindheit Wohnung genommen hatte. Die Vorstellung machte mich schwindeln, und in mir erstand der Duft vergangener Jahre.

Ich sah die reichen oder armen Reisenden wieder, die den im Geheimnis seines erdfarbenen Hauses verborgenen Joseph regelmäßig aufgesucht hatten. Sicher wussten sie schon … Wer waren sie, diese Pilger der Seele, deren Namen die Zeiten verweht haben?

Von diesem Abend sind mir vor allem ein paar Sätze im Gedächtnis geblieben, die der Meister im Zusammenhang mit einem weiten Landstrich jenseits des Meeres hoch im Norden sprach. Dort gab es viele Gottheiten, und ihre Namen klangen seltsam in unseren Ohren: Aesus, Hukadern, Karito Winda[84]. Er erwähnte sie nur kurz, aber er berichtete ausführlich von einem Hirschgott, dessen symbolhaftes Leben uns an die Götter unseres Volkes erinnerte. Dieser Hirsch, dessen Name Cernunnus war, bildete den Schlüssel zu der ganzen Mythologie. Der Meister beschrieb ihn uns als den Herrscher der fruchtbaren Energien, als eine Kraft der Natur, nach ihrem Bilde verlief sein Dasein im zyklischen Wechsel von Tod und Wiedergeburt. Mit Hilfe von zerstoßenen und gegorenen Körnern bereiteten die Völker des Nordens ein heiliges Getränk[85], das sein Blut darstellte. Es war der Saft, der Visionen erzeugen und die Rückkehr zur göttlichen Quelle beschleunigen konnte. So besaß der Gott Cernunnus die Kraft, einzuweihen, er war der Sonnenhirsch, dessen wurzelgleiches Geweih uns an die Verbindung mit den himmlischen Kräften erinnerte. Er symbolisierte das Opfer schlechthin: Während des rituellen Kornbrechens starb er, um bei der Frühlings-Tagundnachtgleiche in den jungen keimenden Körnern wiederaufzuerstehen.

Dies war ein universelles Bild, über das es zu meditieren galt. Die Erinnerung an unserem Volk fremde Glaubensrichtungen forderte uns aber auch auf, die Weisheit der verschiedenen Lehren und ihre brüderlichen Bande nicht zu vergessen.

Mein Weg will sich dem der alten Zeiten nicht entgegenstellen. Das Wort, das ihr verbreiten sollt, ist das Ergebnis von tausend anderen, es wendet sich an alle Wesen der Erde ... Die Geschichte der Menschen ist die eines unbehauenen Steins, der vom Himmel gefallen ist: Er kam von so hoch oben, dass er sich in die Erde grub und dachte, er würde eins mit ihr. Die Winde der Sonne werden diesen Stein kubisch machen und ihn in einen Edelstein mit einhundertvierundvierzigtausend Facetten verwandeln, wenn die Stunde kommt, da er in die himmlischen Gärten zurückkehren soll[86].

---

[84] Es handelt sich um eine keltische Trinität: Hukadern ist der Vertreter des Wortes, Gottes Sohn, die physische und spirituelle Sonne. Karito Winda (oder Koridwen) die schwarze Jungfrau, die Isis der Ägypter, war seine mystische Gemahlin; sie symbolisierte die Urmaterie in der Natur. Der Name von Aesus (Teutates), dem kosmischen Vater, enthält die Wurzel »As« oder »Ase«, mit der die Worte »Essener« und »Jesse« (ein Vorfahr Jesu mütterlicherseits) in Verbindung stehen.

[85] In etwa dem Bier vergleichbar

Versucht, dies zu verstehen und das Wesentliche zu behalten: Das Geheimnis der menschlichen Rasse liegt darin beschlossen.

Nach diesen Worten erhob sich der Meister und bedeckte sein Gesicht mit dem langen weißen Leinenschleier. Er kreuzte die Arme auf der Brust, in tiefer Stille taten wir es ihm nach. Die Augen unserer Seele sahen dann intensiv blaue Flammen um ihn herum, goldene Funken, die sich sammelten und spiralförmig zu den grob behauenen Balken der Decke emporstiegen. Diese Wahrnehmung dauerte lange, sehr lange, wie es uns schien, eine bis dahin unbekannte Flut der Liebe verschloss uns die Kehle und erhob unsere Herzen.

Draußen war es Nacht geworden. Während wir die holprigen Gassen hinabstiegen, die zum außerhalb der Mauern gelegenen Betsaid führten, bemerkten wir einen leuchtenden Punkt, der allein am Himmelsgewölbe funkelte. Mond-Sonne sandte ihren Ruf in die Weite und entfaltete wie früher weißen Frieden.

---

[86] *Es handelt sich offensichtlich um eine Anspielung auf die beiden Endchakren und die mit ihnen verbundenen Bewusstseinsebenen. Die 4 bedeutet die Erde, aber auch die stabile Basis, der Würfel die verwandelnde Energie, während die Zahl 144000 (die der Erwählten der Offenbarung, 7,4) den mit den übrigen Chakren kombinierten Blütenblättern des Scheitelchakras entspricht, dem Christusbewusstsein. Der unbehauene Stein symbolisiert den Menschen auf der untersten Stufe seiner Evolution.*

Die Nacht von Gethsemane

Es war sehr dunkel, durch ein Tor, das von den römischen Soldaten weniger stark bewacht wurde als die übrigen, hatten wir die Stadt betreten. Zu dieser Stunde konnte nicht jeder die Stadtmauern Jerusalems passieren. Wir waren nur zu dritt – Simon, Zacharias, ebenfalls ein Mitglied der Bruderschaft, und ich – und hatten als Grund für unser spätes Eintreffen die Widrigkeiten einer langen Reise angeführt. Wir rangen nach Atem, so waren wir den ganzen Weg über gelaufen. Die letzten Schritte auf dem abschüssigen, kieselübersäten Pfad, der sich durch die Sträucher wand, waren schrecklich gewesen. Dazu kam die Furcht, als Gefährten des Meisters erkannt zu werden. Denn schon allein die langen Haare der Männer konnten uns verraten, und nach dem Schauspiel, dessen Zeugen wir gewesen waren, fürchteten wir das Schlimmste. Unsere weißen Gewänder, an denen man uns allzu leicht erkennen konnte, hatten wir schon lange abgelegt. Aber wir wussten, dass wir irgendwie trotzdem Verdacht erregten, dass ein Blick oder eine Redewendung uns als Parteigänger des Meisters kenntlich machen konnten. Als Parteigänger! Tatsächlich war die Stadt mehr denn je zuvor in zwei Lager gespalten. Die einen erklärten sich für den »Nasiräer«, die anderen bezweifelten seine politische Neutralität. Allerdings nahte das Passahfest, und in Jerusalem wimmelte es von

Menschen. So konnten wir hoffen, uns unbemerkt unter die Schar der Pilger zu mischen. Wir mussten um jeden Preis das Haus von Massalia erreichen, einem jungen Mann, den wir im Tempel kennengelernt hatten. Wir konnten ihm vertrauen, denn er hatte uns schon verschiedentlich geholfen. Seine in einer dunklen Gasse im Schatten der Mauern gelegene Wohnung diente manchmal einigen von uns als Treffpunkt. Nur er würde uns zu dieser nächtlichen Stunde angeben können, wo der Meister schlief.

Es war nicht einfach, zu seinem Haus zu gelangen. Aus Sicherheitsgründen war es angeraten, die bewaffneten Truppen zu vermeiden, die zwischen den Häuserblocks patrouillierten. Zum Glück war ihr Auftreten nicht gerade leise. Ihr rhythmisch hämmernder Schritt und das Rasseln ihrer Waffen hallten durch die Gassen und wurde von den Mauern sowie den mächtigen Steinfliesen auf dem Boden vielfach zurückgeworfen; so war es leicht, ihre jeweilige Entfernung abzuschätzen.

Das Erdgeschoß von Massalias Haus diente als Lager für größere und kleinere Krüge, die mit Getreide und Wein gefüllt waren. Wir hatten keine Schwierigkeit, die Tür zu öffnen, und stürzten keuchend hinein. Dies war sicher nicht besonders taktvoll, und im Obergemach hörte man denn auch gleich dumpfe, eilige Schritte. Um Missverständnisse zu vermeiden, hielten wir es für angebracht, laut unsere Namen zu rufen. Es war völlig dunkel, und tastend versuchten wir, uns zwischen den Amphoren fortzubewegen. Schließlich vernahmen wir die Stimme Massalias, und der Schein einer kleinen, in einer Ecke aufblitzenden Flamme zerriss die schwarze Nacht. Wir erkannten eine Leiter und dann eine halb bekleidete Gestalt, die mit einer Öllampe in der Hand langsam herabstieg.

Was ist passiert? flüsterte Massalia ängstlich und hob seine Lampe hoch, um uns besser zu erkennen. Sein Blick war verstört, die Haare zerzaust. Wir hörten seine Frage kaum, denn wir hatten es eilig, die unsere anzubringen.

Wo ist der Meister? fragte Simon sofort. Wir müssen ihn unbedingt sehen. In der Nähe von Betanien ist etwas sehr Wichtiges geschehen. Wir dachten schon, wir kämen gar nicht mehr bis hierher!

Gehen wir lieber nach oben, antwortete Massalia. Ich weiß, wo der Meister ist, aber es ist unmöglich, ihn um diese Zeit zu treffen. Bei Einbruch der Nacht habe ich Jakobus gesehen, er sagte mir, er ginge nach Gethsemane. Ihr wisst, dass sie seit einiger Zeit fast jeden Abend dorthin gehen, um zu beten. Er sagte mir auch, der Meister spreche sehr wenig und wirke unruhig. Aber ich sage euch noch einmal, ihr könnt ihn jetzt nicht treffen, die Soldaten werden euch nicht vor Tagesanbruch aus der Stadt herauslassen … Seit heute Morgen geht irgendetwas vor …

Die Worte Massalias erschienen vernünftig. Momentan beruhigt, folgten wir ihm über die Leiter ins Obergemach. Seine Frau und seine Tochter saßen dort auf einer Matte, sie waren eingehüllt in Decken aus grober Wolle. Wir nahmen neben ihnen Platz, und mit halblauter Stimme begann Simon, kurz die Ereignisse zu schildern, deren Zeuge wir gewesen waren.

Wir kamen von Martha und mussten uns beeilen, um vor Einbruch der Nacht zu den Brüdern im Betsaid zu gelangen. Irgendjemand hatte uns sogar Esel zur Verfügung gestellt, damit wir schneller vorwärts kämen. Aber wir hatten Angst, aufzufallen, und so ließen wir sie beim ersten Haus unterwegs wieder zurück. Zu Fuß ist es leichter, Felsen und Bodenmulden zu nutzen, um unbemerkt vorwärts zu kommen. Und dann geschah folgendes: es war gleich hinter Betanien, als wir schon die provisorischen Unterkünfte der Hirten sahen, die sich in der Nähe der großen Straße halb in die Erde graben; die Feuer brannten schon. Beim Näherkommen hörten wir überall lautes, wutentbranntes Geschrei. Wir gingen auf die Hütten zu und sahen, dass inmitten einer Staubwolke Viele Männer miteinander kämpften. Manche waren zu Pferd und verteilten Hiebe, dass es nur so krachte. Wir erkannten sofort die Römer. Die anderen schlugen mit unwahrscheinlicher Erbitterung zurück. Einige trugen um den Kopf ein dunkles Band, das Zeichen der Zeloten.

Wir wussten nicht, was wir tun sollten, Massalia ... Konnten wir irgendwie eingreifen? Es war ein wahres Gemetzel. Ungefähr dreißig Menschen lagen schon auf dem Boden, und mehr als fünfzig massakrierten sich noch. Plötzlich bemerkten wir etwas abseits zwei Zenturionen zu Pferd, die die Szene betrachteten. Wir hielten es für das Beste, zu ihnen zu laufen und sie zu bitten, dem Kampf Einhalt zu gebieten. Wir rannten auf sie zu und erhoben die Arme, um zu zeigen, dass wir keine Waffen hatten, aber das war eine wahre Dummheit. Sie haben uns mit der Breitseite ihres Schwertes empfangen und uns nicht einmal die Zeit zum Reden gelassen. Schließlich wurden wir durch Stöße mit der Hinterhand der Pferde zu Boden geschleudert. Als wir uns erheben konnten, galoppierten sie schon in Richtung ihrer Truppe. Der Kampf war dann sehr rasch zu Ende. Die Legionäre hatten die Oberhand gewonnen, sie sammelten sich schnell und verfolgten ein paar Flüchtlinge in die zerklüfteten Felsen. Gellende Schreie zerrissen uns die Ohren, dann war Stille. Hochmütig und argwöhnisch betrachtete uns der Anführer von weitem, dann ritt auch er davon. Bedrückt schlichen wir zu den zelotischen Opfern. Es war klar, dass es keine Überlebenden gab, denn einen Augenblick zuvor hatten wir entsetzt bemerkt, dass die Römer die Verwundeten niedermetzelten ...

Beklemmende Stille trat ein. Ich spürte, dass Simon keine Lust hatte, seinen Bericht fortzusetzen. Ich fühlte mich wie zerschlagen und dachte immer nur daran, dass wir möglichst bald den Meister treffen müssten. Schließlich ergriff Zacharias das Wort. Was er zu sagen hatte, schien uns noch wichtiger als das Vorherige. Aber Massalia, dem die Betroffenheit im Gesicht stand, hatte sich abrupt erhoben und ging nun mit großen Schritten auf dem staubigen Boden des Raumes hin und her. Mehrere Male verschwand seine Gestalt im Halbdunkel, um immer nervöser wiederaufzutauchen.

Es war ein schreckliches Schauspiel, sagte Zacharias. Unter den Opfern bemerkten wir auch die beiden Hirten, die dort wohnten und die anscheinend in den Kampf verwickelt worden waren. Aber das

Beunruhigendste kommt noch, Massalia: Wir fanden nämlich den Zelotenchef, der sich in den letzten Monaten für den Meister ausgegeben hatte, er war von unzähligen Stichen durchbohrt. Ich weiß nicht, ob wir über seinen Tod erleichtert sein sollen oder ob er das Zeichen einer Gefahr ist, die auch den Meister bedroht. Vielleicht deutet das alles auf den Beginn einer großangelegten römischen Offensive hin ...

Kaum hatten wir inmitten der Toten die rituellen Gebete gesprochen, als wir Galopplärm hörten. Aus Vorsicht flüchteten wir in die nächstgelegene Hirtengrotte. Von unserem Versteck aus sahen wir, wie mehrere römische Soldaten den Körper des Zelotenchefs auf einen Wagen luden. Es ging alles sehr rasch. Die anderen Opfer wurden liegengelassen.

Wir haben dann nur noch versucht, möglichst schnell hierher zu gelangen. Es war nicht einfach, Massalia; wegen der Dunkelheit kamen wir nicht so leicht vorwärts, und wir wagten nicht, die Straße zu nehmen.

Unsere Entscheidung stellte sich als richtig heraus, denn zweimal bemerkten wir römische Abteilungen, die sich in eiligem Marschschritt auf ihr fortbewegten.

Massalia gürtete sein Gewand und ergriff seinen Mantel.

Ihr hattet Recht, der Meister muss verständigt werden. Die Angelegenheit ist zu ernst.

Ohne ein Wort zu sagen, stiegen wir hastig die Leiter hinab und traten verstohlen in die Gasse. Ich war erschöpft vom langen Laufen und wunderte mich, dass noch ein Funken Energie in mir steckte. Aber es wäre mir noch schwerer gefallen, da zu bleiben und zu warten. Schon nach kurzer Zeit wurden wir aufgehalten: Unter einem Torbogen in der Nähe der Pferdeställe standen wir plötzlich einem Schatten gegenüber, der wie wir die Wände entlangstrich. Mein Herz begann zu hämmern, kaum enthielt ich mich eines Schreis – das war Johannes! Forschend begegneten sich unsere Blicke ... Völlig außer sich stürzte er auf uns zu.

Der Meister! Der Meister! stammelte er mit erstickter Stimme. Sie haben ihn abgeführt!

Johannes konnte nicht weiterreden, er brach in Tränen aus und schluchzte so, dass ich Angst hatte, er würde seinen Kopf gegen die Mauer schlagen.

Für uns vier stand alles still – eine Sekunde oder eine Stunde, ich weiß es nicht mehr. Unser Geist war benommen, wie erstarrt, alles Leben aus unseren Adern entwichen. Schließlich murmelte Simon:

Es hat keinen Zweck hierzubleiben, gehen wir zu Massalias Haus zurück.

Johannes sagte nichts, er war in Tränen aufgelöst; in seinem Blick flackerte eine blaue Flamme, die die Dunkelheit durchdrang, eine Flamme gemordeter Hoffnung, die leben wollte, leben ...

Während wir die Mauern entlanggingen, erreichten uns feine Bänder verbrannten Weihrauchs. Zum ersten Mal verletzte mich ihr Geruch, der der Bitterkeit so nahe ist und durch seine Schwere die Herzen einschlafen ...

Ich versuchte jedoch, einen klaren Kopf zu bewahren und logisch die Fakten zu durchdenken: Waren wir nicht auch in Magdala festgenommen worden? Damals hatte es keine Folgen gehabt. Und hatte der Meister sich nicht bemüht, sein politisches Desinteresse zu beweisen? Und wenn das alles vom Hohen Rat ausging?

Die Tür von Massalias Haus schloss sich zum zweiten Mal hinter uns; wir stürzten ins obere Stockwerk, wo wir mit mehr Ruhe überlegen konnten.

Es war Judas, murmelte Johannes, bevor er sich auf die Matten fallen ließ. Er hat verraten, dass der Meister in Gethsemane ist. Wir haben es alle gesehen, er hat noch nicht einmal versucht, sich zu verstellen, als er kurz nach den Soldaten angekommen ist. Ich hätte merken müssen, dass etwas nicht in Ordnung war ... Ich habe den Meister noch nie so gesehen wie heute Abend ... Nach dem langen Gebet, das wir wie gewöhnlich gemeinsam im Garten sprachen, hat er sich von uns entfernt und wollte kein Wort mehr sprechen – ganz entgegen seiner Gewohnheit, die darin besteht, jedes Wort zu kommentieren. Simon und ich sind mehrmals zu ihm hingegangen, denn es war kalt, und es fiel uns schwer, bewegungslos an einer Stelle zu bleiben, dem, was er sagte, konnten wir nur entnehmen, dass er allein bleiben wollte, weil er mit seinem Vater sprach.

Johannes fuhr sich mit beiden Händen in die Haare, dann übers Gesicht. Er zögerte, suchte nach Worten. Schließlich tat er ein paar tiefe Atemzüge und fuhr fort:

Es ist zu dumm, warum habe ich nichts geahnt? Ich hatte den Meister noch nie so gesehen. Es war dunkle Nacht, aber ich glaube wohl, dass ich Tränen in seinen Augen bemerkte. Das ist schon vorgekommen, aber noch nie so, nein … Als die Soldaten erschienen, haben sie ihm gleich die Handgelenke gebunden … In Magdala hätten sie das nie gewagt!

Die Bewaffneten unter uns haben wohl versucht, ihn zu verteidigen, aber letztendlich änderte das nichts. Es gab jedenfalls eine heftige Auseinandersetzung. Zwei Römer sind, glaube ich, verletzt worden, aber es war, als lieferte der Meister sich selber aus: Er selbst ist dazwischengetreten, um den Kampf zu beenden.

Er war nicht mehr gefesselt, und deshalb sind die Soldaten ein paar Schritte zurückgewichen. Sie vermuteten irgendeine Zauberei. In diesem Moment ist Judas angekommen. Er tat, als verstünde er nicht, was vorginge, und stammelte dem Meister irgendetwas vor. Da ist der Kampf wieder aufgeflammt, und ein jeder hat sich gerettet, indem er unter die Olivenbäume floh. Jeder hat sich gerettet, versteht ihr? Jeder hat sich aus dem Staub gemacht … auch ich! Und das ist das Schlimmste. Ich glaube, wir haben nicht verstanden, was sich hier in Jerusalem seit unserer Ankunft ereignet hat, Brüder!

Ich weiß nicht, wo die anderen sind; ich dachte, ich würde hier ein paar von ihnen treffen, deshalb bin ich hergekommen. Vielleicht sind sie zum Betsaid gegangen?

Weiß jemand anders Bescheid? murmelte ich.

Nikodemus und Joseph[87]. Sie hielten sich nicht weit von uns entfernt bei den Olivenbäumen auf. Ich habe sie getroffen, als ich ins Tal hinunterstieg. Sie haben mir versichert, sie gingen in den Palast, zu Pilatus, denn sie haben dort Freunde, die vielleicht eingreifen können ... Vielleicht übrigens Pilatus selbst ...

Johannes unterbrach sich, schien kurz zu überlegen und legte dann beide Hände aufs Herz.

Hört mir zu und versprecht mir, das, was ich euch anvertraue, nicht zu wiederholen. Es geht um den Ruf und vielleicht das Leben einer Familie.

Heute Nachmittag, als ich mit dem Meister allein war, sind wir von einem Mann angesprochen worden, der uns in eine reiche Wohnung führte. Der Meister hat ihn sofort als einen der Getreuen erkannt, die er insgeheim im Palast zählt. Wir haben ihm also vertraut und sind ihm gefolgt. Im Hinterzimmer des Hauses erwartete uns Pilatus persönlich. Ich vermutete eine Falle, aber das war es nicht, er war sogar sehr höflich. Ich versichere euch, er steht unserer Sache nicht so ablehnend gegenüber, wie man sagt! Das Treffen war kurz. Er hat vom Meister lediglich allergrößte Vorsicht verlangt, denn wie er sagte, war er nicht unbedingt über alles informiert, was vor sich ging. Ich wunderte mich darüber, wie seine Lippen zitterten, er schien mir sehr unsicher.

Johannes erhob sich plötzlich, und auch wir standen auf. Jedes weitere Wort war unnötig. In dieser Nacht, in der alles ins Wanken zu kommen schien, war seine Angst zu unserer geworden. Einer von uns meinte, dass wir uns sammeln müssten. Eilig wurden die Mäntel umgelegt, und wir stiegen wieder die schmale Treppe hinab. Der Lärm rhythmischer Schritte, Waffengerassel, das waren die Römer ...

Still warteten wir zwischen den umherstehenden Krügen, der Lärm sank wieder in die Nacht zurück. Um zum Betsaid zu gelangen,

---

[87] *Joseph von Arimathäa*

mussten wir mehr als die halbe Stadt durchqueren, den Patrouillen entgehen und schließlich irgendwie die Stadttore passieren. Das war das Schwierigste, aber während der kurzen Augenblicke, in denen wir unterwegs Atem schöpften, keimte allmählich eine Idee: Am erfolgversprechendsten wäre es, wenn einer von uns eine Krankheit vortäuschte, dann hätten die anderen einen Vorwand, ihn zu den Brüdern außerhalb der Mauern zu bringen. Zwar wäre dann unser Ziel bekannt, aber es schien trotzdem die beste Lösung. In einem kleinen Verschlag, der einem der Unseren gehörte, fanden wir eine Art Tragbahre. Die Männer entschieden, ich solle die Rolle der Kranken spielen. Ich legte mich also auf die notdürftig aus Ast- und Blattwerk zusammengebundene Bahre und versuchte, so echt wie möglich zu stöhnen. Die Legionäre schöpften keinen Verdacht, ich spürte nur, wie sie meinen Mantel hochhoben, um mein Gesicht zu sehen.

Endlich befanden wir uns außerhalb der Mauern. Kein Wort wurde gesprochen; meine Träger beeilten sich, sie stolperten zuweilen über aus dem Boden herausragende Steine. Ich lüftete ein wenig meine Decke und bemerkte, dass wir nicht allein waren. Wie Pakete aus ärmlicher Leinwand und grob versponnener Wolle schliefen Pilger und Händler hier und da im Gelände verteilt auf dem Boden; sie suchten Schutz in einer Bodenmulde, hatten ihre Decken vor einem Strauch ausgebreitet ... Bis zum Passahfest waren es noch ungefähr zehn Tage, und schon war das Volk von überall her zusammengeströmt. Mit oft bescheidenen Mitteln hatte jeder sein Lager da errichtet, wo es eben ging. Bald erreichten wir die niedrige Umfriedung des Betsaid, und ich sprang auf die Erde. Das Gebäude aus Lehm und Stein war teilweise von Oliven- und Feigenbäumen umgeben, und sicher würde es auch dort von Pilgern, Bettlern, bedürftigen Frauen vor der Niederkunft und Kranken wimmeln. Es würde nicht einfach sein, uns hier zu versammeln, ohne aufzufallen!

Wir hatten die Schwelle zum Betsaid noch nicht überschritten, als Stimmfetzen und das Geräusch hastiger Schritte unsere Aufmerksamkeit erregten. Sie kamen von der Rückseite des Gebäudes.

Vorsichtig eilten wir dorthin. Im Schatten der Feigenbäume erkannten wir sechs oder sieben Gestalten, die heftig gestikulierend hin und her liefen. Eine lebhafte Auseinandersetzung war im Gang, die Atmosphäre schien gespannt. Wir erkannten die Stimmen und gingen noch näher heran. Die Erregung war so groß, dass die Gestalten unsere Ankunft gar nicht bemerkten. Wir sahen sechs nahe Schüler des Meisters, die in einem unbeschreiblichen Zustand waren und sich mit Judas angelegt hatten. Simon[88] hatte ihn am Hals gepackt und drückte ihn mit aller Kraft gegen den Stamm eines Baumes. Nur Levi[89] schien die Ruhe zu bewahren, er hielt sich im Hintergrund und versuchte, die anderen zu besänftigen – ohne großen Erfolg.

Das muss man sich vorstellen, er hat es gewagt, hierher zurückzukommen! brüllte Simon und verstärkte seinen Druck.

Plötzlich trat Stille ein; es war, als wäre nun alles gesagt, als gäbe es keine Worte mehr angesichts des Unfasslichen, das geschehen war.

Levi kam vor und legte dem heftig zitternden Simon die Hand auf die Schulter, dieser löste seinen Griff, und Judas sank am Fuß des Baumes weinend in sich zusammen.

Dies schien mir die verrückteste, die schrecklichste Nacht meines Daseins. Wo wir auch hinkamen, wem wir auch begegneten, überall nur Scheitern und Unglück.

Wie konnte man alles so leicht in Frage stellen? So viele Worte der Liebe waren zwischen Tälern und Hügeln gesät worden, so viele Blicke des Friedens hatten die neue Erde gesucht, so viele Anstrengungen waren unternommen worden ... und jetzt war alles vorbei?!

Es war kühl, und ich begann zu zittern; Müdigkeit und Wind übermannten mich. Simon rief mich zu sich, und ich drückte mich an ihn.

---

[88] *Simon Petrus*

[89] *Matthäus*

346

Wieder zerriss eine Stimme die Nacht: »Warum, warum, warum ...« Je weiter sie sprach, desto schwächer wurde sie; sie absorbierte all unsere Kräfte. Judas hob schließlich den Kopf. Unter den flammend kastanienfarbenen Haaren lagen die Augen tief in den Höhlen. Aus seinem zerquälten Gesicht sprachen Erschütterung und tiefe Not.

Ich habe es nicht gewollt, wimmerte er zwischen zwei Schluchzern, ich habe das nie gewollt ... Sie haben mich verraten, sie sollten den Meister nicht abführen. Habt Mitleid, hört mich an und glaubt mir, auch wenn es das letzte Mal ist.

Habt Mitleid! In jenen schrecklichen Augenblicken hatten wir tatsächlich Mitleid mit ihm; an die Stelle des Zorns war Entmutigung getreten. Mancher schloss die Augen, um in sich selber zu schauen, und viele erschöpfte Körper fanden einen Stein, um sich hinzusetzen ... Judas redete und redete ... Er entdeckte uns sein ganzes Herz, das sich bis dahin so wenig ausgedrückt hatte:

Der Meister musste die Römer treffen, sagte er mit erloschener Stimme. Ich dachte, dass es so nicht weitergehen könnte und dass eine geheime, aber offizielle Begegnung stattfinden müsste. So etwas wäre nur gut gewesen! Habt ihr gesehen, was in den letzten Tagen los war? Überall Aufstände, an allen Straßen Hingerichtete, und um uns herum ständig die Zeloten! Der Meister musste die römischen Befehlshaber der Stadt treffen. Es gab nur diese Möglichkeit, um ihn und uns zu retten. Wenn er sich Pilatus genau erklärt hätte, hätte ihn das nur entlasten können! Einer seiner Leute hat gestern mit mir Kontakt aufgenommen ... Er hat mir versichert, hohe Verantwortliche im Palast wollten sich in aller Ruhe mit ihm unterhalten. Ich habe ihnen nur gesagt, wo man ihn ohne die Menge finden konnte ... Ich versichere es euch!

Ein Schluchzen hinderte ihn am Weitersprechen. In der Dunkelheit suchten sich unsere Blicke – vielleicht um unseren Schmerz und die tausend Fragen zu teilen, die es uns nicht mehr zu formulieren gelang.

Was sollte man glauben? Ich verweigerte mir fast das Denken. Ich war mir nur noch der unerbittlichen Abfolge der Ereignisse bewusst: Eine Zusammenkunft hatte es nicht gegeben, stattdessen hatte man den Meister gebunden und abgeführt. Unsere Herzen schienen wie gelähmt, und unsere erstarrten Seelen suchten nach dem geringsten Lächeln, das sie erwärmen konnte. Die Gesichter waren leer, die Lider geschlossen, die Hände tatenlos.

Wieder wurde Judas angegriffen. Diesmal war es Philippus.

Ich glaube dir nicht, Judas! Wir haben dich in letzter Zeit zu oft bei den Zeloten gesehen! Du hast diese Auseinandersetzung provoziert! Ich glaube, dass du uns in eine bestimmte Richtung zwingen wolltest und gehofft hast, durch unser gewalttätiges Einschreiten werde die ganze Stadt sich gegen Rom empören!

Philippus hatte versucht, sich zurückzuhalten, war aber trotzdem aufgebraust.

Seine Überlegungen verwirrten mich vollends. Der Gedankengang war logisch und machte die Situation noch komplexer. Aber Verrat oder einfach Ungeschicklichkeit – was spielte es jetzt für eine Rolle? Unter unseren Füßen war Leere.

Nicht einen Augenblick lang kam einem von uns der Gedanke, der Meister könne wie damals in Magdala freigelassen werden. Zu viele Dinge waren seitdem anders geworden. Unvermittelt hörten wir den Lärm rollender Kieselsteine und wandten uns um. Zwei Gestalten kamen mit großen Schritten näher. Es waren ein Bruder aus dem Betsaid und Joseph, der weit ruhiger schien als wir.

Streitet nicht, Brüder, sagte er mit trauriger Stimme. Auch ich war bei den Olivenbäumen, wir alle sind schuldig, denn wir haben nichts verstanden. Der Meister wollte im Übrigen keinen Kampf; vielleicht ist er deshalb ungebunden und freiwillig vor den Römern einhergegangen.

Joseph atmete tief durch, setzte sich neben Johannes, der die ganze Zeit über geschwiegen hatte, und fuhr dann fort:

Ich bin mit Nikodemus und ein paar anderen durch die ganze Stadt gelaufen. Wer von den Unseren erreicht werden konnte, weiß Bescheid. Ich selbst habe mit der Mutter des Meisters und zwei seiner jüngeren Brüder gesprochen, die anderen sind nicht in Jerusalem. Ich dachte, es würde schwierig werden, aber als ich ankam, schien sie schon alles zu wissen.

Gleich nach Sonnenaufgang gehe ich zum Palast, um Pilatus zu sehen. Ihr wisst, dass ich in seinem Gefolge gute Freunde habe. Das wird mein Vorgehen erleichtern. Vielleicht wird auch Kaiphas mich empfangen, aber das ist nicht so sicher!

Ich glaube, im Moment können wir nur hier warten.

Niemand konnte das Gesicht Josephs erkennen, das von den Blättern verdeckt wurde, aber seine Worte waren der Trost, auf den wir so sehr gehofft hatten; wir folgten ihm in den Betsaid. In diesem Augenblick kamen auch Nikodemus und vier andere Brüder außer Atem an. Judas dagegen machte sich in entgegengesetzter Richtung auf einem dunklen Pfad davon. Philippus wollte ihn zurückhalten, aber Joseph brachte ihn davon ab.

Lass, die Kräfte, mit denen wir wirken, übersteigen uns heute. Der Meister selbst hat es mir heute Morgen zu verstehen gegeben. Ich glaube, dass er es wusste!

Im Betsaid war es nicht einfach, zwischen ausgestreckten Körpern und kleinen Pilgergruppen, die die Nacht im Gebet verbrachten, einen Platz zu finden. Die Luft war schwer von Weihrauchdunst und dem Duft der von den Brüdern zubereiteten Nahrung.

Meine Müdigkeit war verflogen. Bald legten die ersten Sonnenstrahlen ihren rosafarbenen Glanz auf die Spitzen der Berge. Im Herd knisterte ein Feuer; ein paar Besucher bereiteten ein aromatisiertes Getränk.

Innerlich leer und nervlich erschöpft, verließen Simon und ich den Betsaid, um ein paar Schritte am Abhang des Berges entlangzuwandern; Dornen und Sträucher mit roten und weißen Blüten umgaben uns. Wir wollten meditieren und unsere Kräfte wiederfinden, wie es uns der Meister, der alte Zerah und die älteren Brüder gelehrt hatten. Von der Stadtmauer und dem höchsten Punkt des Zinnenturms verkündeten Hörner und Trompeten den Beginn des neuen Tages ...

Die Brüder aus Heliopolis

E s war Freitagmorgen und niemand von uns wusste, wohin er gehen oder was er tun sollte. Eigentlich war es unvorsichtig, zusammenzubleiben, aber wir konnten uns nicht entschließen, uns in der Stadt zu verteilen. Im Laufe des Vormittags kamen die Hundertacht im Betsaid an, unsere Versammlung war jetzt so offenkundig, dass sie unweigerlich mit einer massiven Verhaftungswelle enden musste. So gingen wir schließlich doch auseinander, und jeder versuchte, seine alltäglichen Beschäftigungen wiederaufzunehmen. Es war besser, auf eine erfolgreiche Intervention Josephs bei den Römern zu hoffen und seine Rückkehr abzuwarten.

Simon und ich waren im Betsaid geblieben, um bei der Pflege kranker Pilger zu helfen. Da fielen unsere Blicke auf drei weißgekleidete Männer mit kupferfarbener Haut, die unauffällig warteten. Johannes, der ebenfalls dageblieben war, ging von Zeit zu Zeit zu ihnen und sprach kurz mit ihnen. Aus ihren Gesichtern sprachen solche Weisheit, Güte und Autorität, dass mir irgendwie der Name Heliopolis einfiel. Kaum hatte ich diesen Gedanken zu Ende gedacht, als auch schon einer von ihnen auf mich zukam. Er war kaum älter als dreißig Jahre, und in dem sonnenverbrannten Gesicht, das von dichten, langen schwarzen Haaren eingerahmt wurde, hoben sich die strahlend hellblauen Augen deutlich ab.

Du siehst richtig, Miriam, sagte er in griechischer Sprache, während er mich mit einer Handbewegung aufforderte, näher an ihn heranzutreten. Meine Brüder und ich kommen vom großen Heliostempel im Land der roten Erde. Seit vielen Jahren schon erhaltet ihr unsere Anweisungen. Vor fast einem Mond sind wir nach Jerusalem gekommen und beobachten euch, denn seit seiner Ankunft auf Erden arbeiten wir mit dem Christus zusammen. Wir sind hier, damit er seinen Auftrag vollenden kann.

Sag den anderen, dass sie ihre Haltung ändern müssen, Miriam. Dein Charakter erlaubt dir, diese Rolle zu spielen.

Findet euren geistigen Scharfblick wieder, denn das Geschehen dieser Tage übersteigt bei weitem unser aller Verständnis. Die Brüder aus Heliopolis und der Große Rat bitten euch um Verfügbarkeit, unerschütterliche Ruhe und sogar um Freude, denn die Liebe, die unsere Zungen und Arme lenken sollte, erblüht nicht inmitten von Traurigkeit.

Ihr habt alle erforderlichen Waffen in euren Herzen, verliert sie nicht aus Mangel an Klarsicht. Sucht den Schlüssel für die kommenden Ereignisse in euch selbst, dort befindet er sich, denn dort wurde er vor langer, langer Zeit hinterlegt.

Ihr seid nicht die einzigen, die zu kämpfen haben, Miriam! Sage es allen. Die Brüder von den Sternen sind unter uns, und der Vater erwartet, dass ihr als ihre Vertreter handelt. Erweist euch mehr als je zuvor als Kinder von Mond-Sonne, als Kinder der Liebe!

Der Bruder mit den schwarzen Haaren lächelte mir zu, ich fand keine Worte, aber wie von selbst legte sich meine rechte Hand zum Zeichen der Zustimmung und des Dankes auf mein Herz.

Ich habe heute Morgen mit Johannes gesprochen, fuhr der Gesandte aus Heliopolis fort. Auch er wusste über den Gang der Dinge intuitiv Bescheid. Wenn der Meister gegangen ist, sollt ihr ihm folgen. Stellt euch für die folgenden Tage darauf ein, eurem Bruder Joseph zu helfen, seine Bürde ist schwer.

Bei diesen Worten erklang das Geräusch eiliger Schritte, und wir wandten uns um. Es war Joseph. Das lange erdfarbene Gewand klebte ihm am Körper, von seinem Gesicht rann der Schweiß. Die halbgeschlossenen Lider zeigten, dass seine Gelassenheit einer schweren Probe unterzogen worden war.

Fast gleichzeitig erhoben sich alle Anwesenden.

Wir beschlossen hinauszugehen, um einen ruhigeren Ort zu finden. Im Betsaid herrschte ein ständiges Kommen und Gehen, und mehr als alles andere fürchteten wir jetzt, von unseren Gegnern überrascht zu werden. Die Sonne stand schon hoch am Himmel; draußen war es sehr heiß, und so stiegen wir langsam ins Hinnomtal hinab, wo die Bäume zahlreicher wuchsen und uns Schatten gewähren würden. Wir waren fast sicher, in diesem felsigen Gelände niemanden anzutreffen. Einen eigentlichen Pfad gab es nicht, und die scharfkantigen Steine zerschnitten uns die Füße. Als wir die ersten dichten Sträucher erreichten, machten wir halt. Wir waren nicht weit entfernt vom Bezirk der Aussätzigen und dem Ort, an dem die Einwohner von Jerusalem ihre Abfälle abluden, und niemand würde uns stören.

Ja, sagte Joseph, der inzwischen wieder zu Atem gekommen war, ich habe Pilatus und andere einflussreiche Männer seines Palastes treffen können. Er selbst schien einer Freilassung des Meisters nicht abgeneigt. Er hat es mir offen gesagt, allerdings mit einer gewissen Verlegenheit, denn zwei seiner Männer waren anwesend. Ich habe erst mehr erfahren, als er sie aus irgendeinem Grund fortschickte. Nicht er hat die Verhaftung des Meisters veranlasst. Er hat es mir versichert, und ich glaube ihm.

Dann war es also Kaiphas? fragte Philippus. Es ist offensichtlich, dass seine Autorität in letzter Zeit durch das, was der Meister in den Gassen Jerusalems sagte und tat, stark zurückgegangen ist.

Nein, der Befehl kommt direkt aus Rom, von den Beratern des Tiberius. Pilatus ist, genauso wie wir alle, heute Nacht vor vollendete Tatsachen gestellt worden.

Aber er muss etwas gewusst haben … Er selbst hat gestern Nachmittag versucht, uns zu warnen …, mischte Johannes sich ein.

Joseph fuhr fort:

Er sagte, er wäre schon mehrmals wegen dieser Verhaftung angesprochen worden, hätte sich ihr aber immer widersetzt.

Er hat dem Meister nichts vorzuwerfen, versteht ihr! Das ist unsere Chance! Ich glaube sogar, nebenbei ein paar Worte gehört zu haben, die ein gewisses Interesse für seine Sache zum Ausdruck brachten. Aber sehen wir uns trotzdem vor, denn das ist nur mein Eindruck. Jedenfalls hat er in aller Eile einen Boten nach Rom geschickt, um einen Aufschub …

Joseph führte den Satz nicht zu Ende. Hoffte er, dass wir auch so verstanden hatten? Aber wir wollten aus seinem eigenen Munde hören, was entschieden worden war, und bedrängten ihn mit Fragen.

Joseph bewahrte seine Fassung; in einem Tonfall, der so natürlich wie möglich klingen sollte, antwortete er:

Pilatus fügte hinzu, Rom habe den Meister auf Befehl des Kaisers Tiberius zum Tode verurteilt. Er habe den Brief heute Nacht erhalten, als in Gethsemane schon alles vorüber war. Die Unseren im Palast haben mir dieses Detail bestätigt, ich habe sie alle nacheinander gesprochen.

Die Nachricht traf uns wie ein Keulenschlag, aber jeder versuchte, seine Gefühle zu beherrschen.

Also Kaiphas? brachte schließlich Simon heraus, der den ganzen Morgen noch kein Wort gesprochen hatte.

Der Meister ist sofort zu ihm geführt worden. Wie ihr seht, Freunde, ist alles sorgfältig geplant worden. Rom wollte wenigstens formal das Gesetz beachten. Von einem Tempelpriester habe ich erfahren, dass der Hohe Rat fast vollständig versammelt war, als die Verhaftung stattfand!

Hast du Kaiphas und Annas getroffen?

Unmöglich. Sie wollen niemanden sehen. Wie gesagt, alles, was ich über den Hohen Rat erfahren habe, stammt von einem Priester, der uns wohlwollend gegenübersteht. Anscheinend gab es ein sehr kurzes Verhör; Kaiphas soll blass vor Wut den Saal verlassen haben. Ich glaube, von dieser Seite ist keine Hilfe zu erwarten … Er brennt vor Eifersucht.

Joseph beendete seinen Bericht. Wusste er mehr? Wahrscheinlich. Er wirkte wie ein Mann, der tiefe Geheimnisse bewahren kann, wie einer jener Felsen, deren Stärke auf Umsicht und Verschwiegenheit beruht.

Soweit ich mich erinnere, wagte niemand von uns, ihm weitere Fragen zu stellen, niemand wollte nähere Einzelheiten wissen … Wir hatten Angst, in unserer Seele eine neue Wunde zu öffnen.

Lange blieben wir still, die Zeit war stehengeblieben. Zwischen den Felsen des Hinnomtales ging unser Flehen zum Namenlosen, meditierten wir über die mögliche Zukunft …

Nur die Anwesenheit der drei Brüder aus Heliopolis flößte mir wieder Mut ein. Ich sah darin ein Zeichen des Schicksals, einen Hinweis darauf, dass alles gut war und dass jeder gemäß den in früheren Leben eingegangenen Verpflichtungen handeln sollte. Aber das Denken ist immer eine Gratwanderung zwischen zwei Welten, und ich hatte das unangenehme Gefühl, von einem Räderwerk ergriffen zu sein, das ich zwar wie alle anderen gewollt hatte, dessen Komplexität mich aber trotz allem schwindeln machte. Die Erinnerung an alle erlebten Einweihungen murmelte mir undeutlich zu, dass wir vielleicht nur für diese Augenblicke gelebt hatten, in denen so viele Schleier zerrissen werden wollten.

Wir wussten nicht, was weiterhin geschehen würde, aber in jenen Stunden geteilter Einsamkeit hatte jeder von uns die Gewissheit, sich um ein gewaltiges Symbol herum zu bewegen, in dessen Licht alles, auch das Unvorstellbare, möglich war.

Wir hielten es für das Beste, bei Johannes, Nikodemus, Joseph und ein paar anderen zu bleiben. Die meisten erwarteten ein Zeichen der Brüder aus Heliopolis, die spurlos verschwunden waren.

Die anderen, darunter Simon Petrus, Philippus und Jakobus hatten sich entschlossen, durch die Stadt zu eilen, um die Gutwilligen zu sammeln. Wenn der Ablauf der Dinge ein anderer hätte sein sollen, wäre es ihnen vielleicht gelungen, eine Volksbewegung zu entfesseln, die vor dem Palast des Pilatus die Freilassung des Meisters verlangt hätte. Als sie sich in den von Pilgern wimmelnden Gassen zerstreuten und ihre Köpfe in der Menge verschwanden, verstanden wir, dass die Hundertzwanzig der Spaltung nahe waren. Die einen schienen bereit, sich notfalls den Zeloten anzuschließen, um auf die römische Besatzung Druck auszuüben, während die anderen, eigentlich ohne logischen Grund, eine Form des Abwartens vorzogen. Zu ihnen gehörten auch Simon und ich. Unsere Haltung war jedoch nicht passiv. In langen Meditationen versuchten wir, mit den Kräften, deren Gegenwart wir immer deutlicher spürten, in Kontakt zu kommen. Johannes und Joseph erwiesen sich als die wichtigsten Stützen dieser Vorgehensweise. Spät am Abend nach einer kargen Mahlzeit, die wir gemeinsam im Haus eines der Unsern einnahmen, ereignete sich etwas Bemerkenswertes. Gemäß einem alten essenischen Prinzip fuhren wir während der Meditation in einem von einem Kreis umschlossenen Bezirk mit den Fingern gleichsam spielerisch über den Sand, die scheinbar bedeutungslosen Formen, die wir auf diese Weise zeichneten, wurden in Wirklichkeit von unserem tiefinneren Wesen diktiert. Im Zustand der geistigen Leere entstanden so Symbole, die es anschließend still zu deuten galt. Dieses Vakuum wurde plötzlich von einem kurzen schrillen Ton im Zentrum unseres Kopfes durchdrungen. Gleich darauf hörten wir rein wie Kristall in uns die Stimme des Meisters.

Alles erfüllt sich, meine Brüder, sagte sie. Sorgt euch nicht wegen der Pläne meines Vaters. Joseph hat die Schlüssel, folgt ihm in allem.

Das war alles; ich sah, wie in der fast vollständigen Dunkelheit die Gesichter gleichzeitig aufblickten und sich suchten. Jeder von uns hatte die Nachricht in allen Einzelheiten wahrgenommen.

Nikodemus und Levi entfuhr ein Ausruf des Erstaunens. Das Geschehnis bedeutete für uns alle eine Erleichterung, war die Antwort auf unsere geheimen Hoffnungen.

Das ist für mich das Zeichen, sagte Johannes. Es ist der Beweis, dass wir immer noch auf dem Weg sind. Ernst fuhr er fort:

Ich glaube jetzt, dass ich allen, die gestern Abend nicht mit dem Meister zusammen waren, gewisse Dinge enthüllen kann. Es ist kein Zufall, dass wir uns heute hier zusammengefunden haben.

Wie jeden Donnerstagabend hatten wir uns am üblichen Ort versammelt, um gemeinsam die Mahlzeit einzunehmen. Die ganze Atmosphäre des Raums lud zur Sammlung, und wir waren wenig gesprächig.

Wie gewöhnlich saßen wir kreisförmig auf dem Boden, die Nahrungsmittel standen in der Mitte. Nach dem gemeinsamen Gebet wurde über dieses und jenes diskutiert. Ich hatte den Eindruck, als würde jeder sich zum Reden zwingen, denn im Vergleich zu den wirklich wichtigen Ereignissen in der Stadt war unser Gespräch völlig belanglos.

Der Meister begriff dies wohl, denn nach kurzer Zeit unterbrach er unsere Unterhaltung.

Ist das alles, was euer Herz mir heute Abend sagen will ... ?

Diese Worte erinnerten uns an die Realität, und die Sorgen, die wir schamhaft in uns zurückgehalten hatten, kamen endlich über unsere Lippen. Simon war es, der die Fragen von uns allen am besten zum Ausdruck brachte.

Meister, sagte er, wir sind beunruhigt. Jeden Tag kann irgendetwas geschehen. Das Passahfest naht, und hier in Jerusalem ebenso wie in ganz Judäa ist die Stimmung gereizt. Es sieht so aus, als ob niemand in der Stadt den Ereignissen mit Abstand begegnen würde oder seinen gesunden Menschenverstand bewahrt. Die Herzen sind aufgewühlt von Problemen, die den Festen früherer Zeiten fremd waren. Wenn ich durch die Gassen streife, begegne ich kaum einem Blick, der nicht

Hass oder übermäßige Bewunderung und Begeisterung ausdrückt. Ich fürchte diese verschiedenen Gefühle gleichermaßen, denn sie werden von einem Feuer genährt, das sie unkontrollierbar macht. Hinzu kommt, dass die Zahl der römischen Truppen auf unseren Straßen in Stadt und Land noch nie so groß war. Du weißt, dass unsere zelotischen Brüder trotzdem handeln: Ein Anschlag folgt dem anderen. Und die Schriftgelehrten reden lieber über die Angelegenheiten der Römer als über das kommende Passahfest. Was bedeutet das alles?

Es bedeutet, dass die kosmischen Zyklen voranschreiten, meine Brüder, sagte der Meister, dessen Augen durchdringend waren wie nie zuvor. Es bedeutet, dass mein Vater sich anschickt, eine Seite im Herzen der Menschen zu wenden, dies kann nicht ohne Schmerz geschehen, denn eure Menschheit steckt voller Gewohnheiten, die sie nicht ablegen will.

Die euch umgebenden Wesen denken weder selbständig noch universell. Sie hören nicht auf ihren Geist, sondern auf ihren Verstand, der nur ihre augenblicklichen Interessen verfolgt. Sie haben die Denkweise und die Mentalität ihrer Vorväter vollkommen verinnerlicht. Versteht mich richtig: sie sehen noch nicht, dass nun das Gesetz der Harmonie und Güte naht – jenes einfache Gesetz, das durch lange Reden und Dogmen verdorrt. Es ist das Gesetz der Menschen, die nicht damit zufrieden sind zu sein, sondern die werden wollen. Aber tadelt die anderen nicht, ihr Nicht-Verstehen beruht auf Unwissenheit. Sie brauchen weder Mitleid noch Angst, nur eure bedingungslose Liebe. Ihre Wesen sind noch zu jung, nur ihre Körper und ihre dichte Seele, nicht ihr Geist, nehmen die Winde der großen Sonne wahr.

Die meisten Menschen dieser Erde gehorchen dem Gesetz ihres Blutes, das heißt den Geboten ihrer Rasse. Wie viele berufen sich nicht allein in diesem Land darauf, aus dem ›Geschlecht Davids‹ zu sein! Damit drückt sich der Saft ihrer Körper aus, nicht das Destillat ihres Geistes. Ihre Zunge bekennt sich zum Allerhöchsten, YodShaba[90], dem Herrn der Geschlechter, weil ihre Augen die universelle Kraft des Namenlosen nicht kommen sehen … In den Himmeln sind meine Brüder und mein Vater, das sage ich euch. Von nun an werdet ihr nicht mehr das Blut der Erde trinken, sondern das des Geistes: den Odem der immateriellen Trauben des Himmels; so wird euer Bund mit den kosmischen Wurzeln erneuert.

Ihr werdet euch nicht mehr vom Fleisch der Erde nähren, sondern vom ewigen Körper der Natur: dem transzendenten Korn der *Gestalt*, so wird euer Bund mit den befruchteten Energien erneuert. Der wahre Mensch ist das Kind von Erde und Himmel.

In vollkommener Stille nahm der Meister dann ein flaches Brot, hauchte es an und verteilte es unter uns. Während wir noch versuchten, den rätselhaften Sinn seiner Worte zu verstehen, goss er ein wenig Wein in einen aus Stein gearbeiteten Kelch, führte ihn zu den Lippen und ließ ihn unter uns herumgehen. Der Meister war so ernst, dass wir nicht wussten, was wir denken sollten.

Er hatte sehr langsam gesprochen und mehr als einmal die Lider geschlossen. Ein seltsames Gefühl der Betäubung ergriff unsere Glieder, wir führten dies auf die Nahrung zurück, die allmählich in sie einzudringen schien.

Ich hatte den Eindruck, als ob der Schein der Öllampen lebhafter und die zaghafte Weihrauchwolke in der Ecke des Raumes blauer wurde. Ich erahnte in ihnen sich bewegende Formen und nahm die Gegenwart unsichtbarer Wesen wahr, eine sanfte Frische, die kam und ging, meine Wirbelsäule prickelte wie von Feuer. In diesem flüchtigen, aber packenden Moment zweifelte niemand von uns daran, dass etwas Bedeutendes geschehen war.

Ihr habt mein Fleisch und Blut aufgenommen, durchdrang die Stimme des Meisters unsere Verwirrung. Ihr habt euch von der doppelten Energie genährt, die diese Erde empfängt, meine Liebe hat sie euch eingegeben, denn ich bin der Punkt der Begegnung dieser beiden Kräfte, ich bin das Kreuz der alten Zeiten. Die Geheimnisse von Taw und Mem[91] sind in mir enthalten.

---

[90] *Jehova*

Tut dies von nun an zu meinem Gedächtnis, und lernt, für die Menschen, die aus eigener Kraft gehen wollen, dasselbe zu tun. Eure reine Liebe genügt, um den Nahrungsmitteln, die ihr verteilen werdet, ein wenig von der Flamme allen Lebens einzuhauchen. Aber ich sage euch, meine Brüder, wenn euer Geist und euer Herz in jenen Augenblicken nicht in Einklang schwingen, wird eure Handlung zu ihrem eigenen Symbol. Nicht darum bitte ich euch jedoch, sondern um die Schaffung einer verbindenden Kraft zwischen Körper und Geist. Handelt so mit jenen Menschen, die auf euch hören wollen. Löst euch von der Gegenwart und sorgt euch nicht um das Morgen.

Der Meister schwieg einen Augenblick; Judas ergriff das Wort.

Meister, wie können wir so handeln wie du? Ich zweifle an meiner Kraft, und meinen Brüdern geht es wahrscheinlich ebenso. Unser Wille ist schwach. Wie könnten wir reden und handeln wie du? Wäre es nicht gut, den anderen gegenüber unsere Position klarzustellen? Das Volk spitzt die Ohren, aber noch hören nicht alle. Soll ich zu Tauben sprechen … oder Blinden einen Edelstein geben?

Wir brauchen eine materielle Stütze in diesem Land, sonst bin ich der erste, der scheitert, meine Hände werden leer sein und meine Stimme erloschen.

Nicht auf diese Weise nährt sich der Geist … nie. Der Bräutigam geht zur Braut, nicht umgekehrt. Entferne dich von Rom, Judas. Entferne dich von den Trugbildern dieser Erde, denn es könnte sein, dass du schon vor Anbruch des morgigen Tages die Braut die ersten Schritte tun lässt. Geh, mein Bruder, weine nicht.

Judas' Einwand riss uns aus unserer gehobenen Stimmung, und eine lebhafte Diskussion begann … Ich muss sagen, einige von uns dachten ähnlich wie er, während andere recht heftig auf seinen Einwand reagierten.

---

[91] *Zwei Buchstaben des hebräischen Alphabets*

Judas hüllte sich schließlich in Schweigen, und nachdem der Meister ihn lange angesehen hatte, verließ er uns unter irgendeinem Vorwand.

Niemand machte zu seinem Weggehen eine Bemerkung, und zum ersten Mal führten wir ein Ritual aus, über das ich hier nichts weiter sagen darf. Das ist alles; ihr wisst, was seitdem geschehen ist, Judas hat es nicht verstanden, in den Augen des Meisters zu lesen!

Johannes beendete seinen Bericht, und wie ein dunkler Schleier umfing uns die Nacht.

Da wir uns nicht trennen wollten, suchte jeder einen Mantel oder eine Decke, um sich einzurollen. Wir schliefen schnell ein. Zuviel war seit dem gestrigen Abend geschehen. Eine Zeitlang traten die Schwierigkeiten zurück ...

Ich sah uns, wie wir an der Seite des Meisters die Ozeane durchquerten, vergebens versuchten die hoch aufschlagenden Wellen unsere Körper zu berühren, die Gischt schäumte unter unseren Füßen und wir glitten über die zerklüfteten Kämme der Wogen ...

Die folgenden Tage brachten ihre eigene Plage. Durch unsere Kontakte zum Umfeld des Pilatus erfuhren wir, dass dieser gegen der Entsendung eines Kuriers nach Rom eine nicht unbeträchtliche Strafe riskierte, die Festnahme des Meisters ging auf einen speziellen Befehl des kaiserlichen Präfekten zurück, der im gleichen Schreiben eine rasche Erledigung angeordnet hatte.

Nikodemus erfuhr von der Frau des Pilatus, dass Rom eine Hinrichtung noch vor dem Passahfest verlangte, um die Gefahr möglicher Unruhen zu vermindern. Pilatus wurde zu verstehen gegeben, dass sein an den Kaiser gerichtetes Gesuch kaum Aussicht auf Erfolg hatte; die Zeit, über die wir verfügten, war einfach viel zu kurz. Dies war für uns ein neuer Schlag. Wir sahen nun keinen Ausweg mehr, und unser einziger Trost bestand in den Worten, die der Meister uns auf geistiger Ebene übermittelt hatte. Mechanisch wiederholten wir sie, ließen sie wie einen Refrain in unserer inneren Stille erklingen.

Die Nachricht von der Verhaftung des »Großen Rabbis« war jetzt in der ganzen Stadt bekannt. Dies trug beträchtlich zur aufgeheizten

Stimmung des Volkes von Jerusalem bei. Ich erinnere mich daran, dass ich mich mit Simon und ein paar anderen mehrmals verstecken musste, um den römischen Soldaten auszuweichen.

Aber die Menge war zudringlich und manchmal auf geradezu unangenehme Weise neugierig. Da unsere Gesichter einigen bekannt waren, gerieten wir zuweilen in Situationen, die unser Fortkommen in der Stadt behinderten. Zwei Tage nach der Verhaftung des Meisters kam es zu einer heftigen Auseinandersetzung zwischen einer großen Gruppe von Menschen, die durch die Stadt zog, seinen Namen rief und ihn als Herrscher verlangte, und der römischen Armee, die die Unruhen erbarmungslos niederschlug. Die Zeloten standen diesmal nicht an der Spitze der Bewegung. Levi hatte sich mit einem ihrer Anführer unterhalten, und seine Worte zeigten, warum.

Euer Meister kann dem Volk dieses Landes nichts Gutes bringen. Wir wissen es jetzt. Er ist ein Verbündeter Roms, der Messias des Tiberius, geschickt, um den Widerstand zu brechen. Er unterhöhlt unsere Macht, und wir haben jetzt nur noch einen Wunsch: dass er verschwindet!

Am Montag waren plötzlich die zwei Gesandten aus Heliopolis wieder da; sie versuchten, die erhitzten Gemüter zu beruhigen.

Habt keine Angst, sagte einer von ihnen. Bereits bevor der Bote des Pilatus Jerusalem verließ, ist ein Bruder bei Tiberius vorstellig geworden. Für die Seelen, die gelernt haben, von Kontinent zu Kontinent miteinander zu sprechen, gibt es keine Grenzen … Habt ihr das vergessen?

Von Rom aus ist bereits eine Botschaft unterwegs. Für unsere Zwecke reicht es aus, wenn sie Freitag im Palast ankommt. Ihr solltet jetzt Gruppen bilden, die festumrissene Aufgaben übernehmen. Wisst, dass nichts von dem, was geschehen muss, verhindert werden kann, dass aber alles einem ganz bestimmten Ablauf folgen muss; denn von dieser Stunde an wirken wir mit bei der planvollen Entstehung eines lebendigen, tätigen Symbols.

Die einen sollten die Menge und ihre Reaktionen beobachten, die anderen bei der römischen Verwaltung und den Priestern so viele

Informationen wie möglich sammeln. Eine dritte Gruppe schließlich sollte in ständigem Kontakt zum Meister stehen. Diese letzte Gruppe sammelt sich sobald wie möglich um seine Mutter, die mit Miriam aus Magdala bereits in diesem Sinne wirkt.

Dann änderte der Bruder aus Heliopolis seinen Tonfall. Als ob er eine tiefe Bewegung zurückhalten wollte, schloss er kurz seine Augen.

Jetzt wisst, dass der Körper des Meisters Jesus von den Männern, die Rom zu diesem Zweck gesandt hat, zweimal gefoltert wurde ... Sie erhoffen die Aufdeckung irgendeines Komplotts.

Infolge seiner körperlichen Verletzungen bedarf der Meister eurer Hilfe. Die Verbindung zum Geist Christi ist einer unvorstellbaren Spannung ausgesetzt.

Der Große Rat bittet euch deshalb darum, ihm etwas von eurer Vitalkraft zu geben. Sendet sie ihm durch eure Liebe, durch eure Kunst des Atmens. Dies ist die kleinste Gabe, die die Brüder von den Sternen von euch erwarten können ...

Während der folgenden Tage hatten Simon und ich das Gefühl, an einem Faden über dem Nichts zu schweben. Wir hatten uns der Gruppe angeschlossen, die sich um die Mutter des Meisters gebildet hatte, bewegten uns wenig und sprachen kaum. Unvorstellbare Phasen der Freude, der Niedergeschlagenheit und der völligen inneren Ruhe lösten einander ab. Zuweilen schienen wir große kalte Steinplatten oder steinerne Pfeiler zu berühren. Zeit und Ort verschwammen. Wir fanden uns an der Seite des Meisters in einem dunklen, halb überdachten Hof. Seine Handgelenke waren mit Ketten gefesselt. Das stellenweise mit Blut befleckte, lange weiße Gewand klebte ihm am Körper. Soldaten marschierten, näherten sich ihm mit anderen Männern in Ketten, entfernten sich wieder ... Dann überkam uns Panik, und alles verschwand, wir waren allein mit unserem Schmerz, mit unserem Grauen.

Am Freitagmorgen stürzten Joseph und ein Bruder des Meisters in das bescheidene Haus, in dem wir Unterkunft gefunden hatten.

Schnell, kommt mit, sagten sie, der römische Rat hat ihn heute in aller Frühe verurteilt, aber Pilatus weigert sich, den Befehl auszuführen. Er will zum Volk sprechen! Folgt uns ...

Völlig außer uns hasteten wir durch Jerusalem, mein Körper war entkräftet und ich hatte Schwierigkeiten, mir durch die Menge der unbekümmerten Pilger und Händler einen Weg zu bahnen. Die Sonne blendete mich, und zum ersten Mal empfand ich die Gerüche des Passahfestes als unangenehm. Der Schweiß der Kamele, der Duft von Gewürzen und verbrannten Kräutern vermischte sich zu einem durchdringenden Geruch, fast unbewusst folgte ich den anderen ... Endlich erreichten wir einen kleinen, säulengeschmückten Hof in unmittelbarer Umgebung des Tempels.

Dicht gedrängt stand dort eine große Menge Volks, Männer und Frauen, die schrien und gestikulierten. In einer Ecke des Hofes harrte waffenstarrend der Block der römischen Soldaten, unter ihnen befanden sich ein paar berittene Zenturionen, die mit gezogenem Schwert kaltblütig warteten, während ihre Pferde langsam nervös wurden und heftig schnaubten. Auf einer Terrasse, die ich kaum sah, zeichneten sich ein paar Gestalten ab: der Meister, ein Mann mit einem dunklen, reich drapierten Gewand, zweifellos Pilatus, sowie zehn Männer unterschiedlichen Aussehens.

Ich hörte ihre Stimmen, konnte aber in dem Tumult ihre Worte nicht verstehen. Pilatus versuchte, sich verständlich zu machen, indem er die Arme hob, die Menge schrie und kreischte indes noch lauter als zuvor. Überall flogen die Fäuste in die Luft, und es kam zu einem Handgemenge. In diesem Augenblick wurde mir bewusst, dass die, die mich umgaben, mit erbitterter Wut den Tod des Meisters forderten.

Komm, Miriam, hier gibt es nichts mehr zu tun.

Eine Hand hatte sich auf meine Schulter gelegt und zog mich fort. Es war Joseph, dessen Gesicht aschfahl geworden war.

Komm, sagte er, hier sind nur Zeloten, sie wollen Blut ... sie rächen die Ihren ...

Vergebens suchte ich in der schreienden Menge nach einem Blick der Liebe ... Wohl hörte ich ein paar kleine Gruppen die Freilassung des Meisters verlangen, aber ihre Stimmen gingen in dem Getöse unter, und Fäuste wurden gegen sie erhoben.

Mit Simon ging ich die lange, in gleißendes Licht getauchte Gasse hinunter, die vor die Mauern führte. Mir zitterten die Glieder. Als ich die hohen, im Sonnenlicht leuchtend erdfarbenen Mauem mit ihrem reichen weißen und roten Blütenschmuck erblickte, war mein leerer Geist nur noch eines einzigen Gedankens fähig ... »Wie kann Jerusalem es wagen, jetzt noch so schön zu sein ... «

Golgatha

Mit großen Schritten eilten wir zum Betsaid zurück. Auf den sonnenbeschienenen Wällen gurrten die Tauben, aber ihre Liebeslieder verstärkten nur unseren Schmerz. Die spitzen Steine, die sich in unsere Füße bohrten, waren wie eine Straße der Bitterkeit. Das Gebäude mit den weißen und ockerfarbenen Mauern lag bald vor uns. Für Bruchteile von Sekunden sah ich dieses Bild ganz bewusst, und ich hatte das Gefühl, als sei der Betsaid der einzige Ort auf der Welt, wo das Leben noch etwas bedeutete, wo wir und die von uns verbreitete Gerechtigkeit und Liebe willkommen waren. Auf der Schwelle der Tür erwarteten uns drei aufrechte, weißgekleidete Gestalten. Wir erkannten zwei der geheimnisvollen Brüder aus Heliopolis. Sie grüßten uns auf rituelle Weise, lächelnd und voll unerschütterlicher Ruhe. Irgendetwas an ihnen sagte mir, dass sie bereits wussten ... Vielleicht hatten sie in unseren Herzen gelesen, vielleicht in dem Buch geblättert, in das die Natur von allem Anbeginn an das eingetragen hat, was wahrhaft groß ist. Einen Augenblick blieben wir stumm, dann wies einer der Brüder auf den Unbekannten, der sie begleitete.

Dies ist unser Bruder Lamaas; seit langer Zeit schon weilt er bei uns im Heliostempel. Der Scheitel des Menschen wird heute auch sein Herz sein. Unser Bruder hat den langen Weg auf sich genommen, der sein Land mit dem unseren verbindet, um diesen erhabenen Augenblick zu erleben.

Lamaas ... Ich kannte diesen Namen ... Die Straße von Betanien, die Erzählungen Manethos. Lamaas ... Der Lehrer aus dem Lande Ischwar!

Das uns vorgestellte Wesen war ein Greis mit unleugbar edlen Gesichtszügen. Von der bronzefarbenen Haut hoben sich zwei helle Augen von unglaublicher Tiefe ab, die uns forschend betrachteten. Er lächelte ein wenig traurig und murmelte ein paar Worte in unserer Sprache, die er bruchstückhaft zu beherrschen schien. Ich konnte nicht umhin, sein abgenutztes, mit der Zeit matt gelblich gewordenes Gewand zu bemerken – das Gewand eines Hohepriesters aus einem Tempel des Ostens, der seit langem allen weltlichen Ehren entsagt hatte, weil er die Sonne woanders suchte als am sichtbaren Himmel.

Wir gingen alle in den Betsaid, in dem bereits ein paar Schüler des Meisters warteten. Die Gesandten aus Heliopolis begannen sofort, präzise Anweisungen zu erteilen. Die Fakten waren klar. Die beiden Brüder stellten die Hinrichtung des Meisters nicht ein einziges Mal infrage, sie sprachen davon wie von einer feststehenden Gewissheit, wie von einem Ereignis, das seit ewigen Zeiten vorhersehbar war. Emotionslos erwähnten sie die Umstände der Hinrichtung und die Rolle, die wir dabei zu spielen hatten. Ihre Worte, ja ihre ganze Vorgehensweise schockierten mich zunächst. Ich glaubte, Gefühlsarmut und Berechnung in ihnen zu erkennen, und daran war ich nicht gewöhnt. Dieser Eindruck verschwand jedoch, als ich einen Blick von ihnen auffing, Liebe sprach aus ihm, und gleichzeitig die bis zum äußersten angespannte Willenskraft eines großen Eingeweihten, der seinen Schmerz überwindet, um die ihm übertragene Aufgabe zu Ende zu führen.

Wir hatten im kühlen Schatten des Betsaid einen Kreis gebildet und warteten, zusammengekauert wie die Schiffbrüchigen, auf das rettende Seil. Die beiden Brüder glichen Felsen in der Brandung.

Ruhig und mit gedämpfter Stimme gaben sie jedem von uns einen bestimmten Auftrag und woben so ein Netz, in dem jede Masche von Bedeutung war. Joseph, der die ihm zugedachte Rolle zu kennen schien, saß mit geschlossenen Augen ein wenig abseits der Gruppe. Einige von uns erhielten die Weisung, ihm überallhin zu folgen. Andere sollten nochmals Kontakt zu Pilatus aufnehmen und die Umgebung des Palastes beobachten, um die Ankunft einer möglichen Botschaft aus Rom abzupassen. Außerdem wurden zwei weitere Gruppen gebildet: die eine blieb im Betsaid, um durch das Gebet eine geistige Kraft zu schaffen, die dem Meister helfen konnte, während die andere sich in der Menge verteilen sollte, um bei eventuellen Zwischenfällen einzugreifen und, falls sich dies irgendwie bewerkstelligen ließ, bis zuletzt mit dem Meister in Kontakt zu bleiben.

Niemand von uns stellte eine Frage: Heute glaube ich, dass wir damals recht unbewusste Akteure eines Stückes waren, dessen letztendlicher Sinn uns entging. Als wir nach kurzer Zeit den Betsaid verließen, war unsere Kehle wie zugeschnürt. Die Sonne brannte unangenehm grell, und bald umgaben uns Hunderte von Männern und Frauen, deren Anwesenheit wir nicht vermutet hatten. Sie schienen auf uns gewartet zu haben, und nachdem wir ein paar Schritte getan hatten, prasselten von überallher die Fragen auf uns ein. Wir konnten und wollten sie nicht beantworten … Sie enthielten den Tod, das machte uns stumm. Gleich Raben der Unwissenheit und des Mangels an Liebe geleitete die Menge uns bis in die Stadt. Einige der Neugierigen, die unser beharrliches Schweigen erbost hatte, überhäuften uns mit Beleidigungen, als wir uns wie verabredet gleich hinter den Toren Jerusalems trennten. Die Anonymität der Gassen, der Pilger und Händler war unter diesen Umständen für uns wie ein Segen. Simon und ich wagten es nicht, miteinander zu reden; wir fürchteten, eine unsichtbare Kraft zu brechen, die unsere Schritte durch das Labyrinth der Stadt lenkte. Es war Brauch, dass der Verurteilte die Strecke vom Gefängnis zum Ort der Hinrichtung zu Fuß und mit gebundenen Händen zurücklegte. Nach den uns vorliegenden Informationen war dieser Weg immer derselbe. Der Tod wartete außerhalb der Mauern auf einer das Tal beherrschenden Anhöhe. Unsere Aufgabe bestand darin, Stellen ausfindig zu machen, an denen einige von uns sich so postieren konnten, dass der Meister sie sah und sie ihm gegebenenfalls zu Hilfe kommen konnten. Durch die Besetzung dieser Schlüsselstellen waren die Essener unter den Hundertacht auch in der Lage, die Reaktionen und Bewegungen der Menge zu lenken.

Die Nachricht von der Hinrichtung hatte sich schnell in Jerusalem herumgesprochen, und wir stellten fest, dass sie mehr Ablehnung als Befriedigung hervorrief. Allerdings waren die Vorbereitungen für das Passahfest in vollem Gange, und für einige bedeuteten die kommenden Ereignisse nur einen weiteren interessanten Punkt des Festtagsgeschehens.

Simon und ich hatten jetzt Mühe, vorwärtszukommen; wir erstickten fast zwischen den dichten, aus allen Häusern aufsteigenden Weihrauchwolken und den endlosen Schafherden, die von einem Stall zum nächsten getrieben wurden. Von Zeit zu Zeit erreichte uns der schrille Klang der Trompeten, aber das Geschrei der Karawanentreiber, der hämmernde Schritt kleiner Abteilungen von Legionären und die Reden der Schriftgelehrten auf den Plätzen der Stadt hatten unsere Ohren bereits abgestumpft. Wir handelten wie Automaten, die weder Schmerz noch Freude empfanden. Die Brüder aus Heliopolis waren wenig gesprächig gewesen, und so wussten wir nicht, was sie genau von unseren verschiedenen Aktionen erwarteten.

Ich glaube, dass ich auf diesem Weg durch die Stadt die Schwelle des moralischen Schmerzes überschritt. Was aber hatte meine Seele betäubt? War es Mutlosigkeit oder eher eine nicht näher zu beschreibende Hoffnung, ein verrückter, lichterfüllter Traum? Ich hatte den Eindruck, als ließe der Tod des Meisters uns reifen, denn er prägte uns für immer. Aber dies war nur ein flüchtiger Eindruck, eine prophetische Vision, die ich in jenen Stunden des Chaos, in denen unsere vergangenen Einweihungen uns den

bitteren Geschmack hinterließen, noch Kinder zu sein, kaum registrierte. Wie erwachsen würden wir werden müssen, um endlich
zu verstehen?

Wir begegneten ein paar Schriftgelehrten, Priestern in langen
Gewändern mit den rituellen Fransen und trommelschlagenden
Männern, die Sadduzäern in reichgeschmückten Mänteln vorausgingen, wir sahen einen riesigen Mann mit langem schwarzem Bart
und platter Nase, der ein großes, golden schimmerndes Weihrauchgefäß schwang und in rhythmischem Tonfall unverständliche Formeln murmelte, während er stechende Blicke in die Menge warf.

Nachdem wir die erhaltenen Informationen an einige der Unseren weitergegeben hatten, beschlossen Simon und ich, uns in der
Nähe des Tores aufzustellen, das vor die Stadt führte. Die Sonne
stand hoch am Himmel, sie schien von einem milchigen Schleier
umgeben. Wir beobachteten dies sehr aufmerksam, denn gemäß
der Tradition von Essania, die diesen Nebel »Milch der Isis«
nannte, zeigte er eine Umwandlung kosmischer Ordnung an. Wir
setzten uns auf einen runden Grenzstein, der auch als Befestigungspunkt für Kamele diente.

Allmählich sammelte sich links und rechts der Gasse die Menge,
bewaffnete Patrouillen bewachten sie. Eine eigenartige Atmosphäre
legte sich über uns alle. Es war, als ob der Geist der Menschen
keinen Fixpunkt mehr hätte, und seltsam verstörte Blicke irrten
umher. Es kam zu deftigen Anzüglichkeiten, dem Gemurre folgte.
Schließlich brach ein offener Streit aus; zwei gold- und purpurschimmernde Zenturionen beendeten ihn mit der Breitseite ihres
Schwertes.

Meine Hände begannen zu zittern, und einen Moment lang
empörte ich mich gegen die uns vorgegebene Verhaltensweise. Wie
konnten wir hier so ruhig warten? Wie konnten wir es wagen, den
Meister anzusehen, wenn er gefesselt vorüberging? Warum sprachen
wir nicht zur Menge, warum riefen wir sie nicht auf, sich zu erheben und diese Grausamkeit zu verhindern? Wo war sie, die sanftüberzeugende Stimme der Brüder von Essania?

Ein Blick kreuzte den meinen, ein ruhiger, jahrtausendealter Blick ... Lamaas. Ich empfing den Frieden, den er mir mitteilte, wie einen kleinen Edelstein aus grünem Licht. Der Greis mit der tiefbraunen Gesichtsfarbe verließ die Stadt mit jener Miene vollkommener Gelassenheit, die den wahren Weisen eigen ist. Plötzlich hörten wir Waffengeklirre und knappe Befehle, wir wandten uns um. In eiligem Marschschritt näherte sich ein Trupp Legionäre. Mit ihren Lanzen drängten sie die Zuschauer energisch an den Rand der Gasse und schufen so Platz für einen grauhaarigen Mann mit rotem Gewand, der ihnen auf einem weißen Pferd folgte. Das Tier, das durch die ständig anwachsende Menge unruhig geworden war, bockte und schlug heftig nach beiden Seiten aus. Der Mann sah aus wie ein hoher römischer Beamter. Er ritt vorbei, ohne uns eines Blickes zu würdigen. Als er das Tor passiert hatte, ging eine Bewegung durch die Menge. Zwischen zwei Soldaten näherte sich uns eine Gestalt. Es war Massalia. Sein Platz wäre im Palast des Pilatus gewesen ...

Der Meister kommt, sagte er mit tränenerstickter Stimme.

Sie haben ihn gefoltert ... Ich habe es gesehen, sie haben ihn dem Volk gezeigt ... Es ist schrecklich. Ich habe eben Nikodemus getroffen; die Frau des Pilatus hat ihm gesagt, die Gesandten des Tiberius wollten keine gewöhnliche Hinrichtung. Sie sprechen davon, ihn anzunageln und nicht, ihm die Glieder zu brechen ... Wir müssen etwas tun!

Ich antwortete nicht. Der Blick von Lamaas erfüllte mich noch und hatte mir jeden Willen zum Widerstand genommen.

Ich sah nur, wie Simon Massalia kräftig am Arm packte und ihn an sich zog. Simons Gesicht war angespannt, und er lockerte seinen Griff nicht im Geringsten.

Beruhige dich, Simon ... Ich weiß, was zu tun ist ... Aber das ist ja nicht zum Aushalten!

Massalia kam nur mit Mühe wieder zu Atem, seine halb erloschene Stimme war kaum zu hören.

Ich weiß, der Meister hat sich nicht von uns verabschiedet, und ich kann nicht glauben, dass er so von uns geht, aber das ist zu viel! Ich habe gesehen, wie er mehrere Male gestolpert ist, er ist am Ende seiner Kräfte ... Sie haben seine Arme an einen Balken gebunden, den er auf den Schultern trägt!

Schweig, Massalia!

Bei diesem knappen Befehl blickten wir auf. Vor uns standen Nikodemus, Maria aus Magdala und ein paar andere, darunter Johannes. Zwei Legionäre begleiteten sie.

Schweig, denn aus Schmerz entsteht nur Schmerz! Vergiss nicht, wer der Meister ist, und denk daran: Heliopolis ist unter uns!

Am Ende der Gasse erklang nun dumpfer Lärm. Eine hohe, schwankende Gestalt erschien, die von zwei Bewaffneten flankiert wurde, ein Trupp von Männern in kurzer Tunika, die Lanzen und Stricke trugen, folgte ihr. Wir erkannten den Meister ... Kein Wort vermag zu beschreiben, was in meiner Seele geschah. Ich hatte stark sein wollen, und jetzt bebte unter meinen Füßen die Erde.

Der Meister kam langsam auf uns zu. Er hielt sich so aufrecht wie möglich, seine Augen waren auf die steinernen Platten am Boden gerichtet. Die Arme hatte man mit Hilfe von Stricken an einem grob behauenen Stamm festgezurrt, den er quer über den Rücken trug. Ich wollte mich abwenden, aber nichts schien mir mehr gehorchen zu wollen. Eine gewaltige Kraft übernahm die Leitung meines Wesens und zwang mich unbarmherzig zum Zusehen, zwang mich, mir die tief in den Höhlen liegenden Augen und das blutende Herz dieser ewig weißen Flamme, die sich uns näherte, auf immer einzuprägen.

Das Gewand des Meisters war an mehreren Stellen zerrissen, darunter erriet man die Wunden, die zum Teil mit dem Stoff verklebt waren.

Sobald die Menge den »großen weißen Rabbi« an der Ecke der Gasse erspäht hatte, war sie verstummt, sie hatte ihn schlecht verstanden, aber auch jetzt noch, so kurz vor seinem Tod, ging eine Hoheit von ihm aus, die sie erstaunte. Jeder war wie versteinert, versuchte, einen Blick von ihm aufzufangen, der jedoch den Boden nicht verließ. Als der Meister an unserer Gruppe vorüberging, hielt er sich aufrechter als zuvor und schien plötzlich einer unsichtbaren Wesenheit zuzulächeln. Da sah ich, dass sein Gesicht blutverschmiert war und Dornen in seinen Haaren steckten.

Die Soldaten stießen uns gegen den Grenzstein; wie betäubt blieben wir stehen. Ich fühlte, dass Johannes kaum ein Schluchzen zurückhielt, dass er vergeblich versuchte, tief durchzuatmen und ein wenig von diesem dahinfliehenden Leben zu sich zu rufen ... Unversehens schüttelte er sich; ich sah, wie er sich von der Menge löste und mit großen Schritten zum Tor eilte. Als wir versuchten, ihm mit den Blicken zu folgen, sahen wir nur den blutigen Rücken des Meisters ... Endlich konnte ich meine Lider schließen; mein Herz kannte nur Schmerz ...

Die Hand Simons drückte die meine, fest, sehr fest, dann gerieten wir ins Getriebe der Menge, die sich hinter dem Meister zu einem Zug zusammenschließen wollte.

Das Vorhaben des Volkes wurde jedoch schnell unterbunden, eine Gruppe berittener Soldaten schrie raue Befehle, und wieder wurde die Gasse frei gemacht, diesmal mit lautem Gezeter.

Zwei halbnackte Männer erschienen, jämmerliche, in Schweiß gebadete Gestalten, die die Schläge fast ganz zugrunde gerichtet hatten. Schwere Ketten an den Füßen behinderten ihr Vorwärtskommen. Sie schlichen mit kleinen Schritten dahin und hatten Mühe, das Stück Holz zu tragen, das man auch ihnen auf den Rücken gebunden hatte. Rom wollte also den Eindruck vermeiden, es nur auf den Meister abgesehen zu haben, der inzwischen jenseits des Tors verschwunden war. Nikodemus und wir beschlossen, nun eiligst aufzubrechen. Wir nutzten ein Handgemenge, um uns von den Schaulustigen zu lösen und an den Soldaten vorbeizukommen. Nikodemus wollte sich um jeden Preis der Hinrichtungsstätte so weit wie möglich nähern; durch Pilatus wusste er, dass der Mutter des Meisters und ein paar anderen der Zutritt dort bereits erlaubt worden war.

Man muss glauben, nichts als glauben, sagte er laut. Die Brüder vom Heliostempel erwarten noch einen Brief aus Rom, er kann noch ankommen! Wir haben Freunde im Palast, vergesst es nicht!

Außerhalb der Mauern herrschte beklemmende Stille, die Blicke, denen wir begegneten, erschienen uns tot. Wir alle waren nur noch unbedeutende Nebenfiguren, deren Einsatz das Schicksal bestimmte. Warum hatten die Herzen, an die doch die Liebe geklopft hatte, sich ihr nicht geöffnet? Warum musste die Menschheit diesen Todesinstinkt nähren?

War das die Kraft Essanias, das letzte Schauspiel, auf das man uns seit jeher vorbereitete? Sie schienen fern, die Brüder von den Sternen mit ihrer Wolke aus Feuer und den versprochenen Aufträgen ...

Oben am Himmel brannte weiß die Sonne, und hier unten, auf Steinfliesen, Kieselsteinen und mageren Grasbüscheln, erstickten wir ... Die Hoffnung genügte uns nicht mehr ... Wir wollten verstehen!

Stolpernd, getragen von der Flut des Volkes, das von einem stummen Fieber ergriffen schien, folgten wir dem von Weißdornhecken gesäumten schmalen Weg, der nach Golgatha führte. Bald sahen wir die senkrechten Balken, übriggebliebene Zeugen der letzten Hinrichtung, die sich von dem bleiernen Himmel abhoben. Als wir die Stelle erreichten, war eine größere Abteilung von Legionären damit beschäftigt, die Schaulustigen zu zerstreuen, die sich, wie man uns sagte, seit der Bekanntgabe des Urteils dort versammelt hatten. Schwerter und Lanzen blitzten über den Köpfen auf, Flüche wurden laut.

Bald war die Richtstätte von Neugierigen frei, sie wurde sogleich von einer dichten Reihe kaltblickender Soldaten mit der Waffe in der Hand abgeschirmt. Der Meister und die beiden anderen Verurteilten waren ihrer Last bereits entledigt worden. Drei Männer mit struppigem Bart, deren Kopf halb unter einem breiten Stirnband verschwand, zogen ihnen die Reste ihrer Kleider vom Leib; sie wurden im Allgemeinen an die Aussätzigen im Hinnomtal verteilt. Die drei Opfer wurden schließlich von einem Zenturio ein paar Schritte weiter gestoßen – dorthin, wo grob behauene Holzbalken, kleinere Holzstücke sowie zahlreiche Stricke auf dem Boden verstreut lagen. Eine kleine Gruppe von Männern hatte indes mit einfachen Hacken drei Löcher in den kalkigen Boden gegraben; ihre Gesten zeigten, dass sie die erforderliche Tiefe für erreicht hielten.

Wieder drängte sich mir das Bild dessen auf, was geschehen würde; mich schauderte. Ich wollte weg.

Simon, sagte ich schwach, lass uns gehen, wir können das nicht mitansehen ...

Schau nicht hin, Miriam, aber bleib da, ich bitte dich, dein Platz ist bei uns ... Sein menschliches Herz muss spüren, dass wir in der Nähe sind.

Die Antwort klang ebenso erloschen, wie es die Frage gewesen war ...

Ich hob leicht den Blick und sah, dass Simon den Kopf gesenkt hatte und verzweifelt die Steine studierte. Plötzlich sprang er auf.

Er kann uns hier nicht sehen! Erinnere dich an die Anweisungen der Brüder: ›Er muss wissen, dass ihr bis zum Schluss da seid!‹

Ich schüttelte mich und versuchte, Simon zu folgen, der sich bereits zu einer Stelle durchdrängte, an der die Menge weniger dicht stand. Die hohe Gestalt des Meisters, den man auf einem Holzbalken ausstreckte, sah ich nur halb ...

Ich wollte atmen, wollte schreien ... ich weiß es nicht mehr. Meine Brust, meine Kehle gehorchten mir nicht, es gelang mir kaum, hinter Simon herzulaufen, der sich ungestüm durch die Menge zwängte. Ich begegnete drei oder vier bekannten Gesichtern, weißgekleideten Brüdern. Hinter der Reihe der Soldaten fielen mir plötzlich ein paar reglose Gestalten auf, ich erkannte die Mutter des Meisters, einen seiner Brüder, Johannes, die Schwester aus Magdala und ein paar andere von den Hundertacht. Durch die beklemmende Stille tönte ein kurzer dumpfer Schlag, dann ein heiserer, kaum zurückgehaltener Schrei. Ich blieb stehen, denn ich konnte Simon nicht mehr erreichen, der versuchte, zu Nikodemus zu gelangen.

Ich betrachtete den Boden, in gleichmäßigem Rhythmus folgte nun Schlag auf Schlag; nach jedem war ein langes Keuchen zu hören.

Klagen wurden laut, aber ich bemerkte bald, dass sie aus der Menge kamen. Ich schloss die Augen und fühlte eine Hand auf meiner Schulter, es war Simon. Mit geschlossenen Lidern stand ich so, durchdrungen von diesem hämmernden Geräusch, das immer langsamer, immer dumpfer wurde. In diesem Augenblick blitzte in meinem Geist so etwas wie eine Flamme auf, ein seltsames Verständnis ... und ich versuchte, die alte Technik der Liebe der essenischen Meister in mir zu wecken.

Es musste so geschehen, das erkannte ich immer deutlicher. Ich musste die Flamme allen Lebens finden, ich durfte mich nicht fortreißen lassen von der Flut des Todes, ich musste um mich herum das Ei aus weißem Licht aufbauen, das Ei des kosmischen Friedens. Das war die Antwort, das war das, was der Meister und die Brüder vom Heliostempel von mir, von uns allen erwarteten. In einer letzten Anstrengung sollte durch die Kraft des Geistes jene riesige Aura der Liebe gewoben werden, die dem Geschlecht Essanias so teuer war – ein Wall gegen alle Angriffe, ein Strom aus Freude und Liebe, der die Herzen erfüllte!

Instinktiv hatten sich meine Hände vor der Brust gekreuzt.

Durch meine innere Stille drangen Rufe, heisere Schreie, Befehle, ich hörte das Knirschen eines Seiles, das angezogen wird, dann einen dumpfen Lärm und eine lange Klage.

Meine Lider begannen zu flattern und es fiel mir schwer, sie zu öffnen.

Vor mir, über den starren, stummen Köpfen der Menge, zerteilte die Silhouette eines Kreuzes den Himmel. Es sah aus wie ein riesiges Tau[92] und wurde von Seilen gehalten. An ihm hing der Meister.

Also war es geschehen, sie waren bis zum Ende gegangen ...

Ich wandte mich ab ... An zwei Erschütterungen erriet ich, dass die Kreuze der beiden anderen Delinquenten ebenfalls aufgerichtet worden waren. Einer von ihnen stieß ein langes Geheul aus; es zerriss die heilige Stille, die sich des Volkes bemächtigt hatte. Sofort kamen von rechts und links zornige Rufe, und der Mann wurde beleidigt.

Wieder blickte ich hoch. Wie man uns angekündigt hatte, waren nur die Glieder des Meisters von Stiften durchbohrt worden. Undeutlich zu erkennende dunkle Flecken an den Handwurzeln und an den Füßen, aus denen dünne Rinnsale Blutes sickerten, zeigten es. Der Körper ruhte auf einem dicken Holzkeil; eng angezogene Stricke an den Armen und am Becken hielten ihn in der gewünschten Position. An den Köpfen der Menge vorbei, die jetzt leise zu murmeln begann, suchte ich mit angehaltenem Atem das Gesicht des Meisters. Lange beobachtete ich es, so lange wie ich konnte ... bis meine Augen es nicht mehr ertrugen, die seinen anzusehen, die direkt vor sich etwas zu fixieren schienen, was unserem Blick entging.

Dann senkte der Meister langsam den Kopf und betrachtete das Volk, das sich auf diesem felsigen Stückchen Erde versammelt hatte. Einige Zuschauer, die in der ersten Reihe standen, versuchten vergebens, näher an ihn heranzukommen. Die Lanzen bildeten ein unüberwindliches Hindernis. In diesem Moment erhob sich am anderen Ende des Geländes eine Stimme, deren Ursprung ich nicht erkannte, die aber die des römischen Würdenträgers sein musste, der eben an uns vorübergeritten war. Ein leichter Wind hatte sich erhoben und verwehte seine Worte, von denen ich daher nur ein paar Fetzen auffing. Sie wurden jedoch von Mund zu Mund weitergegeben und besagten, dass der Nazarener Jesus wegen einer Verschwörung gegen die kaiserliche Macht des Tiberius hingerichtet

---

[92] *Buchstabe des hebräischen Alphabets, entspricht T (Anm. d. Üb.)*

wurde und dass die Männer an seiner Seite Verbrecher waren, die in seinen Dienst getreten waren, um in Palästina den Aufstand zu schüren. Ich sah dann, wie nach einem lebhaften Wortwechsel der Mann im purpurfarbenen Mantel die Menge rücksichtslos auseinanderschob. Bei ihm stand ein Mann, dessen Gesicht mir bekannt vorkam, ich hatte ihn ein paarmal im Gefolge des Pilatus bemerkt. Anscheinend war er mit dem fremden römischen Offizier aneinandergeraten, der wohl eine Schrifttafel unter dem Kreuz des Meisters anbringen wollte, wozu er vom Gesetz berechtigt war.

Der Mann im roten Mantel, der ein Gesandter Roms sein musste, setzte sich schließlich durch, denn bald hörten wir ein Hämmern.

Ich weiß nicht mehr, was dann geschah oder wie viel Zeit verging. Aber der Berg, ja ganz Jerusalem, schien allmählich von einem gelblich-weißen Licht umhüllt.

Mit langen Schreien flogen Vögel über uns hinweg, und vom Tempel klangen plötzlich die Trompeten herüber.

Der Meister sprach kein Wort, und nicht die geringste Klage kam über seine Lippen. Vielleicht enttäuschte das einige Zuschauer, die irgendwelche Erklärungen erwarteten, denn die Menge drängte nun weniger. Kleine Gruppen sonderten sich bereits ab und machten sich auf den Weg zum Stadttor.

Die Zeit verging ... Inzwischen waren auch Nikodemus und ein paar andere zu uns gekommen. Sie fürchteten, der Meister habe sie an ihrem früheren Platz nicht sehen können. In ihren Augen brannten Tränen. Unter den Soldaten am Fuß des Kreuzes entstand jetzt eine gewisse Bewegung. Zwei oder drei von ihnen kamen mit kleinen Schalen, die mit Hilfe einer Stange den drei Opfern hingehalten wurden.

Da das Blut nicht mehr zirkulierte, begannen die Körper sich zu verkrampfen; es war daher Brauch, den Verurteilten ein betäubendes Getränk anzubieten. Der Meister verweigerte es zunächst, verlangte aber dann doch nach ihm. Einer von uns bemerkte, dass seine Glieder stellenweise blau wurden und sein Brustkorb sich stark zusammenzog. Daraufhin entfernte Nikodemus sich still, als er wiederkam, brachten zwei Soldaten Stützkeile unter den Achseln des Meisters an. Ich fand dies grausam. Es könnte so zwar vermieden werden, dass die Glieder rissen, aber das Ersticken, der Todeskampf würde noch länger dauern ...

»Wartet bis zum Ende!« hatte man uns im Betsaid gesagt. Diese Worte wiederholte mein Geist immer wieder. Um besser beten zu können, um besser mit den unsichtbaren Wesen, von denen wir uns in diesen Augenblicken umgeben wussten, in Verbindung zu kommen, entfernte ich mich ein paar Schritte von der Menge, die sich im Übrigen immer zahlreicher in Richtung Stadtmauer bewegte.

Unversehens kam aus der Kehle des Meisters ein Schrei, ein Satz. Ich empfand ihn als letzten Hauch, als Frage und Hoffnung, als Anrufung des Lichts durch das Licht ...

Die Worte waren undeutlich gewesen. Ich wandte mich an meine Gefährten.

Er ruft die Brüder von Helios! sagte einer von ihnen, wo sind sie?

Nein, nein! Schweigt! ... Der Meister ruft Christus, der ihn verlässt! Öffnet eure Seele!

Nikodemus, von dem dieser letzte Satz stammte, barg sein Gesicht bereits in den Händen.

Simon drückte meinen Arm, und ich blickte auf. Das Gesicht des Meisters war auf die Brust gesunken, die sich nicht mehr hob.

War das alles? Hatten wir dafür wie die Marionetten mit gebundenen Händen gewartet? Ich glaubte, mein kleines Ei des Friedens würde zerspringen wie ein Kristall, der zu hohem Druck ausgesetzt wird ... Aber nichts dergleichen geschah.

Nikodemus sprang auf, murmelte ein paar unverständliche Sätze und schrie dann:

Schnell! Schnell! Was warten sie?

Eilig näherte sich nun ein Soldat dem Meister und versetzte ihm mit der Spitze seiner Lanze in Höhe des Zwerchfells einen leichten Stich.

Lasst, fuhr Nikodemus fort, dieser Mann weiß, was er tut.

Er ist einer der Unseren und handelt gemäß den Anordnungen der Brüder aus dem Roten Land. Der Meister muss unbedingt weiteratmen[93]!

Währenddessen war der Himmel seltsam dunkel geworden; die vorher weiße Atmosphäre verfinsterte sich rasch.

Wir spürten, dass durch das noch anwesende Volk ein leichter Schauder der Furcht ging. Schließlich blickten auch die Legionäre zum Himmel; ihre Aufmerksamkeit ließ nach.

Nach kurzer Zeit schien die Schwärze aus dem Boden selbst zu wachsen. Es war, als ob die Erde aufseufzte, als ob sie versuchte, dem Himmel näher zu sein. Die Luft wurde bleischwer und grau[94].

Wir sahen in ihr sich drehende Formen, weiße und blaue Streifen; feine goldene und silberne Flammenzungen wirbelten über das Tal. Alles Leben schien zu ersterben. Wir aber wollten schreien – aber nicht Schmerz und Tod, sondern Hoffnung und Sieg ...

Plötzlich hörten wir Galopplärm. Wir hatten uns an einen großen Felsbrocken gelehnt, und nicht weit von uns sprang ein müde aussehender Soldat vom Pferd und hastete zu dem römischen Offizier.

Er gibt ihm einen Brief, verkündete Simon.

In diesem Augenblick fuhr uns ein stürmischer Wind ins Gesicht. Er war schwer und beladen mit den tiefen Kräften der Natur.

Dann zerriss ein blendend silberfarbener Streifen den Schattenmantel des Himmels. Ein tosender Donnerschlag ließ die Landschaft erbeben. Instinktiv sahen wir uns an. Unsere Herzen, die in

---

[93] *Der Lanzenstich unter die letzte Rippe diente als eine Art Pneumo-Thorax und verlängerte so das Ersticken des Körpers. Dieses Vorgehen erregte bei den römischen Befehlshabern keinen Verdacht, weil es manchmal angewandt wurde, um den Todeskampf eines Gekreuzigten grausam zu verlängern.*

[94] *Es handelte sich um eine totale Sonnenfinsternis ... über deren Ursprung man nachdenken kann.*

den Glauben Essanias eingeweiht waren, begriffen die Nachricht. Dies war das Zeichen des Christus an die Erdenmutter, er befreite sie von ihren Schmerzen.

Ein heftiger Platzregen begann zu fallen. Es gab keinen Schutz, aber das kümmerte uns nicht; die Tropfen waren warm und erfüllten uns mit neuem Leben. Blitz und Donner verstärkten sich noch, und viele Zuschauer flohen nun mit großen Schritten zur Stadtmauer. Nur ungefähr zwanzig Personen blieben, verstreut auf der kleinen felsigen Anhöhe. Auch die Soldaten waren beiseite gesprungen, um sich, so gut es ging, vor dem prasselnden Regen zu schützen. Schließlich trat der Mann vor, der kurz zuvor mit dem Brief angekommen war.

Ihr könnt euren Meister abnehmen, wenn es noch früh genug ist, schrie er, während er auf die vor Wasser triefenden Gestalten zulief. Der Kaiser hat ausdrücklich weitere Informationen über ihn verlangt.

Während er diesen Satz beendete, ging er bis auf ein paar Schritte an den Meister heran, sah ihn kurz an und erklärte:

Ich bedaure, es ist zu spät …

He, ihr da, schrie er dann den Soldaten zu, kommt mit den beiden anderen zu Ende, solange sie bewusstlos sind! Zwei oder drei Männer rannten zu den Kreuzen, die in einiger Entfernung von dem des Meisters standen. Mit ihren langen Lanzen stolperten sie ungeschickt durch die Wasserlachen. Wir wandten die Augen ab; es geschah sehr schnell.

Keuchende Atemstöße, wir blickten auf. Die kleine Gruppe, die von dem Boten aus Rom angesprochen worden war, stand jetzt direkt vor uns. Es waren Johannes, die Mutter des Meisters, einer seiner Brüder sowie ein paar andere Personen. Ihre Gesichter waren aschfahl, und in ihren Augen lag ein seltsames Feuer.

Sie wollen die Balken nicht herunternehmen! rief Johannes. Sie sagen, sie wollten das Ende des Gewitters abwarten! Das ist nicht möglich, Brüder!!!

Bis jetzt geht alles gut, beruhige dich …

Eine atemlose Stimme mischte sich ein. Es war Joseph[95]. Da Dunkelheit und Regen weiter andauerten, konnten wir sein Gesicht nicht genau erkennen, aber wir bemerkten sofort etwas Leuchtendes in ihm, ein verborgenes Wissen.

Kommt, Schwester, sagte er leise und wandte sich an die Mutter des Meisters, alles ist gut, ich versichere es euch …

Niemand sprach, und Joseph begann, eine Reihe von Anweisungen zu erteilen; die erste bestand darin, die Herausgabe des Körpers des Meisters um jeden Preis zu beschleunigen.

Es muss jetzt sein, erklärte er in dringlichem Ton, auch wenn ihr euch den Beistand der Soldaten entgegen unseren Regeln erkaufen müsst!

Johannes, der sich unterdessen von unserer Gruppe entfernt hatte, stürzte in diesem Moment auf uns zu. Er blieb einige Augenblicke stumm, und seine Augen füllten sich mit Tränen; leise, sehr leise, kam dann ein kleiner Satz von seinen Lippen.

Der Meister … sagte er, seine Wunden bluten noch … er lebt … !

---

[95] *Joseph von Arimathäa*

Das Mysterium

Über Jerusalem tobte immer noch das Gewitter; es schien nie enden zu wollen. Gleich einer Antwort des Kosmos auf die begangenen Grausamkeiten entflammte es Himmel und Erde. Schon seit langem herrschte schwärzeste Nacht, seit der Meister das Bewusstsein verloren hatte, war der Tag noch nicht wieder erschienen. In der Verwirrung der Körper und Seelen war die Zeit vergangen. Jetzt kauerten wir eng aneinandergedrängt im Schutz einer kleinen Grotte an der Seite des Berges. Es war kühl und wir zitterten, aber immer wieder hörten wir in unseren Herzen einen Satz, der wie eine Sonne strahlte: »Er lebt.« Wir waren zu siebt; an Schlaf war nicht zu denken. Die Anweisung Josephs war klar: Wir sollten, falls erforderlich, die ganze Nacht über wach bleiben, um das Kommen und Gehen auf dem Pfad, der über den Berg zur Begräbnisstätte führte, zu beobachten. Wir mussten auf alles gefasst sein und sollten gegebenenfalls selbständig eingreifen. Nichts war eigentlich entschieden, aber in uns fühlten wir Ströme der Liebe und eine unbezähmbare Energie.

Während einige sich um den scheinbar leblosen Körper des Meisters kümmerten, hatten Joseph und Nikodemus uns zu der in einiger Entfernung gelegenen Stelle des Tales geschickt, die traditionell den Gräbern vorbehalten war.

Beeilt euch, hatte Joseph gesagt, ihr werdet dort leicht ein offenes Grab sehen. Es ist ganz frisch nach meinen Angaben aus dem Fels gehauen worden. Vorsichtshalber habe ich Pilatus gesagt, es wäre für einen Verwandten von mir, der gerade im Sterben liegt. Ihr werdet sehen, es ist sehr tief. Dorthin werden wir den Meister bringen. Vergewissert euch, dass alles in Ordnung ist. Ich habe dafür gesorgt, dass Salben und Leintücher dort zur Verfügung stehen.

Unverzüglich waren wir in die Dunkelheit und den strömenden Regen hinausgelaufen, und bald hatten wir die Stelle gefunden. Ein weißgekleideter Bruder stand bereits dort. Er hatte eine Fackel in eine Felsspalte geklemmt und schien in keiner Weise beunruhigt.

Seht selbst nach, meinte er, es ist alles in Ordnung. Seit drei Tagen liegt alles Notwendige bereit. Mit der Hilfe des Vaters wird alles wie geplant vonstattengehen.

Wir fanden keine Worte; was hätten wir auch sagen sollen angesichts dieses geheimnisvollen Planes, der von den Brüdern aus Heliopolis und auch Joseph bis ins kleinste vorbereitet schien?

Das Grab war groß und enthielt zahlreiche versteckte Nischen sowie eine Art Hinterzimmer, in das man auch einen Körper betten konnte. Ich bemerkte sofort, dass die Wände sehr sorgfältig behauen waren; die Proportionen schienen harmonisch. Ein natürlicher Spalt ließ sich weit nach oben in die Decke verfolgen und bildete so eine Art Kegel. Das eigentliche Grab war aus rosafarbenem Stein, auf dem Boden lagen an unauffälligen Stellen vier irdene Salbenfläschchen, ein Leinengewand, Tücher sowie Wolldecken verteilt.

In Gedanken versunken blieben wir eine Weile dort; die Bilder des Tages zogen noch einmal an unseren Augen vorbei.

Schließlich hörten wir Schritte, Steine knirschten, und im zuckenden Licht der Blitze erkannten wir ungefähr zwölf Gestalten, die einen dick mit weißem Stoff umhüllten Körper trugen: den Meister. Als die Männer ihn auf den Boden des Grabes niederlegten, schien er zu schlafen. Nur schwärzliche, eingetrocknete Blutgerinnsel an den Schläfen, die zusammengepressten Lippen und die blauen Ringe um die Augen zeugten von den erlittenen Leiden. Ich erkannte Johannes und zwei Brüder, die in ganz Palästina für ihre ärztliche Kunst bekannt waren. Sie entfernten sofort den Stöpsel von einem der Salbengefäße, und ein starker, undefinierbarer Geruch erfüllte das Grab. Auch Simon und ich folgten nun den anderen nach draußen, damit die Brüder gemäß ihrer Kunst ungehindert arbeiten konnten.

Am Eingang des Grabes stand Joseph und bat uns, in einiger Entfernung zu warten.

Postiert euch bei den Felsenspalten oberhalb des Pfades, sagte er. Möglicherweise werdet ihr in einiger Zeit einen Legionär bemerken, der in unsere Richtung kommt. Ich habe Pilatus um ein oder zwei Wachen gebeten. Man weiß nie, zu was das Volk sich hinreißen lässt.

Tatsächlich hatten wir zwei mit einer Lanze bewaffnete Soldaten gesehen. Mit Hilfe eines schweren Schildes schützten sie sich notdürftig vor dem Regen, während sie fluchend vorüberhasteten.

Wir machten uns nicht bemerkbar, und die Zeit verging, ab und zu blickten wir zum Himmel auf. Da sahen wir plötzlich, wie über einer Baumgruppe eine riesige Feuerkugel erschien. Sie wurde länger, bis sie eine horizontale Ellipse bildete. Sie war zunächst blendend weiß und umgab sich dann mit einem grünen, pulsierenden Schimmer. Lange blieb sie unbeweglich, und wir empfanden ihre friedenbringende Kraft. Sie erinnerte mich an ein Ereignis, das weit zurücklag ...

Die Kugel aus Feuer begann dann zu funkeln und glitt langsam und lautlos in Richtung der Gräber. Wir bewegten uns nicht und sahen, wie sie hinter einer Ecke des Berges verschwand. Wir brachen in Freudenschreie aus, denen aber sofort respektvolle Stille folgte. In dieser Vision aus Feuer und Smaragd lag etwas Feierliches, das jeden Kommentar verbot.

Schließlich hoben sich aus dem Dunkel der Nacht vier oder fünf Gestalten ab. Über das felsige Gelände stiegen sie bis zu uns.

Wir erkannten Joseph und ein paar andere, darunter die beiden Brüder, die Ärzte waren.

Beten wir, sagten sie, während sie neben uns Platz nahmen. Alles Notwendige ist getan. Wir haben den Körper des Meisters gesalbt und den Stein vor den Eingang geschoben. Die Legionäre haben die Wache übernommen. Öffnen wir jetzt unseren Vitalkörper dem Meister Jesus ...

Ich hob den Kopf und suchte die Augen Josephs. Zum ersten Mal seit langer Zeit hatte einer der Unseren den Meister beim Namen genannt. Für die Kinder Essanias war dies der untrügliche Beweis, dass sich etwas verändert hatte.

Der Rest der Nacht verging mit Schweigen. Der Himmel grollte nicht mehr, aber es regnete weiter. Kurz vor Anbruch der Morgendämmerung sprachen Joseph und die beiden Brüder uns an.

Kommt, sagten sie und erhoben sich, lasst uns zum Meister gehen. Er wird jetzt Zeit gehabt haben, die Lebenskraft seines Körpers zu erneuern.

Dies war die Aufforderung, auf die wir alle insgeheim warteten. Während der Nacht hatte niemand gewagt, Joseph näher zu befragen, aber irgendwie hatten wir diese Worte erhofft. Mit ein paar Sätzen waren wir auf dem Weg zum Grab. Der erste Schein der silberfarbenen Morgendämmerung tauchte die Landschaft in ein blasses Licht, und wir erkannten das Grab des Meisters kaum wieder. Anscheinend war der Hang vor dem Eingang ins Rutschen gekommen, der Fels war in mehrere Teile zerborsten.

Die von Pilatus entsandten Wachen waren spurlos verschwunden. Wahrscheinlich hatte das Gewitter sie zur Flucht veranlasst, und nun mochte ein Dickicht, eine Höhle ihnen als Schutz dienen. Auf Anordnung Josephs begannen Simon und vier andere Brüder sofort, den Eingang zum Grab freizumachen. Fels und Boden triefen von Wasser, und nach einiger Anstrengung konnten die Bruchstücke des grob behauenen Steins beiseite geschafft werden.

Eine schwarze Öffnung tat sich vor uns auf. Joseph ging zunächst allein hinein, dann folgten ihm die beiden Brüder, die den Meister verbunden hatten. Lange blieb es still. Schließlich leuchtete im Halbdunkel ein schwaches Licht auf, das schnell wuchs: eine Fackel, die von Hand zu Hand ging.

Massalia, drang die Stimme Josephs nachdrücklich erregt aus dem Gewölbe hervor, lauf, hole das Pferd! Ein Bruder muss eins bereithalten, nicht weit von hier, im ersten Haus an der Straße im Tal ...

Massalia sprang sofort auf. Da wir nicht wagten, ins Grab hineinzugehen, hielten wir in der Umgebung Ausschau nach den Wachen. Wir wollten von den Behörden nicht beschuldigt werden, insgeheim den Körper des Meisters weggeschafft zu haben. Der Zenturio hatte ihn als leblos erklärt, und uns stand nicht der Sinn danach, irgendeiner risikobehafteten Intrige verdächtigt zu werden. Das nächtliche Dunkel indes wich nur langsam, und wir wagten uns nicht allzu weit in das unübersichtliche Gelände hinein. Auch unser Rufen schien vergebens, Wind und Regen überdeckten jedes Geräusch.

Als wir zur Begräbnisstätte zurückkehrten, erwartete uns ein unvergessliches Schauspiel, ein Anblick, der unser Innerstes erzittern ließ. Aufrecht vor dem Grab stand der Meister, leicht gestützt auf zwei Brüder. Er tat zwei oder drei Schritte, wandte uns den Kopf zu und lächelte leise. Stumm kamen wir näher, um ganz in seinem Blick zu versinken ... in diesem Blick, der unseren Herzen so oft von der Liebe gesprochen hatte und der noch die Schmerzen des Vortages spiegelte. Wieder sandte er uns ein Lächeln, das schwankende Licht einer von Joseph gehaltenen Fackel erhellte die Szene.

Wir wussten nicht, was wir sagen oder tun sollten, unser erster Impuls war, uns dem Meister zu Füßen zu werfen, aber er hatte uns diese Geste immer verwehrt, und sie erschien uns lächerlich im Verhältnis zu dem, was wir empfanden.

Der Wind trug uns das Geräusch von Hufen und rollenden Steinen zu, und in der aufklarenden Morgendämmerung erkannten wir die beiden Brüder aus Heliopolis und schließlich Massalia mit einem Pferd. Blicke wurden gewechselt, Blicke des Friedens, und ein paar kurze knappe Worte, die so viel enthielten ...

So gut wir konnten, halfen wir dem Meister aufs Pferd, eine dicke Decke wurde über seine Schultern gelegt. Alles geschah schnell, ohne überflüssige Gesten. Dann entschwand er langsam unseren Blicken, ein wenig gebeugt über sein Reittier sich haltend, die beiden Brüder vom Heliostempel gingen an seiner Seite.

Ich weiß nicht, wie lange wir in der schüchternen Morgenröte und den jähen Windstößen dort stehen blieben. Was würde die Zukunft bringen? Worte und Bilder, die es mir nicht zu ordnen gelang, wirbelten in meinem Kopf durcheinander. Ich war glücklich, ganz einfach glücklich. Ich wusste nicht mehr, wo unser Auftrag war oder was aus dem des Meisters wurde ... Alles erhielt eine andere, vielleicht größere Dimension, ich wusste es noch nicht ... Im Moment zählte nur eins: Er hatte sich erholt, er lebte.

Über einen steilen Pfad stiegen wir schließlich zu den Stadttoren hoch. Die fahl leuchtende Sonne zeigte uns ein erstaunliches Bild: Der Sturm der vergangenen Nacht war so stark gewesen, dass Bäume quer über den Wegen lagen; einige Gräber schienen so erschüttert worden zu sein, dass – möglicherweise durch die Einwirkung eines Blitzes – Steine sich gelöst hatten und zu Boden gefallen waren.

Dies beunruhigte uns ein wenig, wir ahnten, dass begeisterte Fanatiker dies als Zeichen auffassen konnten, die sie den über den Meister kursierenden Geschichten hinzufügen würden.

Für uns war die Wirklichkeit so schön, dass sie der spektakulären Hilfe einer entfesselten Natur nicht bedurfte.

Der Regen hörte auf, aber uns war nicht nach Schlaf. Wir betrachteten das Tal, das sich zu unseren Füßen erstreckte, und verloren unseren Blick in den wüstenhaften Bergen Judäas; ihre nackten, weißen oder goldbeschienenen Gipfel erhoben sich am Horizont.

Dumpfer Trommelwirbel drang an unser Ohr. Der Tempel und die Stadt erwachten, und mit ihnen die letzten Vorbereitungen für das Passahfest. Nikodemus, der uns unterwegs verlassen hatte, kam bald zurück. Auf Anordnung der Brüder aus Heliopolis hatte er Pilatus über den Gesundheitszustand des Meisters informiert.

Ich weiß nicht, ob er mir geglaubt hat, sagte er, noch während er die letzten Felsen erklomm, die uns von ihm trennten. Ich glaube, er denkt eher, wir hätten den Körper irgendwie beseitigt ... Aber beruhigt euch, zumindest während der nächsten Tage haben wir nichts zu befürchten. Er will während des Passahfestes keine Zwischenfälle in Jerusalem.

Wir wanderten ein wenig am Berghang entlang und dachten über unser weiteres Vorgehen nach. Zwischen zwei Felsen tauchten die Gärten von Gethsemane, die Arkaden der Straße und die vielfarbigen Gewänder der Händler auf. Allmählich wurde die Sonne wärmer, und lange Nebelschleier zogen zum Kidrontal. Es wurde beschlossen, dass wir uns in zwei Gruppen aufteilen würden. Die nahen Schüler des Meisters, die noch bei uns waren, sollten versuchen, ihn in Richtung Norden zu treffen, an der Straße nach Galiläa. Wir erfuhren, dass er dort im geheimen gepflegt wurde. Johannes, Thomas, Andreas und Levi verließen uns so, nachdem sie sich diskret von ihren Gefährten und der Mutter des Meisters verabschiedet hatten. Wir dagegen verbrachten den ganzen Tag in den Bergen in der Umgebung der Stadt. Wir hatten uns so viel zu sagen, dass wir unter uns bleiben wollten. Die Gesänge, die von den Stadtmauern zu uns drangen, berührten uns kaum. Unsere Herzen, unsere Blicke gingen woandershin, zu einem schmalen, umgrünten Pfad und drei weißen Gestalten ... Einer der Brüder aus Heliopolis war bei uns geblieben, sein regelmäßiges, zeitloses Gesicht und das Licht in seinen Augen werden mir für immer in Erinnerung bleiben. An jenem Sabbatmorgen versammelte er uns mit einer knappen Geste seiner Hand um sich.

Brüder, meine Worte sollen die Tiefen eurer Seele belehren und das, was in euren Herzen noch schläft, beleben ...

Wisst, dass Christus nicht mehr unter uns weilt. Gestern, während eines letzten Leidens des Meisters, hat er diese Erde verlassen. Er ist zum Ozean des Lichts zurückgekehrt, der sein Bereich ist, nachdem er diese Erde von den geistigen und seelischen ›Abfällen‹ der Menschheit gereinigt hat.

Ihr kennt die tiefe Natur des unbewussten Menschen und unserer Mutter Erde und solltet diese Worte verstehen.

Christus hat die zerstörerischen Gedankenformen der vergangenen Menschheiten in sich aufgenommen und verwandelt. Dies war notwendig. Sie vergifteten das Herz dieses Universums und seiner Geschöpfe. Durch den Ballast ihrer Seelen hielten sie den Fortschritt der Menschheit auf.

Das Mysterium geschah in dieser Nacht. Christus wollte den gesamten Vitalkörper der Erde reinigen. So wurde die Ätherseele der Menschheit von dem Gift reingewaschen, das sie seit den Zeiten des Volkes von Atl abgesondert hat. Dichte und Schwingungen dieser Welt haben sich dadurch verändert.

Es geschah durch seine Macht, denn er besitzt die zwölf Körper des wahren Menschen, aber auch durch Liebe. Die Kraft aller Blitze, aller Gaben des Himmels erfüllte den Meister … Die große Bruderschaft hat alles im Verborgenen vorbereitet, trotzdem hat bis zum Schluss keiner von uns den genauen Ablauf des Mysteriums beherrschen können. Die uns umgebenden Kräfte waren nicht von dieser Welt, wir haben wie Kinder gehandelt, die sich hierhin und dorthin stellten … Wir wussten, dass der Meister Jesus seinen Körper dem Logos als Hülle überließ und dass sein Tod weder erlaubt noch notwendig war. Das Leben großer Wesen ist in den Sternen eingeschrieben; wir versuchen, es Buchstaben für Buchstaben dort herauszulesen, aber die Reichweite unseres Blicks ist noch begrenzt. Denkt an die Meister der Vergangenheit, an Cernunnus und viele andere, deren Lebensschema man euch gelehrt hat. Nichts ist neu. Alles wurde bereits gesagt, aber dieses ›alles‹ wird von der Kraft der Liebe ständig transzendiert – jener Liebe, die sich öffnet wie eine Blüte mit rubinrotem Herz. Mehr kann ich euch nicht sagen, denn jeder hat seinen Weg und muss ihn allein leben. Ihr habt genügend Werkzeuge, um euren eigenen Weg zu bauen. Nur mein Herz errät, was morgen früh geschehen wird, wir haben es nicht bewusst angestrebt, aber es wird sich so erfüllen, weil der von allen Geistwesen gewünschte kosmische Plan es so will.

Zum Leben wiedergeboren werden? ... Wer ist in Wahrheit zum Leben zurückgekehrt? Denkt darüber nach ...

Erschöpft von den Fragen und den seelischen Aufregungen der letzten beiden Tage kehrten wir bei einbrechender Nacht in den Betsaid zurück. Als wir am folgenden Morgen, dem Tag des Passahfestes, unsere Matten einrollten, hörten wir Schreie in der Umgebung des Betsaid. Massalia stürmte in den einzigen Verschlag, der uns als Zimmer diente. Er schien glücklich und verlegen zugleich.

Die Männer und Frauen aus der Stadt, brachte er halb stotternd heraus, sie haben das leere Grab des Meisters entdeckt ... Ihr könnt euch vorstellen, was sie daraus geschlossen haben! ...

Lass sie, Massalia, antwortete ich. Und eine innere Stimme drängte mich, hinzuzufügen: »Lass sie, der Geist aller Menschen will es so; es sind die Menschen selbst, die wiederauferstehen! Sie bringen Christus in sich zur Auferstehung!«

Wiedersehen

Die Tage vergingen; wie ein Lauffeuer verbreitete sich die Botschaft über die kargen Landschaften Judäas. Wir suchten die Stille, und während unserer Wanderungen über die benachbarten Berge erkannten wir bald, dass jede Behausung ihre eigene Version der Ereignisse hatte.

So legten wir unser weißes Gewand wieder ab und versuchten, die von den Hundertzwanzig zu versammeln, die noch in Jerusalem waren. Bei dieser Zusammenkunft in einem unterirdischen Gewölbe der Stadt erfuhren wir von dem Bericht, den die beim Grab vergeblich gesuchten Wachen abgegeben hatten. Er war recht unklar, anscheinend hatte jeder der beiden Männer eine etwas andere Darstellung geliefert. Zweifellos mussten sie im Palast ihre Abwesenheit begründen, und wir nahmen an, dass sie eine Geschichte erfunden hatten; Ausgangspunkt konnte sehr wohl das von allen wahrgenommene helle Licht sein, das ihren Aussagen zufolge den Stein vor dem Eingang ins Wanken gebracht hatte. Sie bestätigten damit dem Volk die Macht und die Göttlichkeit des »großen Rabbi«.

Wir blieben unschlüssig, was wir weiter tun sollten, der Hohe Rat der Bruderschaft ließ uns keine neuen Anweisungen zukommen. Mehrere von uns waren in den Gassen der Stadt bereits angesprochen und begeistert, bewundernd, misstrauisch oder aggressiv um

Erklärungen gebeten worden. Einige hatten in ihrer Antwort die enorme Regenerationsfähigkeit erwähnt, die der Meister zeit seines Lebens entwickelt hatte. Die Wahrheit gefiel indes nicht allen, und in weniger als einer Woche waren in Jerusalem drei Thesen in Umlauf: die der Auferstehung, die einer magischen Praxis – was uns den Bannstrahl der Priester zuzog –, und schließlich die einer politischen Intrige. Die römischen Machthaber stellten sich taub. Pilatus war nicht mehr zu sprechen, auch für Joseph nicht. Aus all diesen Gründen hielten wir es für geraten, die Gegend in kleinen Gruppen zu verlassen und uns dem Galiläischen Meer zu nähern. Ohne dass von irgendeinem Zeitpunkt die Rede war, wussten wir, dass der Meister uns dort erwartete und dass wir dort zu wirken hätten.

Wir besaßen zwar keine genauen Informationen, aber irgendetwas in uns sperrte sich bei der Vorstellung, dass nun alles zu Ende sein könnte. Ein geheimnisvoller Mechanismus war in Gang gesetzt worden, und nun mussten wir seinem Räderwerk folgen.

Die Mutter des Meisters hatte Jerusalem bereits seit einigen Tagen verlassen, als wir den Augenblick für gekommen hielten, es ihr nachzutun. Die Nachricht von der Auferstehung des Meisters hatte eine Gruppe seiner fanatischen Anhänger mit einem Eifer erfüllt, der den Behörden gegenüber schon an Unvorsichtigkeit grenzte. Da unsere Gesichter inzwischen in der ganzen Stadt bekannt waren, zeigten manche von ihnen mit dem Finger auf uns und liefen stolz auf uns zu; sie schmeichelten sich, zu denen zu gehören, die jeden Tag mit Palmzweigen und Blütenblättern zum Grab gingen. Wir jedoch wahrten mit vielleicht übertriebener Sorgfalt die Stille ...

Also verließen wir Jerusalem. Es sollte das letzte Mal sein. Als wir von den trockenen Höhen den Blick auf die weißen Mauern richteten, fiel uns eine lange Reihe von Männern und Frauen in bunten Gewändern auf. Ganz dort unten an den Flanken des Berges, zwischen entwurzelten Bäumen und Geröllhalden, zog eine bebengeschüttelte Höhle die neugierig-ehrfürchtige Menge an.

Wir schritten kräftig aus, denn wir waren sicher, dass Er am
Ende des Weges warten würde. Es war eine Wanderung in den
Frühling, hin zu den Mandel- und Granatapfelbäumen. Die große
staubige Straße wurde allmählich zu einem grüneren Pfad, der
durch die Olivenhaine führte, und wie vordem dienten die Dächer
alleinstehender Gebäude uns als Unterschlupf. Der Geruch der frischen Käse und der Esel in den Ställen, das Knistern des Feuers
am Abend riefen uns das Bild des Meisters und unsere früheren
Wanderungen mit ihm ins Gedächtnis; damals hatten wir an denselben Orten Rast gemacht. Wie viel Zeit war seitdem vergangen?
Uns schienen es Jahrhunderte zu sein, die der Wind der Freiheit
davongetragen hatte ... Intensiv betrachteten wir jede Gestalt, die
an einer Wegbiegung erschien, auf einem Baumstumpf saß oder
sich, wie er es gerne getan hatte, an einen Olivenbaum lehnte. Zum
ersten Mal schien uns die Reise lang. Würden wir dem Meister erst
am Ufer des Sees begegnen? Einige von uns begannen zu zweifeln.

Und wenn die Erholung des Meisters nur eine bestimmte Zeit
anhielt? Wenn sein Körper in einem verborgenen Haus der essenischen Brüder auf immer zwischen Leben und Tod bleiben würde?

In einer von der Bruderschaft unterhaltenen Schäferei ein paar
Meilen vor Tiberias trafen wir schließlich seine Mutter. Zusammen
mit Johannes, Simon Petrus, Martha und ein paar anderen wartete
sie im Schatten einer Gartenlaube. Die Schäferei mit ihren Pferchen
und Hütten lag versteckt am Ende eines Tals, und als wir den
schmalen Pfad hinabstiegen, erhob sich die Mutter des Meisters
und führte beide Hände zum Herzen. Wir hatten sofort ihr langes
graues Gewand und ihre beiden Schleier erkannt, die bereits durch
ihre Farbe ihre Verbundenheit mit dem alten Heliostempel andeu-
teten: der eine leuchtete wie die Morgenröte, der andere war dunkel
wie die Nacht.

Ja, sagte sie, während sie mit Martha auf uns zukam, der Meister
ist am Leben. Das Abbild seiner Seele[96] hat es uns gestern hier bestätigt.
Mir lag daran, dass ihr es wisst.

Für uns alle bedeutete dies eine Erleichterung, und jeder gab ihr mit der Hand auf dem Herzen den Bruderkuss. Ihre großen hellen Augen lächelten.

Es war mir immer seltsam erschienen, dass sie von ihrem Sohn als dem »Meister« gesprochen hatte. Andere Bande als die des Blutes hatten ihre Beziehung überlagert, zwischen ihnen bestand aber auch nicht das Verhältnis eines Schülers zu seinem Meister, sondern eine Komplizität, die sie die einmal verteilten Rollen bis zum Ende akzeptieren ließ. Nie schien uns dies klarer als an jenem Tag.

Joseph schlug dann vor, wir sollten uns alle setzen, um das Brot zu brechen. Kreisförmig nahmen wir auf dem Boden Platz, und jeder zog einen Becher aus seinem Beutel; der Hirt, ein Mitglied der Bruderschaft, servierte uns ein duftendes, wahrscheinlich auf der Grundlage von Honig hergestelltes Getränk. Es war unsere erste Mahlzeit an diesem Tage, und wir hätten sie uns nicht schöner vorstellen können.

Wir sprachen wenig; fast schienen wir überrascht, noch einmal lebend bei warmem Sonnenschein zusammen zu sein. Wir fühlten uns gereinigt und so, als sei ein schweres Gewitter von uns genommen.

Scherze flogen hin und her, aber ich fühlte, dass sie ein wenig gezwungen klangen, wir alle wussten, dass noch viel zu sagen und zu tun blieb. Die Welt erschien mir wie ein Ozean, der uns zu immer neuen Horizonten tragen konnte, von Herz zu Herz. Alles öffnete und verwandelte sich.

War es ein Traum, war es die feine Wahrnehmung dessen, was der Meister in uns angelegt hatte? Um die Mitte des Nachmittags, als wir vor den Gebäuden auf dem Gras saßen, hörten wir plötzlich in unserer Seele eine Stimme, eine sanfte Stimme, vor der die Vögel im Tal verstummten. Sie war zunächst unverständlich, wie die Melodie eines rauschenden Bachs.

Wir sahen uns an und unterbrachen unsere Gespräche; die Natur schwieg, und wir vertieften uns in ihre Stille.

---

[96] *Sein Astralkörper*

Brüder ... hörte ich nun deutlicher. Die Stimme war gleichzeitig in mir und außerhalb von mir, oder besser: Ich war eins mit dem Gebäude und dem Berg, aus dem sie hervorgegangen zu sein schien.

Instinktiv jedoch wandte ich den Kopf zur offenen Tür des Gebäudes, dort hob sich aus dem Dunkel ein seltsamer weißer Wirbel ab, ein ungewöhnliches Funkeln ... Etwas bewegte sich. In diesem Augenblick zerriss für uns ein Schleier zwischen zwei Welten, zwei Zuständen des Bewusstseins. Eine Gestalt zeichnete sich im Halbdunkel ab und kam auf uns zu. Sie schien erst allmählich zu entstehen und ihre Gestalt aus den Partikeln der Natur selbst zu formen.

Es war der Meister. Wieder hörten wir seine sanfte, feste Stimme, während er im Sonnenlicht vor uns stand.

Brüder, Brüder ... Habt Dank für eure Anwesenheit ... Der Plan des Namenlosen ist für immer in euch eingeprägt ... Wundert euch nicht über mein Äußeres; mein Körper erholt sich in einiger Entfernung von hier. Im Moment ist er wie ein abgenutztes Gewand, das ich aber noch lange Jahre zu tragen hoffe.

Der Meister lächelte. Durch unsere kleine Gruppe ging ein amüsiertes Murmeln, aber dann brach offener Jubel aus. Mit einem Satz waren wir auf den Beinen; wir wollten auf ihn zustürzen, aber eine unsichtbare Kraft hielt uns zurück. Klopfenden Herzens blieben wir stehen und betrachteten die glänzenden Locken seines Haares, die wogenden Falten seines Gewandes und das irisierende Licht, das seinen ganzen Körper umgab.

Wer liebt, beherrscht das Licht, fuhr er fort, er benutzt es wie Ton. Tod, Entfernung und Zeit existieren nicht wirklich, sondern nur für die im Herzen Blinden. Jeder Augenblick eures Lebens sollte reine Energie sein, denn dann wird eure Gegenwart zu meiner, und ihr könnt sie jenseits des Raums, der Zeiten und Welten manifestieren ...

Nein, meine Brüder, dies sind nicht die Begriffe eines blinden, frömmelnden Glaubens ... Ich habe euch nicht darauf vorbereitet, das

Kredo eines neuen Glaubens zu empfangen, der auf ein analysierbares, auseinandernehmbares System gegründet ist. Ich verkünde euch die Wahrnehmung der einen Essenz, denn jenseits der Dualität des Bewusstseins und der Worte gleicht alles sich aus.

Ich bitte euch also darum, keine Religion zu errichten, wenn ihr in meiner Nachfolge sprecht … Es gibt auf eurer Welt schon so viele. Wie Städte, die sich hinter ihren Mauern verschanzen, stehen sie alle im Schatten ihres Dogmas. Sie vergessen, dass die Erde grollt und die Winde wehen. Lebt und belebt. Fühlt und macht fühlen, denkt und lehrt denken. Drängt euer Wissen nicht auf, sondern bringt die Menschen dazu, das Wahre zu suchen. Der Mensch hat bisher immer das von anderen Gedachte hergesagt, er sollte endlich anfangen, sich selbst zu äußern, sein tiefstes Inneres. Dort wird er das Licht sehen, denn dort wohnt der Vater, die Kraft, dort wohnt auch er … seit jeher. Der Gedanke ist die Essenz des Lichts … Lernt also zu denken.

Bald werdet ihr den Wesen eurer Erde von diesen Dingen berichten. Versucht immer, in jedem Wort zu leben, das ihr aussprecht. Lasst die Sprache nicht zu einer Grenze werden; euer Herz, euer Geist und auch euer Wort sollten keine Schranken kennen.

Ihr werdet zu den Menschen gehen … aber ihr könnt den Weg nicht an ihrer Stelle gehen. Seid nichts als der Stein, aus dem der ewige Funke springt. Versteht mich richtig, Brüder. Ihr könnt und sollt die Wahrheit meines Vaters nicht in den Herzen der Menschen verwurzeln; lasst sie sich von selbst verwurzeln, denn sonst arbeitet ihr nur mit Gewalt und Täuschung.

Sprecht nicht von mir … sondern von meinem Herzen, das in ihnen schläft. Lehrt sie, die Liebe zu lieben … Das ist alles, was mein Vater von euch verlangt.

In kurzer Zeit werdet ihr mich ein letztes Mal sehen. Nicht weil ich diese Erde verlasse – ich werde ihr verbunden bleiben bis zu ihrem vollständigen Erwachen –, sondern um euch weitere Ratschläge zu erteilen.

Der Meister lächelte noch einmal, das Licht, das seinen Körper umhüllte, schien sich plötzlich aufzulösen und in der Atmosphäre zu entschwinden.

Mit einem Mal sahen wir ihn nicht mehr, wieder war da nur Natur ... Die Sonne brannte, die Vögel sangen, und in den Feigenbäumen brauste der Wind ...

Einer von uns ging zu der Stelle, an der der Meister gestanden hatte, das Gras war noch niedergedrückt.

Niemand verspürte Lust zu einem Kommentar. Es war einer jener Augenblicke der Fülle, in denen das pure Dasein genügt, um zu wissen, dass alles möglich ist und ein goldenes Tor sich jedem von uns öffnet. Nicht das Tor irgendeines Garten Eden, sondern das unserer eigenen Kraft – jener Energie aus Frieden und Wissen, die wir meist nicht wahrhaben wollen.

»Sicher ist sie zu nah, als dass ihr sie seht, hatte der Meister früher gesagt ... Erwartet von mir keine Befreiungsformel, keine Heilstechnik, mit denen ihr den Übeln dieser Welt entfliehen könnt. Ihr sollt sie weder akzeptieren noch meiden, sondern überwinden. Hört also jetzt, in diesem Augenblick, auf, euch wie ein Rad um seine eigene Achse zu drehen!«

Am folgenden Tag setzten wir unseren Weg bis zum Ufer des Sees fort. Die Nachrichten über den Meister waren uns vorausgeeilt, und Fischer und Händler baten uns, zu sprechen, zu erzählen. Wir handelten wie im Traum, und wir überraschten uns dabei, wie wir instinktiv die Haltung des Meisters nachahmten. Es war, als hätte jeder von uns ihn in sich aufgenommen. Joseph und Nikodemus gingen bei Genezareth in die Berge, und Hunderte von Männern und Frauen folgten ihnen. Simon stieg in ein Fischerboot und begann seine nüchternen Erzählungen im kleinen Hafen von Kapernaum. Andere zogen durch die Straßen und sprachen von den Terrassen der Wohnungen aus zur Menge. In wenigen Tagen erfasste ein Feuer der Liebe ganz Galiläa.

Wir sprachen von Auferstehung. Nicht von der des Meisters, sondern von der einzig wirklichen: der des Menschen selbst, des

sich erneuernden menschlichen Geistes, der zu seiner Quelle zu-
rückfindet und seine wahre Würde erobert.

Wir sprachen nicht von Worten, sondern von einem Hauch
den man weitergibt ... bedingungslos.

Erst nach ungefähr einem Monat sahen wir in einem kleinen
Haus an der Straße nach Magdala den Meister in seinem fleischlichen Körper wieder. Seine Wunden schienen vollständig verheilt,
und der Schmerz war aus seinem Blick gewichen. Es war nicht
mehr Christus, aber auch nicht der Meister Jesus, der da vor uns
stand, sondern ein Fels, ein Berg voll Güte und Energie.

Das Treffen war kurz. Als die Nacht kam, brach er zum Karmel
auf; die meisten seiner nächsten Schüler begleiteten ihn. Wir wussten, dass wir ihn zum letzten Mal gesehen hatten.

Ich gehe in den Karmel, hatte er einfach gesagt, ich habe eine
andere Arbeit. In der Tiefe der Nacht werdet ihr zuweilen meine Worte
hören, über Meere und Berge, wo immer ihr auch seid. Aber vergesst
nie, meine Brüder: Ihr wirkt nicht für mich; ich bin nur ein Teil von euch.
Ihr wirkt für das ...

Und mit einer Geste des Arms bezeichnete er die Luft, die ihn
umgab, und damit das ganze Universum. Von da an lief uns die
Zeit davon ...

Bald gab es keinen Berg in Galiläa oder Samaria mehr, den wir
nicht kannten. Manchmal wurden wir mit Steinen empfangen,
aber unsere Herzen verwandelten sie in Blumen. Ich begriff, dass
die Hundertzwanzig auf Dreihundertsechzig angewachsen waren
und der Kreis vollständig war. Unsere Wege kreuzten sich oft, und
zuweilen fanden wir uns zu dritt oder viert am Feuer eines Hirten
oder am Tisch eines Handwerkers zusammen. Wenn diese Bilder
heute an meinem inneren Auge vorbeiziehen, erscheinen sie mir
wie Perlen, die wir mehr oder weniger geschickt auffädelten, in die
wir aber all unsere Freude legten.

Die Jahreszeiten vergingen, vielleicht auch Jahre, ich erinnere
mich nicht mehr genau. Die Gefährten von Golgotha, denen wir

auf den Wegen begegneten, zeigten unserem Blick ein paar Falten mehr ... Hitze und Kälte, Steine und Blumen, vor allem aber immer wieder die Straße, das war unser tägliches Brot, wir hätten kein anderes gewollt.

Von Zeit zu Zeit stärkte ein kleines Licht am Himmel unseren Mut und zeigte uns den Weg: Mond-Sonne, der kleine achtarmige Stern aus unserer Kindheit, sandte uns sein ewiges Zeichen.

Es war im Monat Elul[97], als wir eines Abends in einem Dorf nahe beim Karmel Joseph und eine größere Zahl von Brüdern wiedertrafen.

Ich sehe noch die Männer des Dorfes vor mir, wie sie mit ihren Eseln und Körben frischgepflückter Oliven von den Abhängen wiederkehrten. Wir hatten ein wenig abseits der Behausungen unser Lager errichtet und wurden kaum beachtet.

Zweiundzwanzig von uns hatten sich zusammengefunden, und wie es dem Brauch entsprach, warf jeder eine Handvoll Weihrauch in das Kohlebecken, um das wir zusammensaßen. Dies war unsere Art, an den Orten, an denen wir uns versammelten, den Äther zu reinigen. Unser Wesen ebenso wie die Luft, die wir atmeten, sollte rein sein wie Kristall.

Zweiundzwanzig! Dies war die Zahl der Einweihungen von Essania. Jeder ihrer Bestandteile entsprach einer Prüfung, die Körper und Seele betraf. Die zweiundzwanzig Einweihungen hatten vor Zeiten im Land Atl Gestalt angenommen, wo sie in den Tempeln des *Einen* erteilt wurden. Wir erlebten sie nicht mehr auf diese Weise; für uns fanden sie weder in einem Tempel statt, noch stand an ihrem Ende irgendein Titel. Die älteren Mitglieder der Bruderschaft hatten uns wissen lassen, dass die großen Wesen, die das Schicksal unserer Welt lenken, sie nun in den Wirbel des täglichen Lebens einbetten wollten. Die Anzahl dieser Prüfungen war im Übrigen nie willkürlich gewesen: Sie entsprach der heiligen Architektur

---

[97] *Gegen Ende des Sommers, August/September*

des Menschen, den Mysterien der Drei und der Sieben, die jeder selbst durchdringen muss. Dazu kam die Eins. Jedes Mal, wenn also zweiundzwanzig Brüder ohne Zutun ihres Willens versammelt waren, öffneten ihre Herzen sich leichter. Sie nahmen dies als Zeichen und waren bereit zu hören.

Joseph war der Älteste von uns, wir wussten außerdem, dass er dem Meister sehr nahestand. Er ergriff das Wort.

Brüder, sagte er ohne Umschweife, wir müssen diesen Boden verlassen. Das alte Land Kanaan hat die Sohlen unserer Füße genügend genährt. Gestern habe ich zum letzten Mal den Meister Jesus treffen können. Er hat mir gesagt, er würde weiterhin im Karmel bleiben und könnte nur zwei oder drei seiner nächsten Schüler zu ganz bestimmten Gelegenheiten treffen. Wie ihr, höre ich diese Nachricht mit Schmerz, aber wir müssen sie respektieren. Der Meister selbst handelt gemäß den Empfehlungen der Brüder von den Sternen. Trotz aller Hindernisse wird sein Schicksal vom Kosmos bestimmt. Die Prägung, die Spur, die er hinterlässt, passt sich von selbst den von der Menschheit geforderten Schemata an. Ihr versteht, was ich damit sagen will. Es ist unnötig, gegen die Behauptung der Auferstehung seines Körpers zu kämpfen. Sie enthält keimhaft das Ideal der Menschen dieser Erde, aber sie entspricht auch einer Möglichkeit, die jedoch unter den euch bekannten Umständen nicht angewandt zu werden brauchte.

Ich sagte euch bereits, wir müssen dieses Land verlassen. Es wird von uns verlangt, dass wir das große Meer überqueren und an einem Ufer an Land gehen, das unsere Väter vordem das Land von Kal[98] nannten, das heißt das Land der Steine. Denkt über diesen Namen nach. Es wird für uns eine Brücke sein. Es ist ein Land, in dem unabhängige, an Abstraktionen gewöhnte Stämme leben, und es heißt, die Menschen dort seien rau, aber durch ihre Adern fließe eine Art Poesie.

---

[98] *Gallien*

Wenn es der Ewige erlaubt, werden wir gleich morgen früh abreisen und dem Lande Kal die uns vom Meister anvertrauten Gaben übermitteln. Aber ihr wisst, dass wir dort nicht als die Eroberer von Seelen auftreten werden. Wir werden nur dem Geist folgen, den Christus ihm vor langer Zeit eingehaucht hat – nicht als Neuerer, sondern als seine ewigen Verbündeten. Es könnte nicht anders sein ...

Die Nacht schien lang. Wir fanden keinen Schlaf. Als über den Bergen und Wäldern der Morgen graute, wanderten wir bereits eiligen Schrittes den Abhang entlang.

Es war kühl, und wir hatten uns in unsere Mäntel gehüllt; nichts als ein Beutel hing an unserer Seite. Ein letztes Mal gingen wir am Fuß des majestätischen, schmucklosen Karmel vorüber. Niemand sprach; hinter den Mauern, in der Stille der Morgendämmerung, suchten wir alle ein Gesicht ...

Buch III

Die Zweiundzwanzig

Eine frische Brise blies mir ins Gesicht, gleichmäßig zerteilten unsere beiden Boote die Wellen.

Schaut!

Ein Arm wies auf den Horizont hinter uns.

Schaut ein letztes Mal hin ...

Zwischen den Wellenkämmen tauchte zuweilen die blaugraue Masse der Küstenberge auf; nach und nach verschwand sie im Wasser, und nur das irisierende Spiel der aufschäumenden Gischt bot unseren Blicken noch eine Abwechslung.

Miriam hatte sich am Bug des Bootes aufgestützt und schien in die Betrachtung der vorüberziehenden Nebelschwaden vertieft. Ich, Simon, war hin- und hergerissen zwischen Trauer und Begeisterung, Dankbarkeit und Schmerz. War alles vorbei? Blieb alles zu tun? Ich kannte die Antwort, aber wie wahrscheinlich vielen von uns fiel es mir an diesem frühen Morgen schwer, sie zu formulieren.

Wir wussten so wenig von dem Land, in das wir gingen. Die Bruderschaft hatte uns ein paar Wertgegenstände mitgegeben, damit wir fürs erste unseren Lebensunterhalt bestreiten konnten, aber dann ... Wir mussten uns unsere neue Existenz erst aufbauen ...

Bei unserer Ankunft in dem kleinen Hafen, der am Fuße des Karmel noch vor sich hindämmerte, warteten bereits zwei Boote auf uns. Es war nicht möglich gewesen, eins für uns alle zu finden. Einige von uns hielten es im Übrigen für klüger, unsere Kräfte während der Überfahrt zu teilen. Mehrere Brüder, die früher den Beruf eines Fischers ausgeübt hatten, waren mit der Handhabung von Segel und Ruder vertraut. Sie übernahmen die Leitung unserer beiden elfköpfigen Gruppen, wir anderen führten die Manöver aus, so gut wir konnten. Sieben Frauen gehörten zu uns, darunter Miriam aus Magdala. Bestimmt sahen wir nicht wie Eroberer aus! Unser Herz war schwer von allen Ängsten und Hoffnungen der Erde, und wir brachen auf wie die Nomaden, die wir sicher immer ein wenig gewesen waren: die Haare wehten im Wind, und an der Seite trugen wir den Leinenbeutel. Einer von uns hatte geäußert, er wolle schreiben, um das Erlebte nicht zu vergessen, um es zu bewahren, aber Joseph hatte sich dem widersetzt – nicht als Meister, sondern als Wesen, das sich als Inhaber bislang verborgener Schlüssel erwies. Er hatte sich erhoben und hielt sich am Mast fest, um nicht das Gleichgewicht zu verlieren.

Brüder, sagte er mit fester Stimme, es sollte keinen Meister unter uns geben, denn wir haben kaum Anspruch auf den Titel eines Lehrlings. Ich bitte euch jedoch, nichts zu schreiben, weil dies nicht eure Aufgabe ist. Unsere Energien sind kostbare Güter, sie gehören uns nicht; sie sind uns in einer bestimmten Absicht anvertraut worden, und wir dürfen sie nicht zerstreuen. Ihr wisst, dass ich mich vor kurzer Zeit mit dem Meister Jesus lange über verschiedene Dinge unterhalten habe, ich versichere euch, eure Rolle ist nicht das Schreiben, nicht jetzt …

Wir hatten uns um Joseph versammelt, denn das Segel klatschte im Wind und machte jede Unterhaltung schwierig. Nur ein Bruder blieb am Ruder, immer wieder sah er zum Himmel, um den Stand der Sonne abzuschätzen. Ich hatte keine Vorstellung, wie lange die Überfahrt dauern würde; es hatte keine Bedeutung. Unsere einzige Stütze war eine Stimme, die nicht aufhörte, in uns zu klingen, und unser einziger Schutz vor den Unbilden der Witterung ein Segel, das bei Bedarf über das Boot gezogen werden konnte. Was für ein Feuer belebte uns damals, dass wir so, ohne alles, ins Unbekannte aufbrachen?!

Wir wollten das Land Kal erreichen, das irgendwo im Norden lag. Das war alles, was die meisten von uns wussten ... und sicher war dieses Wissen ausreichend. Was aus dem Urgrund der Seele kommt, kann nur spontan geschehen, und wenn ich heute diese Stunden wiedererlebe, frage ich mich ... Wer würde es heute noch wagen, von Tag zu Tag das zu leben, was er glaubt, was er weiß?

Trotz des Windes wollte Joseph weitersprechen. Er verbarg sein langes Haar unter einem Tuch, das er mehrere Male um den Kopf wickelte und am Rand einschlug, dann setzte er sich auf ein kleines Rettungsboot.

Ich hätte euch so vieles zu erzählen, Brüder, so viel ..., dass ich fast an meinen Fähigkeiten zweifle ... Betrachtet zunächst dies!

Wortlos griff er in den großen Beutel aus grauem Leinen, den er quer über Schulter und Brust trug. Er zog ein paar kleinere Gegenstände heraus, von denen einer sorgfältig in ein Tuch aus allerfeinstem Leinen gehüllt war. Vorsichtig faltete er es auseinander, und zum Vorschein kam ein anderer Stoff, diesmal von tiefblauer Farbe. Der zweite Schleier wurde ebenso behutsam entfernt wie der erste. In den halb geöffneten, zusammengelegten Handflächen Josephs erblickten wir nun einen kleinen, aus Stein gearbeiteten Kelch. Er glich einem der Gefäße, die wir manchmal mit dem Meister bei den traditionellen gemeinsamen Mahlzeiten benutzten. Er wirkte nicht irgendwie besonders, dieser Gegenstand, und fiel höchstens auf durch sein edles Material und die Einfachheit der Linienführung. Er sah aus wie eine Halbkugel, wie eine Frucht, die man in der Mitte durchschneidet und dann aushöhlt.

Schaut genau hin, fuhr Joseph, nun leiser, fort. Die Brüder vom Heliostempel haben mir die Obhut dieses Kelches anvertraut. Lange Zeit hindurch hat der Meister ihn täglich benutzt; ich hatte den Auftrag, darin ein wenig von dem Blut aufzufangen, das bei der Ablösung vom Kreuz aus seinen Wunden rann. Ich errate eure Gedanken, Brüder ... aber das ist kein starres Festhalten an der Materie, auch kein Symbol, das einer krankhaften Phantasie entsprungen ist, und noch viel weniger Götzendienst! Gemäß der Lehre, die ich erhalten habe und die ich heute an euch weitergebe, besaß das vom Christusgeist erfüllte Blut des Meisters verschiedene Besonderheiten. Fünf feinstoffliche Energien entströmten seinen Wunden, und an fünf Schlüsselstellen seines Körpers, an denen kleine Feuerräder durch den Äther wirbelten, habe ich sein Blut aufgefangen. Die Rolle dieser Kräfte ist nach Aussage der Brüder zugleich konkret und abstrakt, sie wirken sowohl auf unsere körperlichen Organe als auch auf unser spirituelles Wesen. Ihr versteht, dass ein solches Mysterium nicht mitteilbar ist, und deshalb kann ich nicht viel mehr darüber sagen. Nicht, weil etwas verborgen bleiben soll, aber Worte können das, was dem normalen menschlichen Verständnis nicht zugänglich ist, nur entstellt wiedergeben. In diesem Kelch und seinem Inhalt ist das Rätsel der Entwicklung jeder Form des Lebens beschlossen ...

Bedächtig legte Joseph die beiden Stoffe wieder um ihren kostbaren Inhalt, er schien nach Worten zu suchen.

Dieser Kelch, meine Brüder, ist für uns ein Symbol und eine Quelle der Kraft. Seine feinstoffliche Strahlung sondert an allen Orten, an denen er sich befindet, eine ihr eigene Energie ab. Ihr wisst, dass unsere Augen so wenig sehen ... Aber ihr müsst auch wissen, dass sein Besitz uns nicht privilegiert, er verleiht uns keine der Kräfte, nach denen die Zauberer dieser Erde streben. Merkt euch: Eine Kraft dieser Art findet man nur, wenn man sie verdient ... Und dann stellt man fest, dass der Besitz ihrer materiellen Hülle unnötig ist, weil man den Inhalt des Lichts bereits getrunken hat. Wer ihn also sucht und nicht findet, sollte zunächst lernen, sich selbst zu finden. Darin liegt keine bestimmte Philosophie. Symbol und Gegenstand fallen in eins zusammen, weil auf den Ebenen des Lichts das Symbol ein lebendiges Wesen ist und eine Kraft mit magnetischer Wirkung.

Jeder Mensch, jedes Geschöpf, sei es beseelt oder nicht, besitzt seinen eigenen Kelch, der irgendwo außerhalb der Zeit wartet – an einem Ort des Friedens, den nur das reine Bewusstsein erreichen kann. Dieses Problem muss jedes Wesen für sich lösen.

Aber, Joseph, erhob sich eine Stimme, wenn die durch den Kelch des Meisters repräsentierte spirituelle Kraft im Wesentlichen der entspricht, die wir in uns wecken sollen, warum sollen wir dann das konkrete Objekt aufbewahren? Warum sollen wir einen Kelch retten, der zum Ausgangspunkt für einen Kult werden kann, wenn doch der Meister keine Religion begründen will?

Joseph vergrub seinen Kopf in beiden Händen, nach einem langen Augenblick der Stille blickte er hoch, seine hellen Augen durchdrangen uns lächelnd.

Es ist wichtig, dass der Kelch des Meisters mit bestimmten Teilen dieser Erde, die er spirituell befruchten soll, in längerem Kontakt bleibt. Seine Ausstrahlung wirkt extrem reinigend. Allerdings handelt es sich da nicht um etwas Spektakuläres, sondern eher um ein langsames Reifen. Der Kelch wirkt auf das Land, das ihn aufnimmt, in derselben Weise wie auf den einzelnen Menschen: Er bereitet ein verborgenes und sicheres Gelände vor, das für das Einströmen des Geistes bereit ist.

Ich weiß jedoch, dass wir die Verehrung von Symbolen nicht verhindern werden … Aber sagt mir, was in dieser Welt nicht einer materiellen Bestätigung bedarf.

Es wird immer Menschen geben, die das vergöttlichen, was nicht vergöttlicht werden darf, immer Ohren, die nur das hören, was sie hören wollen. Aus ebendiesem Grund wird das Wahre sooft verborgen. Es wurde derart entstellt, dass die Lenker unserer Menschheit es bewahren und nur allmählich nach außen dringen lassen.

Wir projizieren unsere Triebe und Mängel bis in den Bereich des Geistes … Zum Glück aber auch unsere Erinnerungen und Hoffnungen!

Macht euch also deshalb keine Sorgen. Alle pulsierenden Organe dieser Erde, das heißt ihre großen Zentren, besitzen ihren eigenen Kelch, ganz gleich, ob er ein einfacher Stein ist oder kunstvoll gefertigt, er verströmt dieselbe Energie, er stillt denselben Durst und symbolisiert die einzige Realität, die es zu erreichen gilt: die Harmonisierung der Menschheit mit dem Kosmos.

Joseph sprach lange. Es schien ihm zu gefallen, durch die Verkettung bald klarer, bald rätselhafter Sätze unser Denken und unsere Sensibilität immer wieder aufs Neue herauszufordern.

Symbole und Bilder sind keine willkürlichen Spielereien des Geistes, meinte er und griff damit einen Satz des Meisters wieder auf. Es sind Meilensteine, die mit all den verschiedenen Dingen beladen sind, die uns auf unserem Weg begegnen.

Er erklärte uns dann, dass der Fuß des Kelches auf jeden Fall sechseckig sein musste – ein Detail, das ihn im Gegenzug auch wieder leichter zum Kultgegenstand machte. Wir verstanden, dass es für die Rätsel, die er uns unterbreitete, nicht eine Lösung gab, sondern zehn, hundert, tausend – für jedes Wesen der Welt eine andere.

Ihr wolltet Rezepte, meine Brüder? Der Schlüssel, der für den einen passt, wird für den anderen zu einem Scherz, zu einem Trugbild! Lernt zu sehen, nicht zu rechnen!

Mehrere Tage gingen auf diese Weise dahin, die Worte Josephs, unsere Fragen, der Wind, das Schaukeln unserer Boote auf den Wellen und eine matt leuchtende Sonne gaben ihnen ihren Gehalt. Einige Male bemerkten wir Land, trockene Küsten und liebliche Ufer, wir kreuzten die beladenen Boote von Fischern und Händlern, aber die Antwort, die uns in griechischer Sprache zugerufen wurde, war immer die gleiche: »Noch weiter.«

Die Trauer und die Furcht der ersten Tage hatten der Vorfreude auf die kommenden Entdeckungen Platz gemacht. Sicher würden wir geben und reden müssen, wie wir es gelernt hatten, aber würden wir nicht auch empfangen und noch besser verstehen? Wie kann der, der seinen Krug nie unter die Quelle hält, den anderen lange zu trinken geben?

So gut es ging, glitten unsere beiden Boote nebeneinander dahin; manchmal brachten widrige Winde und hochaufschlagende Wellen sie verdächtig ins Schwanken, dann wieder trieben sie inmitten von Delphinen friedlich dahin. Bei ruhigem Wetter hörten wir unser Gelächter von Boot zu Boot, und wegen jeder Kleinigkeit riefen wir uns an – wir wollten uns einfach unser Glück mitteilen, da zu sein, unterwegs nach »irgendwo«, was für uns gleichbedeutend war mit »überall«. Wir waren zweimal elf ... Zweiundzwanzig! Und sicher hatten wir ein wenig von der Verrücktheit, zu der die Menschen sich im Allgemeinen so wenig hinreißen lassen. Zweiundzwanzig, die ihren Verstand unterschiedlich gebrauchten, nicht außerhalb der Normen, sondern ohne Normen, ohne dieses kleine Etwas, das alles definieren und benennen will. Das wirkliche Feuer, nämlich die Liebe, hat keinen Namen, weil sie die Gesetze der Menschen nicht kennt!

Zweiundzwanzig, das war für uns die heilige Ekstase, eine Art, uns selbst ins Gleichgewicht zu bringen. In dieser Zahl löste sich für die Kinder Essanias die Quadratur des Kreises.

Eines Morgens, als wir, bedeckt vom feinen Sprühregen der Wellen, gerade wach wurden, zeichnete sich am Horizont ein langes weißes Band ab. Wir erhoben uns, ohne viel zu reden. Unsere Blicke waren auf eine Küste gefallen. Beim Näherkommen entdeckten wir zerklüftete, steile Klippen , die Höhen und Schluchten waren mit dichter Vegetation bewachsen, die stellenweise bis ans Wasser zu reichen schien. Im Hinterland, erhoben sich hohe, ockerfarbene Gipfel, die der Landschaft einen friedvollen, majestätischen Charakter verliehen.

Da es uns aufgrund des felsigen Ufers zu riskant erschien, hier anzulegen, fuhren wir in Richtung Westen weiter die Küste entlang. Die Beschreibungen entsprachen dem, was uns gesagt worden war, und wir hielten unsere Freude nun nicht länger zurück. Allmählich wurde die Landschaft flacher, und wir bemerkten winzige Boote mit geflickten, eingezogenen Segeln. Das Land von Kal schien noch zu schlafen. In der Ferne stiegen ein paar Rauchwolken aufrecht zum Himmel, erste Zeichen des menschlichen Lebens. Nach einigem Zögern lenkten wir unsere Boote dorthin, wo wir ihren Ursprung vermuteten. Meer und Land schienen jetzt ineinander überzugehen. Das Wasser teilte sich in mehrere Arme, die von Binsen und hohen Gräsern umstanden waren. Uns war klar, dass wir bald nicht weiter vorwärts kommen würden und Gefahr liefen, uns in den sumpfigen Gewässern zu verlieren. Einer von uns wagte es, mit einem Seil in der Hand ins Wasser zu springen. Er versank bis zum Hals, aber seine Füße berührten den Boden. In diesem Augenblick hörten wir einen langen Schrei. Wir verhielten uns still, und unser Blick durchforschte das hohe Gras. Ein Plätschern, Blättergeraschel, zwei große Vögel stoben davon. In einem zerbrechlichen Boot näherten sich zwei Männer. Sie waren mit einer kurzen weißen Tunika bekleidet und bewegten sich vorwärts, indem sie lange Stangen ins Wasser tauchten. Plötzlich stoppten sie ihr Boot und begannen, uns lange zu betrachten.

Wir blieben stumm; es war klar, dass sie uns prüften. Einer von ihnen legte schließlich die Hand auf sein Herz und lächelte uns zu. Eine Hand auf dem Herzen ... Die einzige Sprache, die wir zu hören begehrten[99]!

---

[99] *Der volkstümlichen Überlieferung nach sind im Rhône-Delta mehrere Frauen namens Maria (bzw. Miriam), darunter Maria Magdalena, aus Palästina kommend an Land gegangen. (Anm. d. Üb.)*

Dem Gold der Zeit entgegen, Miriam ...

Die ersten Tage nach unserer Ankunft im Lande Kal waren friedlich. Beide Seiten beobachteten einander. Obwohl wir als Gäste galten, wurden wir mit äußerster Zurückhaltung behandelt. Man hatte uns gleich in ein Dorf geführt, das an der Grenze zwischen Sumpf und Festland zu drei Vierteln auf Pfählen über dem Wasser errichtet worden war. Die Behausungen bestanden aus Holz und geflochtenen Binsen und waren untereinander durch bewegliche Stege verbunden. Das Ganze verlor sich in einem undurchdringlichen Gewirr aus Schilf, Binsen und an schmale Landzungen geklammerten Bäumen. An mächtigen hölzernen Pfeilern, die das stete Plätschern der Wellen umspielte, waren Trauben kleiner Boote vertäut. Einige Hütten hatten sich ein wenig weiter vorgewagt, dorthin, wo der feste Boden das Gewicht der Steine trug. Sie waren meist von einem niedrigen Palisadenzaun umgeben, dessen Funktion eher ästhetischer als strategischer Natur zu sein schien. Es stellte sich bald heraus, dass das bei unserer Ankunft wie leblos wirkende Dorf von einer zahlreichen Bevölkerung bewohnt war. Auf dem Festland brannte ständig ein großes Feuer, das von einem alten Mann, der viele Halsketten trug, Tag und

Nacht in Gang gehalten wurde. Dies war offensichtlich seine Aufgabe, während die meisten Einwohner mit Netzen auf Fischfang gingen. Die Frauen erwiesen sich als sehr geschickt im Flechten der Binsen und beschäftigten sich auch mit dem Ausbessern der wenig stabilen Dächer.

Wir wussten nicht, weshalb man uns so empfing, aber man bot uns eine große, auf Pfählen ruhende Hütte an, zu der mehrere Seile und Leitern führten. Als Zwischenwände dienten alte Netze, die geschickt mit Blattwerk durchflochten und stellenweise mit getrocknetem Schlamm bedeckt waren. Auf dem Boden lagen Stroh, dicke Matten und Felle. Dies war unsere neue Bleibe, und wir fühlten uns wohl.

War bekannt, wer wir waren, woher wir kamen? Wir wussten es nicht, aber wir glaubten an die Kraft der Vorsehung. Sie war für uns eine Manifestation jenes Energiestrahls, der uns immer wieder einen Weg geöffnet hatte ...

Drei Männer des Dorfes unterschieden sich von den übrigen Bewohnern durch lange, weiße Gewänder, die ein wenig den unseren glichen. Sie betrachteten uns oft von weitem und sandten uns bisweilen ein kleines Lächeln.

Die Sprache des Landes Kal war von der unseren völlig verschieden, lange Zeit verständigten wir uns mit den anderen nur durch Gesten. Wir beschlossen, uns an dieses Dorf und seine Sprache zu gewöhnen und auf ein Zeichen zu warten, bevor wir irgendetwas anderes unternahmen. Wir beteiligten uns also an den täglichen Beschäftigungen, ohne jedoch unsere eigene Seinsweise aufzugeben; auf Anraten Josephs verbargen wir auch unsere Rituale nicht. Gebete und tägliche Waschungen erweckten im Übrigen bald die Sympathie vieler Männer und Frauen. Ich weiß nicht mehr, wie viele Wochen oder Monate auf diese Weise vergingen. Wir meditierten, beobachteten und halfen, soweit es uns möglich war. Wir tranken an der neuen Quelle, ohne jedoch den Grund für einen derart toleranten, wenn auch kühlen Empfang zu verstehen.

Schließlich wurden die Blicke vertrauter, und kleine, holprige Sätze kamen aus unserer Brust.

Beim Erlernen der neuen Sprache machten wir eine seltsame Entdeckung. Je besser wir sie kennenlernten, umso mehr hatten wir das Gefühl, sie sei letztendlich eins mit der unseren ... Sicher wäre es vergeblich gewesen, einzelne Begriffe zu vergleichen. Die Annäherung geschah durch den Klang, ohne dass wir die Redefolge in einzelne Worte zerlegten. Bestimmte Ausdrücke und Sätze bekamen durch den Zauber des reinen Tons eine Bedeutung, die über die Oberfläche der Dinge weit hinausging. Joseph, der die Seele unserer Gruppe blieb, half uns, den Begriff der ursprünglichen Sprache besser zu verstehen; sie war mir bereits im Karmel ansatzweise enthüllt worden und erlaubt, durch eine bestimmte Art der Aussprache die Essenz von Tönen und Worten aufzunehmen. Die Gesetze von Natur und Evolution haben sich auf allen Stufen des Lebens gern des Anagramms bedient ... denn die abgestimmte Arbeit von Herz und Geist nimmt nicht den Weg der Traurigkeit. Joseph teilte uns einen Ausspruch des Meisters mit, der sich auf diesen Umstand bezieht: »Wer weder Freude noch Vergnügen am Studium findet, lernt noch nicht ... er macht urbar.«

Schließlich kam der Tag, an dem die drei weißgekleideten Männer uns aufsuchten. Der Nachmittag neigte sich seinem Ende zu, und wir hatten uns auf der kleinen Terrasse vor unserer Behausung zusammengefunden. Nacheinander schritten sie über den Steg, der zu unserer Bleibe führte. Ein großer weißer Schleier verbarg ihr Gesicht. Sie entfernten ihn und lächelten uns zum ersten Mal voll an. Wir erhoben uns fast gleichzeitig und kreuzten zum Zeichen des Willkommens und der Achtung die Hände vor der Brust.

Brüder in Esus, sagte einer von ihnen mit kräftiger Stimme ... wir werden euch von nun an bei diesem Namen nennen.

»Esus«, ein seltsamer Klang in unseren Ohren! Er erinnerte uns an den Meister, an die Jahre, die wir mit ihm verbracht hatten. Mich führte er auch zurück in die kalten Zellen des Karmel, als wir die

Religionen von Völkern studierten, von denen wir damals noch nicht zu hoffen wagten, ihnen eines Tages persönlich zu begegnen. Essania, Isis, Esus, der Meister Jesus ... Waren diese Klänge nicht wie ein Zeichen? Unser Vokabular kannte das Wort »Zufall« nicht, und als der weißgewandete Mann den Namen Esus ausgesprochen hatte, öffneten wir ihm die Arme. Es war, als hätte er den Namen des Meisters genannt, und seine einfachen Worte wirkten auf uns wie eine Anerkennung der Bruderschaft.

Wir sind Priester unseres Volkes, fuhr der Älteste der drei fort. Das Licht hat zu uns gesprochen, und wir können jetzt in euch die Hüter Ashas sehen ... Bereits seit langer Zeit erwarten wir Fremdlinge an diesen Ufern. Seit jeher lenken die Sterne unsere Schritte, unser Wissen und unsere Handlungen. Seid beruhigt, Brüder, denn ihre Gesandten haben euch den Weg bereitet. Sie haben unseren Vätern von der Fackel berichtet, die ihr in dieses Land bringen werdet und die einen alten Bund erneuern. Wir wissen, dass eure Vorfahren und die unseren dem gleichen Ast des großen Baumes entsprossen sind. Sprecht also, wir hören euch zu. Vielleicht haben wir nur für diese Augenblicke gelebt. Wir verstehen, in den Seelen zu lesen, und wir sehen, dass wir die empfangen, die gelebt haben. Sprecht also, und eure Bürde wird leichter sein.

Wir tragen nicht an einer Bürde, begann Joseph mit Wärme ... und wenn es so wäre, Brüder in Iesus, könnte nichts in der Welt sie uns nehmen. Uns drückt das Gewicht der Jahre, die wir in der Nähe der Sonne gelebt haben. Sie hat unsere Adern durchdrungen, und unsere Herzen sind voll von ihr. Es ist das Gewicht der heiligen Kunst der Medizin, denn wir sind die Ärzte des wahren Wesens.

Wir werden dir von dem Meister berichten, der uns gesandt hat, denn er ist auch der deine. Wir werden ihn nicht mehr ›unseren Meister‹ nennen, denn er ist der Meister aller Menschen. Er ist der Meister ohne Diener, denn er hat kein anderes Bild als die Flamme, die ihr Feuer auf den Gipfel der menschlichen Stirn wirft. Wir werden euch weder die Geschichte eines Gottes noch die eines Menschen erzählen, der sich als Gott verstand, wir erinnern euch an die Geschichte des Menschen, der weiß wer er ist und es unternimmt, zur Ganzheit zurückzukehren.

Du weißt, was der Anschein der Worte verbirgt. Mit deiner Hilfe werden wir versuchen, die zu heilen, die vergessen haben; aber wir versichern dir, dass wir nichts auslöschen werden. Der Weg ist lang, der uns seit Jahrtausenden hierhergeführt hat, wir fügen ihm einen weiteren Markstein hinzu, denn er gehört uns nicht. Die Wahrheit ist nicht auf ein Volk oder ein Gewand beschränkt, du weißt es, sie ist das Ideal derer, die vorwärtsgehen, ohne sich umzuschauen, und die auch ihr tastendes Gehen bereichert. Wir werden euch ein Licht übergeben, das Herz und Schwert in einem ist; mit ihm enthüllen wir den Menschen und ein wenig von dem Wahren, das wir alle erstreben. So wirst du uns besser verstehen. Höre jetzt die Geschichte von dem, der erwacht ist, von dem Meister, der Christus in sich aufnahm ...

Joseph holte dann die Felle und Matten, und wir setzten uns alle den drei Priestern gegenüber.

Eine friedvolle, konzentrierte Stille senkte sich auf unsere Versammlung herab; sie war erfüllt von den tausend Wesen der Natur.

So wurde zum ersten Mal im Lande Kal die Geschichte des Meisters Jesus erzählt, der den anderen Menschen die Tür geöffnet hat.

Als Joseph seinen Bericht beendete, war die Nacht schon weit fortgeschritten. Die drei Priester hatten ihm mit gesammelter Aufmerksamkeit zugehört und ihn nicht unterbrochen. Noch lange standen wir alle unter dem Zauber dieser Erzählung und den Erinnerungen, die sie wachrief. Draußen am Ufer brannten ein paar Feuer, die von Männern und Frauen mit Astwerk und Gras in Gang gehalten wurden. Es war, als wären sie an der inneren Entwicklung unserer Wesen irgendwie beteiligt ...

Nach einiger Zeit, als das plätschernde Wasser uns wieder an die Gegenwart erinnerte, ergriff der im Namen der anderen sprechende Priester wieder das Wort.

Deine Worte bedürfen keines Kommentars, Bruder. Ich werde daher nicht nach Art der gelehrig tuenden Schreiber und Meister in der Kunst des Sprechens verfahren, die Berichte und Wesen auseinandernehmen, ohne zu bemerken, dass ihnen dabei das Mark verlorengeht. Ihr Verstand gibt nur ein Wasser des Todes ab. Deine Geschichte ist wahr, weil sie zu meinem Herzen spricht, weil sie Erinnerungen in mir weckt, die in keinem Buch enthalten sind. Sie schöpft an den Wurzeln der großen Esche! Ich will sie nicht töten, denn sie lässt die Erzählungen meines Volkes wiederaufleben. Du musst wissen, dass ich in ihr zugleich einen Beweis für unsere alte Bruderschaft sehe. Die verborgensten Berichte, deren Weitergabe man mir anvertraut hat, verwenden dieselben Zeichen wie der deine. Der Geist deines Meisters wirkt am Kreuzungspunkt der Wege unseres Aufstiegs. Die vielen Kreuze, die den Menschen deiner Rasse als Sinnbild dienen, erinnern mich an eine Geschichte, die ebenfalls nicht nur uns gehört, sondern der ganzen Menschheit. Manche sagen, es sei eine Legende, und die Dichter hätten sie auf ihre Weise ausgeschmückt. Wie unwissend sie sind! Sie sind so klein, dass das wahrhaft Große sie schwindeln macht, und deshalb wollen sie sich irgendwie beruhigen. Hört jetzt das, was ich euch diese Nacht anvertrauen kann ... aber vielleicht kennt ihr es schon.

Es geschah vor Zehntausenden und Aberzehntausenden unserer Jahre ... als die Himmel noch nicht so waren wie jetzt. Die Energie von Esus, die alles beständig erneuert, hatte die Sterne anders geordnet. Unsere Welt war den anderen näher als heute, und auch das große Licht, das ihr Mond-Sonne nennt, strahlte heller auf diese Erde. Der Mensch lebte nicht hier, sondern bevölkerte andere Welten im Universum. Er zeigte nicht dasselbe Gesicht wie heute und hatte in den großen, von Esus gelenkten Zyklen des Lebens bereits verschiedene Verwandlungen erlebt. Aber er besaß doch so viel Macht, dass er die Sterne am Firmament besuchen konnte und dort die Manifestationen der Großen Existenz erkannte. Allmählich lernte er, seinen Weg zu wählen, und es ergab sich, dass dieser Weg je nach dem Stern, den er bewohnte, unterschiedlich war. Unsere alten Überlieferungen erzählen, dass einer dieser Sterne sich in den Zyklus der Zerstörung hineinziehn waren berauscht von ihrer Macht und glaubten, die Schöpferkraft des Ganzen übertreffen zu können. Als sie verstanden, dass die Welt sich aufgrund dieser Tatsache auflösen würde, bekamen sie Angst und suchten in den Himmeln nach einem jungfräulichen Boden. Sie begaben sich zu ihm in großen Maschinen, die vielfarbigen Wagen glichen. Ihr wisst, dass dieser Boden der ist, über den wir heute gehen. Kaum hatten sie sich eingerichtet, als sie ein gigantisches Kreuz sahen, das den Himmel entflammte: Es war der Abschiedsgruß ihres alten Sternes, den sie getötet hatten. Vielen von ihnen gelang es nicht, rechtzeitig zu fliehen ...

Das himmlische Feuer brannte viele Monde und verwüstete die Erde überall im Universum. Mond-Sonne und die anderen litten ebenfalls unter ihm. So setzte die Rasse der Zerstörer sich auf unserer Erde fest und verpflanzte auf sie ihren Stolz und ihre Gier nach Macht. Die Kinder mancher Sterne waren gezwungen, bei ihnen Zuflucht zu suchen, denn in ihrem Schrecken hatten sie beschlossen, ihren verwundeten Planeten zu verlassen; andere schworen sich, die Erde nicht einem zerstörerischen Volk preiszugeben. Auf diese Weise entwickelten sich die Rassen, aus denen unsere Welt besteht. Die Erinnerungen an das sie verzehrende Böse verpestet noch immer die Luft, die wir atmen. In Zeiten großer Unruhe erscheinen deshalb die Abgesandten der Sterne und erhellen unseren Himmel. Sie wollen das Bild der Zerstörung, das allem Leben auf dieser Erde eingeprägt ist, für immer vertreiben. Euer Meister ist der unsere von Ewigkeit an. Er ist die Kraft des Menschen im Menschen, die Auferstehung der vergessenen Liebe, die Überwindung des Wissens um den Tod.

Bei diesen Worten ging der Priester auf Joseph zu und umarmte ihn lange. Miriam aus Magdala, die dem Meister[100] sehr nahegestanden hatte und die seit langer Zeit schwieg, hatte sich unterdessen erhoben und war in den Raum gegangen, den wir bewohnten; gleich darauf kam sie mit einer kleinen violetten Salbenflasche wieder zurück.

---

[100] Vgl. »Essener Visionen«, »Maria Magdalena – Das wahre Evangelium« und »Jesus' Jüngerinnen«, vom selben Autor, Silberschnur Verlag

Nimm, sagte sie zu dem noch immer stehenden Priester. In dieser Nacht tauschen wir unsere Energien aus und vereinigen sie. Dieses Öl ist gesegnet, es wurde von Christus selbst mit der Kraft des Lebens erfüllt. Bis heute war seine Obhut mir anvertraut; ich weiß, dass jetzt der Augenblick gekommen ist, es dem zu übergeben, der es zu gebrauchen weiß.

Ohne auf eine Antwort zu warten, ging sie wieder an ihren Platz zurück; ihr langer grauer Mantel ordnete sich ein in die Reihe der anderen.

Da griff einer der Priester zu einem langen Horn, das an seiner Seite hing. Er führte es zum Mund, und ein tiefer, betäubender Ton entflog in die Ferne. Es war ein endloser, zerreißender Ruf der Sehnsucht, der wohl in der Lage war, das Gedächtnis der Großen Liebe zu rühren.

Vom Ufer, aus der Richtung der Feuer, antworteten Gesänge auf diesen Schrei der Seele, ein außergewöhnlicher Pakt schien auf diese Weise besiegelt zu werden.

Der Wechselgesang setzte sich bis zur Morgendämmerung fort, erst der frischgefallene Tau riss uns aus der sanften Betäubung, die uns umfangen hatte.

Von da an hatten wir im Lande Kal wirklich Fuß gefasst. Für uns ergab sich daraus, dass wir uns bald würden trennen müssen, um zu zweit oder zu dritt durch das Land zu ziehen – nicht um zu predigen, was unserer Logik völlig widersprach, sondern um unser Wissen zu teilen und Perlen der Liebe zu hinterlassen. Wozu einen Menschen zum Glauben zwingen, wenn sein tiefes Wesen sich nicht öffnet? Wer den Schlüssel besitzt, braucht die Tür nicht mit Gewalt aufzubrechen. Wir wussten, dass jedes Herz eines anderen Wortes bedarf.

Es wurde beschlossen, dass Miriam und ich nach Westen aufbrechen sollten, um Landsleute aus Palästina aufzusuchen, die angeblich seit langem in diesen Landstrichen ansässig waren. Wir wussten nicht, wie lange wir wandern mussten oder an welchem

Ort wir sie treffen würden. So erhielt jeder der Zweiundzwanzig einen Auftrag. Von verschiedenen Punkten aus sollten wir ausstrahlen, um schließlich ein Netz zu bilden und die Botschaft des Christus zu verbreiten. In den zunächst kleinen Gebieten, deren Obhut wir uns anvertrauten, wollten wir aufnahmebereite, zuverlässige Menschen heranbilden, die dann ihrerseits unser Werk fortsetzen konnten. Wir fragten uns nicht mehr, wie wir zur Menge sprechen sollten. Wir sagten uns, dass es ausreichend wäre, da zu sein und einfach das zu sagen, was wir wussten, ohne überzeugen zu wollen. Das Augenscheinliche braucht nicht bewiesen oder mitgeteilt zu werden, allerhöchstens bietet man es an, und wenn der Mensch an einem Kreuzungspunkt seines Lebens steht, nimmt er es auf. Wie immer würde unser ganzes Gepäck die Kraft sein, die Er uns mitgeteilt hatte und die es zu lenken galt. Wir würden heilen und sprechen müssen, aber auch schweigen und warten.

Bevor wir das Dorf im Wasser und seine drei Priester verließen, fand eine Zeremonie statt, in deren Verlauf jedem von uns ein kleiner, hermetisch verschlossener Holztiegel überreicht wurde. Er enthielt ein grob gekörntes, dunkelgraues Pulver, eine Art Asche, die aus dem Horn der Hirsche gewonnen und auf genau festgelegte Weise zu einem bestimmten Zeitpunkt des Jahres zerstoßen wurde. Man versicherte uns, sie würde Herzstörungen vorbeugen und beheben.

Unsere Abreise wurde auf mehrere Tage verteilt, endlich kam die Reihe auch an uns, und mit dem Beutel an der Seite gingen wir davon. Die erste Zeit unserer Wanderung war hart. Die Bevölkerung des Landes Kal war zwar friedlich, schien aber auch die Bequemlichkeit zu lieben. Die Menge kam trotzdem, obwohl wir den Eindruck hatten, dass sie nicht viel verstand. Für die Menschen dieses Landes war Christus eine Mischung aus Esus und Cernunnus. Nicht immer begriffen sie die Gründe, weshalb wir das Meer überquert hatten. Unsere Heilmethoden jedoch überraschten. Gemäß der Lehre des Meisters arbeiteten Miriam und ich mit musikalischen Tönen, um die Harmonie der Körper wiederherzustellen, und lenkten die ätherische Energie zu den jeweils betroffenen Stellen.

Wir kamen nur sehr langsam vorwärts; viele Monate vergingen ohne nennenswerte Schwierigkeiten, aber wir lebten in der ständigen Furcht vor der römischen Armee. Der Landstrich, den wir durchquerten, wimmelte von Soldaten und römischen Kaufleuten, die sich anscheinend für immer dort niedergelassen hatten. Auch auf uns lastete die Bürde, die den Meister bis ans Ende verfolgt hatte: die Anklage, gegen das Kaiserreich zu intrigieren. Vielleicht hatten die metallblitzenden, purpurstrotzenden Offiziere von den Verdächtigungen gehört, die auf dem großen Rabbi und seinen weißgekleideten Gefolgsleuten lasteten? Aber alles ging gut, und die Kohorten marschierten an uns vorbei, ohne uns überhaupt zu bemerken ...

Es war ein raues, unsicheres Leben, das aber auch vollkommenen Frieden kannte. Sicher hätte es noch lange so weitergehen können ...

Aber das Schicksal wollte es anders.

An einem Tag, den heftiger Wind durchbrauste, bekam die Welt für mich ein anderes Gesicht. Auf der Kuppe eines kleinen runden Berges, auf dem Insekten summten und wucherndes Dornengesträuch sich die Hänge entlang zog, hatten wir eine verfallene Hütte gefunden. Der Weg vom letzten Dorf her hatte zwar durch eine vom Duft der Blüten erfüllte Landschaft geführt, war aber trotzdem lang gewesen, und als die Sonne unterging, wurde Miriam von heftigem Schaudern geschüttelt.

So gut es ging, hüllte ich sie in meinen Mantel und bereitete ihr aus trockenem Gras ein provisorisches Lager. Aufgrund des stürmischen Windes, dessen Gewalt noch zunahm, war es unmöglich, ein Feuer zu entzünden. Also hieß es, die Tatsachen zu akzeptieren: Die Nacht würde lang werden, kühl und schwierig. Mit der Dunkelheit kamen die Schreie der Natur und der Elemente. Im morschen Gebälk der Hütte krachte der Wind. Es fehlte am Nötigsten, und Miriam bekam schnell hohes Fieber. Sie zitterte und bebte am ganzen Körper. Ich sehe noch ihre Augen vor mir, denen der Mond einen seltsamen Glanz verlieh; sie blickten mich fragend an. Ich legte meine Hände auf das brennende Gesicht meiner Gefährtin und betete lange und inbrünstig, während ich gleichzeitig meine ganze Kraft in die Handflächen lenkte. Dann versuchte ich, den Ursprung ihres Leidens zu ergründen, indem ich meine Schwingung dem Rhythmus ihres Körpers anglich und diesen durch meinen Atem beruhigte. Die Dunkelheit begann indes erst ... Das Fieber, das kurz zuvor zurückzugehen schien, stieg nun wieder ... Vielleicht fehlte mir in jener Nacht das energische Vertrauen, das uns bis dahin zum Sieger gemacht hatte, noch bevor der Kampf begonnen hatte? Vielleicht sollte hier ein Weg zu Ende sein? ...

Miriams Glieder zitterten immer heftiger, sie verlor das Bewusstsein. Nur ein paar unverständliche Worte kamen zwischen zwei Fieberschauern von ihren Lippen.

Zum ersten Mal fühlte ich mich völlig hilflos. Wie viele Wesen hatten wir nicht von verheerenden Fiebern befreit oder den Klauen irgendeiner Epidemie entrissen? Sollte die Kunst Essanias der, die sie so oft ausgeübt hatte, nicht mehr helfen? Ich wollte Kräuter verbrennen ... Ich hatte keine! Während eines Großteils der Nacht ruhten meine Handflächen auf den feurigen Rädern ihres Körpers, ich stimulierte und beruhigte ihn gemäß den Erfordernissen ... Als der Morgen anbrach, hatte alle Energie mich verlassen; mein Körper war wie ein kalter Fels. Von Miriams wachsbleichem Gesicht rann der Schweiß. Der Wind draußen beruhigte sich ein wenig, und ich erhob mich in der Hoffnung, ein Feuer entfachen zu können. Die Schüttelanfälle Miriams kamen nun in größeren Abständen, und ihr langsamer Atem erweckte den Anschein eines tiefen Schlafs. Aber als ich mich zur Tür wandte, hörte ich von ihrem Lager her ein leises Rascheln. Sofort wandte ich mich um. Miriam lag auf der Seite, ihr Gesicht war grau, die Haut gespannt. Da begriff ich ... Ich begriff, dass Miriam aufgebrochen war zum Gold der Zeit ... Kraftlos fiel ich auf die Knie. Ich werde nicht sprechen von jener Sekunde eines herzzerreißenden Schmerzes.

Es genügt mir, sie gelebt zu haben und noch ihr ganzes Gewicht zu spüren. Man beweint immer nur sich selbst ... Man hält das Schicksal für ungerecht und bemüht sich nicht zu verstehen.

Drei Tage und Nächte wachte ich bei Miriam in der Stille des kleinen Berges, dann begrub ich sie in der Nähe der Hütte unter Steinen und Erde inmitten von Lavendel und Dornen.

Die Gärten Jesses

Die Wochen nach dem physischen Tod Miriams durchlebte ich in dumpfer Betäubung. Ich wollte allein sein. Ich kämpfte gegen mich selbst, gegen den Teil meines Wesens, der egoistisch nach ihr verlangte, obwohl ich doch ihr gegenwärtiges Glück kannte. Ich sah mich auch allein im düsteren Labyrinth des Karmel auf der Suche nach einer Quelle der Luft und des Lichts. Der Weggang Miriams war meine Falle, ich wusste es. Es war, als ob der dichte Schleier einer tückischen Kraft versuchte, das in mir Erwachte wieder zu ersticken.

Ein paar Wochen verbrachte ich meditierend in der Nähe der kleinen Hütte. Ich hätte Miriam rufen oder meinen Körper bis zu ihr projizieren können, aber ich wusste, dass ich dies nicht tun sollte. Jeder hat seine Rolle, und wenn sie uns nicht gefällt, brauchen wir nicht eine höhere Gewalt anzuklagen. Wir sind unser eigenes Schicksal.

Meinem verwirrten Geist gelang es nicht, die Gedanken zu ordnen. Ich erinnere mich, dass ich mit der ganzen Kraft meines Körpers nach einem Zeichen verlangte: Ich rief den Meister, ich rief alle Energien, deren Gegenwart ich fühlte, die aber grausam stumm blieben.

Eines Morgens jedoch hallte ein Schrei durch die Berge; er schien direkt zu mir zu fliegen. Man rief nach mir. Auf dem Gipfel eines kleinen anthrazitfarbenen Felsens entdeckte ich mehrere Männer; sie winkten mir mit den Armen und kamen dann auf mich zu. Zum ersten Mal seit langer Zeit glaubte ich meinen Namen zu hören. Ich tat ein paar Schritte. Vier Männer in weiten Hosen und langen, an der Taille zusammengehaltenen Tuniken entstiegen langsam einer Senke des Bodens.

Bist du Simon, Bruder von Iesus?

Der Bruder von Iesus? Fast hätte ich nein gesagt, so fremd klang mir die Bezeichnung. Niemand hatte mich je so genannt, und sicher hatte ich eine solche Anrede nie weniger verdient!

Ein Bruder von Iesus konnte nicht so bei einer Hütte und einem Grab schlafen. Irgendetwas stimmte nicht, und der Titel, mit dem man mich auszeichnete, stürzte mich für einen schrecklichen Augenblick in den tiefsten Zweifel. Er wirkte wie ein Trost und eine heilsame Ohrfeige.

Bist du es, Simon, wiederholte einer der Männer, dessen Gesicht ich schon einmal gesehen zu haben glaubte. Wir haben dich tagelang überall gesucht, und wir dachten schon, wir würden dich nicht mehr finden! Du musst kommen, wir haben zu viele Kranke bei uns. Unsere Priester haben gesagt, ihr solltet kommen, du und deine Begleiterin.

Die mit rauer, singender Stimme vorgebrachte Bitte war zwingend und direkt; mein Blick kreuzte kurz den des Mannes, der gesprochen hatte, und ich las in ihm die Antwort auf einen Hilferuf. Es war ein Befehl, das Signal für meine Abreise. Ich sprach nicht und begnügte mich mit einem Lächeln. Ohne weiter zu überlegen, nahm ich meinen Beutel und nickte ein Ja.

Dieser Tag bezeichnete einen neuen Aufbruch, eine neue Sonne. Nicht ich war zu den anderen gegangen, sie waren zu mir gekommen! Dieser Gedanke ging mir nicht aus dem Kopf. Er wurde bald durch eine Überlegung des Christus erhellt: »Die anderen? Wie könnt ihr von ›anderen‹ sprechen? Sprecht von euch, euch an anderen Orten und mit anderen Gesichtern. Seht ihr nicht, dass ihr alle verbunden seid? Die Klarheit eures Herzens vervollständigt die der sogenannten anderen. Seid der andere, dann seid ihr überall zugleich, in allen Wesen des Geistes, ihr werdet sein, was *Ich bin*, das heißt ihr selbst!«

An diesem Tag fühlte ich, wie in der Tiefe meiner Brust eine Flamme aufsprang wie ein frischer, lindernder grüner Strahl. Sie schien mir wie das Sinnbild von meiner und Miriams gemeinsamer Kraft.

Wieder durchwanderte ich die Gegend von Dorf zu Dorf und verband mein Wissen mit dem der örtlichen Priester. Zuweilen hörte ich von einem anderen »Bruder«, der ein paar Meilen weiter gesehen worden war. Ich verspürte nicht das Bedürfnis, zu ihm zu gehen; es genügte mir zu wissen, dass auch er für das große kosmische Bewusstsein arbeitete, das auf unserer Erde noch schläft.

In dieser Zeit nahm ich auch mehrere Male mit den seit langem im Lande ansässigen Kindern des Mose Kontakt auf; meine Unternehmungen waren jedoch nicht von Erfolg gesegnet. Herz und Leben dieser Menschen schienen mir seltsam verschlossen. Ihr Moses war nicht der, den ich kannte, und ich hatte den Eindruck, als sei in ihnen nur der Buchstabe lebendig. Sie fürchteten den Vater noch mehr als die Priester im großen Tempel von Jerusalem.

Voller Furcht verschlossen sie auch ihre Tür den Worten des Meisters, der doch gerade dieses Wort – die Furcht – aus unseren Herzen verbannen wollte. Heute begreife ich, dass ihr Verhalten nicht durch ihre Zugehörigkeit zu einem Volk oder einer Kaste bestimmt wurde; sie handelten wie alle Menschen, die sich weigern, etwas anderes anzusehen als das Altbekannte. Die Bewegungslosigkeit trägt das Antlitz des Schlafes; die Bewegung jedoch ist oft unbequem und mag zu Umbrüchen führen, aber es heißt zu wählen: »Die Macht der Zwei ist für den, der auf der Stelle tritt und mit seinem zweigeteilten Schritt auf den Boden hämmert«, hatte der Meister gesagt. Die Macht der Drei schwingt sich durch alle Gefahren nach vorne, sie sucht die Allgegenwart und identifiziert sich mit der Energie der Eins.«

Joseph hatte mir eine Handschrift der Bruderschaft anvertraut; ich sollte sie den Menschen hier geben, aber noch hatte ich es nicht getan. Wie alle von uns, die den Fuß auf diesen Boden gesetzt hatten, konzentrierte ich meine Anstrengungen zunächst auf die Auswahl und Unterweisung von Männern und Frauen, deren Stirn bereits von der Flamme des Christus erleuchtet war. Ich brauchte sie nicht zu suchen und forschenden Blickes durch die Menge zu streifen; sie kamen zu mir, ohne dass es notwendig war, ernste, bedeutungsvolle Worte zu sprechen. Das Vokabular der Liebe ist immer einfach; es vertreibt die tiefschürfend Nachdenkenden, die fürchten, Freude zu zeigen.

Die Ausdrucksform der Kinder Essanias war nie die Trauer, denn der wahre, sich verströmende Geist kennt weder Grenzen noch Einengung.

Viele der Männer, die bei mir – und, wie ich erfuhr, auch bei den anderen Brüdern – vorstellig wurden, stammten aus Kriegerfamilien. Sie besaßen Ländereien und verfügten über Bedienstete, sie hatten sich mit Rom arrangiert und waren daran gewöhnt, dass seine Armeen das Land durchstreiften und kontrollierten. Ihre Persönlichkeit, ihre gesellschaftliche Stellung verwirrten mich zunächst. Leder, Felle und Metall bestimmten ihr äußeres Erscheinungsbild, und kurze, reichverzierte Schwerter hingen an ihrer Seite. Ich sehe noch einige von ihnen vor mir, wie sie mich in ihren befestigten Gehöften aus Holz als Gast empfingen. Sie lauschten den Worten, die ich mit Freiheit und Frieden füllte. Ohne dass ich eigentlich verstand, was ich getan hatte, war ihr Herz leicht gewonnen. Eine lenkende Macht schien dafür gesorgt zu haben, dass sie meinen Weg kreuzten … und bereit waren zu hören.

Anders als ich gehofft hatte, legten sie weder ihre Waffen noch ihre Macht ab, ich verstand, dass sie Gründe hatten, ihre Gründe. Niemand konnte hier Brüder so heranbilden wie in Palästina. Die Lehre unserer Vorfahren besagte, dass man direkt aus dem Stamm Essanias geboren wurde, dass dieser aber eines Tages verlöschen musste, um sich in einen anderen zu verwandeln, dessen Antlitz wir nicht kannten.

War es möglich, dass diese rauen Krieger, die doch die Begriffe »Frieden« und »Liebe« handhaben, im Lande Kal unsere Nachfolger sein sollten? Lange Abende brannte diese Frage in meinem Herzen. Hatte ich das Recht, diesen Menschen alles zu geben? Würden Joseph und die anderen in ihrem Umkreis dasselbe tun? Meine Seele sagte ja, aber mein Verstand weigerte sich, sie zu hören.

Eines Abends entschloss ich mich, in der reich mit Schnitzereien geschmückten Wohnung eines mich beherbergenden Kriegers auf eine alte Technik unseres Volkes zurückzugreifen. Der mir zur Verfügung gestellte Raum war geräumig. Decken und Wände bestanden aus einer Vielzahl kleiner Koniferenstämme, von denen einige durch geschickte Bearbeitung an Gesichter aus dem Reich der Natur erinnerten. Das Zimmer war ausgestattet mit einem großen Sessel – einem Gegenstand, an den ich kaum gewöhnt war – sowie einem Bett mit ein paar Kissen. Die vielen Felle, mit denen Wände und Boden bei meiner Ankunft bedeckt waren, hatte ich entfernen lassen. Außer in einigen festumrissenen Fällen schadet ihre ätherische Ausstrahlung der Reinheit einer psychischen Arbeit.

Zum Glück besaß mein Gastgeber Harze, die mir als Weihrauch dienten und die ich in den vier Ecken des Raumes verbrannte. Auf einer Metallplatte verteilte ich ein wenig von der sandigen Erde des Ortes. Im Licht einer Fackel zeichnete ich dann mit dem Finger ein gleicharmiges Kreuz und eine regelmäßige Spirale, die vom Mittelpunkt des Kreuzes ausging und zum Rand der Platte verlief. Anschließend vertiefte ich mich in die der Bruderschaft eigene Aussprache des Tones »M« und legte mich mit leerem Geist zum Schlafen. Die Nacht verging, und als ich erwachte, erwartete mich die Antwort. Die am Vorabend gezeichnete Spirale war verschwunden; eine Art Hauch hatte sie verwischt, während das Kreuz unversehrt geblieben war. Gemäß dem von der Bruderschaft im Karmel gelehrten Code bedeutete dies ein »Ja«. Ja, ich konnte den rauen Oberhäuptern dieses Landstrichs Vertrauen und ihnen den Inhalt meines Herzens übermitteln. Die Antwort war klar, umso klarer, als mein Tun nichts Magisches an sich hatte. Die Kinder Essanias benutzten nicht gerne Kräfte, die ihnen und dem großen universellen Agens fremd waren. Ich selbst, mein Lichtkörper, hatte sich auf die Platte projiziert. Wir tragen die Antwort auf alle Fragen unbewusst in uns, und wir wären weit weniger blind, wenn wir einsähen, dass wir jede Nacht an einer reinen Quelle trinken. Wir müssen uns mit dem verbinden, was wir sind, unserer Urkraft, wenn wir wissen und handeln wollen ... Nur unser Mangel an Glauben zerstört alles!

Ich wurde also den stolzen Herren von Kal das ganze Wort Christi anvertrauen, das Leben des Meisters, die Methoden Essanias und die Existenz der Brüder von den Sternen. Die anderen von uns handelten ebenso.

Entsprechend der Bitte Josephs wurde der Bund durch ein Symbol besiegelt: die Anführer, die in unsere Lehre eingeweiht waren, verpflichteten sich dazu, lange Haare zu tragen; dies geschah zur Erinnerung an ein anderes, älteres Bündnis[100].

Von da an ging alles sehr schnell. Vor den Augen meiner Seele sehe ich noch diese rauen, von einem silbernen Feuer umgebenen Männer, die vor ihrem Gefolge aus Kriegern und Knechten von einem großen Meister der Gerechtigkeit sprachen, der jenseits des Meeres gelebt hatte. Sie erzählten ihnen vom Leben dessen, der Christus in sich aufgenommen und so bewiesen hatte, dass jeder ihm eine Wohnstatt bieten kann. Die Priester, die den Gang der irdischen Zyklen kannten, schlossen sich ihnen bald an; auf Dorfplätzen und Märkten wurden Versammlungen abgehalten. Man sprach vom Ablegen der Ketten, von Unabhängigkeit und der Einheit der Wesen.

Aber für Rom bestanden die Wesen nur aus Körpern und einem Willen, den es zu brechen galt. Die öffentlichen Zusammenkünfte

---

[100] *Die Nachkommen dieser Anführer waren die sogenannten »merowingischen Könige«.*

eıweckten Angst, und die immer gleichen Szenen rollten vor meinen
Augen ab: umgestoßene Warentische, auseinandergetriebene Men-
gen. Die römische Legion machte mit der Lanze an der Seite ihr
Gesetz geltend und blieb auf der Hut ... Schließlich kam der Tag, an dem ich eine Seite meines eigenen
Lebens umblättern musste. Es war vereinbart, dass ich auf dem
Markt eines kleinen Küstendorfes zu einer bunt zusammengewürfelten Menge sprechen sollte. Die meisten Zuhörer kannten mich,
weil sie mich verschiedentlich an der Seite ihrer Herren gesehen
hatten. Die Bilder dieser Augenblicke erfüllen mich noch mit Rührung und einem seltsamen Gefühl ... Man hatte mir auf einem
Holztisch Platz gemacht, und die Männer und Frauen begannen,
sich lärmend in der matten Sonne zu versammeln.

Bevor ich irgendetwas sagen konnte, erschien an der Ecke einer
Straße ein Trupp bewaffneter Männer. Im Sturmschritt kamen sie
näher, wirbelten kleine Staubwolken auf und trugen wie immer die
Lanze an der Seite. Ihr rasches, fast lautloses Vordringen auf dem
sandigen Boden löste Panik aus. Nach kurzer Zeit waren die Anwesenden schonungslos auseinandergetrieben.

Ich sehe noch die umgeworfenen Körbe, die zerbrochenen
Krüge, die umgestoßenen und verlassenen Stände und ihre Last
von Fischen. Ich weiß nicht, warum ich regungslos an Ort und
Stelle blieb ... War es die Erinnerung an den Meister in Magdala?
Ich hatte keine Angst ... nur Vertrauen und vielleicht ein Vor-
herwissen.

Zwanzig eiserne Lanzen wurden mir auf die Brust gesetzt und
warteten lange auf einen Befehl. Schließlich erschien ein Zenturio,
der mit ruhiger Stimme ein paar kurze Sätze sprach. Man fesselte
mir die Handgelenke und führte mich aus dem Dorf. Ich wusste
nicht, wohin man mich brachte. Niemand hatte mir eine Frage
gestellt oder mich überhaupt angesprochen. Schweigend ging ich
dicht neben dem Hals des Pferdes, an das man mich angebunden
hatte. Wir durchquerten ein paar Meilen die flache, sumpfige
Landschaft. In der Ferne stieg die Linie der niedrigen, bläulichen

Berge aus dem Dunst auf. Ich betrachtete sie und dachte an eine
Hütte, über die vielleicht noch immer der Wind hinwegbrauste ...

Unversehens hielten meine Begleiter an. Links von uns stand
eine Gruppe kümmerlicher Bäume mit knorrigen Ästen, auf die
zwei Legionäre mich brutal zustießen. Mir war plötzlich sehr kalt.
Ich hatte nicht die Zeit, mir irgendwelche Fragen zu stellen, ungestüm wandte ich mich den Soldaten zu. Da sah ich so etwas wie
einen Arm, der auf mich zuflog, und einen zuckenden Blitz ... Ich
nahm ein dumpfes Geräusch wahr, einen Stoß mitten in der Brust,
dann nichts mehr ... nichts mehr für einen Augenblick. Der
flüchtige Eindruck von Schwindel ... Ein Bild tauchte auf, eingehüllt
in Helligkeit. Ich erkannte mich, wie ich ausgestreckt unter einem
Baum lag; eine schwere, kurze Lanze steckte in meinem Brustkorb.

Ich fühlte keinen Schrecken, keinen Schmerz, und alles verschwamm.

Langsam wurde das Bild meines leblosen Körpers von einer
weißen Brise hinweggetragen, es löste sich auf wie unter einem weichen Hauch. Ich überließ mich einer Art Betäubung, ließ mich
fallen in eine Myriade wirbelnder Feuerzungen. Wie zwischen
einem sich öffnenden Vorhang sah ich nun wieder meinen Körper.
Die Soldaten hatten ihn weggezogen und bedeckten ihn schnell
mit Ästen und Steinen. Die Vision war kurz. Ich fühlte mich angezogen von einer Kraft, einer Energie, die ich unmöglich lokalisieren konnte. Wie soll ich das Folgende beschreiben?

Ich sah eine weiße Welt, weißer als aller Schnee unserer Träume,
ich sah, wie dieses Weiß lebendig wurde und alle Farben des Regenbogens ihm entströmten. Ich sah Berge und Wälder, Bäume
und vielfarbige Blütenkelche, Meere und diamantene Ufer. Ich sah
den Frieden, der nicht der Friede der Menschen war.

So öffneten die Gärten Jesses mir ihre Tore. Ich erwachte, und die
Bilder meines irdischen Lebens überstürzten sich in mir; ich erlebte
sie mit all der Kraft der Liebe, die ich immer gesucht hatte. Ich sah
die Häuser meines Dorfes, die Ufer Kapernaums, die Augen des
Meisters, das Lächeln Miriams, meine Fehler und meine Freuden ...

Ich betrachtete den Wassertropfen, den wir dem großen Ozean hinzuzufügen versucht hatten. Ich träumte ... Und unter meinen Füßen fühlte ich tauperlendes Gras, die Welt der Seelen! Eine kristallklare Stimme, freudiger als alle, die ich gekannt hatte, erfüllte mich. Ich weiß nicht mehr, woher sie kam und was sie mir einflüsterte. Aber ich weiß, dass sie aus nichts Bestimmtem hervorging. Die Kraft, die in ihr wohnte, gehörte dem *Immer Ersehnten*. Sie war die Kraft, die das Wort »Ende« nicht kennt. Sie hatte einen Namen, einen einzigen, der leuchtete wie tausend Sonnen: LIEBE.

Der Meister Jesus lehrte bis zum hohen Alter im Karmel.

Als die Stunde gekommen war, verließ er seinen Körper aus eigenem Willen. Seine Schüler sahen seine strahlende Lichtform; sie war so kräftig, dass es aussah, als erhebe sein physischer Leib sich langsam über den Karmel.

Sein irdischer Körper jedoch ruhte noch einige Jahrhunderte ohne Anzeichen von Verwesung im Kloster und wurde dann mit Hilfe der Brüder von den Sternen an einen anderen Ort gebracht ... weiter im Osten.

So offenbarte sich uns das Gedächtnis der Zeit.

Anmerkung

Einige sehr alte Schriften aus Indien und dem Himalaya sowie mündliche Überlieferungen, die heute noch in der Region von Srinagar in Kaschmir lebendig sind, weisen auf die Ankunft eines außergewöhnlichen Meisters der Weisheit, begleitet von einigen Personen, vor zweitausend Jahren in dieser Region hin.

Aus diesen Schriften geht hervor, dass der besagte Meister Yus Azaf oder Issa genannt wurde; Namen und Klänge, die unweigerlich an Jesus erinnern, wenn man die verschiedenen Kulturen, Sprachen und Aussprachen berücksichtigt.

Wie ist das zu bewerten?

Durch die neuen und zahlreichen Erkenntnisse, die ich seit der Veröffentlichung von »Essener Erinnerungen« gewonnen habe, sehe ich mich dazu veranlasst, dieser These uneingeschränkt zuzustimmen.

Einige Leser werden vielleicht festgestellt haben, dass die Hypothese, nach der Jesus – oder Jeshua – sein Leben in Kaschmir beendete, in Widerspruch zu der obenstehenden Schlussbemerkung steht, die in der ursprünglichen Auflage enthalten ist.

Das ist völlig richtig, und der Grund dafür ist einfach zu erklären:

Als ich damals das Buch zu Ende schrieb, hatte ich zur Akasha-Chronik aus verschiedenen Zeiten Zugang gehabt. Die erste Rückblende schätze ich aus der Zeit zwischen sechzig und siebzig Jahre nach der Kreuzigung. Die Worte, die ich dabei empfangen habe, stammten nicht vom Volk, das damals schon an die Auferstehung glaubte, sondern von den Nachfolgern der ersten Jünger Christi.

Bei der zweiten Rückblende mit Bildern und Angaben aus der Zeit der ersten Tempelritter handelt es sich um Gespräche zwischen Christen – wahrscheinlich Kopten, die ich spontan aufgenommen hatte.

Darüber habe ich Zeugnis abgelegt, ohne auf Einzelheiten einzugehen.

Heute, nach fast einem Drittel Jahrhundert, in dem ich weitere Erfahrungen im Bereich der Akasha-Lesung sammeln durfte, bin ich überzeugt, dass der Meister selbst und seine Vertrauten sehr schnell versucht haben, ihre Spuren zu verwischen, indem sie bestimmte Informationen verbreiteten oder verbreiten ließen, welche, obwohl sie einem kleinen Kreis vorbehalten waren, die Leute davon abhalten sollten, den Meister ausfindig zu machen.

Einige Anhänger hätten mit Sicherheit nicht gezögert, Ihn im Kaschmir aufzusuchen – in dessen Richtung manche Karawanen zogen –, sogar mehrere Jahre nach seinem offiziellen Abschied.

Die These, nach der Er sich im Karmel endgültig zurückgezogen hatte und später aus eigenem Willen in den Himmel aufgestiegen war, wurde demnach von einem sehr kleinen Kreis unter anderen Thesen »ausgewählt«. Sie war der Ursprung einer Art Egregor, das sich im Kreis der Eingeweihten verbreitete.

Dies ist die Version, die ich empfangen habe, als ich das vorliegende Buch zu Ende schrieb. Zur Erinnerung, dieses Buch wurden in den Jahren 1981 bis 1984 geschrieben, in einer Zeit, in der die Ansichten über Christus meistens sehr klassisch und dogmatisch waren.

Daniel Meurois

Über Daniel Meurois

Daniel Meurois wurde 1950 in Frankreich geboren. Er betätigt sich als ein wahrhafter Erforscher neuer Bewusstseinsebenen und ermutigt uns unablässig, die Multidimensionalität unseres Universums auf eine ganz andere Art zu betrachten. Ebenso fordert er uns auf, dass wir - auf der Suche nach unserer Identität - zunehmend eine neue Sicht von uns selbst entwickeln. Doch hinter dem kühnen Philosophen und Lehrer verbirgt sich auch ein authentischer Schriftsteller, dem es sehr an einer Schönheit der Sprache gelegen ist ... damit diese die Schönheit des Lebens entsprechend zum Ausdruck bringt.

Das literarische Werk von Daniel Meurois ist vielseitig, beeindruckend, mitunter auch überraschend, und dabei immer außergewöhnlich und bahnbrechend.

Nicht ohne Grund sind viele der Bücher, die er im Laufe seiner über vierzigjährigen Tätigkeit als Autor geschrieben hat, internationale Bestseller geworden. Seine 41 Bücher und über 100 Veröffentlichungen in 17 verschiedenen Sprachen machen ihn sicherlich zu einem der Pioniere des Neuen Bewusstseins ... zu einem Wahrheitsforscher, der getreu Zeugnis von seiner Arbeit ablegt und dabei mutig das Universum des Geistes erkundet.

Heute lebt Daniel Meurois in der Nähe von Quebec und arbeitet unermüdlich daran, die Herzen der Menschen durch seine einzigartige literarische Arbeit, seine Seminare und Vorträge zu öffnen.

www.danielmeurois.com

Über Anne Givaudan

Anne Givaudan, 1951 in Frankreich geboren, ist Autorin von über 18 Büchern. Sie lebt in Südfrankreich und arbeitet weltweit als Therapeutin mit dem Schwerpunkt Essener Therapien.

Entdecken Sie das Online-Seminar
von Daniel Meurois und Marie-Johanne Croteau

Ein einmaliges Erlebnis, inklusive des dauerhaften Zugangs zu:

- 4 Stunden 30 min. Vortragsreihe des Autors
  über das Leben Jeshuas.

- **2 BONUSTEILE:** 2-stündiges Seminar mit
  Daniel Meurois in Israel.

 **www.publishvision.de**

Um mehr über dieses umfassende Videomaterial in deutscher
Übersetzung zu erfahren und KOSTENLOSE VIDEOAUSSCHNITTE
zu erhalten, scannen Sie den QR-Code oder gehen Sie auf die oben
genannte Webseite.

Weiterführende Informationen zu
Büchern, Autoren und den Aktivitäten
des Silberschnur Verlages erhalten Sie unter:
www.silberschnur.de

Natürlich können Sie uns auch gerne den
Antwort-Coupon aus dem beiliegenden
Lesezeichenflyer zusenden.

Ihr Interesse wird belohnt!

Daniel Meurois

Essener Visionen
Jesus und das weibliche Feuer

Begegnen Sie den Frauen, die das Leben und die Lehren Christi geprägt haben. Maria, Maria Magdalena, Martha und viele andere stehen für das "heilige Weibliche", eine Weiblichkeit voller Sensibilität, Mitgefühl und tiefem Empfinden. Die christlichen Geheimlehren, wie sie vor 2.000 Jahren verbreitet wurden, werden jetzt wiederbelebt. Ein Buch, das sich an die »weibliche Sensibilität« – die der Frau ebenso wie die des Mannes – richtet.

224 Seiten, broschiert
ISBN 978-3-96933-045-6
€ [D] 20,00

Daniel Meurois

Jesus. Die unbekannten ersten dreißig Jahre
Die Zeit des Erwachens

Alles Überlieferte begann, als Jesus ein erwachsener Mann war, das Wort Gottes predigte und Wunder vollbrachte. Aber was wissen wir über seine Kindheit am Nildelta, seine Jugend im Essener Kloster, seine 17 Jahre im Himalaya und die Rückkehr nach Ägypten, wo er in der Pyramide sein Schicksal entdeckt? Wir erleben, wie diese Ereignisse der ersten 30 Jahre vom Leben Jesu offenbart werden. Daniel Meurois liefert uns einen Bericht aus der Akasha-Chronik über das Leben Jesu Christi – die wohl geheimnisvollste und bedeutsamste Figur der Menschheitsgeschichte.

480 Seiten, gebunden
ISBN 978-3-96933-044-9
€ [D] 28,00

Daniel Meurois

Jesus. Die wahrhaftige Aufgabe und seine Jahre nach der Kreuzigung
Die Zeit der Vollendung

Daniel Meurois gewährt uns Einblicke in Jeshuas (Jesus) Erwachsenenjahre und die Zeit nach der Kreuzigung bis zu seinem Tod im hohen Alter. Er enthüllt die wahre Rolle von Judas sowie bislang unbekannte Lebensstationen von Jesus, wobei deutlich wird, dass er während seines Erdenlebens eine bedeutende Aufgabe zu erfüllen hatte. Die Taufe am Jordan markiert den Anfang seiner irdischen Mission, doch sein Wirken ging weit darüber hinaus. Daniel Meurois ermöglicht es uns, Jesu wahre Natur besser zu verstehen – auch indem wir von Lehren erfahren, die bislang im Verborgenen blieben.

736 Seiten, gebunden
ISBN 978-3-96933-053-1
€ [D] 36,00

Daniel Meurois

Jesus' Jüngerinnen
Das geistige Erbe der drei Marien

Christus hatte nicht nur männliche Begleiter, sondern auch weibliche, unter denen sich insbesondere die drei Marien hervortaten: Maria-Magdalena, Maria-Jakobea und Maria-Salome. Nehmen Sie an der Begegnung der drei Frauen teil und lernen sie den Mensch Jesus und dessen Lehren aus weiblicher Perspektive kennen. Erstaunlich leicht lässt sich Jesus´ Lehre auf die Gegenwart übertragen und kann zum Schlüssel einer geistigen Erhebung werden, die wir in den heutigen, bewegten Zeiten so dringend brauchen.

384 Seiten, broschiert
ISBN 978-3-89845-521-3
€ [D] 19,95

Daniel Meurois

Die ursprünglichen Lehren Christi und wer Jesus wirklich war

Erleben Sie den wahren Jesus in seinem alltäglichen Umfeld und erhalten Sie ein völlig neues Bild von ihm, das auch die verborgenen Seiten seiner Lehre beleuchtet. Das Buch zeigt, wie die Wunder, die Christus vollbracht hat, zu verstehen sind, wie er alltäglich außerhalb seiner Lehren lebte, wie sich das Leben seiner Mutter Maria gestaltete, was wirklich nach der Auferstehung geschah, wie seine Worte tatsächlich zu verstehen sind. Sie werden überrascht sein von den neuen Einsichten und Erkenntnissen und die Lehre Christi ganz neu erfahren.

240 Seiten, broschiert
ISBN 978-3-89845-555-8
€ [D] 16,95

Daniel Meurois-Givaudan

Die ungeborene Seele
Trost und Hoffnung nach Fehlgeburt und Abtreibung

Einfühlsam und eindringlich berichtet Daniel Meurois-Givaudan über den Weg der Frauen und Paare, die den Verlust eines ungeborenen Kindes verkraften müssen und sich der Problematik von Abtreibungen, der Bitternis von Fehlgeburten und den oft so schmerzlichen Fragen rund um komplizierte Geburten stellen müssen.
Damit reicht er mit diesem Buch all jenen die Hand, die nicht mehr wegschauen, sondern ihre Verletzungen und Wunden heilen wollen.
Ein wohltuender Leitfaden, der hilft, einen banalisierten, verheimlichten und oft verleugneten Schmerz zu überwinden.

160 Seiten, broschiert
ISBN 978-3-89845-387-5
€ [D] 14,95

Daniel Meurois

208 Seiten, broschiert
ISBN 978-3-96933-022-7
€ [D] 16,00

Daniel Meurois

Karmische Krankheiten

Wie wir sie erkennen, verstehen und überwinden

Erkenne den Ursprung karmischer Krankheiten und heile Körper und Seele. Anhand vieler Fallbeispiele beschreibt der Autor die Ursachen verschiedener Krankheiten und welche Rolle Erinnerungen aus früheren Leben dabei spielen.

Sie werden den karmischen Ursprung einer Krankheit verstehen und eine innere Entwicklung erleben die Sie seelisch und körperlich heilen lässt. Mit über 25 Jahren Erfahrung im Auralesen hat Daniel Meurois tausende von Fällen untersucht. Jetzt teilt er mit uns seine Entdeckungen.

238 Seiten, broschiert
ISBN 978-3-89845-194-9
€ [D] 13,90

Anne Meurois-Givaudan & Dr. med. Antoine Achram

Auralesen und alte Therapien der Essener

Von der Autorin des Bestsellers »Essener Erinnerungen«

Wenige Bücher über das Thema Heilen gehen so weit wie dieses im Bezug auf das Verständnis von Krankheiten, denn hier werden diese als eine Reaktion auf feinstofflicher Ebene interpretiert und auch auf dieser behandelt – ein bemerkenswerter Ansatz zum Verständnis der energetischen Medizin. Eine interessante Einführung in eine vergessene Heiltechnik, die von der Autorin seit vielen Jahren mit großem Erfolg angewandt wird.

208 Seiten, mit 8 farb.
Seiten, broschiert
ISBN 978-3-89845-237-3
€ [D] 14,90

Anne Givaudan & Dr. med. Antoine Achram

Gedankenformen und ihre Auswirkungen

Eines der revolutionärsten Bücher zum Thema Gedankenkraft! Die Autorin macht eindringlich klar, wie eine Gedankenform funktioniert, wie sie entsteht und wie sie wirkt, insbesondere aber, wie wir ihren Einfluss auf uns mindern können.

Gedankenformen können uns ersticken oder uns dynamisieren – sie erkennen und sich ihrer Rolle bewusst zu werden, das ist der erste Schritt zu einer wahren »Transformation«; diesen Schritt nun erleichtert dieses Buch mit seinen umfassenden und doch verständlichen Erläuterungen.

Daniel Meurois

Das große Buch der Akasha-Chronik
Der Zugang zum universellen Weltengedächtnis

224 Seiten, broschiert
ISBN 978-3-89845-598-5
€ [D] 22,00

Daniel Meurois beweist, dass er sich kraft seines Bewusstseins durch die Zeit bewegen kann. Er beschreibt, wie er Zugang zur Akasha-Chronik erlangt und durch welche Arten des Reisens er sich in der Zeit bewegt. Er erläutert die Anatomie der Akasha-Chronik und lässt uns teilhaben an seinen realen Erfahrungen aus den Tiefen der Zeit. Damit bietet er uns einen einmaligen Einblick in das universelle Weltengedächtnis, durch den wir entdecken, dass die metaphysische Erfahrung der Raum-Zeit-Dimension die Tür zum Göttlichen in uns selbst weit öffnet.

Daniel Meurois

Echnaton und der Strahlende Gott
Das Geheimnis des Aton

504 Seiten, broschiert
ISBN 978-3-89845-583-1
€ [D] 24,95

Dieses Buch ist anders als alles, was je über Echnaton geschrieben wurde, denn es lüftet viele Geheimnisse über das Leben des Pharaos. Es ist ein geradezu magisches Werk, das sich intensiv mit den großen Fragen der Menschheit auseinandersetzt – Fragen, die uns immer beschäftigen werden.
Dieses authentische Zeugnis ist ein herausragendes Buch – hochaktuell und eine Inspiration für jeden, der sein Leben mit vollem Bewusstsein führen und aktiv gestalten will.

Marie Johanne & Croteau-Meurois

Das Elfentor
Unsere Verbindung zur Anderswelt

192 Seiten, mit
Abbildungen, broschiert
ISBN 978-3-89845-534-3
€ [D] 14,95

Treten Sie ein in die Welt der Elfen voller Magie und Licht und begegnen Sie der Elfe Gwenedys, die beschließt, in der Welt der Menschen zu leben. Durch ihre Schilderungen erhalten wir faszinierende Details des Lebens der Elfen – einem Elfenleben, das weit entfernt ist von den Märchen und Legenden unserer Vorstellungswelt. Entdecken Sie die zauberhafte Anderswelt, und begegnen Sie wundervollen Elfen, die auch in unserer irdischen Welt ihren Zauber hinterlassen haben ...